Sana tu mente

Autoayuda

Biografías

Louise L. Hay fue maestra y conferencista de temas metafísicos. Escribió más de 20 libros, publicados en 25 idiomas y 33 países, con ventas que ascienden a millones de ejemplares. Desde que inició su carrera como instructora de ciencia de la mente, en 1982, Louise L. Hay ayudó a miles de personas en el descubrimiento de sus poderes creativos para la curación y el crecimiento personal.

Mona Lisa Schulz recibió su doctorado en neurociencia conductual de la Facultad de Medicina de la Universidad de Boston en 1993.
Además de su amplia experiencia en la salud y la investigación sobre el cerebro, la Dra. Schulz nos enseña a tomar conciencia de cómo nuestros síntomas de la enfermedad son parte de nuestra red de intuición, que nos deja saber cuando algo en nuestra vida está fuera de equilibrio.

Louise L. Hay &
Dra. Mona Lisa Schulz

Sana tu mente

Traducción de Alma Alexandra García Martínez

DIANA

Título original: *Heal your mind*

Originalmente publicado en 2016 por Hay House Inc. USA

Traducido por: Alma Alexandra García Martínez
Diseño de interiores: Lucero Vázquez
Diseño de portada: Planeta Arte & Diseño / Lisset Chavarria Jurado
Ilustraciones de portada: © Getty Images

Bajo el sello editorial BOOKET M.R.
Avenida Presidente Masaryk núm. 111,
Piso 2, Polanco V Sección, Miguel Hidalgo
C.P. 11560, Ciudad de México
www.planetadelibros.com.mx

Primera edición impresa en México en Booket: agosto de 2025
Primera reimpresión en México en Booket: noviembre de 2025
ISBN: 978-607-39-2689-8

Impreso en los talleres de Impregráfica Digital, S.A. de C.V.
Avenida 11 463, interior Bodega 2, Colonia San Nicolas Tolentino
C.P. 09850, Iztapalapa, Ciudad de México
Impreso en México – *Printed in Mexico*

CONTENIDO

UNA NOTA DE LOUISE

Mona Lisa Schulz, a quien amo y adoro, me prometió hace mucho tiempo que reuniría la evidencia científica que apoya lo que yo he estado enseñando por años. Aunque en lo personal no necesito pruebas para saber que estos métodos funcionan —confío en lo que yo llamo mi «*ring* interno» para evaluar las cosas—, sé que hay muchas personas que solo considerarán una nueva idea si hay ciencia detrás de ella.

En nuestro libro *Todo está bien: Tú puedes curar tu cuerpo a través de la medicina, las afirmaciones y la intuición* presentamos la ciencia y te dimos un método paso a paso para ir de la enfermedad al bienestar. En el proceso aprendimos todavía más sobre mi propio trabajo. Obtuve un entendimiento mucho más profundo de lo que había estado enseñando todo este tiempo y logré ver de una forma todavía más vívida cuán interconectadas están nuestras emociones, nuestros pensamientos y nuestra salud.

Este nuevo libro añade otra dimensión. Hace por la mente lo que el primero hizo por el cuerpo: delinear las conexiones entre el bienestar emocional y las prescripciones para la salud. Sé que utilizarás la información contenida en él para crear una vida saludable y feliz.

INTRODUCCIÓN

Toda mi vida he tratado de mezclarme con el rebaño, de pasar por una persona normal. Como muchas mujeres, he intentado mantener la calma y mantener estable mi estado de ánimo. En lo que se refiere al valor, no he querido perderlo cuando «valor» ha significado tener que ser valiente, y tampoco he querido volverme un manojo de nervios cuando lo que he necesitado es estar tranquila y serena. En lo que respecta a la concentración, cuando he presentado un examen o, incluso, cuando he escuchado una ponencia, he necesitado concentrarme y poner atención, pero también se nos dice que meditemos, expandamos y ampliemos nuestra conciencia en lugar de enfocarnos de una forma limitada. Luego, finalmente, a medida que voy haciéndome mayor, simplemente no quiero «perder los estribos». Eso no significa evitar los estallidos emocionales. Significa que quiero mantener mi inteligencia, mantener mi memoria, mantener una mente aguda. Y, sin embargo, ni siquiera eso es suficiente. Quiero más. Quiero ser espiritual, intuitiva, estar sintonizada, ser empática. ¿Es posible hacer todo eso y estar sana? Sí, es posible.

No obstante, no todos pueden tenerlo todo. Todo el mundo tiene algo distinto que lo caracteriza. Puede haber un gen en tu familia que te predispone a la depresión o a la ansiedad. Puedes haber sido diagnosticado con TDAH, o puedes tener mala memoria o neblina mental, o quizá algo ocurrió en tu vida —por ejemplo, un trauma o un abuso, o tal vez fuiste testigo de una tragedia— que pudo hacerte más propenso a tener depresión, ansiedad o problemas de memoria. Tú puedes sanar tu mente, adquirir salud con medicinas, afirmaciones e intuición. ¿Cómo? Voy a mostrarte la manera, porque he pasado toda mi vida tratando de hacerlo.

Todos nacemos con un desafío aquí o allá. Nos cuesta trabajo manejar un problema. Vamos a la escuela para averiguar cómo ayudar a alguien más con ese problema. En mi caso, tenía dos trastornos cerebrales: narcolepsia y epilepsia, mismos que me ayudaron con mi carrera en cuanto a intuición. Y podría asumir que esos dos trastornos han aumentado el riesgo de padecer otros problemas de salud que han afectado mi estado de ánimo, que han hecho que, en ocasiones, sea yo un manojo de nervios y me han dificultado concentrarme y prestar atención. Así, pues, ¿qué fue lo que hice? Fui a la escuela mucho tiempo. Uno de mis lemas es: «Nada tiene más éxito que el exceso». De modo que, mientras otras personas estaban integrándose, siendo buena onda y permaneciendo tranquilas —pero, principalmente, buena onda—, yo no lo hacía. Yo me encontraba al margen, con un libro, con una pluma —esto fue antes de que se inventaran las tabletas y los iPhone— y leyendo, leyendo, leyendo. Obtuve mi licenciatura en Brown, mi maestría y mi doctorado, y, finalmente, llegué a ser neuroanatomista y psiquiatra certificada con una especialidad en neuropsiquiatría. Mientras todo eso transcurría, aprendí que no puedes resolverlo todo únicamente con el intelecto y que tenía facilidad para la intuición médica: la capacidad de entender cómo ciertas sensaciones en nuestro cuerpo, ciertas enfermedades, nos hacen saber cuando algo en nuestra vida está fuera de equilibrio. Hablaremos de eso más adelante.

Baste con decir que he ocupado más de veinte años en mi educación; eso, sin incluir la preparatoria. Cursé la educación superior de 1978 a 1998 para enseñarte, finalmente, cómo sanar tu mente de modo que puedas tener una salud integral. Puedes acompañarme y aprender cómo hacerlo.

SALUD MENTAL

Durante siglos, científicos, psicólogos y maestros espirituales han tratado de descubrir por qué sufrimos en el ámbito emocional. Existen muchos datos, muchas citas. Sabemos que la melancolía, la tristeza, las crisis y los traumas se conectan con el cerebro y con el cuerpo. Actualmente, la medicina ha tenido que aceptar la idea de que cada enfermedad puede empeorar o mejorar debido a nuestro estado emocional.

Louise Hay y yo hemos estado hablando sobre estas conexiones durante décadas. El primer libro de Louise, *Sana tu cuerpo: las causas mentales de la enfermedad física y la forma metafísica de superarlas*, publicado por vez primera en 1984, es pionero en esta área. En su texto —que, de hecho, es un pequeño libro azul—, afirma que lo bueno y la enfermedad —intranquilidad— en nuestra vida son resultado de nuestros pensamientos, y que nuestros pensamientos forman nuestra experiencia. Esto es interesante porque ahora, en el siglo XXI, entendemos que el cerebro se reconfigura a sí mismo a lo largo de nuestra vida a través de la plasticidad. Somos influidos por nuestros pensamientos y sentimientos, para bien o para mal. A lo largo de su carrera, Louise ha ayudado a las personas a cambiar su pensamiento y sus experiencias con afirmaciones para ayudarlas a mejorar su salud; ahora, la medicina y la ciencia están haciendo lo mismo a través de la terapia cognitivo conductual y la terapia dialéctica conductual, la reducción del estrés y el *mindfulness* —atención plena—. ¡Louise pudo haber obtenido un copago!

Durante más de treinta años he trabajado en el campo de la intuición médica. Con solo conocer por teléfono el nombre del paciente y su edad, describo cómo un patrón emocional específico en su vida empeora ciertos órganos en su cuerpo. Enseño al paciente cómo nombrar el patrón emocional, cómo responder ante él de manera efectiva y, luego, cómo liberarlo; también le explico cómo, si no lo hace, la emoción y el sentimiento pueden arraigarse más en la forma de un problema físico. Para ayudar a facilitar el proceso, le enseño cómo un conjunto de soluciones puede ayudar a apoyar a su cuerpo, ya sea que se trate de medicinas, hierbas, suplementos nutricionales, afirmaciones o diversas sugerencias para apoyar su proceso de curación. Trátese del cerebro o del cuerpo, para sanar todos necesitamos suplementos nutricionales, hierbas, medicina tradicional —algunas veces, cirugía—, afirmaciones y diversas formas de trabajo corporal, desde acupuntura hasta quiropráctica. Es importante que tú, el consumidor, conozcas todo lo que está disponible frente a ti como en un bufet. Una gran cantidad de soluciones. Una abundancia de remedios de entre los cuales tú y tu médico pueden elegir para crear una salud integral.

Cuando estaba tratando de terminar mi licenciatura en Brown, me caía por doquier debido a mi problema neurológico; me estaba quedando dormida. Es muy difícil aprender cuando estás dormido, has de saber. Con el paso del tiempo, me dieron una medicina —un anticonvulsivo— que tomé durante mi último año en Brown, y eso me despertó. Esa medicina cambió mi vida. Pasé de un promedio de 2.22 que había tenido durante cinco años a 4.0. Tuve mi momento de *Flores para Algernon*. Sin embargo, después de que me gradué, dos semanas más tarde, fui a correr —algo que solía hacer para permanecer despierta— y crucé un puente. Solo Dios sabe lo que pasó. Quizá me quedé dormida, quizá tuve un ataque epiléptico; todo lo que sé es que nunca vi el camión. El vehículo me golpeó y me lanzó a una distancia de veintiséis metros. Tuve cuatro fracturas en la pelvis, varias costillas rotas, un pulmón colapsado y una escápula hecha trizas. No voy a aburrirte con los detalles. Basta decir que estuve en terapia intensiva durante cuatro días y en el hospital, en total, once. No obstante, no habiendo sufrido consecuencias graves, hice muchísimas cosas para sanarme, como había hecho para mi trastorno cerebral. Utilicé todo lo que pude encontrar para regresar a un estado de salud. Me traté con acupuntura. Utilicé hierbas chinas. Hice terapia craneosacral. Probé la osteopatía. Y, tres meses después, corrí una carrera de diez kilómetros y la gané en 3.4 minutos por kilómetro, en parte, porque me dolía mucho y seguía tratando de escapar del dolor. Me sentí muy bien por poder hacerlo, pero tuve que dejar la medicina, porque estaba teniendo un efecto secundario potencialmente mortal. Así que ahí estaba yo, de vuelta en el punto de partida, y no me gustaba la idea de perder mi intelecto, porque eso fue lo que le ocurrió al personaje en *Flores para Algernon*: le dan un tratamiento para hacerlo inteligente, para desafiarlo cognitivamente, pero, al final de la novela, se revierte el efecto y pierde su intelecto. Es como si la oscuridad cubriera su mente. Eso es lo que me pasó a mí. Probaron una serie de medicamentos —Dilantin, Mysoline—, pero ninguno de ellos funcionó, y mi doctor dijo: «Aprendiste a vivir así antes. Puedes aprender a vivir así otra vez».

Fue muy molesto, por decir lo menos. Probé muchas cosas para encontrar una solución, comenzando con la dieta macrobiótica. En ese momento no había medicamentos disponibles, o los habría utilizado. Estaba viviendo en una casa con otras personas que estaban un tanto deprimidas, así que no quería pasar mucho tiempo ahí. En vez de eso, solía ir a librerías: esas pequeñas y maravillosas librerías que tenían cristales. Entré a una en la calle Newbury, en Boston, llamada Trident Booksellers; me recargué en un estante, y de él cayó un pequeño libro azul: *Sana tu cuerpo*, escrito por Louise Hay. Tenía esas cosas llamadas «afirmaciones», y ella decía que, si las repetías una y otra vez, serías capaz de cambiar patrones de pensamiento que podían empeorar tu salud, mientras que los nuevos patrones te hacían sentir mejor. Si deseas saber más al respecto, la gráfica de *Sana tu cuerpo* que conecta pensamientos específicos con problemas de salud y afirmaciones se encuentra en el Apéndice B.

¿Has visto que en el gimnasio haces repeticiones con las pesas? Me pareció que podría hacer repeticiones con las afirmaciones. Así que una de las repeticiones era: «Me amo tal y como soy». Solía escribirlo cinco veces al día. «Me amo tal y como soy. Me amo tal y como soy. Me amo tal y como soy. Me amo tal y como soy. Me amo tal y como soy». Me compré un diario y comencé a hacer las afirmaciones. Y al cabo de tres o cuatro meses, desperté. Lentamente me di cuenta de varias cosas que hacían que mis crisis empeoraran o mejoraran. Logré tomar conciencia lentamente, utilizando las afirmaciones, junto con una dieta macrobiótica y hierbas.

Todo el mundo tiene una historia. Si estás leyendo este libro, has tenido problemas de salud y has tratado de encontrar soluciones. Has probado medicinas, hierbas, suplementos alimenticios. Has probado una variedad de cosas. Quizá tengas también depresión, ansiedad, problemas de atención, de memoria o adicciones. Quizá tengas elementos de tu personalidad que necesitan suavizarse un poco. ¿Acaso no todos lo necesitamos? Y voy a ayudarte a aprender cómo sanar tu mente, lo cual, finalmente, sanará tu cuerpo, problema por problema, área por área del cerebro. Voy a enseñarte a crear un estado de salud integral. De eso se trata este libro.

INTUICIÓN MÉDICA Y LA RED MENTE-CUERPO

Durante siglos hemos hablado de una red llamada el «sistema de *chakras*». En términos de intuición médica, existen centros emocionales. ¿Por qué utilizo este término? Porque soy anatomista y médico, y la anatomía del cerebro sugiere que las emociones están enrolladas entre el cerebro y el cuerpo. Irás con algunos médicos intuitivos y hablarás de centros de energía; yo hablo de centros emocionales, pero también incluyo la energía. Cada centro, como sea que quieras llamarlo, corresponde a un área de tu anatomía física. Cada centro tiene una situación de vida y una emoción que afecta determinada área del cuerpo. Este es el mapa que va a ayudarte a crear salud. Sí, lo es.

Existen siete regiones en este sistema de centros emocionales/energéticos. Consigue una hoja de papel y anótalos. Mientras estás leyendo este libro, encierra en un círculo las áreas en las que tienes problemas. ¿Por qué? Porque vas a hacer tu primera lectura médica intuitiva en ti mismo. Quizá quieras utilizar la gráfica que se encuentra en el Apéndice A como una guía.

Estas son las siete regiones:

- Primer centro: huesos, sangre, sistema inmunológico, piel, articulaciones y músculos. Esta región física está influenciada por la salud de nuestra familia u otros grupos de personas.
- Segundo centro: órganos reproductores como el útero, los ovarios, la vagina, la próstata, los testículos, la espalda baja, las caderas y la vejiga. Esta área está asociada con preocupaciones sobre el amor y el dinero.
- Tercer centro: tracto digestivo, es decir, esófago, estómago, hígado, vesícula, colon, recto, metabolismo, páncreas, imagen corporal. Esta área está influida por la autoestima, el trabajo y sentirse lo suficientemente bueno.
- Cuarto centro: corazón, pecho, pulmones. Esta región se relaciona con la salud, los cuidados y las asociaciones.
- Quinto centro: cuello, tiroides, boca, dientes, mandíbula. Esta área está influenciada por nuestro estilo de comunicación y nuestra capacidad saludable de manejar los tiempos.
- Sexto centro: cabeza, ojos, oídos, cerebro. Esta área se relaciona con la percepción, el pensamiento y la salud mental básica.
- Séptimo centro: enfermedades potencialmente mortales o acontecimientos en nuestra vida que nos ponen de rodillas. No es un área específica del cuerpo físico, sino que afecta a varias partes del cuerpo. Esta región tiene que ver con la espiritualidad y el propósito de vida.

Cuando anotas las áreas en las que tienes problemas, estás haciendo tu propia lectura médica intuitiva. Al anotar en qué área del cuerpo tienes la mayoría de tus problemas, comenzarás a saber dónde están impresas la mayoría de tus emociones.

¿Qué es la intuición médica? En ella, ciertas áreas de tu cuerpo te hacen saber cuando la emoción se ha acumulado en cierta área de tu vida. Ciertos órganos de tu cuerpo te harán saber de forma intuitiva que algo que te está molestando emocionalmente necesita cambiar. Así pues, si se trata de depresión relacionada con un miembro de la familia, enojo hacia un pariente, enojo hacia una pareja, frustración debido al dinero o ansiedad por el trabajo, etcétera, ciertas áreas de tu cuerpo van a murmurar, a darte codazos o a gritar muy fuerte cuando esa área de tu vida emocional necesita cambiar.

La intuición médica nos permite observar la función cerebral junto con estos siete centros como parte de la red mente-cuerpo más amplia. Así, tu hemisferio derecho está compuesto mitad por tus emociones y mitad por tu intuición. Tu hemisferio izquierdo es para el lenguaje, esto es, para poner tus sentimientos y tu intuición en palabras y en acción. Entonces, en el caso de la salud, si no puedes tomar tus sentimientos procedentes del hemisferio derecho, nombrarlos, responder de forma efectiva y liberarlos, tu salud va a hacértelo saber de una forma médica intuitiva. Tu emoción y tu intuición procedentes del hemisferio derecho viajarán por tu cuerpo hacia uno o más de esos siete centros, y hablarán contigo a través de síntomas de enfermedad.

CÓMO SE TRASLADA LA EMOCIÓN AL CUERPO

Ahora sabes que tu cuerpo te dirá, a través de síntomas de salud, cuando las áreas de tu familia, tu relación, el dinero y el trabajo están yendo fantásticamente bien. O, de forma intuitiva, tu cuerpo te hará saber a través de problemas de salud que esas áreas en tu vida no están yendo fantásticamente bien. Puedes aprender a escuchar los inicios de tus sentimientos en tu hemisferio derecho, el área para la intuición; a detectar el inicio de la tristeza antes de que se convierta en depresión. El inicio del miedo antes de que se convierta en pánico y ansiedad. El enojo previo a la frustración y al colapso emocional. Antes de que estas emociones afecten tu salud, tu atención y, finalmente, otras áreas de tu cerebro.

Entonces, hagamos una lectura hipotética —o, quizá, no tan hipotética, ya que estos temas son muy comunes a todos nosotros—:

- Observa las áreas en tu lectura: ¿encerraste en un círculo el primer centro, que corresponde a problemas tales como trastornos inmunológicos, alergias o infecciones? Si lo hiciste, entonces pregúntate: «¿Cómo es mi familia? ¿Tengo muchos amigos? ¿Me siento seguro y a salvo en el mundo?».
- ¿O encerraste en un círculo las áreas del segundo centro: espalda baja, útero, ovarios, hormonas o sistema reproductor? Si lo hiciste, entonces pregúntate: «¿Estoy deprimido por una relación? ¿Frustrado por mi vida sexual? Y ¿qué hay de las finanzas? ¿Estoy preocupado o estresado por el dinero?».
- O, quizá, marcaste el tercer centro, que se relaciona con la digestión, el peso corporal, la imagen corporal, los riñones. Entonces, tal vez tengas que sentarte y preguntarte: «¿Cómo está yendo el trabajo? ¿En qué estado se encuentra mi autoestima? ¿Pienso que estoy gordo? ¿Detesto mi cabello? ¿Me encuentro atractivo?».
- ¿O has estado teniendo problemas de sinusitis, bronquitis, de pulmones, de corazón, colesterol, hipertensión, palpitaciones o bultos en el pecho en el cuarto centro? Entonces tendrás que preguntarte cómo son tus asociaciones o tu relación con tu madre o con tus hijos.
- Luego pasamos al siguiente centro. ¿Tienes dolor de cuello, problemas de tiroides, problemas con la articulación temporomandibular, enfermedades de las encías o de los dientes? Bueno, odio decírtelo, pero la comunicación puede ser un problema.
- Luego están la cabeza, los ojos y los oídos. ¿Tienes mareos, vértigo, sequedad ocular, dolores de cabeza o problemas de salud en esta parte? Quizá tengas problemas con la forma como ves el mundo y tu capacidad de cambiar la manera como respondes ante él.
- Luego tenemos el séptimo centro. Necesitamos hacer una pausa aquí, porque estos problemas de salud te obligarán a hacer un alto total en tu vida. Las enfermedades crónicas, difíciles de

tratar e, incluso, mortales te fuerzan a enfocarte en cuál es tu propósito en la vida. ¿O acaso has perdido tu propósito? ¿Has perdido tu foco? ¿Y qué tanta calidad tiene tu vida espiritual?

COMBINAR LA INTUICIÓN MÉDICA Y LAS AFIRMACIONES

Así, en lo que se refiere a combinar la intuición médica y las afirmaciones, trabajamos en lo que yo llamo con cariño el Triángulo de las Bermudas mente-cuerpo. Tres áreas de una sola vez. Identificamos un escenario en nuestra vida —familia, relaciones, trabajo, etcétera—, identificamos la emoción —enojo, miedo, tristeza, ansiedad, etcétera— e identificamos el problema de salud que involucra. Estos son los tres ángulos del triángulo.

No obstante, muy a menudo utilizar únicamente la intuición médica y las afirmaciones no funciona. Algunas veces permanecemos ansiosos o frustrados, no podemos prestar atención y seguimos teniendo problemas de memoria. Y un problema de salud puede seguir dándonos molestias a pesar de identificar cómo un problema en la salud mental o corporal está asociado con un escenario en nuestra vida. Eso es porque tenemos que aprender a apoyar a nuestro cerebro y ciertas áreas corporales de forma fisiológica, nutricional y, posiblemente, medicinal, mientras se sanan.

En el primer libro que escribí con Louise Hay, *Todo está bien: Tú puedes curar tu cuerpo a través de la medicina, las afirmaciones y la intuición*, aprendiste que utilizar afirmaciones y la intuición no es suficiente. Necesitamos utilizar todas las soluciones para sanar. Este libro es el segundo de la serie. Te ayudará a sanar tu mente, creando un estado de salud integral con medicinas, afirmaciones e intuición. Reconoce que necesitamos las tres para sanar.

Podemos combinar el enfoque de Louise Hay con la intuición médica no solo para diseñar soluciones para las enfermedades, sino con el fin de cambiar los patrones de pensamiento que impactan nuestra capacidad de tener un estado de ánimo saludable, estar libres de ansiedad y frustración, y mantener nuestra mente ágil como una gacela. Podemos lograr tener una perspectiva diferente en relación con un trauma que afecta nuestras relaciones y nuestra libertad de movernos por el mundo. Además, en lo que se refiere a la sexualidad, a la imagen corporal y la identidad, también podemos transformar nuestra autoestima y nuestra valía personal con las afirmaciones.

CÓMO UTILIZAR ESTE LIBRO

En *Todo está bien*, Louise y yo tratamos con el lado corporal de la ecuación: cómo sanar tu cuerpo. Este libro te enseña cómo sanar tu mente. En los próximos capítulos aprenderás acerca de la tristeza, la depresión y el enojo tuyo o de tus seres queridos; sobre la ansiedad, la adicción, los problemas de atención y aprendizaje, el envejecimiento saludable y la memoria, así como la amplia gama de «estilos» cerebrales que moldean la forma en la que pensamos y vivimos, incluyendo dones inusuales como el misticismo.

Llegarás a entender cómo estos aspectos de la salud mental y emocional afectan también tu salud. Cuando tengas una preocupación específica relacionada con tu cerebro y con tu mente, quizá quieras ir directamente a la Clínica «Todo Está Bien», que se encuentra en el capítulo que trata sobre tu problema particular. Esta es tu oportunidad de ser un paciente en la clínica mente-cuerpo virtual de Louise y mía. Podrás determinar si tienes el problema observando una lista de tus síntomas en el cuerpo y la mente. Encontrarás un breve ejemplo de la historia prototípica de un paciente, y luego habrá todo un menú de sugerencias y estrategias que puedes emplear para sanar. De esta forma, al poseer este libro, recibes una experiencia virtual de curación justo en tu propio hogar, con medicinas, suplementos nutricionales, hierbas y prescripciones para la salud integral de tu cuerpo tomadas de las áreas de especialización de Louise y mías para ayudar a las personas a sanar. Tendrás la oportunidad de llevar a tu equipo de curación en casa los distintos abordajes para el tratamiento, que van desde suplementos hasta terapia, nuevas conductas, nuevos patrones de pensamiento, etcétera.

Por favor, entiende que cualquier solución que pruebes tiene que formar parte de una sociedad de curación. Los cuidados forman parte de la curación, y la curación no puede hacerse de forma aislada. Entonces resiste el impulso de hacerlo por ti solo. Toma la información que hay en este libro, encuentra a un médico preparado, con credenciales, empático —quizá, incluso, un sanador—, y elabora un plan. Juntos utilizarán las herramientas de este libro para ayudarte a dar apoyo a tu cerebro, a tu mente y a tu espíritu, de modo que puedas realizar los cambios que deseas en tu vida.

1 DEPRESIÓN

¿La depresión ha sido una barrera para que avances en tu vida? ¿La tristeza y la frustración se han interpuesto en el camino y te han impedido utilizar todo tu potencial en el trabajo? ¿El dolor emocional y la sensibilidad han perturbado tus relaciones?

Uno de los trastornos físicos más comunes en nuestra cultura es el dolor. Uno de los trastornos emocionales más comunes en nuestra cultura es el dolor emocional. La tristeza, la frustración, el agobio, todos tienen la misma energía cerebral, o química cerebral, o comoquiera que la llames. Todos ellos se engloban bajo el apartado de depresión.

Y bien, ¿qué es la depresión? La depresión es tristeza excesiva. La mayoría de las personas se dan cuenta de ello. Muchas personas no se percatan de que también es una falta de amor y alegría. Todos tenemos momentos en los que nos sentimos abandonados, traicionados, rechazados. Sin embargo, si tu tristeza se queda durante mucho tiempo, tienes un problema emocional que termina convirtiéndose en algo físico.

¿Qué produce el dolor emocional de la tristeza, la frustración y la depresión? Algunas veces sientes que has perdido a alguien para siempre. Algunas veces te sientes sin ningún valor. Otras, te han faltado al respeto en el trabajo. Te han tratado injustamente. Te enfadarás, te exasperarás, pensando que las cosas deberían ser distintas. Este mal humor, este sentimiento de soledad y esta irritabilidad son, todos ellos, aires de tristeza. Y luego tu cuerpo lo siente. Te da hambre, te sientes cansado, te mueves lentamente, te encuentras azotando puertas, cosas sin importancia te hacen estallar. Te criticas a ti mismo. Criticas a otras personas. Y te ves en el espejo y dices: «No me gusto a mí mismo». No puedes dilucidar si estás triste o enojado. Es difícil saber dónde termina la tristeza, dónde comienza la irritabilidad y dónde hace erupción el enojo.

FORMAS DE VER LA DEPRESIÓN

Nuestros sentimientos son una parte intuitiva del bienestar y nos hacen saber que alguna necesidad no está siendo satisfecha. Cuando nos sentimos tristes o enojados, esto puede abrumarnos, dominar nuestra vida y hacer de las relaciones un campo de batalla. Podemos abusar de nosotros mismos con la comida, la bebida, con malas relaciones. A menudo, cuando estamos «de mal humor», sentimos que no somos «lo suficientemente buenos», porque la depresión, el enojo y la irritabilidad no solo tienen que ver con estar malhumorados, tienen que ver con no tener suficiente alegría y amor. Podemos aprender de la obra de Louise Hay que una buena salud emocional y física comienza con amarnos a nosotros mismos.

LA DEPRESIÓN Y LA INTUICIÓN MÉDICA

En la intuición médica, la tristeza y el enojo forman parte de tu sistema emocional de orientación, el cual te dice que algo necesita cambiar. Las emociones, en sí mismas, no son el problema. La tristeza y el enojo a menudo son vistos como algo negativo. ¿Por qué? Porque no nos gustan. Sin embargo, emociones difíciles como el enojo y la tristeza son una alarma de incendio. Las alarmas de incendio nunca son agradables. Te lastiman los oídos y no quieres escucharlas cuando suenan. Cuando estás deprimido —o cerca de alguien que está deprimido—, es como si una sirena intuitiva sonara. La depresión y la tristeza son una señal intuitiva de que algo alrededor está a punto de salir mal. Cuando tienes ese pavor abrumador, esa incomodidad indescriptible dentro de ti, puedes sentir que tienes algo que perder. Así, la próxima vez que tu estado de ánimo se venga abajo, detente. Piensa en ello. Trata de descubrir por qué la alarma intuitiva ha comenzado a sonar. ¿Una relación va a irse a pique? ¿La salud de alguien está decayendo? Cuando una emoción comienza a deslizarse hacia la depresión o la irritabilidad, intuitivamente tenemos que detenernos y preguntarnos qué anda mal en nuestra vida.

Si deseas mejorar tu salud emocional y física, tienes que captar el mensaje intuitivo que está detrás de los estados de ánimo. En primer lugar, observa la emoción; después, nómbrala; luego, responde a ella. Tomemos la depresión. Primero aparece en el hemisferio derecho de tu cerebro. Esa es el área para la emoción y la intuición. Debemos tomar ese sentimiento de depresión e irritabilidad desde su forma más pura e intensa en nuestro hemisferio derecho y transferirlo a nuestro hemisferio izquierdo. Con el hemisferio izquierdo podemos nombrarlo, descubrir qué está provocando el sentimiento y decidir cómo responder ante él de manera efectiva.

Digamos, por ejemplo, que estás en tu trabajo y de repente te das cuenta de que estás deprimido. Antes de que vayas por esa barra de chocolate o comiences a estallar cuando tu compañero de trabajo te entrega esos archivos, detente. Encuentra el mensaje intuitivo que está detrás del estado de ánimo. Evitará que la depresión se incremente y se apodere de tu mente y tu cuerpo. Cuando te detienes y descubres lo que estás sintiendo, nombrándolo, y respondes ante ello de forma efectiva, es más probable que liberes la tristeza y la irritabilidad antes de que el estado de ánimo cree una cascada bioquímica. Permanecer en la depresión crea una cascada bioquímica que puede traer como resultado síntomas en diversas áreas de tu cuerpo. Comenzaremos a describir esto aquí, y posteriormente, en este mismo capítulo, aprenderás más acerca de los químicos específicos de cada emoción compleja.

Veamos el enojo, por ejemplo. ¿Qué es el enojo? Cuando te das cuenta de que estás a punto de estallar porque alguien azota la puerta en casa o estás frustrado porque otra persona se te atraviesa en la autopista, ¿qué es ese sentimiento? Es enojo. Es una emoción sumamente importante. Significa que alguien te ha faltado al respeto o que alguien te ha amenazado. La siguiente vez que te encuentres haciendo fila en el aeropuerto o en el supermercado o dondequiera que estés, detente. Cuando te sientas exasperado, irritado, quizá, incluso, al borde de la rabia absoluta, reconoce que puedes detener el avance de la emoción —esto es, el enojo— antes de que la bioquímica del enojo se intensifique y tenga un efecto dominó mente-cuerpo de problemas de salud.

Permítete sentarte por un instante con la frustración, la irritación, el resentimiento. Imagina en tu mente que estás pasándolo del lado derecho de tu cabeza, de tu hemisferio derecho, al lado izquierdo de tu cabeza, tu hemisferio izquierdo. Trata de descubrir el mensaje intuitivo que está detrás de la emoción. Pero, mejor que eso, trata de descubrir qué pensamiento está manteniendo trabado ese botón del enojo en tu cerebro. Normalmente, no tiene que ver con la fila que estás haciendo, con la persona que se te atravesó en el tráfico o, incluso, con la presión del ruido y las multitudes. Normalmente es un patrón de pensamiento tipo «yo estoy bien, ellos están mal, y esta situación debería ser diferente». Es cierto, no deberían atravesársete en el tráfico, no deberían empujarte en la fila. Es un hecho que este tipo de pensamientos —los pensamientos de «debería», «podría», «tendría»— solo aumentan el enojo en tu cerebro y en tu cuerpo.

Si no encuentras el mensaje intuitivo que está detrás del estado de ánimo y no transformas tus pensamientos, una hora después puedes verte en una crisis. Este capítulo te ayuda a transformar esos momentos de locura que forman parte de la vida normal en salud emocional y física.[1]

EL ESTADO DE ÁNIMO SE VUELVE ALGO MÉDICO: EL EFECTO DOMINÓ EMOCIONAL

¿Cómo se transforma una emoción negativa, como la tristeza o el enojo, en síntomas en tu cuerpo? El estado de ánimo se convierte en un problema médico a través de un efecto dominó de químicos.

Primero: algo te hace enojar, ya sea que recibas una factura por pagar que es demasiado grande o alguien rompe su relación contigo. Algo te hace sentir triste. Quizá una mascota muy amada para ti muere o te enteras de que un amigo se muda a otro estado. Sea lo que sea, simplemente no puedes quitártelo de encima. A medida que los días pasan, te das cuenta de que te encuentras en un «estado de ánimo asqueroso», o te sientes «para la basura». Y cuantos más días pasan, ese estado de ánimo o esa sensación se vuelve una incomodidad indescriptible antes de convertirse en verdaderos síntomas. Esas emociones —el enojo, la tristeza— bajan desde tu hemisferio derecho —esa área de puras emociones— a tu hipotálamo.

Sí, así es; el hipotálamo es esa misma área donde están las hormonas, donde se regulan el hambre y el sueño. Es por eso que, cuando estás de mal humor y permaneces así durante un largo tiempo, eso perturba tu sueño, tu forma de comer y tus hormonas. Luego, la tristeza y el enojo van a la glándula pituitaria. Ocurren más cambios hormonales, en la forma de comer y en el sueño. Y, finalmente, a medida que pasan los días y los meses, esos síntomas químicos avanzan a través del tallo cerebral y se dirigen hacia tus glándulas suprarrenales, las cuales transmiten las emociones por todo tu cuerpo.

Segundo: cuando te sientes frustrado o deprimido, tu tallo cerebral libera epinefrina, un neurotransmisor que hace que te sientas fastidiado e irritable. Tu glándula suprarrenal también libera una hormona del estrés, el cortisol, que hace que quieras comer todavía más. ¡Excelente!

Tercero: esa hormona del estrés, el cortisol, inicia los infames problemas en el sistema inmunológico. Lo que primero fue frustración y tristeza, ahora se convierte en una infelicidad más prolongada o depresión. La depresión «corporal» se instala con una cascada de citocinas irritantes que inducen el sueño y provocan dolor. Las citocinas promueven que todo tu cuerpo se inflame.

Cuarto: como resultado de estas citocinas, tus glóbulos blancos, las células del sistema inmunológico que tiene tu cuerpo, liberan proteínas que te hacen sentir débil, cansado y adolorido. Sientes como si tuvieras gripe, o fiebre, o artritis.

Quinto: las citosinas se «devoran» tus neurotransmisores del estado de ánimo, haciendo que te sientas todavía más deprimido. La norepinefrina y la serotonina, que son importantes para mantener tu estado de ánimo elevado, comienzan a disminuir, provocando que te sientas todavía más deprimido, enojado e irritable.

Sexto: meses más tarde, tu depresión y tu enojo se solidifican aún más en tu cuerpo y en tus sistemas de órganos, especialmente en tu corazón, tu presión sanguínea y el azúcar en tu sangre. Si acudiste a tu doctor, él o ella habrá notado que tus niveles de homocisteína en la sangre están comenzando a aumentar, alertándote de que estás en riesgo de padecer una enfermedad cardiaca. Tu depresión se está registrando ahora de manera médica-intuitiva en la forma de un corazón roto.

Séptimo: ahora, los cambios en los neurotransmisores norepinefrina y serotonina provocan dolor corporal, dolor en todas partes. Primero es en tu cabeza; luego, en tu espalda. Está en todas partes. Sientes como si estuvieras arrastrando tu cuerpo dondequiera que vas.

Octavo: el enfado y la depresión prolongados comienzan a molestarte incluso en la noche. No puedes quedarte dormido. No puedes permanecer dormido. No puedes permanecer despierto durante el día.

Noveno: luego, a medida que pasan los meses, como si no fuera suficiente, notas que empiezas a subir de peso o que lo estás perdiendo, dependiendo de tus genes. Si estás subiendo de peso, puedes ver que estás comiendo más carbohidratos —pasta, arroz, dulces— y, por eso, tu peso está yéndose para arriba. Finalmente, podrías beber más alcohol para lograr dormir. Ambas cosas disparan un ciclo vicioso de más problemas de salud.

Décimo: a medida que subes de peso, tu colesterol aumenta, incrementando todavía más tu riesgo de tener una enfermedad del corazón y un derrame cerebral.

Décimo primero: ¿sigues conmigo? Porque esto se está poniendo muy deprimente. Has desarrollado, con el aumento de peso, más problemas de insulina y más problemas de presión sanguínea. Con un mayor peso y una mayor cantidad de insulina, la inflamación se dispara y el colesterol flota en tus vasos sanguíneos.

Décimo segundo: el colesterol, más la depresión, crea moléculas llamadas «radicales libres», que, con el tiempo, como sarro, tapan tus circuitos de la memoria. Observas que no puedes leer una página de un libro sin regresar a ella una y otra vez para captar el significado. Te das cuenta de que no puedes recordar lo que dijiste apenas unos segundos atrás. No puedes recordar los nombres de las personas. ¿Recuerdas lo que acabas de leer aquí?

Décimo tercero: los ácidos grasos omega-3 comienzan a disminuir, y esto, combinado con la inflamación, décadas más tarde, aumenta también la probabilidad de que padezcas demencia, y tan solo pensar en ello hace que te sientas más deprimido.

Así pues, mientras lees este libro, te darás cuenta de que, cuando domines el encontrar el mensaje intuitivo detrás del estado de ánimo, no solo sentirás alivio de la depresión crónica y la irritabilidad —en este capítulo— y la ansiedad —capítulo 2—, sino que tendrás una mayor capacidad de evitar las adicciones —capítulo 3—, para aprender —capítulo 4— y para recordar lo que has aprendido y así envejecer mejor —capítulo 5—. Tendrás más control emocional para manifestar todo tu potencial espiritual para toda tu vida en la Tierra —capítulo 6—.

LA TRISTEZA Y LA RED DE ENOJO MENTE-CUERPO

Prende la televisión. Todo lo que oyes decir sobre la depresión es medicamentos, medicamentos, medicamentos. Te tomas tu Prozac, te tomas tu Lexapro, todas estas distintas medicinas. ¿Es eso la depresión? ¿Es una deficiencia de Prozac? De hecho, no. La depresión es el circuito de tristeza en tu cerebro y en tu cuerpo que ha fallado.

¿Qué es la red cerebro-cuerpo de la tristeza? Echemos primero un vistazo al cerebro. El área límbica del cerebro, específicamente el lóbulo temporal, es importante para las emociones y la intuición. Esta área vincula nuestros sentimientos y nuestra intuición con la memoria en nuestro cerebro y nuestro cuerpo.

En esencia, tenemos cinco emociones básicas: enojo, tristeza, miedo, amor y alegría. En esencia, la depresión es demasiada tristeza, y el enojo, muy poco amor y alegría. Medicinas como el Prozac, el Zoloft y el Lexapro —podría añadir— solo reducen la depresión, ya que son antidepresivos. No añaden amor y alegría. Las afirmaciones, la terapia cognitivo conductual y aprender a vivir mejor te enseñan a adquirir amor y alegría.

La otra parte del cerebro es el lóbulo frontal. Si el sistema límbico es para las emociones, hablando de forma general, el lóbulo frontal es para el pensamiento y la acción. Específicamente, ciertas personas que han tenido una historia de traumas tienen recuerdos, cintas, que su lóbulo frontal reproduce una y otra vez cuando están deprimidas. «No valgo nada». «Nadie me amará jamás». «Esto es inútil». O: «Yo estoy bien, ellos están mal; las cosas deberían ser diferentes». Otra parte del lóbulo frontal nos ayuda a levantarnos e ir tras lo que queremos cuando sentimos alegría, o se queda atascada en la inercia cuando nos sentimos deprimidos de manera crónica.

¿Qué es el enojo? El enojo puede ser el primer síntoma del cambio de hormonas —que aumenta la presión arterial—, sin mencionar una relación abusiva o un trauma extremo del pasado. Tenemos grupos para el manejo de la ira, pero a menudo son ordenados por la Corte, y la terapia ordenada por la Corte rara vez tiene éxito. Debes saber esto. Puedes arrastrar a un caballo hacia el agua, pero no puedes hacer que beba de ella. La depresión y la tristeza son una parte normal de la experiencia humana, y lo mismo ocurre con el enojo. Los científicos están comenzando a ver que la anatomía del enojo y de la depresión son muy similares y se traslapan.[2]

Cuando te sientes enojado, ¿qué significa? Que no obtuviste lo que querías. No obtuviste lo que esperabas. El enojo está muy asociado con el área temporal, pero, también, con un área en el lóbulo frontal, el núcleo accumbens, el área de las recompensas. Si no obtienes lo que deseas, te frustras, y, luego, puede aumentar hasta convertirse en rabia, y la espiral se enrolla, y se enrolla, y se enrolla. Como puedes ver, gran parte de la red de la tristeza en el cerebro se traslapa con la red del enojo, y esa es la razón por la que —regresando al principio del capítulo— diríamos: «estoy triste», «estoy frustrado» y, luego, «estoy abrumado». Se enrolla y se enrolla. Dondequiera que empiecen la tristeza y el enojo, ambos terminan en agobio.

Has oído el dicho de que la depresión es enojo que se ha volcado hacia dentro. Quizá lo viste en algún libro popular de psicología. De hecho, no es psicología popular; lo señaló una de las primeras psicoanalistas, Karen Horney. (En verdad, ese es su apellido; cuando lo escuché, no podía creerlo).[3] Karen Horney habla sobre la depresión como enojo que se vuelca hacia dentro y se convierte en odio hacia uno mismo. Las personas que tienen ese tipo de depresión a menudo nacen en un entorno que es impredecible y atemorizante, donde se sienten indefensas. Para adaptarse a ese ambiente aterrador, en lugar de enojarse con las personas que las rodean, se enojan consigo mismas. Es un aspecto peculiar de la humanidad que hagamos esto, pero lo hacemos. En lugar de pensar: «Dios mío, estas personas están locas, ¿por qué estoy aquí? ¿Cómo podría amar a estos individuos?», dicen: «No soy digno de ser amado. Soy una mala persona». Para evitar sufrir abusos, para permanecer fuera de la línea de fuego, se vuelven reservadas y sumisas. No quieren pelear y, desafortunadamente, se vuelven pasivas. El antiguo enfoque de «voy a tratar de hacer que me quieras de modo que, tal vez, no me lastimes» a menudo no funciona. Muchas veces, si naces en este tipo de hogares abusivos, tratas de obtener la sensación de ser «digno de ser amado» a través de sentir que te necesitan. Haces todo por todos y, luego, cuando no te aman, sientes que no eres digno de ser amado y entonces te deprimes. Así, esta es una forma en la que la depresión surge del enojo que se vuelca hacia dentro. ¿De quién es el enojo? ¿De quién? Lo repito. ¿Es tu enojo hacia las personas que han abusado de ti y ese enojo se ha volcado hacia tu interior porque no podías expresarlo, ya que, si lo hacías, te lastimarían? ¿O absorbes de forma intuitiva su enojo al estar en su entorno? Yo diría que es ambas cosas, porque ahora sabemos que la depresión y el enojo no tienen que ver solo con *tus* emociones, sino, también, con responder intuitivamente al ambiente que te rodea.

UNAS BREVES PALABRAS ACERCA DEL DIAGNÓSTICO

Gran parte del tiempo que estuve en entrenamiento lo pasé tratando la tristeza con antidepresivos, así como con psicoterapia. Cuando comencé mi residencia en psiquiatría, tratábamos el estado de ánimo, la ansiedad y otros trastornos mentales de las personas de la siguiente manera:

1. Escuchábamos sus quejas acerca de su estado de ánimo y su salud.
2. Observábamos cómo comían, dormían y actuaban.
3. Lo creas o no, contábamos los síntomas y empatábamos las cifras de los síntomas con categorías de diagnóstico que se encontraban en un manual, el libro guía para la psiquiatría, llamado el *DSM-IV*.

Existía la depresión mayor y la depresión menor. Algunas personas tenían trastorno bipolar I, trastorno bipolar II. La lista seguía. Dicho esto, no había escaneos, rayos X o pruebas de sangre que confirmaran un diagnóstico como en otras especialidades médicas, como en la ginecología, la oncología o la medicina interna. Ahora, en el siglo XXI, adivina qué... Tenemos otro libro con otra lista de nombres distintos para los diagnósticos. Se trata del *DSM-V*.

En los años ochenta podrías haber recibido un diagnóstico de TDA: trastorno por déficit de atención. Luego, en los noventa, alguien podría haber pensado que tenías Asperger. A principios de la década de 2000 podrían haberte dicho que tenías trastorno bipolar II. Para el año 2020 o 2030, ¿cuál será el diagnóstico? ¿Y qué medicina se prescribirá? ¡Sigue siendo el mismo cerebro!

En este momento, la mayor parte de la psiquiatría se basa en qué tan triste estás o qué tan feliz o ansioso estás. Y aunque tomamos nota de la frecuencia con que se enojan los pacientes, irónicamente no existe ningún diagnóstico de enojo. Sin embargo, existen muchos diagnósticos que implican cambios en el humor: bipolar, limítrofe, etcétera. Basta decir que este libro te ayudará a sanar tu mente con todas las opciones disponibles hasta la fecha. Las etiquetas, esto es, los diagnósticos, no van a enfatizarse, porque siempre están cambiando. El cerebro no tiende a cambiar; las etiquetas y los diagnósticos, ciertamente, sí lo hacen. A menudo, también son politizados; no vamos a involucrarnos en ello.

DEPRESIÓN, ENOJO Y AMARTE A TI MISMO

Louise Hay analiza una solución para los problemas del estado de ánimo. Habla acerca de cómo resolver la tristeza y la depresión y el enojo añadiendo amor y alegría. En lugar de pensar en por qué no te amas a ti mismo, si fue porque alguien te lastimó o estuviste en un ambiente lleno de odio, simplemente te dice que ames quien eres. Te dice que te ames a ti mismo *justo donde estás*. Cuando Louise habla de que te ames a ti mismo, no tiene que ver con el tamaño de tu cintura o tus caderas o el color de tu cabello. Ese no es amor; es vanidad. Y ella dice que es miedo. Louise habla de respetar y amar el increíble milagro que cada uno de nosotros es. Cuando nos amamos a nosotros mismos, estamos amando lo divino, las expresiones magníficas de la vida. Cuando nos amamos a nosotros mismos, sabemos que estamos sintonizándonos con el universo y con el amor inherente que fluye a través de la vida. Louise entiende que el enojo, la depresión y la tristeza están inexorablemente relacionados, y muchos que pertenecen a la rama temprana de la psicología llamada «relaciones objetales» concuerdan con ella.[4] Esto es sorprendente, ya que Louise nunca obtuvo un doctorado ni tampoco hizo una residencia en psicología como otros lo han hecho.

¿Por qué nos cuesta trabajo amarnos a nosotros mismos? Preguntemos primero: ¿cómo aprendemos a amarnos a nosotros mismos? Cuando naces, admiras a quienquiera que te dio la vida; los ves, ellos te ven y piensas: «Mmm, esto es amor». Lo absorbes en esa red del lóbulo límbico-frontal en tu cerebro. Desafortunadamente, si la persona no es la más amorosa, absorbes que, tal vez, *tú* no eres la persona más amorosa. Y terminas con un pequeño defecto en tu cerebro. Por desgracia, ese defecto puede tomar la forma de patrones de pensamiento en tu lóbulo frontal que se repiten: «No soy digno de ser amado. No soy deseable. Nadie va a amarme». Entonces, tienes esta pequeña imperfección en tu cerebro, en tu personalidad, que se conecta con la memoria en tu cerebro y tu cuerpo, y esa es tu autoimagen que, con el tiempo, termina afectando tu salud emocional y física.

¿Eso es todo para ti? ¿Toda tu vida está definida por esa imagen interiorizada? No, no es así. Existen algunos «teóricos» que dicen que tu autoimagen es estática. No es verdad. Puedes cambiar tu perfil. Libros tales como *La clave de la confianza* entran en detalles exquisitos acerca de la autoestima y la autoconfianza en todos sus distintos aspectos.[5] Ya sea con afirmaciones, terapia cognitivo conductual u otras estrategias, siempre puedes trabajar sobre ese archivo corrompido en tu banco de memoria mental y corporal alterando tu estado de ánimo, desarrollando tu sensación de fortaleza con ejercicio, trabajando en tu espiritualidad, conectándote con tu poder superior; tú lo nombras, tú puedes cambiarlo. Puedes amarte a ti mismo. Si quieres hacerlo como parte de la curación de tu estado de ánimo, puedes trabajar con un terapeuta para que te ayude a sanar la pérdida y el dolor proveniente de tu vida cuando eras niño. Con la ayuda de ese terapeuta, esa madre o ese padre «postizo», reconfigurarás tus bancos de memoria cerebral y corporal.

DEPRESIÓN Y ENOJO

Ojalá me dieran un dólar por cada persona con un problema de salud en la red mente-cuerpo de la depresión y el enojo, que me llama para que le haga una lectura médica intuitiva, pero que dice que no está deprimida, enojada y no es infeliz. Esas personas no tienen depresión mental; tienen depresión corporal. ¿Qué es la depresión corporal? En lugar de que las personas experimenten la tristeza y el enojo y puedan hablar de la emoción misma, no lo hacen. Hablan de ello en términos de que se sienten cansados. Sienten una presión en el pecho, no pueden respirar, sus piernas se sienten como si fueran de plomo. No pueden conciliar el sueño; no pueden permanecer dormidos. Los músculos de su cuerpo están rígidos y tensos, su presión arterial está subiendo, su colesterol está aumentando, tienen una úlcera, etcétera. ¿Cómo puede ser esto posible? Estas personas están describiendo los síntomas que experimentan a partir de los cambios neuroquímicos de ese efecto dominó. Después de que las citosinas han puesto el escenario para la inflamación, es muy probable que la persona pueda experimentar únicamente la mitad del efecto dominó de problemas con depresión y enojo y no la otra mitad. Los neurotransmisores de la depresión y el enojo han puesto el escenario para los síntomas que son más dominantes en el cuerpo que en el cerebro. Recuerda: si no podemos expresar una emoción como la tristeza o el enojo —si no podemos pasarlo de nuestro hemisferio derecho a nuestro hemisferio izquierdo, nombrarlo y responder ante él—, baja también hacia el cuerpo.

La intuición médica es, precisamente, el sistema que ayuda a las personas con las manifestaciones corporales de los problemas mentales. Cuando existe una emoción en nuestra vida que no podemos manejar, nuestro cuerpo nos lo hace saber a través de síntomas en regiones específicas. Así pues, por ejemplo, podemos observar problemas en cualquiera de los siete centros de los que hablamos previamente.

- Si comienzas a tener problemas con tu sistema inmunológico, tu sangre, tu piel, tus músculos y articulaciones, o anemia o mononucleosis, problemas en el primer centro, pregúntate: «¿Qué o a quién he perdido en mi familia?».
- Si tienes síntomas en el segundo centro, el área pélvica, el área de las relaciones de tu cuerpo —tales como SPM, vaginitis, etcétera—, pregúntate: «¿He tenido una pérdida, tristeza o enojo asociados con una relación o con el dinero?».
- Si tienes síntomas en el tercer centro, la sección media de tu cuerpo, tales como diabetes o alergias, pregúntate: «¿Tengo tristeza relacionada con la autoestima o con el trabajo?».
- Los problemas en el cuarto centro —corazón, pechos y pulmones— pueden estar relacionados con el duelo relacionado con parejas o con hijos.

- En el quinto centro, aquel hipotiroidismo puede venir de una rabia por haber sido excluido.
- En el sexto centro, esas cataratas pueden ser la incapacidad de ver alegría más adelante.
- En el séptimo centro, ese enojo o ese sufrimiento o ese resentimiento crónico podría estar llevándote a un mayor riesgo de cáncer.

TRATAR LA DEPRESIÓN CORPORAL Y EL ENOJO CON MEDICINA

Las personas vienen a mí, como médica intuitiva, procedentes de todo el mundo, con problemas de salud en el cerebro y en el cuerpo. Muchos de los suplementos nutricionales, hierbas y medicinas que ayudan con los problemas físicos pueden también ayudar con los problemas emocionales. Por ejemplo, muchos de los suplementos para elevar el estado de ánimo o medicinas como el Prozac, el Zoloft o el 5-HTP o el SAMe (S-adenosilmetionina) pueden ayudar con muchos trastornos del sistema inmunológico. ¿Por qué? Porque tienen influencia sobre los mediadores inmunológicos. Sí, los mismos mediadores inmunológicos que forman parte de ese efecto dominó que vimos con anterioridad. Los científicos ahora creen que esos neuromoduladores, las citocinas, influyen en un amplio rango de enfermedades, ya sea la enfermedad de Lyme, el lupus, la fatiga crónica, la fibromialgia o la artritis reumatoide. Así, ya sea que tengas depresión, frustración o cualquiera de esos otros trastornos, los suplementos y las medicinas para ayudarte pueden ser los mismos. Si sugiero a alguien que considere la rhodiola para una condición artrítica, por ejemplo, dirá: «Ya sé para qué sirve la rhodiola; es para la depresión. Usted piensa que estoy deprimido y ansioso», y yo le diré: «No, simplemente estoy diciéndote que la rhodiola te ayuda con la serotonina, pero también ayuda con el cortisol, y tu problema es con el cortisol». Y normalmente la persona dice, entonces: «Está bien».[6]

LA CLÍNICA «TODO ESTÁ BIEN»

El resto de este capítulo está dedicado a la Clínica «Todo Está Bien», donde experimentas de forma virtual cómo sanar tu depresión, tu enojo y tu mal humor.

I. DEPRESIÓN MENTE-CUERPO Y ENOJO

Existe la posibilidad de que todos nosotros hayamos experimentado esto en un momento u otro de nuestra vida. Sin embargo, ¿están tu mente y tu cuerpo viviendo en un entorno lleno de depresión y enojo en este momento? Observa la lista que se encuentra abajo y marca los puntos que parecen aplicarse a tu vida ahora. Al hacer esto, estás llevando a cabo una lectura intuitiva sobre ti.

Síntomas mentales

- Tienes dolor, sufrimiento, tristeza, soledad, agitación, amargura, frustración o irritabilidad.
- Estos sentimientos se han arraigado después de la pérdida de un ser querido.
- Te ha faltado al respeto alguien importante para ti.
- Esta sensación de angustia pudo haber ocurrido después de no haber obtenido aquello por lo que trabajaste en un empleo o en tu carrera.
- Puedes estar intuitivamente sintonizado con la depresión o la tristeza de alguien más.
- Piensas que en la vida no hay esperanza.
- Puedes sentir que no vales.
- Te culpas por cosas que van mal a tu alrededor.
- Crees que estás siendo tratado de manera injusta.
- Crees que la vida debería ser diferente.
- Quizá tengas deseos de que tu vida termine.
- Quizá tengas deseos de que la vida de alguien más termine.

Síntomas corporales

- Te sientes cansado, adolorido; continuamente tienes infecciones.
- No logras salir de la cama. Te duermes cada vez más tarde.
- No puedes conciliar el sueño o permanecer dormido.
- Cuando te mueves, caminas lentamente y arrastras los pies.
- Sientes como si tus piernas fueran de plomo y tu postura es desgarbada.
- Tus dientes están apretados y tus manos están en puño.
- Tu rostro está ruborizado y caliente.
- De repente azotas puertas y golpeas cosas.
- Tus hormonas se la pasan subiendo y bajando; si eres mujer, tus emociones están peor durante la segunda parte de tu ciclo menstrual o durante la menopausia.
- Si eres un hombre de más de cincuenta años, te sientes agotado y falto de energía; no deseas tener sexo.
- Quieres comer todo o no quieres comer nada; no tienes apetito.
- Tienes una sensación de vacío en el fondo de tu estómago.
- Quieres beber mucho alcohol.
- Quieres gastar mucho dinero en cosas en las que normalmente no gastarías.
- Sientes una presión en el pecho, como si tuvieras encima un pedazo de plomo.
- Tu presión arterial sube y baja.
- Te falta el aire.
- Sientes como si tuvieras un nudo en la garganta.
- No puedes recordar nada; no puedes concentrarte o tiendes a enfocarte en una cosa que te hace sentir ansioso y te la pasas pensando en ello.

Si esto te pasa, sígueme a la Clínica «Todo Está Bien» y verás diversas soluciones que podrías considerar seguir, junto con tu equipo de sanación. Sin embargo, antes de que pasemos a tu caso, escucha la historia de Felicia.

FELICIA: UN LENTO GOTEO DE DEPRESIÓN

Felicia vino a la clínica porque decía que se sentía en «la depre». Irónicamente, su nombre significa «felicidad».

La lectura intuitiva

Observé a Felicia. Su familia era amorosa. Nada de traumas, nada de tragedias. No obstante, simplemente no pude ver ninguna pasión o propósito en su vida. Parecía como si las luces estuvieran atenuadas en su casa. Su cerebro se sentía como si no pudiera concentrarse. No tenía energía, así que no podía verla involucrándose en una carrera. No tenía energía para pasatiempos, o para salir de casa, o, incluso, para tener amigos. Sin embargo, Felicia tenía a su alrededor personas que eran activas y dramáticas, y, de algún modo, esto la frustraba. Parecía sentir que la vida era injusta porque otras personas parecían tener la felicidad que ella no podía alcanzar.

El cuerpo

Mi lectura intuitiva continuó hacia la salud física de Felicia. Vi que a su cerebro le faltaba «líquido de batería». ¿Había anticuerpos que estaban atacando su tiroides? Parecía triste, sin esperanza. ¿Había problemas crónicos del sistema inmunológico dirigidos en contra de sus articulaciones? Parecía que había un goteo crónico en la parte posterior de su garganta, y podía ver que sus dientes estaban apretados y que los músculos en su mandíbula y su cuello estaban tensos.

Los hechos

Felicia me dijo que toda la vida había tenido un problema de depresión y decepción. Los doctores lo llamaban «distimia» o «trastorno depresivo persistente». Sin importar lo que hiciera, simplemente no podía salir de la depresión. Sin importar qué alimentos o suplementos o medicinas probara, Felicia no podía dejar de estar deprimida y deshacerse de su irritabilidad. Sin importar con quién estaba o qué hacía, sentía el mismo nivel bajo de energía. Felicia sentía que estaba arrastrando un ancla. ¿Por qué no podía ser feliz como todos los demás que estaban a su alrededor?

Los médicos le dijeron que podría tener fatiga crónica, así que probó todos esos tratamientos. Ninguno ayudó. Otros doctores le dijeron que tenía fatiga adrenal. A pesar de todos los suplementos que probó para el cortisol, para los trastornos del sistema inmunológico, su depresión era el lento goteo de un grifo. Triste, triste, triste. Y un matiz de resentimiento. Y su tristeza le impedía tener una intimidad normal en sus relaciones. Algunos de los tratamientos para la fatiga crónica o la fibromialgia o la fatiga adrenal funcionaron, pero, con el tiempo, dejaron de ser una ayuda. Sus doctores dijeron que tenía «problemas subclínicos de tiroides», y ella siempre se sentía como si tuviera un virus.

La solución

¿Tienes dificultades con la tristeza y la frustración? ¿La felicidad parece estar constantemente fuera de tu alcance? Si estás lidiando con una tristeza persistente y poca energía, esa tristeza con el tiempo irá aumentando la probabilidad de que tengas diversos problemas de salud tales como trastornos del sistema inmunológico, dolor y desequilibrios de estrógeno, adrenales y de tiroides, por nombrar tan solo algunos. Si tratas únicamente el cuerpo, como Felicia, y no el estado de ánimo, la salud no se alcanza. Si tratas solo el estado de ánimo —la depresión y la irritabilidad—, seguirás sufriendo de síntomas en tu cuerpo. ¿Por qué? Para tratar la depresión cerebro-cuerpo y el enojo tienes que tratar todo tu ser. La tristeza y el enojo ocurren simultáneamente en el cerebro y en el cuerpo. Estas emociones son como un incendio. Si se mantienen, crean inflamación en tu sistema inmunitario. La inflamación cerebro-cuerpo de la depresión y el enojo provoca calor, dolor y enrojecimiento que pueden hacer que te duelan las articulaciones. Podrías tener problemas de concentración, atención y también neblina mental.

¿Cómo sabemos que hay tal cosa como un trastorno cerebro-cuerpo del estado de ánimo? La depresión se presenta en muchas enfermedades inflamatorias. Muchos de los indicadores de la inflamación corporal también se presentan en la depresión. Así pues, no solo buscamos dar un apoyo a tu cerebro; también brindamos apoyo a tu cuerpo. Utilizar suplementos, medicinas y afirmaciones para abordar la tristeza, la frustración y la inflamación en el cerebro y en el cuerpo puede ayudar a darte la capacidad de involucrarte de manera más plena, de tener más entusiasmo en la vida. Y, al tratar tu estado de ánimo, no solo te brindamos una mayor salud emocional, sino que también tratamos la inflamación que hay en tu cuerpo. De hecho, se sabe que muchos antidepresivos disminuyen la inflamación del cuerpo y mejoran el sistema inmunológico.

¿Qué hay de la terapia? ¿Dónde encaja la terapia en esto? Las personas que padecen de distimia o ese fuego lento y prolongado de la depresión, la irritabilidad y el enojo reciben una mejor ayuda a través de la terapia cognitivo conductual. ¿Qué es la terapia cognitivo conductual? Simplemente eso. Observar los pensamientos —«cognitivo»— e identificar cómo afectan la conducta. Con un consejero confiable que trabaje la terapia cognitivo conductual podemos aprender a nombrar esos patrones de pensamiento que son deprimentes, que bajan nuestro estado de ánimo, y también identificamos las acciones que, del mismo modo, enfrían nuestra depresión. ¿Te parece que esto suena a afirmaciones? Pues bien, estás en lo correcto. Muchas afirmaciones en la obra de Louise Hay identifican un patrón de pensamiento negativo y reemplazan la idea depresiva con una idea más positiva, amorosa, alegre y edificante.

Las medicinas

Asimismo, en el caso de muchas personas necesitamos también dar un apoyo al estado de ánimo con suplementos nutricionales, hierbas o, en algunos casos, si eso le salva la vida, medicinas. Solo tú puedes decidir junto con tu médico lo que es apropiado para ti. Esto no es algo que hacemos solos. Cuando tienes un bebé, lo haces en pareja. Cuando quieres que tu cerebro y tu cuerpo tengan un renacimiento, también es mejor hacerlo en compañía. Entonces, con un profesional comprensivo, ve qué suplementos nutricionales, hierbas e, incluso, hormonas y medicinas pueden ser adecuados para que reconstituyas tu química cerebral.

En este momento, nadie sabe realmente qué medicinas y suplementos son verdaderamente benéficos para esta forma de distimia o trastorno depresivo persistente. Sin embargo, existe una intensa interacción entre tú, el paciente, y el médico que te está tratando. Por eso, no te aísles. Busca ayuda. La interacción entre tú y tu médico libera opiáceos, un neurotransmisor que eleva el estado de ánimo y que, en sí mismo, puede mejorar tu estado de ánimo. Esta molécula del afecto, «el efecto placebo», no está solo en tu cabeza, está en tu cuerpo. Esos opiáceos que forman el «pegamento» de la empatía entre las personas también tienen un efecto sobre la inflamación del sistema inmunológico en tu cuerpo. Entonces, levántate y haz esa llamada telefónica. Haz esa primera conexión de ayuda para tu curación.

Si tu depresión es paralizante, quizá incluso peligrosa para tu vida, no digas un automático «no» a la medicina. Sí, quizá piensas que las medicinas no son lo apropiado para ti. Quizá quieres adoptar un enfoque más «natural». Sin embargo, antes de descartar por completo los medicamentos, detente. Piensa. En la diabetes, en el caso de muchas personas, el páncreas deja de fabricar insulina, una hormona importante —o, si lo prefieres, un neurotransmisor— que es importante para el cerebro y para la química corporal. De forma similar, nuestro tallo cerebral fabrica neurotransmisores para nuestros estados de ánimo y, en algunas personas, su tallo cerebral, por alguna razón, deja de fabricarlos. No pensarías que es poco espiritual que un diabético tome su insulina, ¿o sí? Es importante entender que todos necesitamos tomar una decisión, y, para algunas personas, los medicamentos pueden ser esa elección, ya sea en el corto o en el largo plazo.

Así, en lo que se refiere a las medicinas, ¿cuáles son las opciones? Están el Prozac, el Zoloft, el Paxil, el Lexapro y otros antidepresivos clasificados como «tricíclicos». Por otra parte, están todos estos antidepresivos más recientes que tienen un impacto sobre esos otros neurotransmisores en el tallo cerebral de los que hablé. La serotonina y la norepinefrina son influenciados por el Effexor, el Cymbalta y otros. Muchas de estas medicinas también actúan sobre la depresión corporal, la inflamación del cuerpo. En primer lugar, el Cymbalta tiene influencia sobre la inflamación en las articulaciones de las personas que padecen fatiga crónica. En segundo, existen medicamentos más nuevos de los que vas a oír hablar, tales como el Abilify y otros, que influyen tanto en el área de la dopamina como en la de la serotonina. Son importantes para combinaciones inusuales de ansiedad y depresión. Finalmente, hay algunos que rara vez se utilizan, pero que son medicamentos extremadamente efectivos, llamados inhibidores MAO: inhibidores de la monoamina oxidasa, tales como el Nardil o el Parnate. Estos pueden ser muy buenos para tratar la depresión prolongada, pero requieren de una dieta especial.

Sin embargo, quizá no estés listo para las medicinas. Necesitas informárselo a tu doctor, a tu clínico, a tu médico o a tu enfermera; a quienquiera que desees acudir. Tienes opciones:

- Considera el SAMe, 400 mg al día con el estómago vacío, o el 5-HTP o la rhodiola, 100 mg de una a cuatro veces al día, pero tienes que asegurarte de no tener desorden bipolar antes de tomarlos. Pregunta a tu médico.
- Multivitaminas: la B6 y la B12 son fundamentales para la producción de serotonina. El L-Metilfolato, 15 mg durante sesenta días, también ayuda a las personas con depresión.[7]
- Prueba genética: existe recientemente una predisposición hacia las pruebas genéticas para determinar qué medicamento o suplemento nutricional puede ser el mejor para ti. Ya sea para determinar tu perfil de enzima P450, tu subtipo MAO(A), etcétera, las personas están corriendo para que «les hagan una prueba de los genes», especialmente si los tratamientos iniciales no han sanado sus problemas de estado de ánimo. Sí, nuestra salud puede estar determinada, en parte, por los genes, pero existen muchas más influencias «epigenéticas», experiencias de vida, que pueden determinar si nuestros genes influyen siquiera. En la medicina aprendemos a tratar a las personas, no a las «cifras». Entonces, resiste el impulso de creer que tener grandes conjuntos de pruebas de sangre va a darte la respuesta. Estadísticamente hablando, entre más pruebas te hagas, es más probable que este enfoque de bombardeo dé un falso positivo, detectando que algo está mal, sea relevante o no.

¿Neblina mental? ¿Problemas para concentrarte? Muchos suplementos que funcionan para el estado de ánimo también funcionan para estos síntomas:

- Ginkgo biloba, 240 mg, ayuda a la concentración y la atención. Advertencia: pregunta a tu médico si es seguro, debido a su efecto anticoagulante.
- Ginseng siberiano: para equilibrar el cortisol, la fatiga adrenal y otros tipos de fatiga, así como la concentración y la atención.
- El chocolate contiene feniletilalanina (FEA); aumenta la motivación y la energía, porque aumenta la dopamina.

Otros tratamientos para la depresión

Los cambios de largo plazo en los neurotransmisores que afectan el estado de ánimo pueden afectar también el sistema inmunológico en el cuerpo. La acupuntura y las hierbas chinas pueden ayudar a esa inflamación del cuerpo. Así, si tú, como Felicia, tienes depresión corporal —ya sea fatiga crónica, dolor u otros síntomas—, acude con un acupunturista o un herbolario chino y analiza tener un tratamiento para tus meridianos del bazo, el estómago y los riñones. También puedes pedir a tu acupunturista que te dé hierbas como la *os draconis* —hueso de dragón—, que ayuda a aliviar la depresión y los dolores corporales, así como el insomnio.

Aunque tu depresión podría estar provocándote una fatiga inmensa, prueba trabajar con un entrenador o un *coach* para rehabilitar tus glándulas suprarrenales, de modo que puedas tener más capacidad aeróbica. Durante la primera semana quizá puedas ejercitarte solo cinco minutos al día; luego, a la siguiente semana, diez minutos al día, etcétera, aumentando hasta veinte o treinta minutos. Al hacer esto, también estás liberando opiáceos, los cuales elevan tu estado de ánimo y tu sistema inmunológico.

Ve televisión o películas que te ayuden a ¡reír, reír, reír! Por otra parte, no veas televisión o películas que te hagan ¡llorar, llorar, llorar! Es obvio, y sal con personas que te hagan ¡reír, reír, reír! No salgas siempre con personas que están tristes. ¿Por qué? Sabemos que una de las causas de la depresión es convivir con personas depresivas. No estoy diciendo que les des una patada a tus amigos si están teniendo un momento de tristeza; simplemente estoy diciendo que hagas un inventario minucioso de tu vida. Pregunta a tu consejero si existe algún hoyo negro crónico en las relaciones que tienes en tu vida que necesite ser excavado.

Hablando de hoyos negros, ¡sal de casa! Asegúrate de tener contacto al menos con una persona al día, y no estamos hablando del cartero. Ve a una cafetería, a un centro recreativo o a un centro espiritual, cualquier lugar donde haya personas con las que puedas simplemente hablar, convivir. El aislamiento es un amigo de la depresión. ¡No te aísles! ¡Relaciónate!

Ve a que te hagan un masaje. Libera neurotransmisores que mejoran tu estado de ánimo y tu sistema inmunológico.

Conéctate con tu espiritualidad, ya sea trabajando con un consejero espiritual, caminando en la naturaleza, orando, meditando o, simplemente, sentándote en una postura meditativa. Cualquier forma en la que contactes con lo divino te hace sentir completo y te permite saber que todo va a estar bien.

Pregunta a tu médico si tienes un problema «estacional» con tu estado de ánimo. ¿Qué es un problema estacional? Significa que durante una cierta época del año, el otoño o el invierno, tu estado de ánimo se viene abajo. Si esto te está ocurriendo, compra una fuente de iluminación de espectro completo, que es fácil de encontrar casi en cualquier tienda de alimentos naturales.

Las afirmaciones

El amor es lo opuesto a la depresión, así que Louise anima a las personas que están deprimidas a que aprendan a amarse a sí mismas. Prueba seguir estos diez pasos que ella propone:

1. Detén toda crítica. Deja de criticarte a ti mismo en este instante y para siempre. ¡Nunca otra vez! La crítica nunca cambia las cosas, así que rehúsa criticarte y acéptate exactamente tal cual eres.
2. Por favor, no te infundas miedo. Si te amas a ti mismo, no te infundas miedo. Deja de atemorizarte con pensamientos aterradores, porque todo lo que haces es empeorar tu situación.

No tomes una situación pequeña y hagas de ella un monstruo enorme.

3. Sé gentil, amable y paciente contigo mismo. Simplemente sé gentil, amable y paciente. ¿Sabes?, un buen ejemplo del poder de la paciencia es un jardín. Un jardín comienza sencillamente con un pedazo de tierra. Luego, añades pequeñas semillas o algunas plantas pequeñas y las riegas, y le das algo de atención amorosa. Al principio, parece que no está sucediendo mucho. No obstante, si sigues haciéndolo y si eres paciente, las cosas cambiarán. El jardín crecerá y florecerá. Si piensas en tu vida o en tu mente como un jardín, sabes qué tipo de jardín te gustaría tener. ¿Qué clase de eventos quieres que ocurran en tu vida y qué clase de semillas necesitas plantar para que esos eventos ocurran? Elige las semillas, los pensamientos, que crecerán en el jardín de las experiencias que deseas.
4. Sé amable con tu mente. ¿Sabes?, el odio hacia uno mismo es, en realidad, solo pensamientos de odio que tienes sobre ti mismo. Y no querrás odiarte por tener pensamientos. Lo que quieres es cambiar amablemente esos pensamientos. Eres digno de ser amado. Todos lo somos.
5. Elógiate a ti mismo. Por favor, elógiate. La crítica destruye el espíritu interno y los elogios lo fortalecen. Así pues, elógiate tanto como puedas. Dite a ti mismo lo bien que estás haciendo cada pequeña cosa. Muchos de nosotros rehusamos hacer cualquier esfuerzo por crear una buena vida para nosotros mismos, porque sentimos que no nos lo merecemos. Nuestro sentimiento de no merecer podría provenir de que las personas nos hayan dicho que no merecemos, pero también podría venir de algo tan sencillo como nuestro entrenamiento para aprender a ir al baño cuando éramos pequeños o cuando se nos negó un cono de helado cuando éramos chicos. Merecer no tiene nada que ver con tener cosas buenas. Tiene que ver con nuestra disposición de aceptar lo bueno en nuestra vida. Permítete aceptar lo bueno, ya sea que pienses que lo mereces o no.
6. Encuentra formas de brindarte apoyo a ti mismo. Recurre a tus amigos y permíteles que te ayuden. En realidad se necesita ser fuerte para pedir ayuda cuando la necesitas, en lugar de tratar de hacerlo todo por ti mismo y luego enojarte contigo porque no puedes hacerlo. Y hay muchas maneras. Tus amigos pue-

den ayudarte. Existen grupos de apoyo por todas partes, y si no puedes encontrar lo que deseas, puedes, incluso, comenzar tú mismo tu propio grupo.

7. Sé amoroso con tu parte negativa. Tú creaste cada patrón negativo, cada hábito negativo. Todo lo que tienes en tu vida, tú lo creaste para satisfacer una necesidad, y funcionó. Mira, todo mundo ha tomado decisiones negativas en el pasado. Sin embargo, nadie está amarrado a ellas. La buena noticia es que siempre tienes una opción. Siempre puedes elegir dejar ir el antiguo patrón y escoger un pensamiento diferente, más compasivo y estimulante. Dejar ir el antiguo patrón negativo con amor te permite avanzar hacia patrones nuevos y positivos con facilidad.
8. Cuida tu cuerpo. Es la casa en la que vives. Cuando naciste, te mudaste a esta casa, y cuando dejes el planeta, te mudarás de ella. Entonces, ama la casa en la que vives y cuídala. Puedes encontrar un ejercicio que disfrutes, algo que sea divertido de hacer, y luego, cuida lo que metes a tu cuerpo. El abuso de drogas es algo muy común en el planeta; se ha convertido en uno de los métodos de escape más populares. Si consumes drogas, eso no significa que seas una mala persona; simplemente significa que no has encontrado una forma más positiva de satisfacer tus necesidades. No obstante, las drogas alteran nuestra realidad y debilitan nuestro sistema inmunológico a niveles peligrosos. En lugar de escapar a través de las drogas, necesitamos saber que es seguro sentir nuestros sentimientos. Parte de amarnos a nosotros mismos consiste en sentir nuestros sentimientos. Y pasan a través de nosotros; no se quedan.
9. Haz trabajo de espejo. He visto a muchas personas cambiar su vida simplemente a través de verse en el espejo y decirse: «Te amo. En verdad, te amo». Al principio puede parecer algo falso o raro, y puede hacer que brote tristeza, enojo o miedo; pero, si continúas haciendo esta sencilla afirmación cada vez que estás frente a un espejo, tu energía interna comenzará a cambiar. Estás dejando ir los pensamientos y comportamientos destructivos, y aceptarte como una persona naturalmente digna de ser amada se vuelve mucho más fácil.
10. Existen diversas formas en las que puedes practicar el trabajo de espejo. Lo que me gusta hacer antes que nada en la mañana

es verme al espejo y decir: «Te amo. ¿Qué puedo hacer por ti para hacerte feliz?». Luego escucha realmente lo que oigas. Al principio, quizá no recibas ningún mensaje, porque puedes estar tan acostumbrado a vapulearte que no sabes cómo responder ante un pensamiento amable y amoroso, pero escucha y continúa, y comienza a aprender a confiar en ti mismo. Si algo desagradable pasa, corre de inmediato al espejo y di: «¡Te amo! ¡Te amo de todas maneras!». Porque las cosas que pasan van y vienen, pero el amor que tienes por ti mismo es constante y es lo más importante en tu vida.

11. Puedes realizar trabajo de perdón en el espejo. Mírate a los ojos y di: «Te perdono, te perdono por aferrarte a viejos patrones durante tanto tiempo. Te perdono por no amarte a ti mismo. Te perdono por cualquier cosa». También puedes hablar con otras personas en el espejo. Di a las personas en el espejo lo que tienes miedo de decir en persona. Puedes perdonarlas. Puedes pedir amor y aprobación. Es una forma maravillosa de hablar con tus padres, o con tu pareja, si estás en una relación. Habla con tu doctor en el espejo. Habla con tu jefe en el espejo. Puedes decir todo tipo de cosas que tendrías miedo de decir de otra manera. Asegúrate de que lo último que digas en el espejo sea siempre que te amas y te apruebas a ti mismo.
12. Lo más importante es simplemente estar dispuesto. Está simplemente dispuesto. Di: «Estoy dispuesto a aprender a amarme a mí mismo. Estoy dispuesto a aprender a amarme a mí mismo. Estoy dispuesto». Y, créeme, el universo te escuchará.

II. ESTADOS DE ÁNIMO TIPO MONTAÑA RUSA

Los ciclos de los estados de ánimo pueden incluir todos los síntomas de la depresión y el enojo que vimos en la sección anterior. Lo que añadimos aquí son estados de ánimo cambiantes. Y también tenemos problemas de salud cambiantes que están inexorablemente relacionados con los estados de ánimo y, al parecer, no están relacionados con las experiencias de vida. Además de los estados de ánimo tipo montaña rusa, tienes síntomas tipo montaña rusa en tu cuerpo: altibajos de salud y enfermedades aparentemente no relacionadas con tus prácticas de salud. Pareces estar navegando relativamente feliz y, de pronto, el fondo se rompe. No solo te deprimes y te frustras —¿quién no lo haría?—, sino que también estás enfermo en múltiples áreas de tu cuerpo. Y, luego, por diversas razones, te alivias, solo para repetir el ciclo un mes o dos después. Muy a menudo los ciclos de felicidad se vuelven cada vez más cortos y los ciclos desagradables se vuelven cada vez más largos.

Algunas personas llamarían a tus estados de ánimo tipo montaña rusa «bipolares»; esto es, que van de la tristeza a la alegría, a la irritabilidad y al enojo, una y otra vez. Esto es, tu cerebro tiene algunos problemas para mantener tu estado de ánimo de forma equilibrada, sin cambios bruscos que vayan de la depresión a la alegría excesiva —manía—, a la rabia, la irritabilidad o los así llamados estados mixtos. Pienso que también existe algo así como un trastorno bipolar corporal: que la neuroquímica en tu cuerpo puede tener un problema similar con el equilibrio. Esto aparentemente no es provocado por lo que comes, los suplementos, tratamientos o medicinas que ingieres, sino que tu cuerpo tiene problemas para mantener ese equilibrio constante de salud diaria y, por supuesto, esto tiene sentido. Muchos de los neuroquímicos que influyen en las hormonas del sistema inmunológico, en la digestión, en las alergias, en el sistema cardiovascular, etcétera, son los mismos neuroquímicos que influyen en la depresión, la tristeza, la alegría, el enojo, el amor y el miedo. Así pues, si tu cerebro tiene problemas con el mecanismo que mantiene el equilibrio, tu cuerpo probablemente tiene también el mismo problema de equilibrio. Observa las siguientes listas de síntomas, además de las listas de la sección anterior, y marca aquellos que se apliquen a tu vida en este momento.

Síntomas mentales

- Tu buen humor normal se viene abajo sin motivo alguno y se convierte en sufrimiento, rechazo y melancolía.
- Tu estado de ánimo normal, sin motivo alguno, se vuelve demasiado alegre, entusiasmado y optimista en una forma que no parece acorde con lo que está ocurriendo en tus circunstancias actuales. Tu estado de ánimo no corresponde a las circunstancias.

- En contraste con tu estado de ánimo normal, equilibrado, comienzas a discutir con las personas, a no dormir, y te sientes impulsado a ocuparte yendo de compras, adquiriendo cosas, trabajando, conduciendo rápido e, incluso, involucrándote en relaciones sexuales e inversiones de negocios riesgosas.
- Tus pensamientos se disparan rápidamente y comienzas a actuar por impulso, lo opuesto a tu sentido común normal.
- Te sales de tus casillas aparentemente sin ningún motivo. Tu irritabilidad y tu mal humor aumentan vertiginosamente al punto en el que te encuentras teniendo más y más discusiones con las personas en una forma en la que no lo harías de manera ordinaria.

Síntomas corporales

- Tienes altibajos en tu salud que no parecen estar relacionados con tus prácticas de salud.
- Estás enfermo en múltiples áreas de tu cuerpo; quizá estás experimentando infecciones, alergias, dolor, problemas digestivos o problemas con un desequilibrio hormonal.
- A tu cuerpo se le dificulta mantener el equilibrio día con día, en formas que no parecen relacionadas con lo que comes o con los suplementos o medicinas que ingieres.

¿Te identificas con esto? ¿Has estado percibiendo cambios tipo montaña rusa en tu cuerpo como infecciones, alergias, dolor, problemas digestivos, o con tus niveles de estrógeno, testosterona, o de la hormona tiroidea, por nombrar unos cuantos? Si los altibajos de estos problemas de salud, junto con ciclos simultáneos de depresión, frustración, euforia, etcétera, te están desanimando, sigue leyendo.

GALENA: CÍCLOS DE ESTADOS DE ÁNIMO

Galena me llamó para una lectura. Me dijo que una amiga le había sugerido que la necesitaba.

La lectura intuitiva

La vida de Galena parecía que tenía un espejo empañado, una imagen distorsionada de sí misma. ¿Por qué? Cuando tenía aproximadamente siete u ocho años, de algún modo su autoimagen había quedado lastimada. ¿Fue porque alguien le dijo que estaba gorda? ¿O fea? Yo no lo sabía. Me costó trabajo ver las relaciones. Cuando vi a la familia de Galena, pude ver que ella siempre cuidaba de todos. ¿Esa era la forma como ella sentía que era digna de ser amada?

El cuerpo

Cuando observé intuitivamente el cuerpo de Galena, su tracto digestivo parecía ir arriba y abajo como un globo que se estaba inflando y desinflando. Los estados de ánimo de Galena parecían subir y bajar también. La irritabilidad y el mal humor cambiaban de ansiedad a sentirse entusiasmada. El cuerpo de Galena parecía tener esa «tonalidad roja» de exceso de estrógeno/deficiencia de progesterona. Percibí depósitos mayores de grasa corporal y problemas con la insulina. Vi problemas con periodos irregulares y pequeños quistes en su área de los ovarios. Los periodos de Galena parecían alternar entre ser muy abundantes y estar completamente ausentes. Vi múltiples erupciones en su piel. Ya fuera su digestión, su peso o su piel, la salud de Galena parecía estar entrelazada con estados de ánimo que solían desplomarse cuando las personas la rechazaban. Sus estados de ánimo parecían ser tan reactivos como sus hormonas.

Los hechos

Galena me dijo que había tenido SPM desde que estaba en la pubertad y ahora, que tenía cuarenta y ocho años, sufría de lo que llaman perimenopausia. Se rio y dijo que había sido «perimenopáusica durante veinte años». Se quejó de que su familia decía que sus estados de ánimo «seguían los ciclos de la luna». Su felicidad fluctuaba junto con sus hormonas. Los doctores decían que sus trece a dieciocho kilos de más hacían que tuviera enfermedad ovárica poliquística, y esa era la causa de su mal humor e irritabilidad. Ya fuera por el acné o por el peso, Galena estaba sumamente preocupada por su imagen corporal y por la forma como afectaba sus relaciones. Galena quería saber qué hacer con su problema de toda la vida con los cambios de humor y las hormonas.

La solución

Tú, como Galena, ¿estás preocupado por los estados de ánimo tipo montaña rusa y los continuos altibajos en tu salud? Las mujeres tienen el doble de probabilidades de tener depresión que los hombres y el doble de probabilidades de tener problemas cíclicos de salud como el lupus, el hipotiroidismo y el síndrome del intestino irritable (SII). Y es más probable que las mujeres tengan patrones estacionales de estados de ánimo, sin mencionar ciclos más rápidos de cambios de humor. ¿Es eso debido a los altibajos hormonales? Nadie lo sabe. Todo lo que sabemos es que existe una increíble interconexión entre los altibajos en los neurotransmisores que afectan el estado de ánimo y los altibajos en los problemas de salud que puedas estar padeciendo. Actualmente, en nuestra cultura, muchas personas están siendo diagnosticadas con desorden bipolar o trastorno bipolar II (esto es, estados de ánimo inestables); además, dadas las intrincadas conexiones y la química entre el cerebro y el cuerpo, es solo cuestión de tiempo antes de que nos demos cuenta de que también existen problemas bipolares en el cuerpo.

Si te preocupan los estados de ánimo inestables, así como las hormonas inestables y otros problemas de salud, el primer paso consiste en estabilizar el cerebro y el cuerpo. Quizá habrás notado que algunos de tus problemas de estado de ánimo —específicamente, los cambios en el estado de ánimo— «corren por toda tu familia», y quizá estás predispuesto genéticamente a muchos de los problemas de salud que tienes también. Quizá las mujeres y los hombres en tu familia eran proclives a problemas hormonales y reproductivos, trastornos tiroideos y cambios cíclicos en el SII, alergias digestivas, etcétera. Sin embargo, no estamos a merced de nuestros genes, ya sea en lo referente a los problemas de cerebro o del cuerpo. Existen problemas que ocurren en nuestra familia, trabajo y relaciones que pueden activar nuestra depresión tal y como existen interruptores en nuestros genes que pueden desactivar la depresión. Además, podemos entrenar a nuestro cerebro con terapia cognitivo conductual, suplementos nutricionales y medicamentos, cambios en la dieta y con la regulación de la grasa corporal para aprender a desactivar los genes del estado de ánimo y los problemas de salud.[8]

Por ejemplo, ¿cómo afecta el estado de ánimo al contenido de grasa? ¿Cómo funciona eso? Tus glándulas suprarrenales toman la grasa corporal y la convierten, a través de la progesterona, en exceso de estrógeno. Demasiado estrógeno produce depresión. Sabemos esto porque, cuando tomas una píldora oral anticonceptiva, uno de los efectos secundarios es la depresión. Por otra parte, el exceso de grasa corporal puede producir «depresión corporal», porque produce inflamación. Si tienes grasa corporal excesiva (más de dieciocho kilos), puedes tener una mayor probabilidad de padecer ambas cosas: predominio de estrógenos e inflamación corporal, sin mencionar la depresión. Y el exceso de grasa corporal eleva la insulina, aumenta la probabilidad de que padezcas enfermedad ovárica poliquística y perturba tu ciclo menstrual. Y ahí vamos, arriba y abajo en la montaña rusa.

Estabilizar las hormonas cerebro-cuerpo

Te recomiendo que consultes a un nutriólogo complementario que pueda ayudarte a crear un plan de alimentación para regular tu azúcar en la sangre. También puedes probar este plan de alimentación de cinco comidas al día:

- Desayuno: dos huevos, media rebanada de pan (libre de gluten, si así lo prefieres), una botella de agua y luego haz ejercicio en una bicicleta elíptica o una bicicleta estacionaria durante media hora.
- 10:00 a. m.: come la mitad de una barra de proteína y otra botella de agua.
- 12:00 p. m.: la comida más grande del día. Toma un plato y divídelo en tercios: un tercio de proteína, un tercio de carbohidratos y un tercio de vegetales. Si quieres postre, lo cual recomiendo ampliamente, quita parte de los carbohidratos y cómete la mitad de un postre.

- 3:00 p. m.: cómete la otra mitad de la barra de proteína y tu tercera y última botella de agua.
- Cena: la comida más pequeña del día. Una pieza pequeña de proteína, vegetales de hoja oscura. Si puedes caminar después de la cena, perderás peso.

Estos cambios en los niveles de azúcar en la sangre influirán con el tiempo en el cortisol, la grasa corporal, la hormona tiroidea, el estrógeno y otras hormonas en tu cuerpo.

Mientras estás bajo un plan alimentario, haz también una dieta de responsabilidades. El alimento en exceso, las calorías en exceso hacen que aumentes de peso. Cargar responsabilidades excesivas hace lo mismo a través del cortisol. Por cada hora que hagas cosas por tu familia, dedica una hora a consentirte. Advertencia: esto te pondrá extremadamente ansioso. Consigue a un instructor que te ayude a hacerlo. ¿Qué quiere decir que te consientas a ti mismo? Cabello, uñas, pasatiempos, televisión, ejercicio, lo que sea que te proporcione alegría. Puede que te sientas ansioso. Puede que te sientas muy culpable. Pero te encantará una vez que comiences a perder peso.

Suplementos y medicinas

Existen diversos suplementos y medicinas que pueden amortiguar los altibajos en los estados de ánimo y las hormonas en tu cerebro y tu cuerpo. Antes de que tomes cualquier suplemento, como la rhodiola, el ginseng siberiano, el SAMe o el Wellbutrin, o antes de utilizar cualquier estimulante, incluso una luz de espectro completo, pregunta a tu doctor. Si tienes una verdadera manía, podría lanzar tu estado de ánimo hacia niveles peligrosos de altibajos. De no ser así, prueba:

- Rhodiola, 100 mg tres o cuatro veces al día.
- Ginseng siberiano, 300 a 625 mg al día.
- SAMe, 400 mg dos o tres veces al día, puede darte energía, suprimir tu apetito y ayudarte a perder peso.
- El calcio y el magnesio pueden ayudar a estabilizar el estado de ánimo.

- ¿El reemplazo hormonal es tu respuesta ante el SPM y el mal humor, los síntomas físicos y los problemas de peso de la mediana edad? Si tienes dieciocho o más kilos de sobrepeso, tus depósitos de grasa corporal te brindan una cantidad excesiva de estrógeno, así que puedes pensarlo dos veces si tomas estrógeno o progesterona bioidénticas. La progesterona bioidéntica, aunque ayuda a estabilizar tu estado de ánimo, algunas veces puede convertirse en estrógeno en tu cuerpo y aumentar la probabilidad de que padezcas diversos problemas de salud peligrosos. Ya tienes demasiado estrógeno almacenado en tu grasa corporal, y, aunque un médico pueda hacerte una prueba de saliva o de sangre para analizar los niveles de estrógeno y encontrar que están en un nivel bajo, ahí no es donde el estrógeno se almacena.
- Considera hacerte un chequeo de tu hormona tiroidea. Las personas con cambios de humor se caracterizan por tener trastornos tiroideos. También puede agregarse la T3, una forma de hormona tiroidea, para potenciar el efecto del tratamiento de estabilización del estado de ánimo.
- El aceite de onagra puede ayudar con el SPM y la irritabilidad perimenopáusica. No obstante, no lo consumas si tienes una historia familiar de cáncer de mama.
- El DHA, 1000 mg tres veces al día, puede ayudar con el mal humor, sin mencionar que puede ayudar a diversos problemas de salud inmunológicos, digestivos, y otros problemas de altibajos en tu salud.
- Muchos médicos especializados en la pérdida de peso utilizan combinaciones de Wellbutrin (un antidepresivo) y Topamax (un estabilizador del estado de ánimo) para ayudar a las personas a perder peso. Si estás malhumorado y deprimido y has probado todo lo demás, habla con tu médico.
- Si ya estás tomando algún antidepresivo, habla con tu doctor acerca de si, como efecto secundario, esa medicina puede o no hacer que *subas* de peso. Muchos de ellos tienen ese efecto.
- Otros antidepresivos que pueden prescribirse para ayudar con la depresión incluyen el Abilify, el Viibryd, el Zyprexa, el Latuda, el Saphris y otros. Para cuando este libro esté en los estantes, probablemente habrá tres o cuatro nuevos medicamentos.

Todas estas medicinas ayudan a regular la dopamina, la serotonina y la norepinefrina.

- Si en verdad tienes oscilaciones de ánimo mente-cuerpo y problemas de salud, consulta con un doctor sobre otros posibles estabilizadores del estado de ánimo: el Lamictal, el Neurontin, el Tegretol y otros pueden equilibrar el estado de ánimo y también ayudar con los altibajos del dolor y otros síntomas físicos.

Acude con un acupunturista y un herbolario chino para ayudar a equilibrar tu meridiano del hígado, esa área de tu sistema energético que calma el estado de ánimo y los niveles hormonales. Hierbas como el cinabrio pueden ayudar con el mal humor, la irritabilidad y los problemas de piel. Aunque estamos hablando de hierbas en general, considera el sauzgatillo, el árbol casto y otras hierbas que pueden ayudar con el mal humor e irritabilidad perimenopáusicos, menopáusicos o por SPM. Estas hierbas ayudan a reducir el exceso de estrógeno. Elevan la progesterona y, finalmente, calman el mal humor hormonal, la sensibilidad de los senos y la retención de líquidos. El beneficio añadido es que estas hormonas estabilizadoras del estado de ánimo ayudan con la constipación, los dolores de cabeza y la fatiga.

¿Cómo funcionan?

- El árbol casto ayuda con el neurotransmisor dopamina.
- La cimicifuga ayuda con los bochornos, ya que tiene un efecto sobre los estrógenos.
- El regaliz, otra hierba, puede ayudar con el efecto de la depresión sobre la atención.
- El dong quai, o *Angelica sinensis*, no solo es bueno para los síntomas menopáusicos, sino que también puede ayudar con la melancolía y la tristeza.
- Finalmente, el trébol rojo, o *Trifolium pratense*, también tiene un ligero efecto antidepresivo, pero puede ayudar a mejorar la osteoporosis.

Las afirmaciones

Louise sugiere las siguientes afirmaciones para ayudar a elevar el estado de ánimo y la energía:

- Cuando sientas que eres un fracaso, di esta afirmación frente al espejo: «Mi vida es un éxito».
- Cuando quieras esconderte bajo las sábanas, la afirmación es: «Ahora supero mis antiguos miedos y limitaciones».
- Cuando la soledad sea particularmente intensa, la afirmación es: «Estoy a salvo. Solo es un cambio».
- Cuando sientas un enojo que crees que no tienes el derecho a tener, la afirmación es: «Ahora supero los miedos y limitaciones de otras personas. Yo creo mi propia vida».
- Cuando tu energía esté baja, la afirmación es: «Estoy lleno de energía y entusiasmo. Mi cuerpo sana rápidamente. Me doy permiso de estar bien».
- Cuando el patrón de pensamiento negativo en el síndrome premenstrual está permitiendo que la confusión reine, dando poder a las influencias externas, la afirmación es: «En este momento me hago cargo de mi mente y de mi vida. Soy una mujer poderosa y dinámica. Cada parte de mi cuerpo funciona a la perfección. Me amo».
- Para problemas menstruales en general, los cuales pueden surgir de sentimientos difíciles relacionados con ser mujer, la afirmación es: «Acepto mi poder como mujer y acepto todos mis procesos corporales como normales y naturales. Me amo y me apruebo a mí misma».

III. LOS TRAUMAS Y LOS PROBLEMAS DE ESTADO DE ÁNIMO MENTE-CUERPO

¿Has estado predispuesto a la depresión, la irritabilidad o el mal humor debido a un trauma severo? Además de los síntomas que describimos en las dos secciones anteriores, observa las listas que están abajo y marca los puntos que se aplican a tu vida en este momento.

Síntomas mentales

- Experimentaste un trauma emocional o físico doloroso en tu familia cuando eras niño.
- Has sufrido un trauma emocional o físico en una o más de tus relaciones.
- Ha habido un acontecimiento en tu vida en el cual has sido amenazado con un daño físico o emocional tan grave que estaría fuera del rango de lo que consideramos una experiencia de vida normal. Algunos ejemplos podrían ser vivir una guerra, ser testigo de un accidente con una pérdida de vida o pérdida de extremidades, haber sufrido una violación o un incesto, o ver a tus hijos sufrir un abuso.
- Sea cual sea el trauma que has experimentado, tiendes a tener «representaciones repetidas» de este doloroso patrón en una relación tras otra, un empleo tras otro, etcétera. El patrón doloroso parece reproducirse una y otra vez en tu vida, como la película *Hechizo del tiempo*.

Síntomas corporales

- Estás agotado todo el tiempo.
- Estás nervioso, con una respuesta de sobresalto exagerada.
- Estas hipervigilante, siempre analizando tu entorno por miedo a que el trauma se repita.
- Muchos de los músculos de tu cuerpo están tensos, como bandas elásticas.
- Te cuesta trabajo conciliar el sueño o permanecer dormido.
- Has sido propenso a los accidentes desde tu niñez.
- Has tenido un problema de salud tras otro desde la niñez.
- Tiendes a padecer enfermedades autoinmunes.
- Te arriesgas y tiendes a ser temerario o autodestructivo.
- Dices «perdón» mucho o te dices a ti mismo: «Soy malo», o «No se puede confiar en nadie», o «El mundo es peligroso».
- Te culpas por muchas cosas que suceden a tu alrededor.
- Tus emociones oscilan; eres emocionalmente reactivo incluso frente a los cambios más leves en tu entorno. Ya sea enojo,

irritación, culpa, vergüenza, desánimo o euforia, tus estados de ánimo cambian rápidamente, dependiendo de lo que esté pasando a tu alrededor.

- Tiendes a sentirte separado de otras personas porque, en ocasiones, eso te hace sentir más seguro.
- Tienes problemas de concentración y memoria.
- Cuando las cosas a tu alrededor son intensamente dolorosas, te es fácil sentirte desconectado o «dejar tu cuerpo».

¿Esta lista de síntomas mente-cuerpo tiende a ocurrirte? Entonces, quizá una serie de experiencias de vida han alterado tus circuitos mente-cuerpo del estado de ánimo. Considera la siguiente lectura intuitiva.

HETTY: MIS RELACIONES SE ESTÁN VINIENDO ABAJO Y YO TAMBIÉN

Hetty acudió a mí porque se le estaba dificultando manejar sus emociones, su salud y sus relaciones.

La lectura intuitiva

La mente de Hetty parecía un manojo de emociones. El miedo se convertía en enojo y este se convertía en tristeza, el cual se convertía en alegría y, luego, en amor. No podía descubrir dónde terminaba una emoción y dónde comenzaba la siguiente. Ya sea que fuera miedo, enojo, tristeza o, incluso, amor o alegría, a ella se le hacía difícil nombrar la emoción que estaba experimentando, responder ante ella de manera efectiva y liberarla. Cuando observé su vida, pude ver un caleidoscopio de relaciones —desde su niñez hasta el estado adulto—, cada una aparentemente una reproducción de un tema similar; esto es dolor; luego, escape.

El cuerpo

Los sentimientos parecían bajar por el cuerpo de Hetty como una cascada. Ya fuera presión en el pecho, digestión irregular, fatiga o borbotones de energía, el cerebro y el cuerpo de Hetty parecían como uno de esos rociadores en el jardín frontal: primero estaba encendido, luego apagado, encendido, apagado; un flujo irregular.

Los hechos

Hetty me dijo que le habían diagnosticado trastorno bipolar II y trastorno de estrés postraumático (TEPT). Tenía una historia de abuso en su infancia y, luego, una serie de relaciones con parejas que habían abusado de ella emocional y físicamente. Desde que tenía memoria, sus estados de ánimo subían y luego bajaban. Su cuerpo estaba físicamente energizado y, luego, solía dormir y estar exhausta por días.

El trauma y los cambios en el estado de ánimo mente-cuerpo

¿Cómo es que los acontecimientos dolorosos desbordados perturban el estado de ánimo y la salud? El horror del trauma libera cortisol, lo cual hace que tu estado de ánimo suba y baje. Las heridas emocionales y físicas abruptas hacen que tu cerebro y tu cuerpo liberen epinefrina, la cual inicialmente te llena de energía y, luego, te hace irritable y provoca que te sientas agotado. La epinefrina hace que los músculos de tu cuerpo se conviertan en bandas elásticas tensas; te vuelves nervioso, hipervigilante, impulsivo y, quizá, incluso, un poco maniaco. El cortisol hace que tengas neblina mental, problemas de concentración y atención. Y, con el tiempo, el trauma cambia los circuitos de la memoria en tu cerebro —hablaremos de eso más adelante— para —lo creas o no— alentarte a que te sientas atraído a escenarios que repitan el evento traumático. Estos «segundos intentos» son la forma que tiene tu cerebro y tu cuerpo de tratar de sanar el pasado, pero solo arraigan de una forma más profunda el trauma en tu cerebro y tu cuerpo, haciendo que tu salud se desvíe todavía más del camino.

Si tienes fluctuaciones en tu estado de ánimo, como en el caso anterior, en psiquiatría puedes recibir un diagnóstico de trastorno bipolar I o bipolar II, o esa condición nebulosa llamada «trastorno límite de la personalidad». Los médicos y científicos saben ahora que muchas personas que sufren de fluctuaciones en el estado de ánimo también tienen una historia de traumas. Así pues, si tienes tanto una historia de abuso emocional y físico grave como oscilaciones en el estado de ánimo, es mejor que trates ambos problemas en lugar de enfocarte en tener una etiqueta de diagnóstico.

La solución

Hablamos mucho en los casos anteriores acerca de cómo manejar las fluctuaciones en el estado de ánimo, así que puedes regresar a ellos para leer sobre esas soluciones.

Además, las medicinas y los suplementos no son tu única solución para los estados de ánimo tipo montaña rusa y la irritabilidad. Puedes aprender a reconfigurar las dos áreas cerebrales para regular la emoción: el área límbica o área del lóbulo temporal para la emoción pura y el área ejecutiva del lóbulo frontal para contener la emoción. Dos tratamientos que ayudan a reconfigurar estas dos regiones cerebrales son la terapia cognitivo conductual (TCC) y la terapia dialéctica conductual (TDC). La terapia dialéctica conductual, de la cual fue pionera una mujer de nombre Marsha Linehan y que se basa en el budismo tibetano y en el *mindfulness*, te ayuda a tomar las emociones y la intuición del hemisferio derecho y equilibrarlas con los pensamientos del hemisferio izquierdo para lograr estados emocionales más equilibrados. La TDC se ha utilizado para problemas de estado de ánimo, como el trastorno bipolar, la depresión, la ansiedad y TEPT, sin mencionar todos esos trastornos vagos de personalidad que son tan controvertidos y difíciles de diagnosticar de forma definitiva (por ejemplo, el trastorno límite de la personalidad).

Dependiendo de las emociones que más te preocupen, puedes adaptar este trabajo específicamente para ti. La TCC y la TDC pueden ayudar a que aprendas a manejar tu enojo de modo que no haga que el mal humor se intensifique. Estos tratamientos también pueden enseñarte cómo decir a un ser querido lo que piensas de una forma oportuna y a no contener tus emociones hasta el punto en el que explotes de rabia. Puedes aprender cómo elegir un volumen apropiado —no demasiado alto, no demasiado sumiso, sino algo intermedio— y a elegir tus palabras con inteligencia social y afabilidad para decir lo correcto a la persona correcta en el momento correcto de la forma correcta. Podrías preguntar: «¿Cómo puede alguien aprender a hacer todo esto?». Te aseguro que he tomado TDC, la he enseñado y *estoy* aprendiendo a hacerlo. Tú también puedes.

Junto con la TDC, puedes equilibrar tu estado de ánimo y tu salud con yoga y otras prácticas de movimiento, ya que ayudan a equilibrar la iniciativa y la motivación, además de que ayudan a aliviar la depresión leve.

Las afirmaciones

Louise ofrece algunas herramientas maravillosas para mitigar el enojo y desarrollar sentimientos positivos. Una de ellas es una lista de gratitud:

Pasa diez minutos todas las mañanas agradeciendo todo lo bueno que hay en tu vida. ¿Por qué estás agradecido? ¿Cómo comienzas cada día? ¿Qué es lo primero que dices en la mañana? Haz una lista de al menos diez cosas en tu vida por las que te sientes agradecido. Cierra los ojos y reflexiona antes de escribir. Puede tomarte un mes escribir esto. Está bien. No hay un límite de tiempo, y puedes añadir elementos a la lista en cualquier momento. El punto es que es difícil estar agradecido y enojado al mismo tiempo.

O prueba este ejercicio para crear sentimientos positivos:

Escribe cincuenta sentimientos positivos sobre ti mismo. Es difícil escribir sentimientos positivos sobre ti cuando estás enojado, pero esto ayuda a neutralizar el enojo. Presta atención a tus sentimientos mientras estás realizando el ejercicio. ¿Hay resistencia? ¿Es difícil verte bajo una luz positiva? Continúa y recuerda cuán poderoso eres.

Y considera las siguientes afirmaciones para las distintas formas que puede tomar ese enojo:

- Para los momentos en los que sientes que el enojo es malo: «El enojo es normal y natural».

- Cuando alguien está enojado y tú te asustas: «Consuelo a mi niño interno. Estamos a salvo».
- Cuando sientas que no es seguro estar enojado: «Estoy a salvo. Es solo una emoción».
- Cuando el pensamiento es que tus padres no te permitirán expresar tu enojo: «Supero las limitaciones de mis padres».
- Cuando el pensamiento es que no te querrán si te enojas: «Mientras más honesto soy, más me aman».
- Si piensas que tienes que esconder tu enojo: «Expreso mi enojo en formas apropiadas».
- Si el hecho de acumular enojo está enfermándote: «Me doy la libertad de sentir mis emociones».
- Si piensas que tu enojo está fuera de control: «Estoy en paz conmigo y con la vida».
- Si piensas que todo el mundo está en tu contra: «Soy digno de ser amado y todo mundo me ama».
- Si le tienes miedo al enojo: «Reconozco todos mis sentimientos. Es seguro reconocer mi enojo».
- Si piensas que no tienes derecho a estar enojado: «Todas mis emociones son aceptables».
- Si eres una de esas extrañas personas que piensan «Nunca me he enojado»: «La expresión saludable del enojo me mantiene saludable».
- Si piensas que, si te enojas, vas a dañar a alguien: «Todo el mundo está a salvo conmigo cuando expreso mi emoción».
- Y finalmente: «Me doy permiso de reconocer mis emociones».

IV. LOS TRASTORNOS DEL ESTADO DE ÁNIMO Y LA NEBLINA MENTAL

¿Tu mente ha sido secuestrada por la depresión y la neblina mental? La depresión puede ocurrir junto con una «neblina» que se propaga desde el cerebro hasta el cuerpo. ¿Cuáles son las señales? Mira esta lista de síntomas y ve cuáles se aplican a tu vida en este momento.

Síntomas mentales

- Te encuentras repentinamente triste, irritable o molesto, aparentemente sin que exista razón alguna.
- Tiendes a perder la concentración y la atención y te desorientas. Podrías estar conduciendo y percatarte de que no sabes por qué estás en esa calle en particular.
- Pierdes claridad y velocidad de pensamiento; tu memoria parece nublarse.
- Tus amigos dicen que hablas más de lo normal, pero no vas al punto.

Síntomas corporales

- Sientes que los brazos y las piernas te tiemblan o están temblorosos. Te da sueño en el día y estás despierto por la noche.
- Ves cosas con el rabillo del ojo, como sombras que se mueven.
- Te sientes inquieto y necesitas caminar o moverte de un lado a otro sin razón alguna.
- Tus síntomas son inestables, lo cual significa que pueden cambiar de una hora a otra y de un día a otro; tienden a empeorar alrededor de las cuatro de la tarde.

Si tienes varios de estos síntomas, tal vez tengas neblina mental. Las personas le han dado distintos nombres: «confusión», «delirio», «ofuscamiento», pero la mayoría simplemente la conoce como «neblina mental». Continúa con el siguiente caso y ve si te identificas con él.

IRENE: QUIERO QUE ME DEVUELVAN MI CEREBRO

Irene acudió a mí para una lectura médica intuitiva diciendo: «Quiero que me devuelvan mi cerebro».

La lectura intuitiva

Cuando observé de forma intuitiva la mente de Irene, vi que sus pensamientos estaban detenidos. Como un auto al que se le ha ahogado el motor después de detenerse en un semáforo, sus pensamientos simplemente se habían quedado atascados. Parecía como si su vida también se hubiera detenido. Yo no podía ver un empleo, no podía ver una relación y, de hecho, se me dificultaba ver que saliera de casa. Se me dificultaba ver un compañero. Se me dificultaba ver amigos, colegas. Parecía que Irene estaba exiliada.

El cuerpo

Irene parecía tener problemas de olvidos, concentración y atención. De forma intuitiva, parecía experimentar mareos y tener un problema de desorientación cuando trataba de leer o ver televisión demasiado tiempo. Todo su cuerpo parecía estar adolorido, especialmente su cuello. Parecía triste, pero, de hecho, parecía minimizar sus problemas físicos. De forma intuitiva percibí adormecimiento y hormigueo en el lado izquierdo de su cuerpo, y especialmente en sus manos y sus pies, que parecían estar dormidos.

Los hechos

A Irene le habían diagnosticado esclerosis múltiple, pero ella dijo que los doctores decían tonterías. Dijo: «Quiero que me devuelvan mi cerebro». Dijo que recientemente se había caído sobre el pavimento, que el doctor le hizo una resonancia magnética y encontró todo tipo de placas en su cerebro. Debido a la caída y a los errores que había cometido en su trabajo, se había visto forzada a retirarse de forma temprana. A Irene, que era contadora, siempre le había enorgullecido ser perfecta en su trabajo. Simplemente no podía entender por qué las personas estaban encontrando errores. Recientemente había estado quedándose en casa y se había ofrecido a cuidar de sus nietos. Sin embargo, su familia le llamaba cada vez menos debido a cierta confusión por los «errores» que había cometido durante una temporada reciente en la que había estado como niñera.

La solución

No necesitas tener una enfermedad grave para tener neblina mental. Existen diversas áreas en tu mente y en tu cuerpo donde los problemas pueden provocar depresión, confusión y delirio:

- Infección; problemas del sistema inmunológico como la enfermedad de Lyme, influenza, neumonía o virus; problemas autoinmunes como artritis reumatoide, lupus, etcétera; cánceres y tumores.
- Cambios hormonales en la menopausia o perimenopausia; cambios en la hormona tiroidea, el cortisol o la testosterona, por nombrar unos cuantos
- Niveles inestables de azúcar en la sangre.
- ¡Medicinas, medicinas, medicinas! Ya sean pastillas para el dolor, para dormir, esteroides o antidepresivos, demasiadas medicinas pueden provocar neblina mental como un efecto secundario. Distintas hierbas pueden hacer lo mismo; el hecho de que sea natural no significa que no puede producir neblina mental. Las combinaciones de medicamentos también pueden provocar neblina mental. Lo mismo otras drogas: el alcohol, la cocaína, la mariguana y cualquier tipo de droga que altere tu mente.
- Cambios en tu química corporal: sodio, potasio, calcio, etcétera.
- Trastornos de la alimentación, anorexia.
- Apnea del sueño, asma inestable.
- Enfermedad cardiovascular; después de un ataque al corazón o una cirugía de corazón; hipertensión inestable; medicamentos para la presión arterial.
- Ataques epilépticos; problemas como la enfermedad de Alzheimer y otras parecidas; daño cerebral, conmoción cerebral, hemorragias; otros trastornos cerebrales, tales como la esclerosis múltiple.
- Cirugía, anestesia o combinaciones de enfermedades graves.
- Trauma emocional.
- Iluminación espiritual y estados eufóricos.

Así pues, la solución a tu neblina mental dependerá, obviamente, de la causa de tu neblina mental.

¿Cuál es el tratamiento para la neblina mental y los trastornos del estado de ánimo? Tratas el trastorno físico. En el caso de Irene, ella necesitaba hacer una evaluación de su esclerosis múltiple. ¿Y tú? Siéntate y habla con un médico de tu confianza y observa la lista de causas de la neblina mental y los trastornos del estado de ánimo. No busques un grupo de doctores que te digan qué hacer o que te digan solo lo que quieras escuchar. Busca un enfoque equilibrado con un equipo. Con la ayuda de ese equipo, dilucidarás no solo cuál es la causa de tu neblina mental y su tratamiento apropiado, sino si necesitas o no reducir esa variada lista de suplementos, hierbas y medicinas.

Una vez que hayas identificado la causa de tu neblina mental, puedes entonces enfocarte en tratar únicamente el estado de ánimo, utilizando soluciones de las secciones previas de este capítulo. Si sigues teniendo problemas con la concentración y la atención, especialmente durante los eventos hormonales, quizá quieras leer el capítulo 5, que trata sobre la memoria. Si la ansiedad y el trauma son el problema que está provocando tu neblina mental, ve al capítulo 2, que habla sobre la ansiedad. Finalmente, si has descartado todas estas causas y descubres que te encuentras en medio de un evento espiritual que está desconectándote del planeta Tierra, pasa al capítulo 6.

También puede resultar útil que te aísles y te tomes un momento de meditación para ti. Hay un maestro espiritual que se llama Baal Shem Tov, que enseñó sobre el poder del «exilio» autoimpuesto. ¿Qué es el «exilio» autoimpuesto? Viajas lejos de un lugar familiar y solo te llevas algunos objetos comunes. Para algunos, es un largo viaje lejos de casa. Para otros, es solo una pequeña excursión. Un viaje espiritual de este tipo te ayuda a lidiar con la tristeza y genera humildad. Ese tipo de sabáticos te ayudan a alejarte de las distracciones, a enfocarte en la emoción y a escuchar la voz de tu alma. El «exilio» espiritual autoimpuesto ayuda a tu mente a observar, describir y permitir. No a huir, no a alejar, no a tratar de controlar; sino, simplemente, permite que fluya el momento. Ya sea que tu depresión venga por estar enojado por algunos eventos por los que no puedes hacer nada, o por la tristeza o el miedo, tomar una siesta espiritual te ayuda a obtener claridad espiritual. Y mientras te encuentras en un «exilio» autoimpuesto, te das cuenta de que no estás solo. De hecho, mientras estás desconectado de lo que te es familiar, tienes la oportunidad de conectarte con tu poder superior, Dios, o como quieras llamarlo. Estás con el espíritu. No estás solo.

Las afirmaciones

Si tienes una neblina mental que está aumentando las posibilidades de que padezcas depresión y fluctuaciones en el estado de ánimo, obsérvala desde la perspectiva de la intuición médica. La neblina mental a menudo hace trizas la barrera entre el cerebro y el cuerpo. En la intuición médica, la neblina mental es un problema del sexto centro. El sexto centro tiene que ver con la percepción y el pensamiento. Si tienes la mente nublada, esto perjudica tu capacidad de ver la solución a un problema, y, por definición, puedes tener una cierta ceguera en relación con él. Consigue un «entrenador lazarillo; esto es, consigue alguien que te ayude a ver la solución a tu problema.

Esta es otra forma de ver las barreras que hay en tu mente: cuando dices una afirmación, ¿surge un pensamiento negativo? Si dices una afirmación y surge un patrón negativo de pensamiento, el patrón es una barrera, y darte cuenta de ella es fantástico, porque es como realizar una resonancia magnética funcional. Te permite saber que existe un patrón de pensamiento en tu cerebro, una barrera, que está impidiéndote cambiar. Te da la oportunidad de ver qué barreras se encuentran bloqueando el camino de tu curación.

Louise Hay ha llevado a cabo un trabajo extenso sobre las barreras y cómo disolverlas. Existen barreras en nuestra vida relacionadas con el perdón, barreras en nuestra vida relacionadas con la crítica, el resentimiento, el miedo y la culpa. Las afirmaciones más poderosas para disolverlas son las siguientes:

- Me amo y me apruebo a mí mismo.
- Al escoger pensamientos amorosos y alegres, creo un mundo amoroso y alegre. Estoy a salvo y soy libre.

EL MENSAJE QUE ESTÁ DETRÁS DEL ESTADO DE ÁNIMO

Ya sea que tengas problemas con una depresión mente-cuerpo, fluctuaciones en el estado de ánimo, un trauma o neblina mental, para maximizar tu curación, encuentra el mensaje médico intuitivo que está detrás del estado de ánimo. El estado de ánimo es una parte del sistema intuitivo de guía de nuestro cuerpo que nos hace saber que algo necesita cambiar. En medio del caos, detente. Apártate de cualquier cosa que esté ocurriendo. Como una gaviota que vuela por encima del mar, trata de tener otra perspectiva. ¿Qué está precipitando este estado de ánimo? ¿Qué has perdido? Eso es tristeza. ¿Qué te está faltando al respeto? Eso es enojo. ¿Qué piensas que está amenazándote? Eso es miedo. Y así sucesivamente. Si puedes comenzar el proceso de nombrar la emoción, puedes aprender a responder ante ella de forma efectiva y, luego, liberarla. Al llevar a cabo este proceso —que, de hecho, es el primer paso en la terapia dialéctica conductual—, puedes impedir que la emoción en el cerebro produzca un efecto dominó y se convierta en un problema de salud en el cuerpo.

2 ANSIEDAD

¿El nerviosismo ha hecho que se te haga difícil sentirte cómodo cuando estás con otras personas? ¿El miedo ha hecho que se te dificulte utilizar todos tus dones, talentos y habilidades en tu educación y tu trabajo? ¿La preocupación te impide cambiar, crecer y envejecer con confianza? Si esto es así, entonces la ansiedad está ahora, en este momento, afectando tu cerebro y tu cuerpo.

Durante los últimos treinta años, casi en cada consulta que he tenido, siempre ha habido alguien que ha dicho: «Bueno, lo haría si no fuera por el miedo». Cambiaría de trabajo, buscaría una mejor relación, pediría un aumento, y la lista continúa. Como dice Louise Hay: «Sin el miedo, ¡imagina las posibilidades!». Ya sea que siempre hayas tenido preocupación crónica, que hayas sentido la larga y lenta abrasión que produce el miedo, que hayas tenido obsesiones, compulsiones y dificultades con el control, que hayas tenido un trauma en el pasado que te hace propenso al pánico y a estar nervioso o que le tengas terror a algo amenazante, este capítulo es para ti.

FORMAS DE VER EL MIEDO

El miedo es una parte importante de nuestro sistema intuitivo de guía que nos protege de algo que percibimos como nocivo. Evita que corras en medio del tráfico o que actúes de forma imprudente. Sin embargo, si el miedo te impide utilizar todo tu potencial, tienes un problema. Si el miedo al rechazo te impide conocer al amor de tu vida, la ansiedad te está impidiendo vivir plenamente. Si el miedo a la crítica y al fracaso está impidiendo que utilices todos tus dones profesionales e intelectuales, entonces la ansiedad y la preocupación están bloqueando tu potencial. Y, finalmente, si tienes miedo a estar solo, puedes quedar atrapado en una relación que, de hecho, posiblemente sea abusiva. Por un lado, el miedo puede protegernos, pero, llevado al extremo, es capaz de paralizarnos.

ANSIEDAD CEREBRO-CUERPO

Igual que la depresión cerebro-cuerpo, la ansiedad cerebro-cuerpo es muy común. Todos sabemos lo que se siente estar emocionalmente nervioso, con pánico, inquieto o preocupado. Sin embargo, la ansiedad *corporal* es cuando tus músculos se ponen tensos y tu tracto digestivo se siente inflado y atascado; podrías sentir como que tienes que ir al baño o podrías tener estreñimiento. Algunas veces sientes que no puedes respirar o tu corazón comienza a palpitar rápidamente. Podrías sentir aquel proverbial nudo en la garganta. Podrías tener problemas para poner atención; tu mente podría ponerse en blanco. Podrías sentirte mareado, tener vértigo e, incluso, sentir como si estuvieras perdiendo el control.

Al final, todos sabemos una que otra vez lo que se siente temblar de miedo y quedar inmovilizados por el terror. No obstante, para aproximadamente una tercera parte de nosotros, el pánico y la ansiedad pueden aumentar hasta el punto en el que nos cueste trabajo salir de nuestra casa —agorafobia—. Otras personas pueden evitar los ascensos en el trabajo por miedo al fracaso. Y, al final, pero no por ello menos importante, algunas personas han quedado traumadas por relaciones, o por la guerra, o su familia ha sido tan aterrorizada o perseguida que vuelven a experimentar ese miedo en su vida actual a través de temblores, mutismo y adormecimiento.

Louise Hay cree que puedes elegir entre el amor y el miedo. Piénsalo. ¿Amor y miedo? Experimentamos miedo con el cambio; experimentamos miedo cuando no estamos cambiando. Sea como sea, vamos a sentir miedo. Experimentamos miedo hacia el futuro y también si no tenemos un futuro. Experimentamos miedo cuando nos arriesgamos y cuando no tenemos opciones. Sentimos miedo cuando estamos solos y podríamos sentirnos abrumados por el miedo cuando estamos en medio de una multitud con demasiadas personas. Finalmente, podemos tener miedo a la intimidad, pero, por otra parte, cuando la persona a la que amamos se va, tememos. Claramente, el miedo forma parte de la experiencia humana. Así pues, Louise Hay está en lo correcto. Podemos elegir entre el amor y el miedo. Sin embargo, necesitamos saber que el amor y el miedo van de la mano. No puedes tener uno sin el otro.

El amor es el milagro que estamos buscando. No la vanidad. No la arrogancia, sino el amor. Un gran respeto por nosotros y gratitud por el milagro de nuestro cuerpo y nuestra mente. La siguiente vez que sientas temor, recuerda este sencillo concepto. El miedo es no confiar en ti mismo o no amarte a ti mismo. Y para dar una interpretación adicional al asunto, quizá el miedo es una oportunidad de aplicar la fe. Fe en lo divino, en el universo o en un poder fuera de ti mismo. Recuerda tan solo estos conceptos la siguiente vez que no te sientas lo «suficientemente bien» y esto esté interfiriendo con tu capacidad de tomar una decisión. (Más sobre la ansiedad, la fe y la espiritualidad en el capítulo 6).

LA ANSIEDAD Y LA INTUICIÓN MÉDICA

En la intuición médica, la ansiedad forma parte de tu sistema emocional de guía que te dice que algo necesita cambiar. De hecho, la ansiedad es una de las partes excesivamente desarrolladas de tu intuición. Todavía no he conocido a alguien que sea extremadamente intuitivo y que no sea también muy ansioso. La amígdala, el área en el cerebro para la intuición, es también el área de la ansiedad. Entonces, si deseas ser intuitivo, abraza, ama y honra esa área de tu cerebro que es inquieta y nerviosa. Susan Jeffers escribió un libro maravilloso titulado *Aunque tenga miedo, hágalo igual [Feel the Fear & Do It Anyway]*. Ese libro pudo haberse titulado *Siente la intuición y hazlo de todos modos*. Puedes sentir miedo cuando algo nuevo se acerca a tu vida. Cuando sientes algo nuevo que no te es familiar, cuando sientes algo que piensas que podría amenazarte, tus glándulas suprarrenales producen epinefrina, ese neurotransmisor inquieto. En el caso de algunas personas que son «proclives» a ese cerebro intuitivo ansioso, estimulantes como el café los empuja hacia el pánico y se vuelven fóbicos al cambio. Susan Jeffers dice que el verdadero problema no es sentir miedo sino la forma como abrazamos el miedo. Entiende que el cambio va y viene. No es estático. Y el miedo, junto con el cambio, puede ir y venir. La intuición también va y viene. Puedes sentir que alguien va a llamarte y, luego, suena el teléfono, y entonces todo termina. Puedes sentir que algo doloroso podría ocurrirle a uno de tus seres queridos. Va y viene. Manejar el miedo y la ansiedad cerebro-cuerpo es aprender a manejar el cambio y la intuición. ¿Cómo? Aprendemos a:

1. Sentir el miedo.
2. Indicar qué lo precipitó.
3. Responder a él de manera efectiva.
4. Liberarlo.

De forma similar podrías también nombrar la intuición asociada con el miedo, nombrar lo que la precipitó, responder a ella de manera efectiva y liberarla.

Si no puedes procesar el miedo y la intuición de manera efectiva, deja de ser algo momentáneo. En su lugar, permanecerá y creará una cadena de síntomas en tu cerebro y tu cuerpo. Lo que primero fue miedo o intuición se vuelve después nerviosismo, inquietud y algunos otros matices de miedo. Se presentan síntomas bioquímicos en tu cerebro y en tu cuerpo. Se tensan los músculos, te da dolor de espalda baja, tienes náuseas, sientes mariposas en el estómago, estreñimiento, diarrea, te falta el aire, sientes un nudo en la garganta, tienes problemas con la concentración y la atención (véase capítulo 4), neblina mental (véase capítulo 1), aprietas los dientes. Todos estos son síntomas corporales de ansiedad. Podrían también ser síntomas corporales de un sistema intuitivo de guía que te dice que algo a tu alrededor necesita ser atendido.

¿Cómo sabes que tienes ansiedad corporal? Vayamos centro por centro. Si tienes miedo y ansiedad que permanecen «atorados» en tu cerebro-cuerpo, esto crea una cadena de acontecimientos, perturba la epinefrina y el cortisol en tus glándulas suprarrenales, afecta tu sistema inmunológico y la contracción muscular en tu cuerpo, y aumenta la probabilidad de que tengas los siguientes problemas:

- Primer centro: eczema, urticaria, psoriasis y sarpullido, lo cual indica que podrías tener problemas con sentimientos de seguridad en el mundo. La intuición te está haciendo saber que podría estar pasando algo malo o podría haber un problema con alguien en tu familia u otro grupo en tu vida.
- Segundo centro: dolor de espalda baja, problemas de vejiga, problemas con la libido, impotencia u hormonas inestables, lo cual te hace saber que podrías estar ansioso sobre tu desempeño sexual o financiero. También podría hacerte saber de forma intuitiva que existen problemas en una relación con una pareja.
- Tercer centro: colitis, diarrea, síndrome del intestino irritable, náuseas, úlceras, comer en exceso, antojo de alcohol, niveles inestables de azúcar en la sangre o pérdida de apetito, lo cual podría estar haciéndote saber que te sientes criticado o ansioso en relación con el trabajo o tu autoimagen. Alternativamente, tu intuición podría estar diciéndote que existe un problema con alguien en el trabajo o en tu entorno que está criticándote.
- Cuarto centro: alergias respiratorias como fiebre del heno, dificultad para respirar y asma, así como palpitaciones, lo cual podría estar diciéndote que tienes ansiedad en relación con decir lo que piensas delante de las personas cuando te sientes criticado o rechazado. Alternativamente, tu intuición podría estar captando que alguien cerca de ti podría no sentirse seguro y a salvo.
- Quinto centro: un nudo en la garganta, rechinar los dientes, garganta irritada o hipotiroidismo, lo cual podría hacerte saber que temes el rechazo y la crítica si hablaras.
- Sexto centro: mareo, vértigo, insomnio, problemas de atención y memoria, lo cual te hace saber que te sientes inseguro en relación con la forma en la que piensas o ves el mundo.
- Séptimo centro: problemas con una enfermedad potencialmente mortal o con el envejecimiento en general.

Todas estas áreas en tu cuerpo son ejemplos de la ansiedad cerebro-cuerpo, que te hacen saber de forma intuitiva que el miedo se ha desbocado en tu vida y que es necesario prestarle atención a algo.

TU CEREBRO EN RELACIÓN CON EL MIEDO

Louise, igual que otros médicos de mente y cuerpo y psicólogos, ven la conexión entre el miedo, los pensamientos y nuestras experiencias. Hay muchas personas que dicen que creamos el dolor que hay en nuestra vida. Es un poco más complicado que eso. Como dijimos en el capítulo anterior, si el trauma moldea nuestro cerebro para ser atraídos hacia relaciones y experiencias que inconscientemente reproducen nuestro trauma del pasado, entonces, decir que creamos el dolor que hay en nuestra vida puede ser solo la mitad de la historia. Yo, siendo neurocientífica y médica intuitiva es más probable que describa el fenómeno de la siguiente manera: la ciencia nos muestra que, como una mariposa nocturna que se siente atraída hacia la luz de una llama, la bioquímica del miedo y las áreas de la memoria en nuestro cerebro están moldeadas para recrear eventos dolorosos en nuestra vida. ¿Significa eso que debemos culparnos por nuestras adversidades? Una mejor forma de ayudarnos a nosotros mismos a sanar nuestro cerebro y nuestro cuerpo para crear salud y felicidad sería esta: identificar cómo el miedo en nuestro cerebro ha corrompido los circuitos cerebrales de modo que podríamos no ver opciones más saludables, mejores oportunidades para elegir amigos, familia, parejas, educación y trabajo saludables. Este capítulo trata sobre ayudarte a sanar los circuitos cerebrales del miedo en tu cuerpo y tu cerebro, ya sea que estés predispuesto a la ansiedad por genética, por un trauma o por cualquier otra cosa.

Ahora, es bien sabido —ya sea por los profesionales de mente y cuerpo como Louise, por los psicólogos o por los científicos del cerebro— que los pensamientos de temor perciben el entorno de una forma temerosa, y eso aumenta nuestra probabilidad de que tomemos decisiones menos inteligentes dentro de nuestra familia, nuestras relaciones, nuestras finanzas, nuestro trabajo, etcétera. Parte del miedo tiene que ver con no saber, y cuando puedes permitirte aprender las habilidades para manejar el miedo, eres capaz de aprender a desarrollarte en el mundo de las familias sanas, las relaciones sanas, las finanzas sanas, etcétera.

Como Louise ha mencionado, todos escuchamos desde nuestra infancia el sonido de nuestros padres, voces temerosas que nos advierten sobre el peligro. Lo que importa es lo que hacemos con esos sonidos y con las experiencias. Si las personas que te rodean te dicen que tengas miedo, si te dicen que experimentes la vida como si siempre fuera a ser insegura, tus pensamientos entonces te dirán que el mundo será un lugar temible; y, sí, pasar por un trauma grave —abuso sexual, incesto, abuso físico en un matrimonio— prepararán a tu cerebro y a tu cuerpo para el miedo y la ansiedad. Es más probable que percibas el mundo, las relaciones y la familia como algo temible. No obstante, podemos cambiar nuestros pensamientos, lo cual cambiará la forma como vemos el mundo de modo que podamos tomar mejores decisiones en las relaciones y en nuestra familia, y alejarnos de recrear nuestro trauma y nuestras tragedias. No puedes hacer nada en relación con quedar atrapado en una inundación, un tifón, una guerra o un ambiente en el que seas un refugiado. No puedes hacer nada acerca de un abuso sexual del pasado, una violación o una tragedia emocional o física. Y es cierto que algunos de nosotros creemos que elegimos esta vida y elegimos a nuestros padres y elegimos estos conflictos que estamos experimentando. Simplemente estoy tratando de ayudarnos a todos nosotros, dentro de la vida en la que nacimos, a aprender a moldear nuestro cerebro y nuestro cuerpo de modo que podamos ver el mundo como un lugar más seguro para poder vivir con menos miedo.

LA RED DEL MIEDO

¿Cómo respalda la ciencia la curación de tu mente a través de la meditación, las afirmaciones y la intuición? Para crear una salud integral en el cerebro y en el cuerpo, necesitamos ver al miedo como una red. Existe una red del miedo en nuestro cerebro que está conectada con la vista, con el oído y con nuestro cuerpo y nuestra salud. Existe una serie de lugares en el cerebro que crean el miedo. El área principal es la amígdala. Todo lo que vemos, escuchamos, olemos y saboreamos se canaliza hacia la amígdala, especialmente lo que hemos visto y oído en el pasado. Existen otras dos áreas cerebrales que toman el miedo que experimentamos en la amígdala y luego nos hacen actuar y pensar de un modo repetitivo y compulsivo. Un área se encuentra en el lóbulo frontal y se conoce como el «cíngulo anterior». La otra área se conoce como el «caudado». No tienes que ser neuroanatomista para saber que cuando estás ansioso, tiendes a tener una rueda de hámster girando en tu cabeza que recorre tu ansiedad una y otra vez, y entonces quieres tratar de hacer algo para cambiarla o controlarla, como revisar la estufa, hacer listas, limpiar tu escritorio, etcétera.

Existen otras áreas en el cerebro que tienen que ver con esos patrones de pensamiento que nos hacen sentir más o menos ansiosos. El área del lóbulo frontal, la corteza prefrontal dorsolateral —CPFDL para abreviar, si quieres impresionar a tus amigos en una fiesta de coctel—, es la cuarta área de la red del miedo. Esta área afecta el aspecto del miedo en tus pensamientos que influye en la familia, las relaciones, el dinero y el trabajo. Así, pues, entendemos que al experimentar miedo en múltiples áreas del cerebro, tenemos múltiples capacidades para resolver la ansiedad en nuestro cerebro y nuestro cuerpo. Esa es la razón por la que las soluciones para la ansiedad no son las mismas para todos.

La quinta área de la red del miedo es el área orbitofrontal que se relaciona con la empatía y la creación de vínculos. Esta es el área que determina cómo el trauma y la ansiedad afectan tus relaciones. La sexta área, la ínsula, es el área del cuerpo donde el miedo afecta tu salud. Fíjate en esto, la ínsula se conecta con las glándulas suprarrenales, el área que gobierna las hormonas del estrés: el cortisol y la epinefrina. Sí, así es, la respuesta frente al estrés de las glándulas suprarrenales que se asocia con la fatiga adrenal, o fatiga suprarrenal, como también se le conoce. Cuando estás temeroso, cuando tienes ansiedad cerebral, te da ansiedad corporal. Tus músculos se tensan, tu tracto digestivo se tensa, te estriñes o te da diarrea. Los músculos de tu vejiga y tu vagina se tensan, provocando sensaciones incómodas en ambas áreas. Tu corazón se acelera. Sientes que te falta el aire. No termina ahí. Sientes el nudo en la garganta, el mareo, el vértigo. Tu mente se acelera; no puedes concentrarte o prestar atención.

La ansiedad puede afectar cualquiera o todas las regiones de esta red y, como si fuera una red telefónica, una vez que pega en una región, reverbera y puede pegar en todas las demás. Algo que ves que te provoca ansiedad va a la amígdala y luego puede ir a la ínsula, provocar una reacción corporal: pega en tus glándulas suprarrenales, libera cortisol, influye en tu sistema inmunológico y lo siguiente que ocurre es que, al cabo de veinticuatro a cuarenta y ocho horas, tienes gripe o la reacción corporal de la epinefrina que provoca dolor de cabeza. Y le dirás a alguien: «No me digas eso; estás haciendo que me duela la cabeza».[1]

RECONFIGURAR LA RED

Así que ahí tienes las seis áreas cerebrales de la red del miedo. Esta es la cuestión: puedes *reconfigurar* esta red. Igual que una casa que ha sido cableada de forma incorrecta para la electricidad, tu cerebro puede ser recableado para que te sientas seguro y a salvo. Al subir el volumen y la intensidad en cualquiera de estas regiones cerebrales, puedes alterar la forma como ves, oyes, sientes y experimentas el mundo. Puedes cambiar tus patrones de pensamiento con afirmaciones a través de la corteza prefrontal dorsolateral utilizando declaraciones como estas:

...

> Libero y dejo ir los miedos viejos y nuevos. Ya no es necesario que me asuste a mí mismo. Perdono a todos aquellos que alguna vez me han lastimado. Me perdono por lastimar a otras personas. Me perdono por culparme y castigarme. Perdono a mis padres por sus miedos y limitaciones. Ahora declaro para mí que estoy a salvo. Duermo, me despierto y me muevo en completa seguridad.

...

Puedes hacer lo mismo con la terapia cognitivo conductual, con la terapia dialéctica conductual o con la psicoterapia. También puedes cambiar la conducta que está cableada en el caudado o en el cíngulo anterior mediante el trabajo con un asesor, un consejero vocacional, etcétera. Puedes trabajar con un terapeuta somático sobre tus recuerdos corporales. Puedes trabajar con un inmunólogo y un nutriólogo sobre esa fatiga adrenal/glándula suprarrenal/patrón de cortisol. Puedes haberte sentido aterrorizado o traumatizado en el pasado. Puedes haber tenido miedo en tu vida, entonces. Sin embargo, eres capaz de crear un mundo en tu cerebro y en tu cuerpo que es seguro, apacible y donde estás a salvo.

Luego, están los medicamentos: con ellos, podemos aprender a subir el volumen o bajar el tono de cualquiera de estas áreas cerebrales con suplementos, medicinas u otros tratamientos. La psiquiatría tradicional utiliza ISRS (inhibidores selectivos de la recaptación de serotonina) como el Lexapro o el Zoloft para tratar la ansiedad. Podemos utilizar también remedios alternativos como el 5-HTP, la rhodiola, la GABA, la valeriana, el kava kava, la pasiflora, el toronjil, el magnesio y otros (véanse los detalles en la Clínica «Todo Está Bien»).

La psiquiatría tradicional ha apoyado la psicoterapia o el psicoanálisis que te ayudan a desarrollar una relación de apoyo con un terapeuta. Louise Hay te ayuda a utilizar afirmaciones para llevar a cabo ejercicios de «amar al niño interno, donde puedes aprender a volver a ser un padre o una madre para ti mismo. Ya sea una o ambas prácticas pueden ayudarte a reconfigurar tu cerebro lejos del miedo y dirigirlo para promover un mundo más amoroso y con menos miedo. ¿Pueden estas prácticas cambiar verdaderamente la estructura de esas seis áreas en tu red cerebral? De hecho, la ciencia de la epigenética dice que sí pueden. Sí, los traumas emocionales de la infancia alteran tus circuitos cerebrales, creando cambios en las áreas de la memoria de la amígdala y el hipocampo; sin embargo, esas células en tu hipocampo crecen y dan a luz a nuevas células tal y como tú puedes crecer y dar a luz a un nuevo tú. No podemos cambiar el pasado, pero podemos crear un nuevo futuro.[2]

CÓMO LLEVAR A TU CEREBRO DEL MIEDO A LA SEGURIDAD

En primer lugar, no utilices las palabras «estresado» o «abrumado», porque cuando dices «estresado« o «abrumado», no sabes que, en realidad, estás ansioso. Esas palabras no van a ayudar a sanar tus circuitos cerebrales del miedo. Si acaso, simplemente mantienen el nerviosismo reverberando dentro de tu cerebro y tu cuerpo. Durante décadas, las personas han agrupado la ansiedad, el nerviosismo y el pánico bajo el término de «estrés». «¡Estoy tan estresado!». «¡Estás tan estresado!». «¡Estoy preocupado!». «¡Estoy nervioso!». «¡Hay mucho estrés en el trabajo!». Así, entonces, tenemos ejercicios para la reducción del estrés. Te sientas en cierta posición, respiras y dices: «Estoy reduciendo mi estrés». Luego regresas a trabajar y entras en pánico, solo para regresar a la postura de «Estoy respirando y liberando mi estrés». Solo para regresar a tu lugar de trabajo ¡y volver a entrar en pánico! Luego vas a casa y te preocupas por el trabajo. De vuelta al espacio de relajación.

¿Todavía no estamos desestresados? ¡No, no lo estamos! Porque no hemos nombrado la emoción, el miedo o la ansiedad, de modo que podamos responder a él o ella de forma efectiva y luego liberarlos. Como dice el doctor Phil: «Si no puedes nombrarlo, no puedes arreglarlo». De modo que si dices: «estoy nervioso», puedes entonces voltear a tu alrededor y preguntar: «¿Por qué estoy nervioso?». Y luego vas a tener un patrón de pensamiento: «Oh, es porque pienso que voy a fracasar». Y eso está en tu lóbulo frontal. Luego vas y echas un vistazo a la red del miedo para ver de dónde vienen la emoción y el pensamiento, y solo entonces puedes aprender a cambiar el pensamiento de modo que puedas liberar el sentimiento y avanzar.

Después de que hayas eliminado de tu vocabulario palabras como «estrés» y «abrumado», busca descontinuar el uso de los términos «malhumorado»/«indispuesto» y «superar»/«combatir». Ya que estás en esas, elimina también «colapso nervioso». Después de una residencia de tres años en psiquiatría, todavía no sé lo que es un colapso nervioso.

Ahora que nos hemos deshecho de palabras que dificultan identificar la emoción —el miedo—, trabajemos en los patrones de pensamiento que nos ayudan a infundirnos nerviosismo y preocupación. Elimina la palabra «debería». «Hubiera hecho», «podría haber hecho», «debí haber hecho» son frases de culpa hacia ti mismo que están incrustadas en tu lóbulo frontal y que hacen que te preocupes y te tenses. Como si no te sintieras lo suficientemente desempoderado, lo suficientemente criticado, ahí estás diciendo: «Bueno, ¿saben? Debí haber hecho esto». No solo ellos están criticándote, tú también te estás criticando. Como Louise dice: «"Debería" es una palabra que nos vuelve prisioneros». Y, como resultado, ese pensamiento en tu lóbulo frontal simplemente hace que te sientas más temeroso. Louise dice que cambiemos el «debería» por «podría». Me gusta eso. A la terapia cognitivo conductual le gustaría eso. ¿Por qué? Porque «debí» te dice que lo hiciste mal en el pasado. «Podría» es algo que puedes esperar cambiar. Te empodera más. Y, como resultado, ahora tienes la oportunidad de llevar a cabo una «cirugía de palabras preocupantes» a todo el vocabulario que te resta poder, que te critica a ti mismo, te paraliza, te impide avanzar y cambiar. En el siguiente capítulo, que trata sobre la adicción, tendrás también la oportunidad de eliminar las palabras de vergüenza y culpa. Existe una intrincada conexión entre la ansiedad, la vergüenza y la adicción.

LA CLÍNICA «TODO ESTÁ BIEN»

El resto de este capítulo está dedicado a la Clínica «Todo Está Bien», donde pasarás por la experiencia virtual de aprender a sanar tu ansiedad, tu preocupación y tu pánico.

I. PREOCUPACIÓN CRÓNICA

¿Tu cerebro se ha vuelto un prisionero de la preocupación? Echa un vistazo a la lista de síntomas que aquí te presento y descubre cuáles se aplican a ti.

Síntomas mentales

- Sientes miedo, preocupación, ansiedad y aprensión con relación a tu familia, tus relaciones, tu trabajo o tus hijos.
- Tus miedos, relacionados casi con cualquier área de tu vida, tienden a consumir tus pensamientos y sentimientos.
- Has estado nervioso, ansioso y preocupado desde una edad muy temprana, y se te dificulta recordar una época en la que no te preocuparas.
- Tienes problemas de irritabilidad y cambios en el estado de ánimo.
- También sufres de una depresión difícil de tratar.

Síntomas corporales

- Tus músculos están tensos y a menudo eso hace que te duelan las articulaciones.
- Te agotas fácilmente.
- Te sientes inquieto, tenso y asustadizo la mayor parte del tiempo.
- Dormir ha sido un problema perenne. O bien tienes problemas para conciliar el sueño, o para permanecer dormido, o tienes un sueño inquieto.
- Se te dificulta concentrarte y prestar atención.
- Tu mente a menudo se pone en blanco.
- Tienes problemas de alergias.
- Tienes problemas de eczema y psoriasis.
- Tienes problemas de náuseas, acidez y SII.
- Experimentas micción urgente o frecuente.
- Tienes hipotiroidismo.
- Experimentas mareos o vértigo.
- Tu presión sanguínea es inestable.
- Tu cabello se está volviendo más delgado.

Si esto te pasa, la preocupación crónica puede estar evitando que tengas la vida más sana y más feliz que puedes experimentar. Prosigue a leer el siguiente caso.

ADELE: PREOCUPACIÓN, PREOCUPACIÓN, PREOCUPACIÓN

Adele acudió a mí porque, bueno, siempre estaba preocupada.

La lectura intuitiva

La primera vez que hice una lectura de Adele, su mente giraba con una sensación de fracaso en relación con su vida o la vida de todos los demás. Todo lo que podía ver eran pensamientos sobre catástrofes, ya fuera en su familia, en las finanzas, en su trabajo, en todas partes.

El cuerpo

La mente de Adele era un remolino de pensamientos y actividad; tanto, que parecía que no podía concentrarse o prestar atención. Sus músculos del cuello se sentían tensos, como bandas de goma, creando presión alrededor de su cabeza. Los músculos en su colon parecían tensos, también. Le costaba trabajo ir al baño, tener movimientos intestinales regulares. Luego estaba la espalda baja, las articulaciones. La tensión muscular parecía estar en cada articulación de su cuerpo. El área de la ciática, sus muñecas, todas sus articulaciones parecían estar apretadas. Finalmente, me preguntaba cómo le hacía Adele para dormir con todas esas abejas zumbando en su cabeza.

Los hechos

Adele dijo que, desde que recuerda, las personas le han dicho que es muy preocupona. Se preocupaba por sus padres, por el matrimonio de sus padres, por las finanzas de sus padres. Se preocupaba por entrar a una buena escuela. Luego, se preocupaba por si podría entrar a una buena escuela. Por la política, por la economía. Luego, se preocupaba por su hija, Bárbara, y su familia. Preocupación, preocupación, preocupación. De hecho, gran parte de su mente estaba tan ocupada con la preocupación sobre catástrofes futuras que se le dificultaba enfocarse en cualquier otra cosa. Agreguemos el diagnóstico por el que Adele tenía que preocuparse. Los doctores le dijeron que tenía:

1. TDAH.
2. Dolores de cabeza tensionales; posiblemente, migraña.
3. Depresión.
4. Ansiedad.
5. SII.
6. Dolor de espalda baja.
7. Trastorno de ansiedad generalizada.

La solución

Si tú, al igual que Adele, te estás preocupando y estás pensando: «¿Cómo lleva eso a todos esos síntomas?», «¿Cómo te vienen todos esos problemas físicos con la ansiedad?», lee lo siguiente: de la misma forma en que ocurre con la depresión, donde existe depresión corporal y depresión cerebral, la ansiedad tiene el mismo formato. Podemos ver ansiedad cerebral y corporal también. Cuando la amígdala comienza a emitir señales de ansiedad, los seis miembros de la red del miedo comienzan a reverberar nerviosismo y, como recordarás, la señal se envía hacia las glándulas suprarrenales. Las glándulas suprarrenales producen epinefrina, la cual hace que todos los músculos de tu cuerpo tiendan a tensarse. Eso significa dolores de cabeza, dolores en las articulaciones y, con el tiempo, agotamiento. Los músculos tensos también cambian la peristalsis en tus intestinos y aumentan la probabilidad de que tengas estreñimiento y SII. La epinefrina altera tu capacidad de concentrarte, prestar atención y, finalmente, recordar cosas. De modo que puedes ser diagnosticado con TDAH. La ansiedad crónica aumenta la posibilidad de que tengas fatiga, fatiga adrenal y síndrome de fatiga crónica. Sobra decir que todo ese agotamiento durante el día y esa epinefrina sobreadrenalizada procedente de las glándulas suprarrenales hacen que se te dificulte conciliar el sueño en la noche, y de ahí que tengas insomnio.

Los tratamientos

Si tú, como la mayoría de las personas, sufres de ansiedad y preocupación crónicas, quizá hayas aprendido que no es fácil librarte de ellas. Probarás un medicamento, un suplemento nutricional, una hierba o acupuntura u otro tratamiento. Después de un mes, puedes sentir cierto alivio, pero dos meses después la preocupación y el pánico regresan para vengarse. ¿Por qué? Recuerdo cuando estaba estudiando medicina. Allá, en aquellos días, las medicinas principales para la ansiedad eran el Valium, el Xanax y el Klonopin, las que tienden a trabajar en una dosis específica durante un mes o dos y luego dejan de funcionar. Podría añadir que estas medicinas, las benzodiacepinas, son altamente adictivas. Recuerdo que le pregunté a uno de mis maestros cuánto tiempo se suponía que las personas debían tomar estas medicinas, y él contestó: «Durante tanto tiempo como la persona se sienta ansiosa». El problema con la ansiedad y con la preocupación es que el cerebro lidia con el miedo como si fuera el juego de «dónde quedó la bolita». Si tienes un tratamiento que aborda un área de la red del miedo, las otras áreas de algún modo compensan, y un mes o dos más tarde tu ansiedad regresa. Antiguamente, los doctores simplemente solían elevar la dosis de la medicina y terminabas siendo adicto a más y más medicamentos que, finalmente, dejarían de funcionar. Me emociona, y tú también te emocionarás, al saber que las personas ya no reciben un tratamiento de ese tipo para la ansiedad.

¿Por qué es la ansiedad un síntoma tan elusivo y escurridizo para poder identificarlo y deshacerse de él? El miedo es una parte fundamental de la manera como tu cerebro y tu cuerpo están estructurados. Aprenderás más adelante en este capítulo que muchas personas que tienden al nerviosismo y a la ansiedad tienen una mayor probabilidad de poseer dones intuitivos amplificados. Es imposible mantener los dones intuitivos y deshacerse de la ansiedad por completo. Así, pues, muchas personas que son muy intuitivas, permeables o sensibles también luchan con una ansiedad permanente. Si eres así, aprenderás cómo capturar los dones intuitivos y calmar el nerviosismo y la preocupación que acompañan a este estilo cerebral. Si sufres de preocupación, necesitas aprender a calmar la ansiedad tóxica que reverbera en los circuitos del miedo en tu cerebro.

- En primer lugar, considera la terapia dialéctica conductual y/o la terapia cognitivo conductual. La terapia dialéctica conductual, específicamente, es un tipo de terapia que te enseñará cómo regular tu mente y tu cuerpo ansiosos. Considérala como una clase para aprender a manejar que te enseña a operar tu singular cerebro tenso y nervioso.
- Considera diversos tratamientos corporales que pueden reducir la adrenalización nerviosa crónica que crea tu red del miedo mente-cuerpo. El ejercicio diario regular, de treinta a cuarenta y cinco minutos al menos cinco veces a la semana, libera opiáceos que pueden calmar, distraer y transformar tu preocupación. El masaje aumenta la serotonina de un área de tu red del miedo. El beneficio agregado de este tratamiento es

que puede ayudar con el dolor muscular. El yoga es otra práctica de movimiento que, con ejercicios de respiración profunda y relajación, puede mejorar profundamente la ansiedad y la preocupación. El yoga también ayuda con la respiración y con las irregularidades de la presión arterial que tienden a ocurrir con la preocupación crónica.

- La meditación puede ayudar a disciplinar tu mente para ayudarte a detener o controlar tus pensamientos de preocupación. Muchos de los ejercicios que aprenderás en la terapia dialéctica conductual se basan, de hecho, en la meditación de atención plena o mindfulness.
- Considera tener un pasatiempo, cualquier cosa que implique una tarea repetitiva. Una actividad como tejer o la carpintería, especialmente si requiere el mismo movimiento una y otra vez, involucra parte de tu red del miedo para que libere GABA (ácido gamma amino-butírico), un neurotransmisor calmante. Parecido a mecer a un bebé, cuando llevamos a cabo una tarea mecánica, repetitiva, cíclica, esta tarea desconecta nuestra mente y aparentemente nos lleva a otro terreno y, por ese instante, nos desconecta de nuestra preocupación.
- Las oraciones o cánticos repetitivos evocan la parte del cerebro, el caudado, que libera GABA. Además de la farmacología de la oración, cuando apartas un tiempo regular para estar en contacto con la Divinidad o con un poder superior, estás ejercitando la fe, la cual es, en cierta forma, el antídoto universal contra la ansiedad y la preocupación.

Las medicinas

Mientras estás aprendiendo a reconfigurar la preocupación y la ansiedad que reverberan de forma crónica en tu cerebro y en tu cuerpo, quizá desees utilizar suplementos nutricionales, hierbas y medicinas.

- Tomar 5-HTP, 100 mg tres veces al día, puede tener un impacto sobre el mismo receptor de serotonina; igual que los ISRS como el Lexapro, el Paxil y el Effexor, el 5-HTP no tiene efectos secundarios que repercutan en tu sexualidad. La rhodiola es también antiansiedad y amortigua la tendencia ansiosa de tu cuerpo a tener problemas con el cortisol. Y, finalmente, la ashwagandha también es excelente, como la rhodiola, para la ansiedad cerebral y corporal.

- Existen algunos suplementos nutricionales, alternativas útiles para el trastorno de ansiedad generalizada. La pasiflora y el toronjil, en especial, pueden ser muy útiles. Acude a tu tienda holística de alimentos saludables más cercana y busca tinturas y otros suplementos, pero considera evitar la valeriana o el kava kava, porque tienden a dejar de funcionar después de dos semanas. Podría emocionarte saber que el toronjil también puede ayudar con la fatiga crónica y la fibromialgia asociados con el virus Eipstein-Barr y la enfermedad de Lyme, porque tiene cualidades antivirales y antibacterianas. Y ambas hierbas son muy útiles para el insomnio y los problemas digestivos.
- El ginkgo biloba va tras el receptor de la benzodiacepina, el mismo receptor tras el cual van el Klonipin, el Valium y el Xanax, del cual hablamos anteriormente. Sin embargo, no es adictivo como esos medicamentos, y también ayuda con la concentración y la atención, con las cuales muchas personas con ansiedad tienden a tener problemas. No obstante, ten cuidado; es un anticoagulante. Pregunta a tu doctor si es seguro para ti.
- Existen varios tipos de ginseng que pueden ser útiles. El ginseng asiático y el ginseng siberiano son dos de esos tipos. Los ginseng son específicamente buenos para la ansiedad cerebral y la ansiedad corporal porque regulan el cortisol que puede tener un impacto sobre tu capacidad de tener un sistema inmunológico saludable. Los ginseng también mejoran tu atención y tu memoria y te ayudan a conciliar el sueño, todo lo cual tiende a ser problemático cuando tienes ansiedad.
- La siguiente clase de medicamentos son los antidepresivos. Puedes tomar Lexapro, Paxil, Effexor y otros ISRS para la ansiedad. Sin embargo, no son muy útiles para la preocupación crónica. Muchas personas suben de peso y tienen efectos secundarios sexuales. Por cierto, tal vez quieras disminuir también la cantidad de alcohol que ingieres, porque, al igual que las benzodiacepinas, el alcohol tiende a impactar al mismo receptor de GABA y a combatir la ansiedad, sin mencionar el insomnio. Al principio, te sientes de maravilla con el alcohol: «Ya

no me siento nervioso». «¿Preocupación? ¿Yo?». Sin embargo, una vez más, tendrás dos preocupaciones, no una. La primera: estarás ansioso en la mañana y, posiblemente, también tendrás neblina mental; y la segunda: terminarás teniendo una mayor susceptibilidad a la adicción. Tiene que haber otra manera. (Véase capítulo 3).

Las afirmaciones

Así, pues, simplemente digamos que has hecho a un lado el alcohol y el Valium, y has considerado tomar 5-HTP o rhodiola, ginkgo biloba y ginseng. ¿Eso es todo? ¿Ya no vas a estar nervioso? No, puede tomar un tiempo reconfigurar los patrones de pensamiento en tu cerebro. Además de la terapia cognitivo conductual y de la terapia dialéctica conductual, las afirmaciones pueden tener un efecto prolongado sobre el cambio de pensamientos y preocupaciones particularmente arraigados que provocan ansiedad. Cuando sigues reproduciendo los pensamientos de preocupación que has estado aprendiendo desde la infancia, eso hace que la ansiedad se afiance todavía más en tu cerebro y en tu cuerpo. Las afirmaciones son una forma particularmente poderosa de cambiar pensamientos arraigados y llevarlos del miedo a la seguridad. Louise nos ayuda con afirmaciones como estas:

...

> Comienza haciendo una respiración profunda y, a medida que exhalas, deja que tu miedo salga. Imagina que cada vez que exhalas estás liberando antiguos miedos; algunos, un poco a la vez, y, otros, de una sola vez, en una gran gran exhalación. Ahora afirma y declara: «Libero y dejo ir. Dejo ir los miedos viejos y nuevos. Ya no hay ninguna necesidad de asustarme a mí mismo. Perdono a todos aquellos que alguna vez me han lastimado. Me perdono por lastimar a otras personas. Me perdono por culparme y castigarme. Perdono a mis padres por sus miedos y limitaciones, y ahora declaro para mí que estoy a salvo. Duermo, despierto y me muevo en completa seguridad.
>
> »Ahora creo para mí una realidad de unidad y seguridad. Creo una isla de seguridad a mi alrededor. Puedo ver esta isla en mi imaginación. Es segura y serena. Es hermosa y verde. Camino libremente

por todas partes en esta isla en perfecta paz. Esta isla se convierte en mi mundo, y todos en esta isla disfrutan de la misma seguridad. Todos estamos serenos. Todos en mi mundo están serenos. Estoy a salvo. Estoy seguro. Estoy en paz. Cada rincón de mi mundo es un lugar seguro. Estoy a salvo en el día. Estoy a salvo en la noche. Camino en paz. Mi inteligencia interna siempre me lleva por senderos apacibles. Mi cama es un lugar seguro. Libero el día con amor y abrazo el sueño. Estoy a salvo cuando estoy dormido. Estoy a salvo durante la noche. Mis sueños son sueños de alegría. Despierto sintiéndome a salvo y seguro. Entro en el nuevo día con anticipación alegre, pues es un día que jamás he vivido. Sé y afirmo que estoy a salvo en este nuevo día.

»Estoy siempre a salvo en mi hogar, y todos los que entran a mi hogar lo hacen en seguridad y en paz. Mi comida es segura, saludable y nutritiva. Cualquier habitación en mi morada es segura y apacible. Mi hogar es un refugio lleno de paz. Me siento relajado(a) en casa. Irradio amor dondequiera que estoy. Me rodeo de personas amorosas. Solo amor sale de mí y solo amor regresa a mí. Perdono a los demás y sigo adelante. Soy perdonado y soy libre.

»Todas las formas de transporte que utilizo son seguras. Estoy seguro en autos y camiones. En trenes y aviones; incluso, en bicicletas y patinetas. Sin importar qué forma de transporte utilice, estoy a salvo y seguro. Puedo relajarme cuando viajo. Soy un viajero apacible.

»Sé que estoy a salvo en el trabajo. Trabajo en un lugar armonioso. Amo el trabajo que realizo. Estoy a salvo con mis compañeros de trabajo. Estoy a salvo con mi jefe. Mi trabajo es seguro y es mío tanto tiempo como yo así lo desee. Estoy relajado y en paz cuando estoy trabajando. Incluso, cuando trabajo con fechas límite, me siento en paz, y entre más en paz me siento, más eficiente soy. Hago mi mejor trabajo cuando me relajo. Creo una atmósfera relajada y alegre dondequiera que estoy. Mi jefe aprecia y le gusta la forma en que trabajo. Me siento en calma y seguro en todo momento.

»Dondequiera que voy en este mundo, llevo mi isla de seguridad conmigo. La isla de seguridad también protege a mi familia. Cada miembro de mi familia está a salvo y protegido. Libero todas las preocupaciones relacionadas con mi familia. Rodeo a cada miembro de mi familia con pensamientos de seguridad y paz.

»La oscuridad es mi amiga. La oscuridad es reconfortante para mí. Me muevo por la oscuridad con facilidad. Me siento seguro en la oscuridad. No hay nada en la oscuridad que yo deba temer. Siempre estoy a salvo y bien protegido. Desde el más bajo hasta el más alto, desde el más joven hasta el más viejo, desde mi casa hasta la escuela, hasta el trabajo, hasta el lugar de esparcimiento y de vuelta a casa, todo mundo se mueve por la vida en paz y armonía. Libero a mi familia para que sean quienes son y para que vivan la vida a su manera, sabiendo que ningún mal puede acontecerles. Mi familia también me permite ser quien soy y vivir mi vida de la forma como yo considero es la mejor. Todos estamos a salvo y somos libres. Me relajo sabiendo que estoy en paz.

»Me siento a salvo y seguro en mis creencias espirituales. Me siento unido a mi Creador. Sé que mi Creador tiene solo mi alegría y mi bienestar en mente. Confío en el poder que me creó para que me proteja en todo momento y bajo todas las circunstancias. Fui creado para ser todo lo que puedo ser; estoy a salvo con el amor. Todas mis lecciones las aprendo fácilmente. Fácilmente libero aquello que ya no funciona. Me siento seguro al aprender. Abordo las nuevas lecciones con una anticipación gozosa. Me es fácil aprender. Estoy dispuesto a aprender. Me encanta aprender nuevas cosas. La vida me da lecciones fáciles».

...

Finalmente, además de las afirmaciones, considera la terapia cognitivo conductual y la terapia dialéctica conductual para reconfigurar los patrones de pensamiento en tu corteza prefrontal dorsolateral; esas palabras que reverberan en tu cerebro y perturban tu bioquímica y te llevan al pánico y te alejan de la serenidad.

II. ANSIEDAD OBSESIVA Y COMPULSIVA

Ahora bien, en lo que se refiere a las obsesiones y las compulsiones, ¿tiendes a tener este tipo de ansiedad? Echa un vistazo a la lista de síntomas que aquí te presentamos que quizá puedas experimentar, además de aquellos que vimos en la sección anterior.

Síntomas mentales

- Imágenes repetitivas: una imagen que te provoca ansiedad que no puedes sacarte de la mente se inmiscuye durante tu día, ya sea que estés hablando con alguien, conduciendo o en cualquier otro lugar.
- Pensamiento circular: un pensamiento, como un disco rayado, sigue dando vueltas y vueltas en tu mente. «Tengo que hacer ______». «Tengo que checar el ______». «Tengo que limpiar el ______».
- Acción continua y sistemática: de hecho, tienes que llevar a cabo ese pensamiento de forma repetida. Haces el ______, checas el ______, limpias el ______, una y otra vez.
- Como maleza en un jardín, estas imágenes, pensamientos o acciones dominan tu mente, consumiendo tu día y dificultando que tengas relaciones normales, un trabajo productivo o paz mental.
- Tu mente está enfocada en detalles, reglas, listas, orden y organización, tanto, que las personas a menudo se dan cuenta de que pierdes de vista el objetivo de un proyecto.
- Eres un perfeccionista a más no poder, impulsado a borrar cada una de las fallas de una tarea. Sin embargo, a veces se te dificulta tolerar la falta de perfeccionismo en otras personas.
- Se te facilita más enfocar todo tu esfuerzo en la productividad en el trabajo. Sin embargo, algunas veces eso tiende a quitar tiempo en tu horario a las actividades con los amigos o las actividades de esparcimiento.

Síntomas corporales

Además de los síntomas enumerados en la sección anterior, puedes tener los siguientes:

- Tus músculos están extremadamente tensos.
- Tienes una postura inclinada hacia delante.
- Tienes alergias digestivas, SII y/o estreñimiento.

Si te identificas con esto, no te preocupes; con tu obsesión, tu compulsividad y tu deseo de hacer las cosas bien puedes corregir tu tendencia ansiosa obsesivo-compulsiva si pones tu mente en ello. Lee el siguiente caso. Recuerda, te encuentras en la Clínica «Todo Está Bien» virtual. Tenemos la tecnología. Podemos ayudarte.

BETH Y CHARLES: OBSESIONES Y COMPULSIONES

Beth, de cuarenta y tres años, llamó a la Clínica «Todo Está Bien» porque estaba preocupada por su esposo, Charles, también de cuarenta y tres. Pensaba que podía ser un «fanático del control».

La lectura intuitiva

Cuando leí por primera vez a Charles, sentí como si fuera un «emperador». Los emperadores gobiernan sobre el reino. Su forma de amar a las personas consiste en tomar decisiones por ellas, encargarse de todo por ellas. Eso puede sentirse genial si quieres que se hagan cargo de todo. Sin embargo, después de un tiempo, puedes terminar sintiendo que tu libertad está siendo un tanto vulnerada. Y percibí que cuando las personas que estaban alrededor de Charles estaban dispuestas a avanzar en su independencia, él se molestaba. Si no hacías las cosas a su manera, se molestaba. Todo en casa tenía que hacerse a su manera. Las personas tenían que encajar en su orden. De otra manera, se ponía nervioso y, luego, enojado. Podía percibir que a Charles no le gustaba el cambio.

El cuerpo

Al ver el cuerpo de Charles sentí como si todos los músculos estuvieran duros como una roca. Cada músculo se encontraba en una posición fija. Preparados para recibir órdenes, como marinos pasando revista. Además de los problemas menores de digestión y de piel, no pensé que él admitiría tener algún síntoma físico.

Los hechos

Beth dijo que sí, en efecto, a Charles le costaban trabajo los cambios. Tenía obsesión. Tenía compulsión. Todo mundo decía que era un fanático del control. En casa, los cajones de su cocina, sus clósets, incluso, la cochera, eran una obra maestra de organización perfecta, orden y control. Y si alguien trataba de mover cualquier cosa, tenía que pagar un precio. Lo mismo ocurría en el trabajo de Charles. Cuando alguien en casa o en el trabajo trataba de sugerir un cambio de cualquier tipo —desde un proyecto de renovación hasta un nuevo mueble o una nueva forma de pensar—, Charles estallaba, a menos que las personas se sometieran a su forma de hacer las cosas. Beth quería saber si los suplementos, las medicinas u otros remedios podían ayudar con sus síntomas.

La solución

Cada familia, cada compañía necesita a alguien obsesivo-compulsivo para ayudar a que todos estén alineados y para que ayude a que el sistema funcione bien. Sin embargo, si eres una de esas personas que es muy organizada, muy perfeccionista, pero tiende a ser obsesiva y compulsiva y, yéndose a un extremo, no puede sacarse esas imágenes y pensamientos repetitivos de su mente, tu compulsión va a tomar el mando de tu vida.

Cuando te pones nervioso, ¿tratas de ordenar tu entorno? Cuando te sientes inseguro y el mundo a tu alrededor está cambiando, ¿tratas de limpiar un escritorio, limpiar tu bolso o hacer listas y horarios? Si mucho orden y perfección ayudan a reducir tu ansiedad, esto hará de ti un excelente contador o cualquier otro profesional orientado al detalle. Sin embargo, si tu perfeccionismo y tu orden se extienden hacia las personas que te rodean, entonces comenzarás a tener problemas. Las personas podrían pensar que eres un fanático del control. Luego serás incomprendido y menospreciado. Podrían pensar que eres «rígido», exageradamente organizado, inflexible, cuando, en realidad, todo lo que estás tratando de hacer es ayudar.

Tengo una amiga que es una excelente secretaria. Es el epítome de la eficiencia. No obstante, es muy nerviosa. Todo en su vida parece que está calibrado con un transportador y, portándome un poco como un diablillo, en una ocasión, cuando fue al baño, me escabullí en su oficina y cambié tan solo un grado, un milímetro, las cosas que había en su escritorio. Y, luego, cuando regresó del baño, la miré mientras observaba su escritorio y ponía todo, milímetro por milímetro, de vuelta en su lugar. Porque, de otra manera, era algo que le provocaba demasiada ansiedad. Quedaba claro que la mujer utilizaba el control de su entorno como un Valium.

¿Ordenas tu entorno como si fuera Xanax? Y si no puedes controlar tu horario y si existen eventos fuera de control a tu alrededor, demasiados cambios, ¿entras en pánico? Si eres así (y debo agregar, un tanto como yo), entonces tu ansiedad puede brotar en la forma de obsesiones y compulsiones. Si no llevas a cabo estas cosas perfeccionistas en tu entorno, puedes ser acosado por imágenes y pensamientos de lo que ocurrirá si no lo haces.

Vas a ser amado por tu limpieza. Las personas te llamarán y te preguntarán si tienes a Virgo en alguna parte en tu carta natal. Querrán que hagas los planes para el viaje o que les ayudes a empacar. Sin embargo, existe la posibilidad de que te vuelvas un poco loco y vuelvas un poco locos a los demás, y, en ocasiones, podría tomarte demasiado tiempo terminar los proyectos en el trabajo, porque, como maleza en el jardín, las obsesiones y compulsiones en tu lóbulo frontal pueden dominar tus emociones, el espacio en tu casa y el espacio en tu vida. Sin mencionar el hecho de que tu necesidad de mantener tu vida bajo un control estricto puede grabarse como control estricto en los músculos de tu cuerpo. Podrías encontrarte teniendo dolor de espalda baja, dolor de hombros, dolor de cuello, dolores de cabeza y cosas por el estilo.

Los tratamientos

Las personas con esta forma de ansiedad a menudo no quieren tomar medicamentos, suplementos o hierbas. Sus síntomas de obsesión y compulsión les hace difícil meter píldoras a su cuerpo. ¿Quizá es el exceso de norepinefrina lo que los hace nerviosos? ¿Quizá es el pensamiento de que pueden controlar el problema por sí solos sin tomar nada? ¿O la incertidumbre de no saber cuál de los elementos mencionados en las largas listas de efectos secundarios que ven en internet podría sobrevenirles? Si así eres, quizá desees probar las soluciones para la ansiedad —medicinas, suplementos, hierbas— que vimos en la sección anterior, pero comienza con la mitad o con una cuarta parte de la dosis. Antes de que tomes la medicina/suplemento/hierba, mírate al espejo y dite a ti mismo: «Esta es una dosis tan baja que no tendrá ningún efecto y no tendrá ningún efecto secundario». Al condicionar a tu cerebro y a tu cuerpo de esta forma, estás hablando a tus centros mentales distribuidos en cada tejido de tu cuerpo y estás diciéndoles que puedes estar a salvo si aceptas ayuda de algo fuera de ti. Quizá también quieras que un consejero o terapeuta te ayude con una terapia dialéctica conductual, una terapia cognitivo conductual o con mindfulness para ayudarte a aprender a reorganizar los patrones emocionales y de pensamiento en tu cerebro y tu cuerpo.

Además, prueba los suplementos antiansiedad —el HTP, la rhodiola o el ashwagandha— o medicinas tales como el Zoloft, el Paxil u otros, si no te provocan efectos secundarios. Utiliza el yoga o el masaje para relajar esos músculos rígidos, tensos, duros. La esferodinamia de Yamuna u otras modalidades que ayudan a traer conciencia a tus músculos podrían ayudar a aflojar los músculos creando tensión en los tendones y en la fascia. La Técnica Alexander puede ayudarte a llevar conciencia a tu postura, la cual puede tender a encorvarse con la tensión muscular. Existen también otras cosas que puedes probar. Pregunta a tu médico holístico más cercano si tiene aceites esenciales que podrían ayudarte a calmarte, relajarte y tranquilizarte.

Las afirmaciones

Ahora bien, vayamos a las afirmaciones que ayudarán a crear más flexibilidad en tu cerebro y a reducir la ansiedad, las obsesiones y las compulsiones.

La afirmación que Louise ofrece para esta situación es:

...

Las relaciones son seguras para mí. Todas mis relaciones son amorosas. Me siento seguro al abrirme y ser honesto en una relación, y permito que otros sean abiertos y honestos conmigo. Me siento seguro cuando amo. Me siento seguro cuando cuido de mí en una relación. Me siento seguro al ser yo mismo con otras personas. Me siento seguro al aprender y crecer. Estoy dispuesto a cambiar. Estoy dispuesto a volverme más quién soy. Me siento seguro al ser todo lo que puedo ser. No amenazo a nadie cuando soy yo mismo, y todas mis relaciones me apoyan en mi crecimiento. Me siento seguro con mis amigos. Me siento seguro con mis conocidos. Me siento seguro con el público. Incluso, me siento seguro con mis así llamados enemigos. Ahora atraigo únicamente personas amorosas a mi vida. Me siento seguro en cualquier edad.

...

Si confías en tu terapia cognitivo conductual, en tu terapia dialéctica conductual, en las afirmaciones y en cualquier suplemento y medicina que estés tomando, comenzarás a reconfigurar los patrones de pensamiento en tu lóbulo frontal y tus circuitos del miedo. Aprenderás a navegar con un verdadero ritmo de vida, solo teniendo un poco menos el control.

III. EL TRAUMA Y LA ANSIEDAD MENTE-CUERPO

¿Has experimentado un evento o eventos en tu vida que fueron tan traumáticos que se encontraban fuera del ámbito de la experiencia normal? ¿Eventos tales como una violación, un incesto, abuso, haber atestiguado un homicidio o la pérdida de la integridad física de tu cuerpo? Si es así, el trauma pudo haber moldeado tu mente y tu cuerpo hacia la ansiedad, tal y como leíste en el capítulo 1 que puede moldear tu mente y tu cuerpo hacia la depresión.

Además de los síntomas que describimos en las dos secciones anteriores, observa las listas que se encuentran abajo y marca los puntos que se aplican a tu vida en este momento.

Síntomas mentales

- Experimentaste un trauma emocional o físico doloroso en tu familia cuando eras niño.

- Has sufrido un trauma emocional o físico en una o más de tus relaciones.
- Ha habido un evento en tu vida en el que has sido amenazado con un daño físico o emocional tan grave que se encontraría fuera del rango de lo que consideramos una experiencia de vida normal. Algunos ejemplos podrían ser vivir una guerra, ser testigo de un accidente con pérdida de vidas o extremidades, experimentar una violación o un incesto, o ver a tus hijos sufrir abuso.
- Sea cual sea el trauma que has experimentado, tiendes a tener «representaciones repetidas» de este patrón doloroso en una relación tras otra, en un empleo tras otro, etcétera. El patrón doloroso parece reproducirse una y otra vez en tu vida como en la película *Hechizo del tiempo*.
- Tienes patrones de pensamiento de terror, miedo, pánico y nerviosismo.
- Tienes una sensación de que podrías ser lastimado o dañado o de que alguien podría rechazarte o criticarte.
- Crees que no recibirás la ayuda que necesitas.
- Sientes que eres incompetente para cambiar la situación.
- Sientes que te estás volviendo loco.

Síntomas corporales

Además de los síntomas enumerados en la sección anterior, podrías tener estos otros:

- Temblores y agitación.
- Bochornos (sofocos) y escalofríos.
- Adormecimiento y hormigueo.
- Náuseas o sensación de malestar estomacal.
- Presión en el pecho.
- Taquicardia.
- Sudores fríos.
- Dificultad para respirar.
- Un nudo en la garganta.
- Mareo y vértigo.

- Sentir como si estuvieras «fuera de tu cuerpo».
- Sentir que estás muriendo.

En cada capítulo de este libro encontrarás que los traumas pueden reconfigurar el cerebro en algún área de funcionamiento. Sin embargo, no te preocupes, tenemos soluciones en la Clínica «Todo Está Bien». Si esto te describe, continúa leyendo. Como paciente en esta clínica virtual tendrás todo un conjunto de soluciones que puedes utilizar con tu equipo de cuidado de la salud para crear alivio físico y serenidad emocional.

DOLLY: ANSIEDAD DESPUÉS DE UNA EXPERIENCIA TRAUMÁTICA

Dolly, de veintiocho años, acudió a mí porque su familia estaba preocupada por ella después de haber pasado por una infancia traumática.

La lectura intuitiva

Vi a Dolly como si se encontrara en una casa y alguien estuviera entrando y saliendo y azotando la puerta. La persona en la casa que parecía estar creando terror parecía tener cambios violentos de estado de ánimo, tan potentes que afectarían a las personas cercanas que estuvieran en la misma habitación o, incluso, en otros pisos de la casa. Parecía como si el mundo de Dolly estuviera amenazado, y el horror de estar cerca de esta persona reverberaba en su cuerpo. Después de conocer a esa familia, vi que la vida de Dolly parecía inestable en muchos sentidos. ¿Se le dificultaba hacer amigos fuera de su familia? Me fue difícil ver a una pareja u otras relaciones. No parecía poder durar en un trabajo o ganar suficiente dinero para sostenerse a sí misma.

El cuerpo

Su cabeza se sentía temblorosa. Su cuerpo se sentía tembloroso. Todo en la mente y el cuerpo de Dolly se sentía nervioso. ¿Había mareo y vértigo en su cabeza? Percibí un nudo en su garganta. Parecía que constantemente le faltaba el aire, y su corazón se saltaba un latido de una forma que resultaba aterradora. Pude ver que su tracto digestivo tendía a verse como si tuviera mariposas en él, dándole esa sensación de náuseas. Todos los músculos de su cuerpo parecían tensos, haciéndola sentir agotada. Podía ver a Dolly levantada a toda hora en la noche tratando de conciliar el sueño.

Los hechos

Resulta que Dolly había visto a su padre golpear a su madre en múltiples ocasiones. Su temperamento explosivo alejó a todos, excepto, por supuesto, a Dolly. Dolly seguía viviendo con su padre, porque no lograba encontrar al Hombre Perfecto, y tampoco podía durar en ningún empleo. Sus problemas de concentración y atención le dificultaron terminar la escuela y pronto se le diagnosticó trastorno de déficit de atención e hiperactividad (TDAH). Dolly me dijo que los doctores le dieron antidepresivos para la irritabilidad y luego le dijeron que tenía trastorno bipolar, idea que le parecía ridícula. Dolly comenzó a medicarse con alcohol y mariguana para alejar los recuerdos de la violencia de su padre. Todo lo que ella quería era que se fueran los episodios de pánico. Quería que la taquicardia, la sensación de ahogo, los temblores, las náuseas simplemente se fueran, de modo que pudiera comenzar a tener una vida feliz.

La solución

Muchos de nosotros tenemos eventos en nuestra vida que son traumáticos. Un padre muere cuando estamos en la edad mediana. A uno de nuestros hijos le da una enfermedad menor y nos aterroriza pensar que quizá no sobreviva. Un niño puede ser diagnosticado con un problema de aprendizaje o podemos tener un accidente menor en la autopista. Todos tenemos resistencia en nuestro cerebro y en nuestro cuerpo para recuperarnos; sin embargo, cuando experimentamos un evento de gran magnitud, por ejemplo, una experiencia cercana y personal de guerra, ver a un ser querido morir, ser víctima de una violación o un abuso, etcétera, las horribles memorias se fijan en nuestro cerebro y nuestro cuerpo. La psiquiatría llama a esto trastorno de estrés postraumático (TEPT). Los estudios más recientes con escáner cerebral indican que, en las personas que sufren de TEPT, la red del miedo no opera de forma apropiada. Ya sea que se revele por tomografía TEP o por espectroscopía magnética, sabemos que los elementos de la red producen cantidades aberrantes de serotonina, de GABA y de otros neurotransmisores.[3]

Si tú, como la persona en este caso, has tenido traumas serios en tu vida, puedes sufrir tanto ansiedad como depresión y sus efectos en tu cerebro y en tu cuerpo. En primer lugar, entiende que el sufrimiento forma parte de la vida. Desde el momento en que nacemos, lloramos. Es doloroso. Diariamente, todos tenemos un evento u otro que nos provoca sufrimiento. Cierta cantidad de «estrés», dolor, es necesaria para que crezcamos y nos desarrollemos. Algunos, incluso, creen que la crisis es necesaria para desafiarnos y forzarnos a avanzar para lograr hazañas cada vez más grandes. Trátese de nuestros primeros pasos o de la ansiedad que enfrentamos el primer día del kínder o el primer día de la universidad, todos tenemos que enfrentar cantidades normales de miedo y otros sentimientos, de modo que podamos emplear otras regiones cerebrales para ajustar nuestros pensamientos y continuar a la siguiente misión de vida. Sin embargo, si hemos sido amenazados o alguien cercano a nosotros ha sido amenazado con recibir un daño corporal o violencia sexual, esto puede considerarse TEPT si cuatro síntomas básicos continúan durante más de un mes:

1. Sigues teniendo recuerdos reverberantes del suceso en la forma de sueños, imágenes o reacciones corporales.
2. Te sales de tu camino para evitar situaciones que te recuerdan el evento. Esto podría ser evitar una avenida o avenidas después de que has tenido un accidente automovilístico, o evitar los sonidos de aeropuertos si has visto a un helicóptero estrellarse, etcétera. Evitas situaciones donde escuchas, ves o percibes recordatorios del trauma.

3. Tienes cambios en la forma como tus pensamientos funcionan, en la forma como tu estado de ánimo y tu cuerpo funcionan después del evento. Tu memoria es como una neblina. No puedes recordar ciertos eventos. Puedes sentir como si estuvieras fuera de tu cuerpo, disocias y, como resultado, puedes tener un recuerdo distorsionado de los acontecimientos. Puedes, o bien, culparte a ti mismo o culpar al mundo. Puedes comenzar a alejarte de ciertas actividades. Puedes sentirte adormecido o separado de tus seres queridos. Y, de alguna forma, ese embotamiento general en tu cerebro te dificulta experimentar amor, alegría y satisfacción.
4. Por último, pero no por ello menos importante, tu cuerpo sigue estando nervioso después del trauma con norepinefrina, esa hormona del estrés de la glándula suprarrenal, la cual hace que estés nervioso, reactivo e hipervigilante; tus músculos se pondrán tensos y quedarás agotado. Esto también hace que te sea difícil concentrarte, prestar atención y, sí, conciliar el sueño. Tu nerviosismo y tus cambios de humor pueden hacer que sea más probable que tengas estallidos de enojo, lo cual provocará problemas con tus relaciones, tu empleo o con tu funcionamiento en general.

Los síntomas de pánico con el TEPT no son la consecuencia más paralizante. La consecuencia más paralizante es que restringes tu vida. Comienzas a evitar cosas que te recuerdan el trauma. El círculo de evitación se vuelve cada vez más grande. Esas avenidas que comenzaste a evitar después del accidente comienzan a convertirse también en caminos alternativos, hasta que dejas de conducir por completo. Escuchar los ruidos del tráfico puede molestarte, y entonces comienzas a cerrar las ventanas de tu casa y simplemente no quieres escuchar ningún tipo de auto en lo absoluto. Puedes quedarte en casa más y más tiempo. Cuando las personas comienzan a decirte: «Oye, escucha, estás restringiendo cada vez más tu vida», tú dirás: «Bueno, podría hacer más, pero prefiero no hacerlo». Comienzas a pensar: «¿Qué pasaría si...? Bueno, puedo subirme a un coche, pero ¿qué tal si pasa un accidente?». Una minoría de personas, el cinco por ciento, termina, de hecho, siendo incapaz de dejar su casa, una situación de confinamiento llamada «agorafobia».

Los tratamientos

Si has sufrido un trauma serio en tu vida que afecta tu mente y tu cuerpo, ve al capítulo 1 y lee la sección III en la Clínica «Todo Está Bien». Existe la probabilidad de que tu trauma aumente la posibilidad de que sufras de depresión, y muchas de las soluciones en esa sección pueden aplicarse a ti. Esas soluciones pueden ayudarte a dar apoyo a tu cerebro y a tu cuerpo a medida que sanas el pasado y creas una relación mente-cuerpo más saludable para una mayor felicidad en el presente y en el futuro.

En lo que se refiere al pánico después de un trauma, es importante considerar todas las condiciones médicas que podrían hacer que empeoraran tu ansiedad, tu nerviosismo y tu agitación. Ve con un médico para que te cheque la tiroides, tu azúcar en la sangre, tu calcio y tus glándulas suprarrenales. El hipertiroidismo, el síndrome de Cushing (cortisol excesivo o agotamiento de las glándulas suprarrenales) y un problema en la glándula paratiroides pueden imitar o empeorar los ataques de pánico. Ve con un cardiólogo para que te haga un electrocardiograma y revise tu ritmo cardiaco. Si tienes síntomas de mareo, vértigo y la sensación de «estar fuera de tu cuerpo», ve con un neurólogo para asegurarte de que no estés teniendo también un problema de ondas cerebrales. Ve con un otorrinolaringólogo para asegurarte de que tu oído medio no esté también provocando algunos síntomas. Observa que no estoy diciendo que, si tratas estos problemas físicos de salud, tu pánico desaparecerá por completo. La experiencia traumática puede aumentar la posibilidad de que tengas todos estos trastornos, así que es importante que trates tanto los problemas físicos como el sufrimiento emocional. Mientras estás en el proceso, asegúrate de que tu falta de aire no empeore debido a alergias o al asma.

Ve con un asesor, consejero o nutriólogo de confianza para que revise tu dieta y se asegure de que las medicinas, los suplementos o los alimentos no están empeorando tu pánico, especialmente la cafeína y el alcohol, sin mencionar la cocaína y la mariguana. Podrías decir: «¿La mariguana? ¿Cómo podría empeorar mi pánico?». Bueno, puede hacer que te tranquilices al principio, pero, con el tiempo, puede que tengas una mayor neblina mental en términos de atención y memoria. Se llama «pedirle a Pedro para pagarle a

Pablo». Utilizar la mariguana puede calmar tus nervios, pero arruina tu atención; utilizar alcohol puede ayudarte a conciliar el sueño, pero terminarás sintiéndote más deprimido. Es importante trabajar con un médico de confianza para equilibrar tu psicofarmacología de modo que las cosas que estás haciendo para automedicar tu pánico no estén empeorando tu cerebro y tu cuerpo.

¿Otras soluciones? Ahora que has estado reconfigurando medicinal y farmacológicamente tu cuerpo, podrías también hacer lo mismo con tu cerebro y tu comportamiento. La terapia cognitivo conductual puede ayudarte a comenzar a identificar los patrones de pensamiento en tu cerebro, los patrones de pensamiento de «qué tal si...» y «podría, pero prefiero no hacerlo». La terapia de exposición puede ayudar a detener el patrón en el que evitas más y más cosas en el mundo. Se trata de un procedimiento donde utilizas la imaginería mental y, con una enorme cantidad de apoyo, comienzas a imaginar eventos traumáticos del pasado y las circunstancias actuales que te los recuerdan. Con apoyo, aprenderás a desensibilizar tu cerebro y tu cuerpo.[4]

Es importante, en esta etapa de tu tratamiento, que te digas a ti mismo que eres un valiente sobreviviente por haber llegado tan lejos y que, paradójicamente, deseas enfrentar nuevas situaciones que podrían darte miedo y que se encuentran fuera de tu zona de confort. Sostener dos patrones de pensamiento que son conceptos aparentemente opuestos —esto es, una paradoja— es la clave para sanar el trauma. Por ejemplo: «Me amo tal y como soy» es una frase que puede acompañarse con su aparente opuesto: «Deseo cambiar». A menudo, a las personas que tienen una historia de traumas y abuso se les dificulta mantener una paradoja y son proclives a tener un pensamiento sin matices. Así pues, podrías decir: «Soy un sobreviviente; he llegado hasta aquí. Esto es lo que aprendí a hacer para sentirme seguro». Sin embargo, si la forma que has aprendido para sentirte seguro es limitar tu vida únicamente a uno o dos amigos, vas a sentir menos ansiedad al principio, pero en el largo plazo padecerás hambruna social. Limitar la felicidad y la libertad porque el pánico se apodera de ti significa que aún estás encadenado a tu trauma. Está bien. Puedes amarte en el punto donde te encuentras y querer más.

¿Cómo lo haces? La terapia dialéctica conductual te ayuda a entrenar tu mente para que maneje pensamientos aparentemente opuestos y se libere del pensamiento absolutista que aumenta el pánico y limita tu vida. Para muchos, la terapia dialéctica conductual es el tratamiento de elección para el TEPT y el trastorno de pánico. Este tipo de terapia cognitivo conductual se basa en el budismo tibetano y el mindfulness. Te ayuda a aprender a regular el pánico, el miedo, la tristeza, el enojo, la vergüenza y la culpa. Tal vez también quieras considerar la hipnoterapia, la EMDR (siglas en inglés para «desensibilización y reprocesamiento por movimientos oculares») y otras terapias que ayudan a las personas a alterar sus redes mente-cuerpo del trauma.

Otras medicinas mente-cuerpo para el pánico

Además del 5-HTP, la pasiflora, el toronjil, la rhodiola y el ashwagandha, tal vez quieras considerar acudir con un psicofarmacólogo si tu pánico se sale de control, para que te brinde un apoyo temporal con medicamentos. Sin embargo, ten cuidado: trata de evitar el Xanax, el Valium, el Klonopin y otras benzodiacepinas. Sí, pueden ayudar en el corto plazo, pero, si las utilizas durante un periodo muy prolongado para contener la ansiedad y el pánico, puedes descubrir, como he dicho, que terminas teniendo dos problemas en lugar de uno. Además del TEPT, podrías descubrir que tienes una adicción, y entonces terminarás teniendo que ir a rehabilitación para liberarte del Xanax, el Valium o el Klonopin. Nada fácil.

La medicina tradicional china puede ser útil para tratar la ansiedad cerebral y corporal, especialmente después del pánico. Prueba lo siguiente:

- Si tiendes a tener sudores calientes/fríos: ziziphi spinosae.
- Si tienes tendencia a que te falte el aire y al pánico: lumbricus.
- Si tu presión arterial tiende a ser demasiado alta o tienes síntomas en el pecho: uncaria.
- Si tienes problemas para conciliar el sueño: magnesio.
- Si tienes malestar estomacal y pánico: hueso de dragón y concha de ostra.

Si eres perimenopáusica y tienes síntomas de ansiedad y pánico debido al TEPT, existen muchas otras medicinas. El tubérculo de corydalis trata el nerviosismo, la agitación, el insomnio y los dolores de cabeza. La raíz de coptis trata el nerviosismo, la ansiedad, la presión en el pecho, los sofocos —o bochornos— y los problemas de la memoria. Luego, la corteza de magnolia promueve la relajación, disminuye la ansiedad y ayuda con el insomnio, así como con el malestar estomacal.

Las afirmaciones

En lo que se refiere al manejo del trauma, lo primero que Louise hace es pedirle a la persona que recree el trauma en sí misma y en su mundo. Para ayudar a una persona a manejar el trauma del pasado, especialmente de la niñez, le ayuda a crear un «niño interno más sano», uno que tenga recuerdos de seguridad y de estar a salvo. Otras terapias hacen lo mismo. Le llaman «autorreparentalización». Las afirmaciones de Louise para el niño interno te ayudan a establecer patrones de pensamiento en tu cerebro para el niño que habita en ti que vio el mundo como ansioso y temible. Así pues, antes de pasar a esos ejercicios, ¿existe verdaderamente una forma en la que eso podría influir en tu cerebro? ¿Existe verdaderamente una forma en la que sanar al niño interior con afirmaciones podría realmente reconfigurar los circuitos cerebrales dañados de una persona que padece TEPT? Muy posiblemente, sí. Existe mucha ciencia que sugiere que los traumas del pasado cambian la forma en la que percibimos el mundo. Cuando tienes un trauma a una edad temprana, el recuerdo deforma tu circuitos cerebrales. Las afirmaciones pueden ayudarte a cambiar la configuración.

Así pues, quizá al hacer estos ejercicios con el niño interior estamos implantando en nuestro cerebro pensamientos y recuerdos rivales que diluyen o ahogan los pensamientos y recuerdos traumáticos. No creo que llegues a eliminar un recuerdo traumático. Muchas vidas de personas maravillosas, brillantes y extraordinarias se han formado y han sido dirigidas por el trauma. Nelson Mandela, por ejemplo, estuvo encarcelado durante veinticinco años y, por decir lo menos, fue sometido a humillaciones catastróficas y a sufrimiento físico y emocional que posteriormente cobraron un precio a su salud física. No obstante, su trauma produjo una forma de sabiduría que es una fuerza revolucionaria para crear paz en nuestra sociedad. No deseas eliminar todos tus recuerdos traumáticos, ¿o sí? Si deseas hacerlo, piénsalo dos veces. Borrar los recuerdos traumáticos puede eliminar fuentes de sabiduría que podrían dar forma a tu llamado o vocación futura. Una vez más, prueba una terapia dialéctica: en lo personal, en verdad puedo entender el deseo de borrar el dolor y el sufrimiento de nuestro pasado y —observa que no dije «pero»— en su lugar elijo pensar en todos esos múltiples eventos dolorosos y traumáticos en mi vida, de hecho, como una credencial. Muchas personas piensan que mis mejores credenciales son mi licenciatura de la Universidad Brown, mi maestría o mi doctorado y mi certificación en Psiquiatría. Eso puede ser cierto, y también puedes estar de acuerdo en que he recibido sabiduría en muchas otras formas fundamentales:

- Tener escoliosis y una barra de metal en la columna con una fusión desde el cuello hacia abajo.
- Epilepsia y narcolepsia, enfermedades con las que «me quedo dormida». Como cuando crucé corriendo un puente y fui golpeada por un camión y lanzada a veintiséis metros de distancia, lo que provocó que me fracturara la pelvis, las costillas y la escápula, y, probablemente, que tuviera una lesión cerebral.
- Cáncer de mama invasivo bilateral con una doble mastectomía y reconstrucción.
- Durante una cirugía de revisión de la fusión espinal, me desangré sobre la mesa de operaciones; tardaron diez minutos en resucitarme y estuve en la unidad de terapia intensiva durante dos semanas y media.
- Un coágulo de treinta centímetros de longitud en una vena en mi cadera izquierda.
- Cuatro pequeñas obstrucciones intestinales.
- Dislexia y TDAH.

Sobra decir que ha sido un largo camino. Logré sobrevivir, quizá, incluso, progresar, a pesar del hecho de que tengo muchas cicatrices en mi cuerpo, en mi cerebro y, sí, quizá vulnerabilidad en mi espíritu, aunque no quisiera admitirlo. Te presento esta credencial. Ahora acompáñame en la meditación de Louise.

En el ejercicio que presento a continuación, Louise trata de ayudarnos a reconfigurar los circuitos de la vista, el oído y la memoria de nuestro cerebro, guiándonos a través de una meditación con el niño interior; ella trata de recrear un mundo más seguro y más amoroso. Quizá está ayudándonos a reconfigurar nuestros circuitos de la amígdala y el hipocampo a medida que nos «reparentalizamos» a nosotros mismos.

...

Mira a tu niño interior. Observa cómo se ve y se siente el pequeño niño. Consuela a tu niño. Podrías disculparte con tu pequeño por haberlo abandonado durante tanto tiempo y solo haberlo reprendido y regañado en el pasado. Sin embargo, ahora puedes prometer a tu niño interior que, de ahora en adelante, siempre estarás ahí para él, jamás lo dejarás solo y, en cualquier momento en que este niño desee tu consuelo, tu consejo o tener tiempo para jugar contigo, siempre estarás ahí. Reconoces que esta relación con tu niño interior es una de las más importantes en tu vida. Di a tu niño cuánto lo valoras. Construye su autoestima y su sentido de valía con elogios. Ve a tu niño relajado, a salvo, apacible, divirtiéndose, riendo, feliz, jugando con sus amiguitos y corriendo libremente. Disfrutando todo lo que hace: ir a la escuela, estudiar, ser creativo, convivir con otras personas, tocar una flor, abrazar un árbol, tomar una fruta, comer con placer, jugar con un perrito o con un gatito, mecerse en un columpio muy alto, riendo lleno de alegría, corriendo hacia ti, dándote un enorme abrazo. Velos a ambos saludables, viviendo en un lugar hermoso y seguro, teniendo relaciones maravillosas, padres maravillosos, amigos maravillosos, compañeros de trabajo maravillosos, siendo recibidos con alegría dondequiera que van. Teniendo un tipo especial de amor con una persona especial.

Ahora visualiza al adolescente dentro de ti siendo consolado a medida que pasa por la desconcertante etapa de la pubertad que marca la transición de la niñez al estado adulto, construyendo su autoestima y su sentido de valía. Visualiza ahora al adulto en ti con amor y felicítate por haber llegado tan lejos. Siempre hiciste lo mejor que pudiste en cualquier punto en el tiempo y el espacio. Construye tu propia autoestima y sentido de valía. El amor y la aceptación que tienes hacia ti mismo ahora te facilitará avanzar al siguiente nivel de amor a ti mismo. Eres muy poderoso. Tienes el poder dentro de ti de ayudar a crear la clase de mundo en el que deseas que todos nosotros vivamos.

...

Louise también ofrece afirmaciones para el TEPT:

...

Soy inofensivo para los demás y los demás son inofensivos para mí. Me siento a salvo con los jóvenes y con los viejos. Me siento a salvo con aquellos que son como yo y con aquellos que son distintos a mí. Me siento seguro con los animales; me siento relajado con los animales; vivo en armonía con todos los animales. El clima es mi amigo. Estoy en armonía con toda la vida: el sol, la luna, el viento y la lluvia, la tierra y el movimiento de la Tierra. Estoy en paz con los elementos. Siempre me siento cómodo en cualquier clima. Mi cuerpo se ajusta a la temperatura externa. Me siento en calma.

También he aprendido a estar tranquilo. En medio del caos, puedo estar tranquilo. La tranquilidad es paz interna. Practico estar en paz cuando otros están agitados. No tengo que adoptar la agitación de las personas. Para mí, la paz mental y amarme a mí mismo es el estado más importante que puedo experimentar. Al cambiar mis pensamientos, creo paz en mi mundo ahora. La paz reemplaza el miedo; el terror es reemplazado por la tranquilidad; el miedo se convierte en serenidad; la incertidumbre se convierte en confianza. El amor reemplaza al odio. La represión cede el paso a la libertad. Bendigo a todas las personas con amor; rodeo al planeta con amor. Sé que estamos seguros. Todo está bien, y así es.

...

IV. PÁNICO DESPUÉS DE UNA ENFERMEDAD MORTAL

Una enfermedad grave es una causa razonable de pánico y —como te darás cuenta en el capítulo 6— una enfermedad grave en tu cuerpo puede provocar ansiedad en tu bioquímica aun si tienes confianza en que sobrevivirás y mantendrás tu integridad física. Ve si los siguientes enunciados se aplican a ti.

Síntomas mentales

- Tienes o has tenido una enfermedad que ha amenazado tu vida o te ha detenido en seco.
- El problema de salud te hace sentir que estás solo y en la oscuridad en lo referente a lo que pueda traer el futuro.
- Has quedado lastimado por el tratamiento y/o tienes miedo a futuros tratamientos.
- Te da miedo lo que los doctores vayan a decirte, y evitas a los médicos porque ya no quieres más malas noticias.

Síntomas corporales

- Cualquiera de los síntomas físicos de ansiedad de los cuales leíste en las secciones anteriores.

Si esto se aplica a un ser querido y no a ti, el pánico es, en esencia, el mismo, porque, empáticamente hablando, si un ser querido tiene una enfermedad potencialmente mortal, puedes llevar a cuestas la preocupación y el terror por él o ella. A continuación te presento una breve lista de enfermedades potencialmente mortales que pueden afectarte a ti o a tu ser querido:

- Un diagnóstico de enfermedad autoinmune que puede avanzar hacia una falla orgánica, alergias potencialmente mortales que te impiden estar en público.
- Infertilidad, la pérdida de la función reproductiva.
- Una enfermedad de transmisión sexual, y la vergüenza de tenerla es tan horrible que te impide querer participar en relaciones íntimas.
- Reflujo severo que puede avanzar hasta convertirse en diversos problemas estomacales potencialmente mortales; diarrea, estreñimiento u otros problemas digestivos que te impiden estar con otras personas.
- Obesidad con un exceso de peso de cuarenta y cinco kilos por encima de tu peso normal.

- Ataque al corazón, arterias coronarias bloqueadas, derrames cerebrales repetidos.
- Cáncer de cualquier tipo.
- Pérdida progresiva de la memoria, enfermedad de Parkinson, demencia.

Si esta es la situación en la que te encuentras —o un ser querido se encuentra en ella— y se te está dificultando manejar tu ansiedad y el terror, al punto que te está siendo difícil manejar tu vida frente a un problema de salud complicado, continúa leyendo. Solo una pista: tu ansiedad no es algo que está en tu imaginación.

EVAN: ME TEMO QUE VOY A MORIR

Evan recurrió a mi servicio de intuición médica envuelto en pánico, deseando una lectura de inmediato.

La lectura intuitiva

Cuando observé a Evan a nivel emocional, todo lo que pude ver fue miedo y terror, miedo y terror. Se me dificultó ver su vida. Sabía que estaba analizando su mortalidad, lo cual era raro para él. Vi que era una persona muy, pero muy determinada, alguien que era ferozmente competitivo, algo muy bueno en un mundo despiadado, pero no tan bueno como ver el lado espiritual y emocional de la vida.

El cuerpo

Percibí que Evan tenía problemas con su concentración y atención, pero eso podría ser su ansiedad intensa. Mi atención se sintió atraída directamente a sus pulmones, los cuales parecían estar «oscuros». ¿Era esto porque vivía en un lugar lleno de humo? El resto de su cuerpo no parecía ser un problema.

Los hechos

Evan dijo: «Me temo que voy a morir». Me explicó que le habían diagnosticado que tenía una sombra en su pulmón después de años de haber sido fumador. Una biopsia reveló que tenía cáncer de pulmón. Estaba preparándose para ver a un oncólogo. Evan era un empresario exitoso que durante años había comprado y vendido propiedades. Dijo que había pasado toda su vida trabajando, trabajando, trabajando, y realmente nunca llegó a conocer a sus hijos y a su pareja. Ahora que estaba solo, divorciado, y que sus hijos ya habían crecido, tenía miedo de morir solo. Toda su vida siempre había sentido que tenía el control —tenía el control del negocio, era capaz de mantener un rostro estoico en medio de la competencia feroz—, pero, ahora que se enfrentaba a una enfermedad que amenazaba su vida y a una mortalidad potencial, tenía terror a perder el control y se sentía muy solo.

Miedo existencial

¿Te paralizas por completo debido al pánico cuando te enfrentas a una enfermedad potencialmente mortal? En algún momento de nuestra vida vamos a tener miedo al daño corporal, miedo a nuestra mortalidad, miedo a la muerte de un ser querido, miedo a nuestra propia muerte. Todos venimos a este planeta, nacemos, pero luego, un día, por supuesto, tendremos que dejar el planeta; tendremos que morir. La historia de Evan me recuerda la canción de David Bowie «The Man Who Sold the World» [«El hombre que vendió el mundo»]. Tuve que escuchar esta canción nueve veces antes de tener una idea de lo que podría significar. La canción trata sobre alguien que nunca pierde el control, sobre un hombre que crea una identidad que muestra al mundo. Sin embargo, esa identidad es unidimensional, porque solo se refiere a «él mismo», a su trabajo, a lo que hace cuando llega a casa. No tiene que ver con «nosotros». No es bidimensional, o no es sobre nosotros, sobre él en el espíritu. De hecho, se vendió. Vendió su identidad para ser un abogado, para tener riqueza, en lugar de estar en una relación con alguien más o con el espíritu. El hombre que vendió el mundo.

¿Estás enfrentándote al miedo por una enfermedad? ¿A ese proverbial cruce de caminos en la vida? Tal vez te estés preguntando: «¿Eso es todo? ¿Cuánto tiempo me queda? ¿Qué quiero hacer con él?».

La solución

El miedo a la muerte no es un problema psiquiátrico. No obstante, si estás sufriendo una enfermedad potencialmente mortal, la química de tu cerebro y tu cuerpo puede perturbarse a tal grado que puedes tener problemas de ansiedad, sin mencionar la neblina mental. Irónicamente, en medio de tu crisis de salud, puede ser difícil saber dónde terminan el pánico y el terror, y dónde comienzan los problemas de salud. Puedes ni siquiera saber que tienes neblina mental que está haciendo que te sea difícil ver a nivel emocional, mental y espiritual el camino de salida de esta etapa de desarrollo en tu vida. Una etapa que todos, tarde o temprano, tendremos que enfrentar.

No recorras ese camino solo. Consigue a un equipo de profesionales de la salud donde tú seas el director ejecutivo. Recuerda, tú serás el jefe y ellos serán los consejeros. Pide a uno de los médicos o profesionales de la salud que evalúen si tienes delirio o neblina mental. Si es así, vuelve a leer el caso anterior que se encuentra en este capítulo y sigue las sugerencias que se mencionan en esa sección. Asegúrate de recibir apoyo continuo, de modo que las personas puedan ayudarte a concentrarte y a llevar un registro de los detalles a medida que avanzas en tu viaje de curación.

Depresión y ansiedad

A medida que haces ajustes en las áreas de la familia, las relaciones, las finanzas y tu profesión, es normal que te deprimas y estés ansioso. Sin embargo, la ansiedad y la depresión pueden ser una señal de que la química de tu cuerpo está fuera de equilibrio —véase capítulo 1—. Pide a un consejero con quien te sientas cómodo que te apoye mientras pasas por el sufrimiento y el pánico, que son inevitables durante este viaje. Resiste la necesidad de medicarte en exceso con suplementos, hierbas o medicinas durante este tiempo, ya que estas sustancias podrían nublar demasiado tu mente. No obstante, considera tomar una cantidad pequeña de las soluciones para la ansiedad que se mencionaron en el primer caso de este capítulo.

Consigue apoyo social. Un amigo o camarada puede ayudar a reducir la ansiedad y a aumentar la longevidad.[5] La ausencia de amigos cercanos afecta nuestra longevidad tanto como el alcohol, la obesidad o fumar. Aquí es cuando el hecho de que un amigo cercano sostenga tu mano hará mucho por tu ansiedad igual que para extender tu vida.

Consigue un consejero espiritual. Cuando los amigos se han ido y estás en casa o en una habitación, solo, puedes sentir terror y ansiedad en particular. Sin importar en quién o en qué creas, una crisis de salud desafía la fe de cualquiera. Durante una crisis de salud, incluso las personas más devotas y espirituales pueden perder la fe o, al menos, cuestionarla. Por otro lado, alguien que previamente no tenía fe en absoluto —un ateo por la gracia de Dios, podrías decir— puede comenzar a cuestionar si hay algo más. Este puede ser el momento en el que necesites un consejero para sopesar estas ideas. Sí, es fantástico sopesarlas en un diario, solo, pero el poder sanador de sentarte con otra persona puede ayudar a despejar el camino para encontrar algo de paz en lo que puedes sentir en ocasiones como un abismo. Los místicos cristianos denominaban a las crisis de vida, tales como una enfermedad potencialmente mortal, la «noche oscura del alma». Encuentra iluminación y consuelo, ya sea con un consejero espiritual, con un pastor o simplemente con un amigo.

¿Yo provoqué mi enfermedad?

En la intuición médica, una enfermedad potencialmente mortal tiene que ver con entrar en contacto con tu propósito en la vida, por qué estás aquí, pero también con entrar en contacto con tu poder superior, Dios, o comoquiera que desees llamarlo. El solo hecho de temer a la muerte hace que una persona se sienta impotente. En la tradición de los doce pasos, ya sea que estés lidiando con el alcoholismo o con cualquier otra adicción, el primer paso consiste en darte cuenta de que tu vida es inmanejable, que está fuera de control, y entiendes que existe un poder superior a ti. A algunas personas se les dificulta comprender este concepto, así que tratan de descubrir cómo o por qué provocaron su problema. No es una cuestión y/o. Si te es difícil, entiende que cocreamos nuestra vida en sociedad con una fuente más grande, un poder superior. Tú tienes cierta influencia en tu vida, pero un poder superior, el universo entero, también añade su influencia y juntos crean en sociedad. ¿Estarías de acuerdo en que no tienes igualdad de voto con el universo entero? No lo sé; no tengo todas las respuestas, ¡porque todavía no estoy muerta! Todavía estoy tratando de encontrarlas a medida que crezco y adquiero mayor sabiduría a través de estas «experiencias de aprendizaje» en la vida. Si tú también estás enfrentando una enfermedad potencialmente mortal, entiende que ninguno de nosotros tiene todas las respuestas. Las afirmaciones ayudan a calmarnos un poco, a darnos consuelo, mientras enfrentamos una enfermedad grave y manejamos una potencial transición en nuestra vida. Las afirmaciones no nos evitan morir de una enfermedad terminal. La oración no nos evita morir. Las afirmaciones, al igual que la oración, nos ayudan a desarrollar nuestro pleno potencial mente-cuerpo durante las enfermedades potencialmente mortales, lo cual es, en cierto sentido, una fase evolutiva en nuestra vida.

Las afirmaciones

Louise ofrece estas afirmaciones para una enfermedad grave:

...

> Me siento a salvo en mi cuerpo. Estoy sano, a salvo y seguro. Las creencias antiguas, la enfermedad, el dolor y el sufrimiento son ahora liberados. Ahora elijo estar sano y ahora irrradio salud vibrante. Cuido con amor de mi cuerpo y mi cuerpo me ama. La comida es mi amiga. El ejercicio es mi amigo. Estoy a salvo cuando me ejercito. Disfruto la sensación que me da el ejercicio. A mi cuerpo le encanta estirarse y elijo un ejercicio que me produce alegría. Me siento seguro siendo joven. Me siento seguro siendo viejo. Espero vivir una vida larga y saludable. Cada edad trae sus propias joyas y tesoros. Disfrutaré de mi vida hasta el último minuto y más allá; cuando deje

este mundo, sé que estaré a salvo en mi siguiente nueva aventura. Cuando sea momento de hacer mi transición, dejaré este mundo en paz y en armonía en el tiempo que sea perfecto para mí. La muerte es una experiencia natural y estoy a salvo. La vida me brinda todas mis experiencias en el momento perfecto. Estoy en armonía con este proceso llamado «vida», y, aunque algunas veces no entiendo por qué ocurren ciertas cosas, estoy dispuesto a ver más allá de ello y sé que la vida siempre está desarrollándose para mi mayor bien. Ya no elijo asustarme con mis propios pensamientos. Me amo demasiado como para volver a atemorizarme de nuevo. Me veo en un lugar muy seguro, soltando las cargas, el dolor y el miedo, las antiguas adicciones y los patrones negativos; los veo alejándose de mí, y luego me veo a mí mismo ahí, con los brazos abiertos de par en par, diciendo: «Estoy abierto y receptivo también». Declaro para mí lo que deseo; no lo que no deseo, sino lo que deseo, y sé que es posible. Me veo a mí mismo como un ser completo y saludable, en paz. Me veo lleno de amor. Veo una conexión con otras personas, siento el amor que existe en este mundo y sé que formo parte de él, y el amor que existe en este mundo puede pasar de un corazón al otro, y, a medida que mi amor recorre este mundo, regresa a mí multiplicado en un increíble círculo de amor. Me veo a mí mismo en el centro de este círculo, rodeado por amor, a salvo, en paz y en armonía con la vida entera. Tengo la capacidad de amar mi vida y de amarme a mí mismo. Y así es.

...

3 ADICCIÓN

¿Alguna de estas conductas te suena familiar? ¿Hay algo en esta lista en lo que te estés enfocando, haciendo a un lado lo que podría hacerte feliz en la vida, ya sea tu familia, amigos o una carrera productiva?

- Coleccionar zapatos, ropa, libros, tecnología —otro nuevo dispositivo—, actividades deportivas —como hacer senderismo o correr—, quizá, incluso, lesiones autoinfligidas.
- Textear, redes sociales, revisar el correo electrónico, ir de compras, sexo, pornografía.
- Hacer dieta, bulimia, alcohol, drogas ilícitas, café y refresco de cola, carbohidratos, chocolate, fumar, trabajar, apostar, juegos de azar.
- Rescatar personas, necesitar que te necesiten, no querer estar solo.
- Chismear, hablar por teléfono.
- Mentir, robar, hurtar en tiendas, manejar a altas velocidades; adquirir aplicaciones de teléfonos inteligentes, videojuegos; navegar en internet; participar en conductas riesgosas.
- Prácticas espirituales perpetuas que facilitan evitar o escapar de la vida en la tierra.

Ahora bien, en lo referente a las cosas en esta lista con las cuales temes que podrías tener un problema, hazte las siguientes preguntas:

- ¿Alguna vez has sentido la necesidad de reducir —*Cut down*, en inglés— la frecuencia con la que lo haces?
- ¿Las personas te han molestado —*Annoyed*, en inglés— al criticarte por ello?
- ¿Alguna vez te has sentido culpable —*Guilty*, en inglés— por ello?
- Cuando despiertas en la mañana, ¿es lo primero en lo que piensas cuando abres los ojos —*Eyes*, en inglés—?

Acabas de aplicarte el cuestionario CAGE —de Cut down, Annoyed, Guilty y Eyes—. El cuestionario CAGE se utiliza normalmente para identificar la adicción al alcohol; sin embargo, aunque el cuestionario no es válido para diagnosticar otras adicciones, se han utilizado versiones modificadas de él para identificarlas de una forma u otra. Si contestas afirmativamente a dos o más de esas preguntas, eso indica que puedes tener un problema. Y el punto más importante en el cuestionario CAGE es el número 4: es lo primero en lo que piensas cuando abres los ojos, porque si lo que te está consumiendo es lo primero en lo que piensas cuando abres los ojos en la mañana... «¿Hola, hay alguien en casa?».

Si uno de estos comportamientos ha secuestrado tu vida y dominado tu tiempo, tu dinero, tus recursos, de modo que te es difícil tener una vida plena con tu familia, amigos, dinero, trabajo, etcétera, existe la posibilidad de que la adicción te haya afectado en algún grado. Si tienes problemas para romper el ciclo de comer, beber o hacer cualquiera de las cosas que acabo de enlistar, entonces únete al club. ¿Hay alguno de nosotros que no tenga una adicción o dos?

FORMAS DE VER LA ADICCIÓN

Las adicciones son una parte clave de nuestro sistema intuitivo de guía que nos hace saber que estamos encubriendo un sentimiento que no podemos manejar. La adicción es un intento de utilizar algo, cualquier cosa, para cubrir un sentimiento —quizá, incluso, un vacío— en tu interior. Pregúntate: ¿es la comida lo que está llenando el vacío?, ¿es el alcohol?, ¿son las apuestas?, ¿son las drogas? O, quizá, es aquella relación mala para ti. ¿O siempre tienes que rescatar a las personas que se encuentran en necesidad? ¿O es el estar continuamente comprando, ahorrando, coleccionando y guardando cosas en tu casa? Sea lo que sea, todos tenemos que resolver esos elementos en nuestra vida que se han salido de control como maleza en el jardín: beber, comer, relacionarte, sea lo que sea que esté llenando de forma adictiva el vacío emocional y espiritual.

A menudo utilizamos la bebida, la comida, el sexo, las pastillas, las apuestas, el trabajo excesivo para darnos una recompensa de amor que no tenemos dentro de nosotros. La química cerebral de la adicción es la misma que la del amor y la recompensa, el cuidado de uno mismo y la conexión con lo divino. De acuerdo con Louise Hay, el comportamiento adictivo es otra forma de decir «no soy suficientemente bueno». Cuando quedas atrapado en este tipo de conducta, lo que en realidad estás tratando de hacer es huir de tus sentimientos. Piensa en ello la siguiente vez que comas demasiadas palomitas de maíz, o estés en Facebook durante demasiadas horas, o gastes demasiado dinero en zapatos o en ropa que no necesitas, o sea cual sea tu adicción. ¿De qué estás escapando?

Al principio, la adicción a la que recurres es muy gratificante. En verdad le da al blanco. Ya sea aquel primer cigarro, aquella primera bebida, la primera vez que tuviste sexo con aquella persona, la primera vez que jalaste la palanca en aquella máquina tragamonedas, sentiste aquella emoción. Luego, por supuesto, te encuentras repitiendo cada vez más la conducta y sintiendo cada vez menos la emoción. Eso es porque el sello distintivo de la adicción es que desarrollas tolerancia. La misma cantidad de bebida, sexo, compras o comida te da menos y menos alivio con el paso del tiempo, así que tienes que utilizar más para obtener el mismo efecto. Sin embargo, lo peor es que no puedes detenerte. Si dejas de beber, comprar, comer o tener sexo con esa persona, te sientes terrible. Pasas por una especie de abstinencia emocional y física, con síntomas dolorosos de sufrimiento emocional y físico.

Normalmente pensamos que la adicción o el abuso es simplemente un problema psicológico. No. La adicción reconfigura nuestro cerebro; ya sea que se trate de alcohol, cocaína, apuestas o sexo, ocurren cambios no deseados en nuestro cerebro, nuestro cuerpo, psique y espíritu. Los circuitos en tu cerebro que funcionan para las relaciones, el trabajo, el aprendizaje, etcétera, esos circuitos cerebrales son acaparados cuando obtienes la sustancia a la que recurres. Literalmente, tu cerebro queda secuestrado por tu adicción. Así pues, en lugar de que obtengas amor y sentido de realización a través de tu familia, tus relaciones, tu trabajo, etcétera, tu tiempo y tu química cerebral son acaparados por tu sustancia, trátese de alcohol, sexo, apuestas, lo que sea. Sin embargo, hay una solución. Puedes reconfigurar tu cerebro en una forma más saludable, lejos del deseo compulsivo de algo que, al final, te hace su esclavo.

RAZONES PARA LA ADICCIÓN

¿Por qué tenemos adicciones, en primer lugar? Todos tenemos alguna diferencia particular en nuestro cerebro que nos dificulta adaptarnos. Algunas personas tienen ansiedad social. Al tener un desequilibrio en el receptor de GABA, pueden utilizar alcohol, el cual impacta en este receptor para aliviar su vergüenza en situaciones sociales. De manera similar, las personas con trastorno de déficit de atención —no hemos llegado a ese capítulo aún— pueden tener trastornos de dopamina, otro neurotransmisor, así que pueden tratar de arreglar su cerebro para que trabaje mediante el uso de sustancias que equilibran su neuroquímica, ya sea nicotina, cafeína, cocaína o anfetaminas. Las personas con TDAH buscan una droga que agudice su mente. Por último, pero no por ello menos importante, las personas con depresión podrían tener problemas con la serotonina, y, por supuesto, comer carbohidratos —pasta, arroz, pan o dulces— puede hacer que nuestro cuerpo aumente los niveles de serotonina y nos eleve el ánimo, igual que aumenta nuestra cintura.

Entonces, ¿eso es todo? ¿Necesitas tener ansiedad, depresión o TDAH para padecer una adicción? Por supuesto que no. No necesitas tener un diagnóstico para abusar de una sustancia con el fin de encubrir cierta emoción con la que te sientes incómodo. Todos tenemos alguna u otra emoción con la que nos sentimos incómodos. Así pues, recorremos la faz de la tierra para encontrar algo que nos ayude a ganar tiempo, algo que nos haga más fácil ser humanos. Las adicciones han existido probablemente desde el hombre y la mujer de las cavernas. Probablemente, también los perros de las cavernas y los gatos de las cavernas. ¿Has observado que, cuando tu perro o gato se deprime, come más croquetas? Tus circuitos cerebrales son algunas de las áreas más primitivas de tu cerebro que involucran opiáceos y dopamina. Los opiáceos y la dopamina involucran las áreas más básicas para la supervivencia: amor, cuidado, relaciones y recompensa. Si estas necesidades no son satisfechas, simplemente no nos sentimos vivos.

Podríamos sucumbir ante el alcohol o las drogas, porque nuestros amigos están utilizándolas. A eso es a lo que llaman la parte de la adicción correspondiente a la presión de los pares. O podríamos recurrir al alcohol, a las pastillas o al sexo porque estamos en perpetuo dolor. Muchas personas que han tenido cirugías menores y han utilizado oxicodona o Percocet descubren que quedan enganchados a los medicamentos porque también les quita el dolor emocional de estar en una mala relación. A otros simplemente les aburre su vida, y el dolor adormecedor y poco estimulante del aburrimiento es fácilmente reemplazado por el escapismo de los alucinógenos y otras sustancias estimulantes. Algunas personas desean utilizar sustancias para conectarse con lo divino a través de la mescalina (peyote) u otras sustancias psicodélicas. Desde el principio de los tiempos, las personas han utilizado sustancias para buscar una experiencia espiritual. Algunas participan adictivamente en la espiritualidad de manera tal que sustituyen involucrarse en las relaciones, en una vocación productiva y en las relaciones en el planeta Tierra en general. Irónicamente, el gran psiquiatra y experto en abuso de sustancias Abraham Twerski, quien es rabino, dijo que nuestra ansia por lo divino es la base de la adicción, que cuando tenemos una sensación de vacío y aburrimiento en nuestra vida, realmente no sabemos que ese vacío es una falta de conexión con el espíritu. Para llenar esas ansias internas que no podemos nombrar, muchas personas recurren a las drogas. Él llamó a esto la «anatomía espiritual de la adicción».

LA ADICCIÓN Y LA INTUICIÓN MÉDICA

De acuerdo con la intuición médica, la adicción es una parte clave de nuestro sistema intuitivo de guía que nos hace saber que nos está costando trabajo equilibrar nuestro yo, el amor hacia nosotros mismos y nuestra capacidad de manejar el trabajo o las responsabilidades para con los demás. Es un problema de tercer centro. Como recordarás de la introducción, la salud del tercer centro tiene que ver con equilibrar nuestra autoestima o nuestro amor por nosotros mismos con nuestra capacidad de sentir responsabilidad hacia otras personas. Si se nos dificulta manejar ese equilibrio, es muy probable que suframos de problemas de peso, digestión e imagen corporal, pero también de adicciones. Ya sea la diabetes, que es un problema del páncreas, o los efectos del alcohol sobre el hígado, el estómago o el páncreas, todo lo que tiene que ver con la adicción pertenece al tercer centro.

En el cerebro, la adicción involucra opiáceos procedentes del núcleo accumbens y dopamina procedente del tegmento ventral. Sin embargo, la gratificación no solo viene de la neuroquímica cerebral. Podemos obtener gratificación a través de nuestros hijos, mascotas, trabajo, activismo en el mundo, una relación, familia, aprendizaje, espiritualidad, naturaleza; en la intuición médica, cada centro emocional tiene una fuente de gratificación. La salud mente-cuerpo implica tener felicidad, una existencia gratificante, a través de múltiples áreas de nuestra vida. Igual que necesitamos tener un portafolio de acciones equilibrado, también necesitamos tener múltiples áreas en las que invirtamos emocionalmente. Si descubres que solo estás obteniendo gratificación de un área —esto es, el trabajo o el sexo o ayudar a las personas—, en esencia estás obteniendo gratificación únicamente de un centro. Como existen siete centros en la intuición médica, cada uno contribuye en catorce por ciento a nuestra vida. Si toda tu atención, por ejemplo, está en tu relación —segundo centro; catorce por ciento— y está secuestrando tu energía de modo que no tienes otros recursos emocionales, físicos o financieros para los otros centros —1, 3, 4, 5, 6, 7; ochenta y seis por ciento—, algunos etiquetan esto como una adicción a la relación. Sí, puedes tener una sensación artificial de gratificación u opiáceos cuando inhalas cocaína, apuestas, tienes sexo o rescatas a otras personas; sin embargo, no te estás engañando a ti mismo. Si no tienes felicidad y gratificación proveniente de múltiples áreas equilibradas y saludables de tu vida, pronto sufrirás de adicción.[1]

LA ANATOMÍA DEL AMOR Y LA ADICCIÓN

Louise Hay dice que la adicción es vacío interno y amor a uno mismo deteriorado. Y bien, ¿qué es el amor a uno mismo? Ya ves lo que dice Tina Turner en «What's Love Got to Do with It?» [«¿Qué va a hacer el amor con él?»]. ¿Es el amor una emoción de segunda? No, es una emoción de primera. Cuando naces, miras a tu madre, tu madre te mira a ti, y comienzas a desarrollar ahí y en ese momento el amor a ti mismo. La biología del amor a uno mismo comienza con los opiáceos. Sí, es el mismo neurotransmisor de la adicción. De inmediato, desde el momento mismo de tu nacimiento, cuando ves a alguien más y esa persona te ve a ti, el cableado del amor a ti mismo comienza a recorrer tu cerebro y tu cuerpo. Luego, cuando desarrollas el lenguaje, todas las palabras que utilizas para la forma como te sientes en relación contigo mismo y con los demás comienzan a cablear el amor por ti mismo o la autoestima en tu cuerpo y tu cerebro. Si dices: «Me odio a mí mismo. Odio mis caderas. Odio mi abdomen. Soy estúpido. Soy tonto», tu sentido del amor por ti mismo se desploma y lo mismo pasa con todos los opiáceos y la dopamina interiorizados. Puedes, entonces, tratar de importar de forma artificial tu neuroquímica del amor por ti mismo a través de la comida, a través de las drogas o a través de otras adicciones. Esta es la anatomía de tratar de engañarte para creer que te amas a ti mismo, pero no es algo duradero. Las drogas pronto dejan de tener efecto. Cuando aquella relación se termina y estas solo, tienes que enfrentarte contigo mismo, y ese profundo vacío dentro de ti pone al descubierto tu falta de amor por ti mismo.

La antítesis del amor por ti mismo es la vergüenza. La vergüenza es creer que hay algo defectuoso en ti. Culpa, humillación —sea lo que sea—, piensas que algo está mal en ti. «Me avergüenzan mis caderas, me avergüenza mi intelecto. Me avergüenza algún aspecto de mi historia que siento que es horrible, que es aborrecible». Y luego comienzas a creer que otras personas piensan también que hay algo malo en ti. Se ríen de ti. Te critican. Te juzgan. Todo esto se graba en tu cerebro y en tu cuerpo: la baja autoestima, la vergüenza, la crítica, bla, bla, bla. Y luego terminas tratando de medicar toda esta bola de malas emociones con la adicción. Al final, la falta de amor por uno mismo engendra una baja autoestima, la cual engendra la adicción.[2]

Así pues, tal vez puedas hacer un valiente inventario de por qué tienes un problema con una adicción, ya sea a la comida, a la bebida, al alcohol, a las drogas, a las apuestas, al sexo, a los cigarros, a las malas relaciones, etcétera. Pero, al final, saber por qué tienes una adicción no te proporciona las habilidades para librarte de ella. Saber que eres genéticamente proclive a la adicción, saber que tuviste un pasado traumático, saber que tienes una historia de depresión, ansiedad o TDAH no te proporciona las habilidades para manejar tu adicción más de lo que te ayuda a arreglar una llanta saber por qué se te ponchó. Cambia la llanta ahora y luego averigua de donde salió el clavo. Maneja tu adicción ahora, de modo que pueda proporcionarte las habilidades y la resiliencia emocional para poder manejar tu pasado, si es que quieres hacerlo. Sí, es cierto. Si ves los orígenes de la adicción, eso puede ayudar a regular tu cerebro mientras estás recibiendo tratamiento para ella.

Algunas adicciones reciben el nombre de «diagnóstico dual». Así es, dos diagnósticos, no uno. En el caso de las personas que tienen ansiedad y adicción, su diagnóstico dual significaría que es más probable que tengan adicción al alcohol porque el alcohol impacta el receptor de GABA, influyendo en la ansiedad. De forma similar, sería más probable que alguien que tiene problemas con la adicción al sexo tuviera problemas con los opiáceos. Finalmente, alguien que tiene problemas con comer en exceso, especialmente la «comida de consuelo», probablemente tiene una mayor posibilidad de tener una historia de traumas y depresión. ¿A qué me refiero con comida de consuelo? En el caso de que no sepas qué es la comida de consuelo, busca en la red. De cualquier forma, a menudo las comidas de consuelo se utilizan de forma adictiva. Son la piedra angular de nuestra actual epidemia de obesidad. Sesenta por ciento de los habitantes de Estados Unidos tiene problemas de obesidad, y no es debido a una falta de información. A menudo se debe a que la comida está siendo utilizada para llenar ese vacío en la autoestima y a la decepción relacionada con nosotros mismos y con el amor que recibimos de los demás. Observa a qué te sientes atraído de forma adictiva, su neuroquímica. ¿Al alcohol? Entonces es posible que estés medicando la ansiedad. ¿A las papas, la pasta, el arroz, a la repostería? Entonces es probable que estés medicando algo más: ¿tristeza, vergüenza, un amor perdido?, ¿irritabilidad, tendencia a la distracción, neblina mental? La anatomía de los antojos nos dice cuál es el otro lado de tu diagnóstico dual, qué química en tu cerebro estás tratando de resolver.

ADICCIONES Y AFIRMACIONES

Existen muchas clases de adicciones además de las adicciones químicas. Existen adicciones a patrones que adoptamos para evitar estar presentes en nuestra vida, dice Louise Hay. Los negocios, la distracción, la adicción al trabajo, la adicción a rescatar. Cuando nos involucramos en todo este asunto, en todo este parloteo en nuestro cerebro, podemos desplazar esa voz interna de sabiduría espiritual e intuitiva. El mindfulness nos ayuda a sentarnos en silencio, a detener el parloteo y a escuchar esa voz única de lo divino o de nuestra alma. Si simplemente no puedes sentarte en silencio, si tienes que atestar tu vida con este parloteo, parloteo, parloteo de negocios, rescates, sonidos estridentes, entonces estás utilizando las adicciones a los patrones para escapar de las emociones que no puedes manejar.

Louise Hay tiene algunas afirmaciones positivas para la adicción. Estas incluyen:

- Cada uno es responsable de sus experiencias.
- Cada pensamiento que tenemos está creando nuestro futuro.
- Todo el mundo está lidiando con los patrones dañinos de resentimiento, crítica, culpa y odio hacia sí mismo.
- Estos son solo pensamientos, y los pensamientos se han cambiado.
- Necesitamos liberar el pasado y perdonar a todos, incluyendo a nosotros mismos.
- La autoaprobación y la autoaceptación en el aquí y el ahora son la clave para los cambios positivos.
- El punto de poder siempre se encuentra en el momento presente.

Y luego dice finalmente: si vas a ser adicto a algo, ¿por qué no ser adicto a ti mismo? Después de todo, amarte a ti mismo te proporcionará la química de lo que estás anhelando.

TRATAR LAS ADICCIONES

Tradicionalmente, el primer paso en el tratamiento de la adicción consiste en restablecer —tal vez, incluso, recuperar— una neuroquímica cerebral equilibrada y, simultáneamente, contener tu urgencia a utilizar una sustancia o a llevar a cabo una conducta dañina. Muchas personas piensan que la adicción solo tiene que ver con lograr dejar de beber o de ingerir drogas. Sin embargo, eso no es así. En la intuición médica, el tratamiento de las adicciones tiene que ver con una rehabilitación del tercer centro. Consiste en rehabilitar la autoestima, el amor a ti mismo, pero también tu capacidad de ser responsable en el mundo: de mantener tus responsabilidades, no solo hacia ti sino hacia otras personas, tus relaciones, tu familia, tu trabajo, tus cuentas, etcétera.

Existen varios tratamientos prototípicos. El más común es el programa de los doce pasos. En un conjunto de doce pasos, las personas reconocen que su vida se ha vuelto inmanejable y, en alianza con un poder superior, se someten a una serie de mejoras cognitivas y espirituales. ¿Qué significa eso? Vuelves a cablear tu cerebro y te pones en contacto con el espíritu o con un poder superior a ti. A muchas personas se les dificulta este concepto. Pues bien, una historia famosa que se ha difundido en los programas de doce pasos es esta: un hombre se puso de pie y dijo: «No sé. Tengo problemas con todo el asunto de Dios/un poder espiritual»; entonces, una mujer se pone de pie y dice: «¿Estarías de acuerdo en que tú no eres Él?». El punto es que probablemente puedes estar de acuerdo en que en algún lado allá afuera hay un poder más grande que tú.

Otra fuente de ayuda para la adicción es la psiquiatría, un programa de diagnóstico dual. Así pues, si tienes depresión y adicción, o ansiedad y adicción, enojo, TDAH —la lista es muy larga—, un psiquiatra u otro profesional con licencia te ayudará a tratar ese trastorno farmacológicamente, teniendo como objetivo el GABA, la dopamina, la serotonina y otras medicinas y suplementos nutricionales. Sin embargo, un médico respetable solo utilizará suplementos nutricionales y medicinas que no sean adictivas. Si tratas de ir con otro doctor y recibir otra medicina porque aquella píldora no te hará el mismo efecto que tu cocaína, esa droga no te dará la misma euforia que la oxicodona, etcétera, adivina qué... Nuevamente te estás involucrando en un comportamiento adictivo. La mayoría de los tratamientos para la adicción utilizan la terapia cognitivo conductual y, ahora, la terapia dialéctica conductual, además de afirmaciones para cambiar esos patrones de pensamiento en tu lóbulo frontal que te alejan del amor a ti mismo y te lanzan a formas desequilibradas de pensar y de comportarte. Un término técnico para esto es «prevención de recaídas».[3]

Por último, pero no por ello menos importante, el trabajo y la vocación son extremadamente importantes. Si no tienes trabajo, tendrás mucho tiempo a tu disposición y te darán esos antojos. De hecho, el trabajo es la más potente «medicina» o «droga» para la adicción. ¿Por qué? Porque el trabajo gratificante ayuda a liberar opiáceos, esos neuroquímicos clave de la adicción. Podrías decir: «Bueno, odio mi trabajo; por tanto, no voy a trabajar». Eh... ¡respuesta equivocada! Lo que necesitas es un trabajo estructurado que te ayude a levantarte y salir por la puerta. Al tener un horario estable, ayudarás a reconstruir tus biorritmos —esos horarios para el cortisol en tu cerebro— y a rehabilitar los circuitos que han sido secuestrados por la adicción. Mientras estás involucrado en ello, puedes trabajar con un consejero vocacional, quien puede ayudarte a recibir la educación y el entrenamiento correctos para comenzar a acercarte a una vocación o a un llamado que vaya más acorde con la carrera de tus sueños. Y si el trabajo es tu adicción, tu consejero vocacional te ayudará a aprender a involucrarte con él de una forma saludable.

Lo mejor de trabajar en una comunidad, en un grupo de apoyo, que ayuda con la adicción es que te brinda, de hecho, una familia. La mayoría de las adicciones se presentan en una familia, y la mayoría de las personas experimenta un trauma como resultado de haber crecido en una familia adicta. Al participar en un grupo de doce pasos, llegamos a tener una «familia protésica», otra familia que ayuda a rehabilitar nuestra forma de relacionarnos y a dejar de estar bajo la influencia de una sustancia. Muchas personas que tienen una adicción discuten mucho con su familia de origen, pierden a su cónyuge y se alejan de sus hijos. Aprender a compensar el daño que ha ocurrido en una relación y crear nuevos lazos resulta esencial en el tratamiento de la adicción.

LAS MEDICINAS

Existen diversos medicamentos que se utilizan para una persona que permanece en remisión. Ya sea el Suboxone, la metadona, la naloxona, etcétera, todos estos medicamentos se unen al receptor de opiáceos y supuestamente hacen a una persona menos proclive a una recaída. Sin embargo, las medicinas por sí solas no van a cambiar tu conducta. Es bien sabido que muchas personas utilizan todos estos medicamentos y luego siguen consumiendo la sustancia de abuso. La piedra angular de la adicción es rehabilitar el tercer centro de la persona: su amor por sí mismo, su autoimagen, su responsabilidad para con los demás, así como para con su vocación, sus relaciones y su familia.

Roma no se hizo en un día. La recuperación de la adicción no ocurre de esa forma tampoco. La verdad es que, sin importar el tipo de asistencia que estén recibiendo, la mayoría de las personas entran y salen del tratamiento. La adicción, como cualquier enfermedad, tiene muchas etapas. No voy a enumerarlas todas. Basta decir que cualquier enfermedad grave, incluso el cáncer, tiene diversas etapas donde una persona entra y sale de una remisión. Y la adicción es una enfermedad grave. Las personas mueren debido a ella, y el caos que crea en la vida de los seres queridos que rodean a la persona adicta es devastador. El tratamiento puede ser extremadamente costoso, puede ser muy efectivo y, sin embargo, puede requerir varias rondas antes de que «pegue». No te desalientes. Allá afuera hay apoyo.[4]

EJERCICIOS PARA EL CAMBIO

Además de las afirmaciones que leíste más arriba, Louise ofrece algunas herramientas poderosas para tratar la adicción. La primera es un ejercicio llamado «Libera tus adicciones»:

...

Aquí es cuando ocurre el cambio: aquí y ahora, en tu propia mente. Haz algunas respiraciones profundas, cierra los ojos y piensa en la persona, lugar o cosa a la que eres adicto. Piensa en la locura detrás de la adicción. Estás tratando de corregir aquello que consideras que está mal dentro de ti, agarrándote de algo que está fuera de ti. El punto de poder se encuentra en el momento presente, y puedes comenzar a hacer un cambio hoy mismo. Una vez más, con la disposición de liberar la necesidad, di: «Estoy dispuesto a liberar la necesidad de *x* (nombra tu adicción) en mi vida. La libero ahora mismo y confío en el proceso de la luz para satisfacer mis necesidades». Dilo cada mañana en tus afirmaciones y oraciones diarias. Has dado otro paso hacia la libertad.

...

Otro ejercicio que puede ayudarte a perdonar y liberar es «Tu adicción secreta»:

...

Haz una lista de diez secretos que nunca hayas compartido con nadie en relación con tu adicción. Si eres un comedor compulsivo, quizá te has comido el contenido de un bote de basura. Si eres alcohólico, quizá has guardado alcohol en el auto de modo que puedas beber mientras conduces. Si eres un apostador compulsivo, tal vez pusiste a tu familia en riesgo para pedir prestado dinero con el fin de continuar con tu adicción. Enumera diez secretos. ¿Cómo te sientes ahora? Observa tu peor secreto. Visualízate en este periodo de tu vida y ama a esa persona. Dile cuánto la amas y la perdonas. Mírate al espejo y di: «Te perdono y te amo tal y como eres. Respira».

...

Muchas personas le han dicho a Louise que no pueden disfrutar el hoy por algo que ocurrió en el pasado; sin embargo, aferrarnos al pasado solo nos lastima. Significa que estamos negándonos a vivir en el momento. El pasado ya pasó y no puede rehacerse. Puedes comenzar a liberar el pasado con un ejercicio denominado «Pregunta a tu familia»:

...

Regresa a tu infancia por un momento y haz algunas preguntas. Llena los espacios en blanco:

1. Mi madre siempre me obligaba a ______________.
2. Lo que yo realmente quería que ella dijera era ______________.
3. Lo que ella realmente no sabía era ______________.
4. Mi padre me decía que no debía ______________.
5. Si mi padre tan solo supiera que ______________.
6. Ojalá hubiera podido decirle a mi padre que ______________.
7. Mamá, te perdono por ______________.
8. Papá, te perdono por ______________.
9. ¿Qué más te gustaría decirles a tus padres sobre ti? ¿Cuál es el asunto inconcluso que tienes todavía?

...

Estos ejercicios te ayudan a abordar tu adicción y también te ayudan a abordar tu autoestima. En la intuición médica, como hemos visto, la autoestima y la adicción se localizan en el mismo centro. Al reconfigurar tu autoestima, estás reflejando la neuroquímica que has estado importando a través de tu adicción. Prueba este ejercicio, «Rehabilitación de autoaprobación/autoestima»:

...

> Cada vez que pienses en tu adicción durante el siguiente mes, repite para ti una y otra vez: «Me apruebo a mí mismo». Di esto trescientas o cuatrocientas veces al día. No, no son demasiadas veces. Cuando estás preocupado, repasas tu problema al menos esa cantidad de veces en un día. Permite que «Me apruebo a mí mismo» se convierta en un mantra, algo que te dices una y otra vez casi sin parar. Está garantizado que decir «Me apruebo a mí mismo» hará que surja todo en tu conciencia que esté en oposición. Cuando surge un pensamiento negativo, como «¿Cómo puedes aprobarte a ti mismo? Te gastaste todo ese dinero» o «¡Acabas de comerte dos pasteles!» o «¡Nunca lograrás nada!» —o sea cual sea tu batalla negativa—, este es el momento de tomar el control de tu mente. No le des importancia. Simplemente ve el pensamiento por lo que es: otra forma de mantenerte atorado en el pasado. Amablemente di a este pensamiento: «Gracias por compartir. Te dejo ir. Me apruebo a mí mismo». Estos pensamientos de resistencia no tendrán poder sobre ti a menos que elijas creerlos.

...

LA CLÍNICA «TODO ESTÁ BIEN»

I. LAS ADICCIONES A LA COMIDA

Existen muchos trastornos relacionados con la comida. Ya sea que simplemente se trate de atracones *versus* anorexia, bulimia, comer de forma compulsiva, ser adicto a la comida o, simplemente, prácticas nutricionales y alimentarias que se encuentran fuera de control, desequilibradas y obsesivo-compulsivas, estos pueden ser resultado de tratar de medicar tu depresión —capítulo 1—, de la ansiedad —capítulo 2—, de problemas de atención —capítulo 4— o, en el caso de este capítulo, de la adicción. He descubierto en mis treinta y tantos años trabajando como médica intuitiva y como psiquiatra que muy frecuentemente me encuentro diciendo que casi todos los caminos llevan a la adicción. Esto significa que todos tenemos cierta forma de adicción. En esta sección discutimos primero la comida, porque todos tenemos que hacerlo; esto es, todos comemos. Y, por tanto, la comida es probablemente la sustancia más comúnmente abusada y mal usada que tenemos para encubrir una emoción que no podemos manejar. Todos necesitamos alimento con el cual existir. Y, como ocurre con el trabajo o con las relaciones, también necesitamos alimento para sobrevivir, desarrollarnos y estar saludables.

Aprender a manejar la comida y la bebida para tener saciedad y sobriedad no siempre es un problema. Algunos de nosotros, genéticamente o por un capricho del destino, podemos pasar por la vida sin tener alguna forma de trastorno alimentario. Sin embargo, puesto que al menos sesenta por ciento de Estados Unidos —y el mundo rápidamente está pisándole los talones— tiene sobrepeso —acercándose a la obesidad—, es claro que la adicción de un trastorno alimentario tiene amplias ramificaciones que afectan nuestra salud y nuestra longevidad.

¿Los siguientes enunciados se aplican a ti?

Síntomas mentales

- Te avergüenza lo mucho que comes o lo que comes, tanto que a menudo solo comes ciertos alimentos cuando estás solo.

- A menudo, después de comer, sientes repugnancia hacia ti mismo, te sientes deprimido o te sientes culpable.
- En ocasiones, puedes comer una cantidad de comida que es, obviamente, más grande que lo que la mayoría de las personas comen durante ese tiempo.
- A menudo, cuando comes, te falta control y no puedes detenerte.
- Regresa al principio del capítulo y hazte las preguntas CAGE en lo referente a tu forma de comer. ¿Has tratado de reducir? ¿Te has sentido molesto, culpable por lo que comes y lo mucho que comes? ¿Pensar en ello es lo primero que haces cuando abres los ojos? Entonces es probable que la comida sea una obsesión para ti, que tu conducta relacionada con ella sea una compulsión y que tu uso adictivo con el tiempo vaya a afectar tu salud.

Síntomas corporales

- Físicamente no puedes dejar de comer sino hasta que te sientes incómodamente lleno.
- Físicamente ingieres grandes cantidades de alimento, incluso cuando no tienes hambre.
- Físicamente, no estás consciente siquiera de cuando estas comiendo. Puedes ver que, antes de que te des cuenta, te has terminado una bolsa entera de palomitas de maíz o un bote entero de helado. Ni siquiera recuerdas dónde se fueron todas esas galletas. Es como si comieras en piloto automático.

Si esto te pasa, no estás solo, y lo sabes. Si alguna vez has estado en un equipo deportivo o en una residencia estudiantil, sabes muy bien lo mucho que gira la socialización alrededor de la comida. Y cómo, cuando las personas se estresan, se dan un descanso de su «ansiedad» y se refugian en la bolsa de palomitas, en el helado, en las galletas con chispas de chocolate, etcétera. Luego, una vez que nos graduamos y dejamos la universidad, a nuestros grupos y a nuestros compañeros que quedan atrás, salimos para vivir solos o con nuestra pareja, y terminamos llevando a cabo las mismas conductas, a menudo tratando de esconder secretamente lo que hemos estado haciendo por años, esto es, dándonos atracones con grandes cantidades de comida durante momentos de ansiedad o estrés. Algunos hacemos limpiezas periódicas para «reiniciar» nuestro metabolismo de esta ingesta excesiva de calorías, pero después de este «ayuno» de calorías drásticamente reducidas, necesitamos «recompensarnos», lo cual nos lleva a otro atracón. Y esto nos pasa cuando estamos en nuestra segunda o tercera década de vida. Este ciclo de estrés —comer en exceso-atracón-vergüenza-culpa-limpieza—, estas dietas tipo yoyo que suben y bajan, distorsionan tu metabolismo tanto como distorsionan tus circuitos cerebrales del estado de ánimo, la gratificación, la imagen corporal y la autoestima. Así, para cuando llegas a los cuarenta o a los cincuenta años y tus hormonas comienzan a cambiar, te quedas con un Triángulo de las Bermudas de metabolismo perturbado, circuitos cerebrales perturbados debido a la comida y la adicción, un estado de ánimo perturbado, ansiedad, atención perturbada, sin mencionar las hormonas perturbadas. Continúa leyendo el siguiente caso donde verás un problema con el que muchos de nosotros estamos tan familiarizados.

JILL: ATRACONES

Jill, de treinta y dos años, me llamó porque le estaba costando trabajo perder peso.

La lectura intuitiva

Cuando observé la vida de Jill, vi que durante su infancia había sido el «chivo expiatorio» en su familia. Parecía como si hubiera tenido una discusión con la máxima persona a cargo, alguien que parecía algo así como un rey o una reina. Jill sentía que ella había sido la elegida para la crítica y la vergüenza. Sin importar lo que hiciera, nunca era suficiente.

El cuerpo

La mente de Jill parecía un colibrí que nunca descansaba. Su postura parecía hundirse y percibía un nudo en su garganta. Sus extremidades inferiores parecían plomo. Vi que tenía muchos antojos de carbohidratos —tales como pasta, arroz, pan o dulces— para calmar los cambios de estado de ánimo, la irritabilidad y la tristeza. Los cambios de estado de ánimo y la irritabilidad parecían hacer que sus glándulas suprarrenales convirtieran la grasa corporal en estrógeno y cortisol que afectaban su tejido mamario y sus hormonas. Vi que tenía oscilaciones en sus niveles de azúcar en la sangre.

Los hechos

Jill me dijo que comía compulsivamente y que había pasado varios años escondiendo la comida para que no la vieran sus compañeros de cuarto. Había librado una batalla con su peso toda su vida y logrado perder treinta y un kilos en algún momento, que luego recuperó. Recientemente, su madre había rechazado a Jill por casarse con un hombre, porque ella «lo odiaba». Las palabras exactas de su madre fueron: «Estás muerta para mí ahora». Desde que se casó con su esposo, Jill había sido completamente excluida por su familia; después de su boda fue cuando los kilos comenzaron a acumularse, y Jill comenzó también a desarrollar problemas hormonales. Cuando desarrolló dos bultos en el seno, los doctores dijeron que estaban relacionados con el exceso de peso.

En Estados Unidos, la obesidad y los problemas de peso se encuentran en la parte alta de la lista. Cuando la mayoría de las personas hablan de su salud, raras veces hablan de su peso. Hablan de su dolor de rodillas, de su dolor de espalda baja, de problemas en los tobillos, bultos en los senos, un flujo menstrual abundante, síntomas digestivos, hipertensión y colesterol, pero rara vez hablan sobre su peso cuando enumeran sus problemas de salud, y el peso o la grasa corporal excesiva normalmente es la que causa alguno o todos estos problemas.[5]

Si tienes problemas con tu peso, existe la posibilidad de que hayas tratado una y otra vez de bajar. Te sientes avergonzado o frustrado si alguien saca a relucir el tema. Y, aunque has pasado años, quizá décadas, de tu vida sintiéndote culpable cuando comes, ya has hecho todo lo que puedes para tratar de perder peso o la grasa corporal. Así pues, en lo que se refiere a pensar en tu salud, de algún modo el peso no aparece en la lista porque es un problema muy frustrante y tratas de sacarlo de tu mente. Es como si todos los demás problemas de salud —bultos en los senos, dolor de rodillas, dolor de tobillo, hipertensión— fueran, al menos, cosas acerca de las cuales podrías hacer algo con medicamentos, suplementos nutricionales o hierbas, porque la solución a tu problema de peso te ha esquivado hasta ahora a ti y a millones de personas, aunque, de hecho, has sabido de personas que manejan aquellos otros problemas de salud y se han curado de ellos. Entonces, te enfocas en algo que vas a poder resolver.

Si tienes problemas con tu peso, existe la probabilidad de que en algún punto tengas —si no es que ya los tienes— problemas de dolor crónico. Por cada cinco kilos que tengas de sobrepeso, hay veinte kilos de fuerza en tu espalda, tus rodillas y tus tobillos. Y con el paso de los años, si tu peso sigue aumentando, tu discapacidad aumentará. La principal causa de discapacidad para las personas obesas es la osteoartritis de la rodilla. Ya sean arritmias o trastornos cardiovasculares o inflamación general del cuerpo, todos estos trastornos pueden mejorar si perdemos peso.[6] Pero ¿cómo?

La solución

Si eres como Jill y como el resto de nosotros, tus problemas de peso nunca se resolverán simplemente con asesoría nutricional. El peso es un complejo trastorno cerebro-cuerpo similar a la adicción. La ciencia ha comenzado a ver el problema del sobrepeso y ha descubierto que no todos los problemas de peso son lo mismo.[7] Algunas personas tienen insulina elevada. Otras tienen dificultad para responder a una sensación de plenitud cuando comen. Otros individuos no pueden impedir comer ese tentador pastelillo o esas papas a la francesa si las ven, mientras que otras simplemente siguen patrones de alimentación de calorías elevadas, grasa, azúcar y sal que aprendieron cuando eran niños. Algunas personas —el sujeto en este capítulo— tienen trastornos de atracones y adicción a la comida. Y, finalmente, a algunas personas se les dificulta ser activas o encuentran un gran valor en ser sedentarias. No podemos agrupar a todas las personas con problemas de peso en una sola categoría. Esto ayuda a explicar por qué no todos los tratamientos ayudan a las personas a perder peso.

Si tienes problemas para perder peso, puede ser importante que vayas con un especialista en pérdida de peso o a un centro bariátrico para descubrir en qué categoría caes. Al hacerte un examen físico exhaustivo, puedes descubrir si tienes problemas con la insulina, problemas con sentirte satisfecho. Al trabajar con un nutriólogo, puedes descubrir si tienes dificultad para soportar las tentaciones de comida o para romper patrones familiares de malos hábitos alimentarios. Al trabajar con un consejero, un profesional del cuidado de la salud y/o un terapeuta dialéctico conductual, puedes aprender las habilidades para equilibrar tus emociones y tus pensamientos de modo que no den como resultado una conducta adictiva. Específicamente, la terapia dialéctica conductual puede ayudar a utilizar el mindfulness —atención plena— para calmar la culpa, el enojo y la tristeza, identificar los patrones de pensamiento que te hacen sentir mal en relación contigo mismo y reaccionar en el presente de forma tal que no utilices la comida compulsivamente para calmar las emociones. La terapia dialéctica conductual consiste en una clase y un asesor, así que tendrás apoyo individual y grupal en tu lucha. Además, muchas clínicas especializadas en los trastornos de la alimentación utilizan la terapia dialéctica conductual al tiempo que enseñan a las personas habilidades de vida para crear patrones de alimentación más sanos.

Comer, la autoimagen y el cerebro

Podría escribirse todo un libro sobre la comida y la mente. No voy a aburrirte con todos esos detalles. Sin embargo, no puedo subestimar el impacto que tienen la comida, los estados de ánimo, la ansiedad, la autoestima y los trastornos de la alimentación; sus efectos perdurables sobre el cerebro y el cuerpo. Por eso, quédate conmigo. Si aprendes cómo está configurada la forma de comer en tu cerebro, aprenderás a dominar esta función diaria utilizando medicinas, intuición y afirmaciones.

Muchas personas sienten vergüenza en relación con comer, el peso y su autoimagen. En la intuición médica, el peso es un problema de tercer centro. Muchas mujeres siempre se ven a sí mismas como gordas a pesar de tener un peso normal. La forma como nos vemos a nosotros mismos, nuestro grado de peso normal, puede reflejar qué tan dignos de ser amados sentimos que somos. Algunas personas creen que su sensación de ser dignas de ser amadas es proporcional a qué tan atractivos físicamente se ven a sí mismos en el espejo. Lo que necesitas saber es que, igual que un espejo en la casa de los espejos en una feria, las áreas visuales de tu hemisferio derecho distorsionan la forma como te ves en el espejo. Ahora podrías comenzar a ver cómo la imagen tridimensional que percibes de tu cuerpo tiene que estar desconectada en tu cerebro de tu sentido de amor por ti mismo.

En serio. Vale la pena repetirlo. Literalmente, es posible que las áreas cerebrales de la visión aumenten tus caderas más allá de lo anchas que realmente son, que distorsionen o distiendan el volumen de tu abdomen más allá de lo que realmente es, que alarguen tu nariz mucho más de su longitud real, etcétera. Si has tenido una historia de traumas, si alguien te ha tratado con odio, el cerebro algunas veces tiene una forma peculiar de manejar ese odio que fue proyectado hacia ti. En lugar de tomar el sentimiento negativo y desviarlo hacia ti, tu cerebro lo absorbe y lo combina en tu propia percepción tridimensional de cómo te ves. Por tanto, cuando eres niño y alguien te dice de forma repetida: «Eres feo, te odio, eres estúpido, no te quiero», tu cerebro lo absorbe como una toalla de papel absorbe el agua. Tu cerebro se satura con ese odio y aprendes que no eres deseable. Y ese sentido de no ser deseable se refleja, como un espejo, en algunas partes de ti: la nariz, las caderas, el abdomen, la pelvis; todas estas partes individuales se convierten en un reflejo de todas las partes de ti de las que escuchaste que no eran dignas de ser amadas. Y todas esas afirmaciones de no ser digno de ser amado se fusionan en esa imagen que ves en el espejo. La forma como fuiste «no amado» se convierte en una percepción distorsionada de la forma como piensas que tu cuerpo no es digno de ser amado, y cuando te dices a ti mismo en el presente: «Odio mis caderas, odio mi abdomen, odio mis pechos», estás reproduciendo el pasado. Te estás odiando a ti mismo. Tu cuerpo lo está escuchando, lo está absorbiendo y está distorsionando aún más tu imagen en el espejo. Es como una afirmación inversa, como una versión negativa del trabajo de espejo de Louise Hay: no estás mejorando tu autoestima; la estás disminuyendo. Si esto te pasa, si odias o, incluso, si te desagrada intensamente tu «imagen» comoquiera que la veas, es posible que recurras a la comida para buscar amor y consuelo.

El cerebro, comer y el exceso de peso

Muchas personas piensan que tener sobrepeso es un problema que se registra en tu cuerpo, pero, en realidad, es un problema mente-cuerpo. Si tienes problemas con tu peso, entiende que no tiene que ver únicamente con la autoimagen y la autoestima. También es un desarreglo bioquímico de dopamina, opiáceos y otras áreas de la red de la adicción. Veamos las áreas del cerebro que tienen que ver con la regulación de la forma de comer. Las compañías farmacéuticas están tratando de enfocarse en moléculas como la leptina, la ghrelina y otras, moléculas que regulan nuestra sensación de saciedad después de comer o el deseo de comer más. Estos medicamentos tienen como objetivo hacernos sentir artificialmente llenos antes de que en realidad lo estemos, así que comeremos menos, o bloquear nuestro apetito en primer lugar. No obstante, la mayoría de los estudios han mostrado que los medicamentos dirigidos contra la leptina y la ghrelina no funcionan durante mucho tiempo. ¿Por qué? Porque, si solo te enfocas en el cuerpo y en el peso e ignoras las emociones y la adicción, perderás la batalla.

Dicho esto, existen algunos tratamientos que verdaderamente ayudan cuando tienes un problema serio de sobrepeso. La obesidad grave —cuando las personas tienen más de treinta y cinco a cuarenta y cinco kilos de sobrepeso— puede acortar tu lapso de vida en diez años o más. Al final, para cuando llegues a esa cantidad de peso, se necesitará una solución más dramática e inmediata. Los receptores de la ghrelina se localizan en el revestimiento estomacal. En el caso de algunas personas, la cirugía bariátrica puede ser extremadamente efectiva, porque reduce el tamaño del estómago, reduce el área que produce la ghrelina y puede engañar a las áreas del metabolismo del cerebro.[8]

¿Estoy diciendo que todo el mundo debería salir y hacerse una cirugía bariátrica? ¡Por supuesto que no! Absolutamente no. Lo que estoy diciendo es que, para algunas personas, un procedimiento de colocación de banda gástrica puede ser lo necesario para salvar su vida.

Depende de ti y de tu médico decidir cuál es el siguiente paso, el más efectivo, para manejar tu peso en el largo plazo.[9] Sin embargo, ya sea que decidas hacerte una cirugía bariátrica o no, vas a tener que abordar de todos modos la química cerebro-cuerpo y los componentes de autoestima y autoimagen de la adicción. Al final, todos vemos que los medicamentos para la pérdida de peso van y vienen. ¿Quién no ha oído hablar del Fen-Phen (fenfluramina/fentermina) que estuvo tan de moda en los años ochenta? Este medicamento ayudaba a las personas a perder peso, pero también les provocaba una enfermedad pulmonar mortal —hipertensión pulmonar—, así que fue sacada del mercado. Cualquier medicamento que tomes tiene sus efectos y sus efectos secundarios, y también los tiene un medicamento para bajar de peso. Lo cual me lleva a los estimulantes. Estimulantes como el Adderall y otros han sido utilizados durante mucho tiempo por ciertas personas para bajar de peso. No obstante, después de los primeros 2.5 kilos, las personas rara vez pierden cantidades significativas de peso, y luego se quedan atoradas en esta medicina, la cual, con el tiempo, puede aumentar la posibilidad de que se presente hipertensión y otros problemas cardiacos.

En lo que se refiere al cerebro, existen formas de reducir el apetito utilizando suplementos nutricionales, hierbas, medicinas, intuición y afirmaciones. En primer lugar, examina la variedad de alimentos. Si quieres perder peso, más te vale que comas lo mismo cada día. Ya sé, probablemente estás diciendo: «Pero eso es aburrido». ¡Correcto! Estarás aburrido durante todo el trayecto que te lleva a perder mucho peso. Las dietas que implican comer más o menos la misma comida todos los días reducen la estimulación de la dopamina en los centros de gratificación, reducen tu apetito y, como resultado, pierdes peso. Y aunque digas: «No quiero comer la misma comida todos los días», es una forma efectiva de perder peso.[10]

Aquí te presento un plan de comidas efectivo y razonable para reconfigurar tu cerebro y tu cuerpo hacia un peso saludable. Observa que no estoy utilizando la palabra con «D»: «dieta». Esa palabra probablemente aumenta tu ansiedad y frustración de inmediato, lo cual hace que tus glándulas suprarrenales liberen cortisol, lo que a su vez, por supuesto, aumenta la insulina y, finalmente, tu peso. En vez de eso, sugiero el siguiente «plan alimentario», que es similar al plan que describí en el capítulo 1. Para estabilizar tu azúcar en la sangre e impedir que te sientas privado de comida:

- Come más o menos a la misma hora todos los días.
- Para desayunar, come un tazón de avena integral. Si no eres alérgico a los lácteos, toma medio vaso o un vaso completo de leche baja en grasa, toma una taza de café y, luego, una botella de agua, misma que te beberás como si fuera un caballito de tequila. Luego, haz ejercicio durante media hora con la tensión totalmente abajo en una bicicleta elíptica o en una bicicleta fija con un ritmo techno o disco. Puedes hacer yoga, pilates, entrenamiento de fuerza, todo el que quieras, en cualquier otro momento del día, pero tienes que hacer tu media hora de cardio, como dicen.
- A las diez de la mañana, come media barra de proteína. No toda; la mitad. Y tu segunda botella de agua, la cual te vas a tomar sin parar. Te la tomas sin parar, porque provoca un «reflejo gastrocólico», el cual hace que tu colon descargue el alimento digerido, disminuyendo así la reabsorción de grasas y estrógenos.
- A mediodía, haces tu comida más grande del día. No, no es la cena. Si quieres que durante el resto de tu día puedas moverte y no sentirte aletargado, la comida debe ser tu alimento de máximo volumen. Te comes un plato normal de comida y lo divides en tres partes: una tercera parte de proteína, una tercera parte de carbohidratos, una tercera parte de vegetales. Si quieres postre de algún tipo, quita algo de los carbohidratos y comete media porción de postre.
- A las tres de la tarde te comes la otra mitad de la barra de proteína que te comiste a las diez y tu tercera y última botella de agua. Recuerda, este es tu último carbohidrato.
- Cena: no más allá de las seis de la tarde. En un plato de postre debes comer una pequeña porción de proteína, un vegetal de hoja oscura, pero ningún carbohidrato. Si quieres caminar después de la cena, perderás peso.

- Si se te dificulta apegarte a esto, considera unirte a un grupo de apoyo como Curves, o Jenny Craig, o algo de ese tipo, de modo que el soporte grupal y la presencia de otras personas puedan mantenerte enfocado. Trabaja con alguien que utilice la terapia cognitivo conductual o la terapia dialéctica conductual para que te enseñe estrategias de mindfulness para calmar la ansiedad, la depresión o el enojo, de modo que no utilices la comida para tranquilizarte.

Las afirmaciones

Louise utiliza las siguientes afirmaciones para los atracones y los problemas con el peso:

- La obesidad puede tener que ver con el miedo, con la necesidad de protección, con alejarse de los sentimientos. La afirmación para esto es: «Estoy en paz con mis propios sentimientos. Estoy seguro donde me encuentro. Yo creo mi propia seguridad. Me amo y me apruebo a mí mismo».
- Ese miedo puede ser también resistencia al perdón. La afirmación para esto es: «Estoy protegido por el amor divino. Siempre estoy a salvo y seguro. Estoy dispuesto a crecer y tomar la responsabilidad de mi vida. Perdono a otros y creo ahora mi propia vida en la forma como yo la deseo. Estoy a salvo».
- Los niveles altos de azúcar en la sangre reflejan un anhelo de lo que podría haber sido, una sensación de que no ha quedado dulzura. La afirmación es: «Este momento está lleno de alegría. Elijo experimentar la dulzura del hoy».
- Para la depresión, la afirmación es: «Ahora supero los miedos y las limitaciones de otras personas. Yo creo mi propia vida».
- La ansiedad es no confiar en el flujo y el proceso de la vida. La afirmación recomendada es: «Me amo y me apruebo a mí mismo. Confío en el proceso de la vida. Estoy a salvo».
- Para los problemas de atención, hiperactividad, sentirse presionado y agitado, la afirmación es: «Estoy a salvo. Toda la presión se disuelve. Estoy bien».

II. ADICCIÓN A ESTAR DELGADO

En lo que se refiere a tener una historia de trauma, no solo traes el recuerdo del dolor pasado. Cuando experimentamos una niñez muy dolorosa o una serie de relaciones emocional, física o sexualmente abusivas, tendemos, como Pac-Man, a «comernos» esos recuerdos y los incorporamos en diversas áreas de nuestro cuerpo. Igual que en la sección anterior sobre la imagen corporal distorsionada, los actos de odio hacia nosotros pueden quedarse grabados en nuestro comportamiento con la comida. Cierto, no tuvimos control en esa experiencia traumática en nuestro pasado. Sin embargo, ahora vamos a sentirnos más en control de nuestro medio ambiente, especialmente en nuestro cuerpo, a través de la forma como manejamos nuestra comida.

La ansiedad que viene con el TEPT es mitigada por una necesidad compulsiva de controlar aquello que puedes controlar, esto es, tu cuerpo y la comida. No podías controlar a aquel padre o madre que abusó de ti; no podías controlar lo que esa pareja difícil te decía o te hacía; así que, al menos, puedes controlar los gramos de grasa y los carbohidratos que consumes, sin mencionar los kilos que se muestran en la báscula. Y la depresión que tendemos a experimentar con el trauma se medica, de forma adictiva, a través de la restricción extrema de calorías, ya sea dándonos un atracón y luego purgándonos —o lo que se conoce como «anorexia»—; privarnos de calorías induce los opiáceos, que son los mismos neuroquímicos encontrados en la adicción. Así, si tenemos un problema con necesitar estar perfectamente delgados y luego todavía más delgados, necesitamos ver si estamos medicando una historia de trauma del pasado con obsesiones y compulsiones relacionadas con la comida y elevando nuestro estado de ánimo a través de una ingesta y un metabolismo extremadamente bajos de calorías. Si piensas que puede ser tu caso o si no estás seguro, ve esta lista de patrones emocionales relacionados con la comida junto a un amigo.

Síntomas mentales

- Tienes un profundo miedo a subir de peso.

- Tienes pensamientos obsesivos relacionados con engordar, aunque estás por debajo del siguiente cálculo de peso: comienzas en cuarenta y cinco kilos y por cada 2.5 centímetros de altura por arriba de los 1.5 metros agregas 2.25 kilos. Así pues, por ejemplo, alguien que mide 1.5 metros pesaría un promedio de cuarenta y cinco kilos, más o menos. Alguien que mide 1.65 pesaría un promedio de 58.5 kilos, de nuevo, más o menos. Si alguien que mide 1.65 metros y pesa 58.5 kilos tiene pensamientos y preocupaciones obsesivos de que está gordo, puede ser un área de preocupación.

Síntomas conductuales

- Tiendes a ir de un plan alimentario a otro, de una dieta a otra, donde estás restringiendo enormemente tu ingesta de energía hasta llegar a un peso corporal significativamente bajo para tu edad, tu altura y tu género. Constantemente estás tratando de reducir —Cut down— tu comida.
- Las personas se han molestado —Annoyed— porque constantemente estás reduciendo tu comida y estás tratando de perder peso; dicen que no necesitas perder peso; ya estás demasiado delgado.
- Cuando comes —incluso frutas y verduras saludables y proteínas—, te sientes culpable —Guilty— y crees que necesitas restringirte.
- Cuando despiertas por la mañana, lo primero en lo que piensas cuando abres los ojos —Eyes— es en tu peso y en la poca comida que puedes comer ese día. (Sí, es el cuestionario CAGE).

Si esto te pasa, entonces es un área de preocupación. Y esto podría aplicarse a la mayoría de las mujeres, así como a cada vez más y más hombres en nuestra cultura. Diariamente somos bombardeados con imágenes de personas en los medios de comunicación que son demasiado delgadas y con la dieta más reciente para estar todavía más delgados. De modo que si no tienes distorsión de la imagen corporal proveniente del pasado, puede ser que te la hayan inducido los medios en el presente. Reflexiona en el siguiente caso.

KAREN: «PERFECTAMENTE» DELGADA, PERO ELLA NO LO VE ASÍ

Karen, de cuarenta y cinco años, acudió a mí para que le hiciera una lectura, porque su madre le dijo que lo hiciera.

La lectura intuitiva

Percibí a Karen como una persona muy sensible, pero muy controlada. El tipo de persona que tiene todos los calcetines en su cajón ordenados y organizados por largo. También vi que Karen la pasaba mal cuando cometía errores. Parecía inclinada a la perfección en cada área de su vida, ya fuera el trabajo, la casa, la limpieza, etcétera.

El cuerpo

Observé su cabeza. ¡Detalles, detalles, detalles! Parecía que los detalles eran muy importantes para Karen. Su cuerpo parecía igualmente perfeccionista. Sus músculos parecían tensos y extremadamente bien ejercitados. Vi la posibilidad de que tuviera problemas con su hormona tiroidea, particularmente con la hormona tiroidea T3. Su frecuencia cardiaca parecía lenta. Su presión arterial parecía baja. En su tracto digestivo vi puntos rojos que iban de su estómago a su esófago, hasta su boca y sus encías. Su abdomen parecía inflado o distendido, y vi un problema con movimientos intestinales irregulares. Finalmente, vi estrógeno en un nivel verdaderamente bajo, progesterona baja y ciclos menstruales irregulares.

Los hechos

Karen me dijo que sus principales problemas eran su digestión y el estreñimiento. No le preocupaba el hecho de que no tuviera periodos. Estaba estudiando para ser asesora en nutrición. De hecho, finalmente iba a salirse de su trabajo como directora ejecutiva y se convertiría en nutrióloga. Karen me dijo con orgullo: «Solo me vienen mis ciclos menstruales si peso más de cierta cantidad de kilos». Karen admitió que varias personas en su vida estaban preocupadas por su peso y la habían etiquetado como anoréxica y bulímica. Cuando escuché esto, vi que la lectura tenía sentido. El patrón de puntos rojos en su boca, en su esófago y que llegaban hasta su estómago era una forma de inflamación. Pregunté a Karen si había estado induciéndose el vómito en su vida, y admitió que sí, que de vez en cuando lo hacía, especialmente cuando estaba estresada en el trabajo se sentía más calmada si vomitaba. Karen admitió que siempre había sido perfeccionista y que eso se remontaba a cuando era bailarina de ballet en su adolescencia. Dijo con orgullo: «Estoy acostumbrada a ser muy detallista y a seguir un régimen; realmente no tengo mucho espacio para el desorden». Karen simplemente no entendía cómo era que comer una dieta cruda o tomar algunos suplementos nutricionales no pudiera arreglar sus problemas digestivos.

El cerebro adicto a estar delgado

Vivimos en una cultura donde existe mucha presión para verse bien y desempeñarse a la perfección. Sin embargo, una adicción a estar delgado, trastornos de la alimentación como la anorexia y la bulimia y todo el continuo que hay entre ellas no tienen que ver solo con que las personas se doblen bajo la presión social de tener la imagen corporal perfecta. Sí, es cierto que las personas ven revistas, películas y otras imágenes para tener una idea de —y luego confundirse sobre— cuál debería ser el tipo ideal de cuerpo. Así como nuestra imagen corporal puede distorsionarse por un abuso del pasado, los circuitos visuales en nuestro cerebro pueden ser todavía más manipulados y corrompidos por las revistas, las redes sociales y la televisión.

Los circuitos cerebro-cuerpo trastocados por una adicción a estar delgado, sin embargo, no tienen solo que ver con el entorno. Puede existir algún componente genético o un estilo cerebral que tiende hacia la anorexia y la bulimia, la forma más severa de trastorno cerebral que te impulsa a buscar perpetuamente estar delgado. Si la anorexia nerviosa se presenta en una etapa temprana, la ciencia nos dice que no necesariamente se precipita por acontecimientos adversos en tu vida. No sé si todos los estudios concuerdan con esta afirmación, pero eso es lo que la mayoría de los estudios dicen. Mientras más tarde aparezca un trastorno de la alimentación, es más probable que se asocie con el abuso, ya sea sexual, físico o algo más.

Restringir de manera exagerada tu comida tendrá, con el tiempo, consecuencias adversas para tu salud. Si no recibes suficiente comida, eso afecta tus necesidades energéticas y afectará tu tiroides, tu corazón, tu sistema reproductor y tus huesos, por mencionar solo algunas partes de tu cuerpo, igual que, como vimos en la sección anterior, comer demasiado puede llevar a la obesidad y a la inflamación en tu cuerpo, que aumenta la probabilidad de que tengas una enfermedad cardiaca, un derrame cerebral, diabetes, etcétera. La bulimia, o inducción al vómito, tiene su propio conjunto de complicaciones, en cuanto a que el ácido procedente del estómago puede quemar el revestimiento del esófago, tu boca y tus dientes, sin mencionar que produce la pérdida de importantes electrolitos, potasio y otros químicos importantes para un ritmo cardiaco saludable. Muchas personas con anorexia y bulimia severas, cuando su peso se vuelve peligrosamente bajo, terminan teniendo graves problemas del ritmo cardiaco que amenazan su vida.

Ya sea que padezcas adicción a estar delgado, o tengas la forma más severa de restricción alimentaria —anorexia—, o tengas bulimia u obesidad, todo el espectro de los trastornos alimentarios tiene un elemento en común: una alteración de la conducta alimentaria. Esta involucra una autoimagen distorsionada, una autoestima distorsionada y una necesidad de medicar esos sentimientos y pensamientos con una adicción a la comida. Ya sea que estés hecho un fideo o seas obeso, tratas de controlar de forma compulsiva el amor por ti mismo a través de la delgadez. Tu cerebro está siendo secuestrado por una adicción a la comida. ¿Cómo?

Considera lo siguiente. Si en la intuición médica tenemos siete centros emocionales, donde cada uno equivale a catorce por ciento de nuestra vida, nuestro alimento y nuestra comida diaria, se supone que el tercer centro involucra solo catorce por ciento de nuestra atención. PUNTO. Si durante tu día tus pensamientos y tu conducta implican buscar, planear, organizar, contar, medir, pesar y calcular nutrientes, grasa, proteína, absolutamente todos los componentes de lo que llevas a tu boca como alimento, toma nota. Esto significa que ochenta y seis por ciento de tu vida —esa vida que debería estar disponible para que te involucres con tu familia, tus amigos, tu trabajo, tus pasatiempos, tu activismo en tu comunidad, tu desarrollo intelectual y tu espiritualidad— ha sido desplazado por tu particular obsesión y compulsión. Eso es adicción. Ahora bien, puedes argumentar —y se ha argumentado— que las personas con SII, enfermedad de Crohn, enteropatía por sensibilidad al gluten y diversos problemas digestivos tienen que hacer justo eso: pasar gran parte de su día lidiando con lo que van a comer, lo que pueden tolerar, si tal o cual restaurante tiene comida que pueden comer, etcétera, etcétera. Aunque quizá no quieras llamar a esto «adicción», ciertamente podrías querer considerar el hecho de que tu problema de salud —créeme, tengo algo así— ha dominado tanto tu vida que ha desplazado áreas fundamentales de funcionamiento. Si ese es el caso —que sea como una adicción—, tu problema no es simplemente un problema digestivo. Ya sea que se trate de SII, de enteropatía por sensibilidad al gluten o de alergias alimentarias, si se han vuelto tan severos que consumen todo tu tiempo, han secuestrado tu vida y en la intuición médica se convierten en un problema amenazante para séptimo centro. En esencia, comienzan a distorsionar tu cerebro, las áreas para los opiáceos, la dopamina, la recompensa y las relaciones, que, irónicamente, te hacen tener hambre de la vida misma. Y, aunque puedas tener cierto alivio de tus cambios cíclicos en la dieta —ya sea gluten, lácteos o la eliminación sistemática de intolerancias alimentarias—, si las restricciones cada vez mayores te impiden «mezclarte con el rebaño» —las personas que te rodean— y tener una vida, relaciones y una carrera flexibles, la ciencia sugiere que vas a tener más problemas de salud severos que simplemente los relacionados con la digestión. ¿Por qué? Porque si tus problemas del tracto digestivo te llevan a soluciones que implican no poder comer con otras personas y adaptarte, entonces sabemos que al menos la falta de amigos cercanos y de apoyo en sí misma representa un riesgo similar para tu salud que si fumaras, bebieras o estuvieras obeso.[11]

La solución

Existen diversos tratamientos para la adicción a ser delgado o para la restricción alimentaria compulsiva, dependiendo de la severidad del comportamiento. Ya sean los tratamientos ambulatorios con terapia cognitivo conductual, terapia dialéctica conductual, o un tratamiento hospitalario, todos los tratamientos son similares: estabilizar el peso, tratar la depresión, la ansiedad y el trauma pasado e identificar los disparadores que influyen en el trastorno de la alimentación. Además, también necesitamos identificar los problemas de salud en el cuerpo. Si una persona tiene una compulsión a estar delgada o una alteración de la conducta alimentaria, necesitamos llevar a cabo un examen a fondo del esófago, el estómago, los dientes, las encías, el intestino grueso y el intestino delgado. ¿La persona tiene reflujo? ¿Gastroparesis? ¿Alergias al gluten? ¿Intolerancias a ciertos alimentos? ¿SII, estreñimiento u otros problemas intestinales? Necesitamos revisar la densidad ósea. Si tu cuerpo está muy, pero muy bajo en peso, necesitas revisar los niveles de hormonas, electrolitos y potasio, al igual que realizar un electrocardiograma, una prueba de ritmo cardiaco, para asegurarte de que tu corazón no ha sido afectado por la pérdida de peso.[12]

Y si tienes una compulsión a restringir la comida —ya sea anorexia o simplemente una obsesión con estar delgado—, considera si estás utilizando la comida para tratar tu estado de ánimo y la ansiedad. Si la ansiedad es tu disparador para tener una alteración de la conducta alimentaria, considera tomar 100 mg de 5-HTP tres veces al día, pasiflora o toronjil. Si estás tratando de bajar de peso para elevar tu estado de ánimo y salir de la depresión, quizá quieras considerar el SAMe o hablar con un doctor sobre los ISRS. Algunas personas que tienen trastorno bipolar u otros trastornos del estado de ánimo quizá no obtienen buenos resultados con los agentes de la serotonina, pero puede irles mejor con los estabilizadores del estado de ánimo.

Puedes utilizar el yoga, los ejercicios aeróbicos y otros como parte de un programa equilibrado de curación integral. Es importante rehabilitar tu autoimagen de cuerpo, mente y alma. Sin embargo, especialmente si tienes anorexia, consulta con tu consejero, asesor, médico u otro profesional de la salud acerca de con cuánta frecuencia deberías hacer ejercicio. Para algunas personas, especialmente con una compulsión a estar delgadas —o anorexia—, el ejercicio en exceso forma parte de su técnica extrema de reducción de peso.

Las afirmaciones

Al igual que todos los trastornos de la alimentación, en la intuición médica, la anorexia y la bulimia tienen que ver con la autoestima y la responsabilidad. Aquí, «autoestima» significa el sentido de merecer. Así pues, el primer tratamiento que Louise ofrece para estas condiciones es uno relacionado con el sentido de merecer. Comienza leyendo este párrafo de afirmaciones frente al espejo todos los días:

...

> Merezco. Merezco todo lo bueno. No algo, no un poco, sino todo lo bueno. Ahora supero todos los pensamientos negativos y restrictivos. Suelto y dejo ir las limitaciones de mis padres. Amo a mis padres. No amo sus opiniones negativas o sus creencias limitantes. No valoro ninguno de sus miedos o prejuicios. Ya no me identifico con limitaciones de ningún tipo. En mi vida, estoy entrando a un nuevo espacio de conciencia donde estoy dispuesto a verme de forma diferente. Estoy dispuesto a crear nuevos pensamientos sobre mí y sobre mi vida. Ahora prospero en diversas formas. La totalidad y la posibilidad se encuentran frente a mí. Merezco una buena vida. Merezco abundancia de amor. Merezco buena salud. Merezco vivir cómodamente y prosperar. Merezco alegría. Merezco felicidad. Merezco la libertad de ser todo lo que puedo ser. Merezco más que solo lo suficiente. Merezco todo lo bueno. El universo está más que dispuesto a manifestar mis nuevas creencias, y yo acepto esta vida abundante con alegría, placer y gratitud, pues yo merezco. Lo acepto. Sé que es verdad.

...

Merecer no tiene nada que ver con tener lo bueno. Tiene que ver con nuestra disposición a aceptarlo. Necesitamos permitirnos aceptar lo bueno, ya sea que pensemos que lo merecemos o no. Así pues, Louise también sugiere este ejercicio para el sentido de merecer. Responde las siguientes preguntas lo mejor que puedas:

1. ¿Qué es lo que deseas y no estás teniendo? Sé claro y específico al respecto.
2. ¿Cuáles son las leyes y reglas en casa sobre merecer? ¿Qué fue lo que te dijeron? ¿Que no mereces o que sí mereces un buen

beso? ¿Tus padres sentían que merecían? ¿Siempre tenías que ganar algo para merecerlo? ¿Ganarte las cosas te funcionaba? ¿Te quitaban cosas cuando hacías algo mal?

3. ¿Sientes que mereces? ¿Cuál es la imagen que surge? ¿«Más tarde, cuando me lo gane»? ¿«Primero tengo que trabajar por ello»? ¿Eres lo suficientemente bueno? ¿Alguna vez serás lo suficientemente bueno?
4. ¿Mereces vivir? ¿Por qué sí? ¿Por qué no?
5. ¿Para qué tienes que vivir? ¿Cuál es el propósito de tu vida? ¿Qué significado has creado?
6. ¿Qué es lo que mereces? ¿Mereces amor, alegría y todo lo bueno, o sientes en lo profundo de ti que no mereces nada? ¿Por qué? ¿De dónde venía el mensaje? ¿Estás dispuesto a soltarlo? ¿Qué estás dispuesto a poner en su lugar?

Recuerda: estos son pensamientos, y los pensamientos pueden cambiarse. Puedes ver que el poder personal se ve afectado por la forma en la que percibimos nuestra capacidad de merecer. Prueba este tratamiento, pero, dicho de una forma más sencilla, los tratamientos son declaraciones positivas hechas en una situación dada para establecer nuevos patrones de pensamiento y disolver los antiguos.

Louise hace un seguimiento del ejercicio con afirmaciones adicionales:

- La bulimia tiene que ver con un terror desesperado, con llenar y con una purga frenética de odio hacia uno mismo. La afirmación es: «Soy amado, cuidado y apoyado por la vida misma. Me siento seguro estando vivo».
- La ansiedad tiene que ver con no confiar en el flujo y el proceso de la vida. La afirmación es: «Me amo y me apruebo a mí mismo. Confío en el proceso de la vida. Estoy a salvo».
- Los problemas con el ciclo menstrual que a menudo ocurren con los trastornos de la alimentación tienen que ver con el enojo hacia una misma, odio hacia el cuerpo femenino. La afirmación es: «Amo mi cuerpo. Amo lo que veo. Me regocijo en mi femineidad. Amo ser mujer».

III. ADICCIÓN AL ALCOHOL

Además de la comida y los cigarros, el alcohol es una de las principales adicciones. Casi todo mundo conoce a alguien en su familia a quien le dicen «el Alcohólico», aquel que quedó inconsciente en la boda. En cualquier ciudad importante vemos miles de personas sin hogar que se encuentran en diversas etapas de los aspectos mentales y físicos del alcoholismo, y quizá ese rostro más visible de esta adicción puede hacer que se nos dificulte admitir cuando nosotros o un ser querido tiene esta enfermedad. Durante décadas, quizá siglos, la adicción al alcohol tuvo un estigma: no hablábamos de ella hasta que un matrimonio estaba desmoronándose, hasta que una familia estaba resquebrajándose, hasta que alguien había caído en bancarrota, había perdido su trabajo o había tenido problemas legales serios.

Después de que el alcohol ha desintegrado el tejido de nuestra vida, tiende a deteriorar el cuerpo también, órgano tras órgano. Trátese de úlceras, cirrosis hepática, anemia y trastornos del sangrado, infecciones, fracturas de huesos, ataques epilépticos, neumonía, deficiencias nutricionales, conducta violenta, suicidio o demencia, el uso extremo y el abuso del alcohol tiene efectos catastróficos en nuestra vida y en la vida de todos los que nos rodean. Beber alcohol por encima de un cierto nivel aumenta el riesgo también de padecer diversos tipos de cáncer, incluyendo de colon, seno, hígado, esofágico, gástrico y otros, sin mencionar el riesgo de padecer enfermedad cardiaca y derrame cerebral, de modo que, aun si no tenemos un problema con el abuso del alcohol o con un uso desordenado, todos necesitamos estar alertas en relación con los efectos del alcohol en nuestra vida y en la vida de otros.

¿Las siguientes aseveraciones y síntomas se aplican a ti?

Síntomas mentales

- Tiendes a beber cerveza, vino, whisky o licor fuerte para calmar los nervios o elevar tu ánimo.
- Diariamente tienes ansias emocionales y físicas de beber.

Síntomas en el comportamiento

- Utilizas alcohol para poder dormir en la noche.
- Bebes mayores cantidades de lo que era tu intención; digamos que bebes más tragos de lo que planeabas o te acabas la botella entera.
- No puedes formar parte de actividades sociales a menos que bebas.
- Gran parte de tu tiempo lo pasas obteniendo, utilizando o recuperándote del alcohol.
- Cada semana las botellas vacías se acumulan y tratas de desecharlas de forma anónima.
- Has faltado a tus responsabilidades en la escuela, el trabajo o en casa debido al alcohol, o alguien te ha dicho que así ha sido.
- Has tenido que beber cada vez más para obtener el efecto deseado o para sentirte embriagado.
- Cuando dejas de beber, te pones nervioso y no logras conciliar el sueño.
- Has tenido los siguientes problemas: osteoporosis, problemas de la libido, úlceras, gastritis, enzimas hepáticas elevadas, cirrosis hepática, hígado graso, aumento de peso, pancreatitis, neumonía por aspiración, desmayos, ataques epilépticos o problemas de memoria relacionados con el uso del alcohol, una lesión cerebral debida a un accidente asociado con tu consumo de alcohol, o dos o más arrestos por conducir un vehículo bajo su influencia.
- Varias veces has tratado de reducir —Cut back— tu consumo de alcohol, pero siempre terminas regresando a tu antiguo patrón.
- Cuando alguien te pide que reduzcas tu consumo de alcohol, te molestas —Annoy—.
- Te sientes culpable —Guilty— cuando bebes.
- Cuando te levantas por la mañana, tan pronto como abres los ojos —Eyes—, bebes un poco de alcohol para comenzar el día.

Si el alcohol es un problema en tu vida o en la vida de un ser querido, reflexiona en la siguiente historia.

LINDA: EN REALIDAD, YO NO TENGO UN PROBLEMA CON EL ALCOHOL

Linda, de cincuenta y cuatro años, me llamó porque le estaba preocupando su salud.

La lectura intuitiva

La primera vez que hice una lectura de Linda, su mente se sentía muy ansiosa, como un hámster que se movía frenéticamente dando vueltas y vueltas en una rueda. Ya sea que estuviera irritable, inquieta o con pánico, su mente parecía ir en todas direcciones al mismo tiempo. Podía ver que el principal problema de Linda era la compulsión, hacer lo mismo una y otra vez y no poder parar. Pude verla comprando montones de artículos inútiles y no poder detenerse, llevando al tope sus tarjetas de crédito. Pude verla trabajar hasta agotarse. Pude verla también rescatando compulsivamente a los miembros de su familia.

El cuerpo

Una vez más, pude ver a Linda teniendo dificultades para impedir que los pensamientos giraran en su mente. ¿Tenía dificultades para estabilizar sus niveles de hormona tiroidea debido a un problema autoinmune? Me preguntaba si sus doctores estaban preocupados o no acerca del colesterol y los triglicéridos. Intuitivamente pude ver que gran parte del problema de Linda se centraba en la parte media de su cuerpo. Parecía haber inflamación donde se unían su esófago y su estómago. Parecía haber acumulaciones de grasa en su hígado, y podía ver que tenía problemas con su azúcar en la sangre. Me preguntaba si una adicción corría o no por su familia, ya fuera que se tratara de alcohol, medicinas de prescripción o apuestas.

Los datos

Linda me dijo que tenía problemas de depresión. Había sido tratada durante años con estimulantes para la TDAH, pero ahora sus doctores se preguntaban si tenía trastorno bipolar, porque compraba y gastaba de forma compulsiva. A veces, Linda había usado el alcohol y la oxicodona para calmar sus nervios, y en numerosas ocasiones había renunciado a su trabajo. Desde la menopausia había comenzado a beber un poco de vino por las noches para conciliar el sueño. Más adelante, los doctores estaban preocupados porque tenía reflujo y se habían elevado sus enzimas hepáticas, y querían que dejara de beber por completo. Linda me dijo que nadie tenía ninguna adicción en su familia, a excepción de su padre, que apostaba, por lo que su madre tenía que tener dos trabajos para pagar las deudas.

La solución

Aunque el alcohol se ha afianzado en nuestra cultura en cuanto a que puede formar parte de cada comida, ceremonia o, incluso, de la observancia religiosa, si comienza a afectar tu salud física, emocional o financiera, entonces el alcohol es un problema en tu vida. En cierto sentido, entonces, realmente no importa cuánto bebas o con cuánta frecuencia lo hagas. Si debes seguir bebiendo, si te sientes impulsado a utilizar el alcohol a pesar de los efectos adversos sobre tu salud, tus relaciones y tu trabajo, es una adicción.

De acuerdo con la Organización Mundial de la Salud, el alcohol es el quinto mayor contribuyente a la carga global de la enfermedad. El alcohol es la forma número uno de adicción, por detrás de la comida y los cigarros. Y es costoso, en lo que se refiere a que el consumo excesivo del alcohol aumenta nuestra probabilidad de padecer una enfermedad cardiaca, un derrame cerebral, demencia y cánceres, especialmente cánceres del tracto digestivo y de mama. Es más probable que las personas que tienen depresión o trastorno bipolar intenten tratar su estado de ánimo con el alcohol, sin mencionar otras sustancias. Al principio parecerá que el alcohol te está ayudando a conciliar el sueño o, de hecho, que está calmando tus «nervios». Sin embargo, con el tiempo, el alcohol deprime tu estado de ánimo y perturba tus ciclos del sueño.[13] A menudo, las personas dejan el alcohol y se van con otra droga para «calmar sus nervios» o para lograr dormir, especialmente durante la menopausia. En muchas reuniones de Alcohólicos Anónimos —AA— puedes encontrar docenas de donas en la parte posterior del salón o personas fumando afuera entre una nube de nicotina. Y aunque estas personas están dejando una adicción —el alcohol—, la están reemplazando con otra: la nicotina o la comida. Da igual, peras o manzanas. Es lo mismo. Sea cual sea la metáfora que quieras utilizar, tienes que descubrir cómo regular la emoción que estás medicando con la adicción o cómo manejar la ansiedad, la depresión, el TDAH u otros trastornos cerebrales sin utilizar una adicción para medicar esos problemas. De otra manera, verás que tendrás múltiples problemas con tu mente y múltiples adicciones, con efectos nocivos cada vez mayores. Ya sea que bebas demasiado, comas demasiado, fumes demasiada marihuana, gastes demasiado o trabajes demasiado, al final todas estas adicciones acumulativas distorsionan la forma en la que te relacionas con tu familia, tu pareja, tu trabajo, tus hijos y la sociedad en general.

Los tratamientos

Así pues, ¿qué haces si tienes ansiedad y depresión, y el alcohol parece darte resultado? Si te das cuenta de que estás utilizando el alcohol o, como en las secciones anteriores, la comida u otras sustancias de forma compulsiva para medicar tu estado de ánimo, detente. Tienes opciones. En primer lugar, acude a tu centro de salud mental más cercano y busca a un profesional especializado en adicciones. Él te ayudará a evaluar tu «diagnóstico dual» y los problemas que tienes con la ansiedad y la depresión, el TDAH y otros problemas, junto con una posible adicción. Existen diversas formas a través de las cuales los profesionales de la salud evalúan la depresión, la ansiedad y el TDAH combinados con el alcohol u otras adicciones. En primer lugar, el consejero utiliza una especie de «inventario» —no voy a darte el nombre del inventario, porque siempre está cambiando—. Estos ayudan a identificar hasta qué grado tienes un problema con el alcohol, pero a menudo pueden aplicarse para la mariguana, los cigarros, la cocaína, las apuestas, las compras, acumular, etcétera. Tú nombra la adicción y puedes aplicar este inventario a ella. Sin embargo, para esta sección simplemente vamos a formular estas preguntas en relación con el alcohol. Pregúntate lo siguiente:

1. ¿Consumes alcohol en cantidades cada vez más grandes o durante un periodo más prolongado de lo que es tu intención?
2. ¿Se te dificulta reducir o controlar tu consumo de alcohol?
3. ¿Una buena parte de tu vida la ocupas en actividades que giran alrededor del consumo del alcohol o recuperándote de sus efectos?
4. ¿A menudo tienes un antojo o un fuerte deseo de consumir alcohol?
5. ¿Beber alcohol a menudo hace que dejes de cumplir tus principales responsabilidades, por ejemplo, en el trabajo, la escuela, la casa o las relaciones?
6. ¿Tu consumo de alcohol provoca discusiones o problemas?
7. ¿Alguna vez has evitado cierto empleo o actividades recreativas porque te impedirían consumir alcohol?
8. ¿Has consumido alcohol a pesar de que es físicamente peligroso?
9. ¿Has continuado consumiendo alcohol a pesar de tener consecuencias físicas o psicológicas adversas; esto es, tienes un diagnóstico físico donde el doctor te dice que si continúas bebiendo podrías dañar tu salud?
10. ¿Has tenido que beber más y más para obtener el mismo efecto?

Si has respondido afirmativamente al menos a dos de estas preguntas, entonces es un importante indicio de que tienes un problema con el alcohol —o sea lo que sea que utilices de forma compulsiva—. Tu profesional de tratamiento de las adicciones te ayudará a repasar esa lista y tal vez puede ser importante que lleves a tu pareja o a otro amigo honesto que no sea un empleado, un amigo que no tenga miedo a ser honesto y que verdaderamente se preocupe por ti. Si descubres que tienes un problema, entiende que a veces —y no estoy tratando de caer en un lugar común aquí— es difícil incluso aceptar el hecho de que existe un problema y, ya no digamos, identificar la variedad de soluciones que funcionarán para luego comprometerse de forma efectiva con ellas.

Respuestas para la adicción

Existe una amplia variedad de programas de doce pasos que pueden ayudarte con diversas adicciones:

- Alcohólicos Anónimos.
- Narcóticos Anónimos.
- Jugadores Anónimos.
- Sexo Adictos Anónimos.
- Codependientes Anónimos.

La lista es interminable.

Algunas personas pueden ayudarse únicamente con un grupo de doce pasos, pero, si tienes un diagnóstico dual —adicción con depresión, TDAH o ansiedad—, es importante que de forma simultánea recibas tratamiento para tu otro trastorno, ya sea medicamentos, suplementos nutricionales o terapia cognitivo conductual.[14] En el caso del alcohol, tu doctor descubrirá qué deficiencias nutricionales puedes tener. Las personas con un consumo severo de alcohol pueden no estar recibiendo suficiente vitamina B12 y ácido fólico. Pueden, de hecho, desarrollar una deficiencia de tiamina y algunos problemas en los centros de memoria del cerebro. Esto no es necesariamente un síndrome raro y oscuro, porque ocurre en 12.5 por ciento de los alcohólicos.[15] Existen otros cambios de largo plazo que pueden ocurrir en las personas con un consumo severo de alcohol. Pueden desarrollar úlceras en el estómago, reflujo, gastritis, sin mencionar la cirrosis hepática, así como neuropatía periférica, una perturbación que provoca debilidad y adormecimiento, dolor y hormigueo en los pies. Desafortunadamente, estos síntomas algunas veces pueden empeorar incluso después de que se detiene el consumo del alcohol. El consumo de alcohol puede producir otros trastornos con el paso del tiempo, incluyendo dolor muscular.

Es por ello que es importante que, si tienes una adicción, también evalúes tu nutrición. En el caso de la ingesta de alcohol, este químico produce una absorción deficiente de la vitamina B1, la tiamina, de las vitaminas A, D, B6, E y ácido fólico. Así pues, si te encuentras activamente sumido en esta adicción, es importante que tomes un multivitamínico, aunque, si lo tomas, tal vez no lo estés absorbiendo, debido al alcohol que estás tomando. Tomar coenzima Q10, de 400 a 600 mg al día, podría ayudar a proteger tu corazón, sin mencionar tus senos. El alcohol se caracteriza por provocar tanto problemas cardiovasculares como cáncer de seno.[16] También existen medicinas para ayudar a que te recuperes de la adicción. Existen diversas medicinas que se han utilizado para ayudar a las personas a mantener la sobriedad, incluyendo el Zoloft —naltrexona— y, para cuando estés leyendo este libro, probablemente habrá otras.[17] Es importante no juzgar o criticar tu camino particular para volverte sobrio. Lo que es importante es que en verdad permanezcas alejado de la sustancia a la que eres adicto y que comiences a saber cuál es la emoción que encubres con esa sustancia. Esto es, alcanzas la sobriedad con apoyo.[18]

Las afirmaciones

A menudo, las personas que consumen alcohol tienen problemas de TEPT, ansiedad, insomnio o culpa, sin mencionar los trastornos físicos que el alcohol puede, o bien, medicar o provocar, de modo que cuando hagas las afirmaciones es importante que utilices no solo afirmaciones para la adicción, sino aquellas que se apliquen a los síntomas que estás teniendo. En este caso, los síntomas físicos serían colesterol elevado, enfermedad cardiovascular, problemas de espalda baja y síndrome del túnel carpiano (véase el Apéndice B).

Louise ofrece las siguientes afirmaciones:

- En el caso de la dependencia al alcohol, el pensamiento es: «¿De qué sirve?». Existe una sensación de futilidad, culpa, ineptitud, autorrechazo. La afirmación es: «Vivo en el ahora. Cada momento es nuevo. Elijo ver mi autoestima. Me amo y me apruebo a mí mismo».
- En el caso del trastorno de estrés postraumático y ansiedad, existe un problema con confiar en el flujo y el proceso de la vida. La afirmación es: «Me amo y me apruebo a mí mismo. Confío en el proceso de la vida; estoy a salvo».
- En el caso del insomnio, el miedo y la culpa, la afirmación es: «Con amor entrego este día y entro en un sueño apacible, sabiendo que el mañana se hará cargo de sí mismo».

- El colesterol elevado refleja la obstrucción de los canales de la alegría, porque tememos aceptarla. La afirmación es: «Elijo amar la vida. Mis canales de la alegría están completamente abiertos. Me siento a salvo recibiendo».
- Para el dolor de espalda baja, el cual se relaciona con el miedo al dinero y la falta de apoyo económico, la afirmación es: «Confío en el proceso de la vida. Todo lo que necesito siempre me es suministrado».
- Para la ciática, que tiene que ver con ser hipercrítico, con el miedo al dinero y al futuro, la afirmación es: «Avanzo hacia mi grandeza y mi bien. Mi bien está en todas partes. Estoy seguro y a salvo».
- Para el síndrome del túnel carpiano, el patrón de pensamiento es el enojo y la frustración por las aparentes injusticias de la vida. La afirmación es: «Ahora elijo crear una vida alegre y abundante. Estoy relajado».
- Y, finalmente, en el caso del dolor en general, la sensación es la de anhelar: anhelar amor, anhelar ser abrazado. La afirmación es: «Me amo y me apruebo a mí mismo. Soy amoroso y soy digno de ser amado».

IV. ADICCIONES MÚLTIPLES

La adicción es un proceso en el que las redes para la recompensa en nuestro cerebro se salen de control. Muchas personas en la ciencia y la medicina han sugerido que la adicción es una enfermedad. Tenemos una red en nuestro cerebro para la recompensa y la satisfacción. Si tienes una susceptibilidad genética para que esa área sea secuestrada por una sustancia como el alcohol, la ciencia dice que tienes una susceptibilidad en tu cerebro para ser «adicto» a múltiples sustancias también.

En la fecundación, tenemos un óvulo al inicio de la vida, y algunas veces el óvulo fecundado se divide y tienes gemelos o trillizos: nacimientos múltiples. Sin embargo, el ser original era un solo óvulo. De forma similar, la adicción es un problema, que, si se deja sin control, puede dividirse en adicciones gemelas, o trillizas, o cuatrillizas, o quintillizas. Así pues, primero —como en el segundo caso de este capítulo— puedes descubrir que tienes un problema con comer en exceso. Esa es la primera adicción. Y, luego, en la perimenopausia, para poder dormir, si eres genéticamente susceptible, puedes encontrarte abusando del alcohol. Cuando eso comienza a salirse de control y un doctor sugiere que dejes de beber debido a los problemas digestivos y a una mamografía sospechosa, tratas de dejar de hacerlo yendo a AA. Entonces, ahora tienes adicciones gemelas: la comida y el alcohol. Tratas de evitar las donas que se encuentran en la parte posterior de la sala de reuniones, porque esa es tu otra adicción, ¿cierto? Sin embargo, cuando vas de salida, hueles el humo del cigarro. Recordando tu hábito de fumar en la preparatoria, calmas tus nervios con el primer cigarro y luego con otros. Como al principio te convences a ti mismo de que solo eres un fumador casual porque nunca compras una cajetilla completa de cigarros, simplemente pides que te los regalen; después de un tiempo te das cuenta de que «pedir que te regalen uno» ha aumentado vertiginosamente a tres cajetillas al día. Ahora tienes una adicción triple: la comida, el alcohol y los cigarros. Y, aunque supuestamente la comida y el alcohol están en «remisión», fumar no lo está. ¿Por qué? Porque el núcleo accumbens y el tegmento ventral, las áreas del cerebro para la recompensa y la satisfacción, siguen estando aberrantemente fuera de control.

Finalmente, tu doctor capta, se da cuenta de que tienes reflujo, huele el aroma a cigarro y te dice que dejes de fumar. Lo haces, y después de un año de sobriedad de una adicción «triple», debes someterte a una cirugía de espalda debido a un prolapso de disco. Después de la operación, el doctor te receta una medicina para el dolor, oxicodona. Te sienta de maravilla. No solo te hace sentir fabuloso a nivel anímico —mejor que como te has sentido en años—, sino que puedes dormir mejor que lo que han parecido décadas. Cuando regresas con tu doctor para que vuelva a darte una receta en el segundo o tercer mes después de la cirugía, quedas atónito. Tu doctor se niega a darte otra receta, porque dice que tienes una historia de adicción y debes ver a un especialista en adicciones. Regresas al especialista original en adicciones que viste para el alcohol, tu primera adicción, y ese astuto profesional cuenta tus múltiples adicciones que ahora no se han vuelto ni gemelas, ni trillizas, sino cuatrillizas. Eres adicto a la comida, al alcohol, a los cigarros y, ahora, a los opiáceos. Si piensas que es algo raro, piénsalo dos veces. La adicción es adicción.

En esencia, en realidad no existe algo como las adicciones múltiples. Si eres adicto a una cosa, a una sustancia, tu estilo cerebral tendrá la capacidad de ser adicto a todo. Si eres adicto a una cosa, como el alcohol o la comida, tienes una tendencia cerebral adictiva. Solían llamar a esto una «personalidad adictiva». Por supuesto, la personalidad es un subproducto de tu cerebro.

Toma los inventarios que se encuentran en la sección anterior y aplícalos a cualquier sustancia que utilices y que se ha adueñado de tu vida, como la maleza en un jardín. Aplica las preguntas CAGE. ¿Has tratado de reducir —Cut back— *x* cosa? ¿Te molestas —Annoy— cuando alguien te dice que te estás «saliendo de control» con *x* cosa? ¿Te sientes culpable —Guilty— cuando, una vez más, estás involucrándote compulsivamente con *x* cosa? Y, finalmente, en el momento en que te despiertas y abres los ojos —Eyes—, ¿lo primero en lo que piensas es en *x* y es lo primero que haces? Sí, como una jaula [en inglés, «jaula» se dice «cage»], tu sustancia o conducta —ya sea la comida, el alcohol, fumar, apostar, gastar, el sexo, coleccionar muñecas Barbie, comprar en eBay, sea lo que sea— te ha enjaulado, ha secuestrado los circuitos en tu cerebro y se ha adueñado de tu vida. Reflexiona en la siguiente historia.

MARK: UN JUEGO DE ADICCIONES

Mark, de cuarenta y un años, me llamó para pedirme ayuda porque su salud era un carrusel.

La lectura intuitiva

La primera vez que le hice una lectura, parecía que Mark iba de un lado a otro. Yo misma iba de un lado a otro cuando estaba haciendo la lectura. Mi mente iba de una cosa a otra, así que me di cuenta de que su mente no podía seguir una sola línea de pensamiento. Lo percibía carismático, atractivo y encantador, pero no parecía quedarse en una relación durante mucho tiempo. Aunque parecía tener un buen corazón, se me dificultó verlo en un empleo por un periodo prolongado o que pudiera ser puntual. Percibí a Mark como una de esas personas embaucadoras a las que les gusta tomar riesgos. Sentía como si el último gran riesgo de algún modo hubiera fracasado y él hubiera perdido una enorme cantidad de dinero.

El cuerpo

Parecía como si Mark tuviera problemas de concentración y atención, y se distrajera muy fácilmente. ¿Tenía ansias de estimulación? ¿Estimulantes químicos? ¿Estimulantes ambientales? Sea lo que fuere, era «esclavo de los estímulos». Vi nubes oscuras en sus pulmones. ¿Mark fumaba o estaba alrededor de alguien más que fumaba? Los vasos sanguíneos de su cuerpo se sentían tiesos. Con el paso del tiempo me pregunté si tendría problemas de presión arterial. Vi aquel patrón de puntos rojos en su esófago y en el área del estómago. Me preguntaba si se juntaba o no con personas que tenían adicciones, ya fuera al alcohol o a otros químicos. Vi cambios en los opiáceos en su cuerpo y vi cambios en la motilidad de sus intestinos.

Los hechos

Mark se rio cuando le dije que era distraído y que tenía ansias de estimulación. Me dijo que tenía una larga historia de trastorno de déficit de atención y que había usado Ritalin durante años cuando era niño. Dejó de tomar el Ritalin y luego comenzó a fumar a los trece años. A pesar de que desarrolló asma, siguió fumando cigarros. Después de abandonar la preparatoria y obtener su Diploma de Equivalencia,[19] Mark se mudó a Las Vegas y se dio cuenta de que era mejor para las apuestas que para trabajar en un empleo de nueve a cinco. Perdió más de un matrimonio como resultado de los altibajos de sus deudas de juego. Decía: «Debes estar a la cabeza en el juego. Solo unas cuantas personas pueden ganarse la vida apostando, y yo soy una de ellas». Como había jugado futbol en la preparatoria, también le iba bien en las quinielas por internet y en otras formas de apuestas. Una antigua lesión en su rodilla que sufrió mientras jugaba futbol, seguida por varias cirugías, lo mantuvo enganchado a medicamentos para el dolor: oxicodona y opiáceos.

La ciencia de la adicción múltiple

Ya sea la adicción a la nicotina, a la oxicodona o a estimulantes como la cocaína, todas las adicciones tienden a afectar el área en el cerebro para los opiáceos, el área para la recompensa, la motivación y el impulso.[20] Fumar cigarrillos es una de las adicciones más difíciles de manejar con éxito, aunque el alcohol y la comida no se quedan atrás. ¿Por qué es tan difícil dejar de fumar? Tenemos programas educativos que explican los aspectos positivos de dejar de hacerlo. Las personas saben cómo utilizar parches o medicinas para dejar de fumar. Así pues, ¿por qué es tan difícil? Los estudios funcionales por resonancia magnética muestran que la nicotina altera las respuestas en el cerebro a la forma en la que experimentamos la recompensa. El cerebro de los fumadores responde menos al dinero, a las fuentes de recompensa no relacionadas con las drogas, pero responde más a la nicotina. De algún modo, las áreas cerebrales de la recompensa para el trabajo y las relaciones han sido dominadas —intensamente secuestradas— por esta droga, de forma que es verdaderamente difícil que los programas educativos por sí solos tengan un gran efecto si tu cerebro ha sido químicamente encadenado por una sustancia como la nicotina. Con el paso del tiempo, podríamos decir lo mismo, ya sea que la droga de elección sea el alcohol, la cocaína, los juegos de apuesta o, en realidad, cualquier cosa.

¿Por qué algunas personas son adictas y otras no? Debe existir alguna diferencia genética, bioquímica o temperamental en la forma como el cerebro de las personas procesa la recompensa, ya sea proveniente de las drogas, la comida, las apuestas, rescatar, el dinero, las relaciones, lo que se te ocurra. Las personas que son fumadores casuales muestran una mayor recompensa en su cerebro para el dinero y las relaciones que para los cigarros, pero no las personas que son adictas a los cigarros. En el capítulo 4 vamos a hablar sobre los estilos de aprendizaje y las discapacidades de aprendizaje. Lo que es importante entender es que todos tenemos una genialidad única, algún área en nuestro cerebro que trabaja de una forma increíblemente eficiente. La desventaja es que el cerebro de todos y cada uno tiene un área que no funciona de una forma tan eficiente. En el caso de Mark, sus áreas de la atención no funcionan tan bien y puede ser que tenga ansias de estimulantes porque, en cierto sentido, los estímulos ambientales tales como asumir riesgos impulsan a las glándulas suprarrenales a producir epinefrina, como si se suministrara el Ritalin que solía utilizar cuando era niño. Tu tallo cerebral produce norepinefrina y estimulantes, similar, en cierto modo, a tomar medicinas como el Ritalin, o como la cocaína y otros. Ya sea drama, relaciones caóticas, paracaidismo, inversiones de alto riesgo o cualquier conducta equilibrista en la que se alguien se involucre, pueden suministrar los neurotransmisores que ayudan a una persona con TDAH a prestar atención y organizar sus pensamientos y su vida. La nicotina también es un estimulante. Muchos de mis amigos que tienen un nivel tal de TDAH que se encuentra fuera de las gráficas, después de que dejan de fumar, ¡tienen goma de mascar de nicotina por toda su casa!

No puedes ignorar el cerebro que tienes. De otra manera, descubrirás que tu vida ha sido moldeada por las estrategias compensatorias de la adicción. Inicialmente, la adicción podría medicar a tu cerebro para alejarse de la depresión, la ansiedad, el déficit de atención, etcétera, pero, con el tiempo, esos circuitos cerebrales no pueden permanecer medicados con una dosis específica que utilizas de tu «sustancia adictiva». Requerirás más y más comida, alcohol, cigarros, apuestas, rescate, sexo, caos y drama, etcétera, y, con el tiempo, tus intentos de medicar tu estilo cerebral particular para que funcione afectarán tu salud y la de los que te rodean. Hasta ahora en este libro hemos aprendido a identificar nuestros circuitos particulares del estado de ánimo, la depresión, la irritabilidad, la ansiedad y, ahora, la adicción. En los capítulos subsecuentes hablaremos sobre los estilos de aprendizaje, los trastornos del aprendizaje, la espiritualidad y la capacidad intuitiva. En todas estas áreas existe un lado positivo en lo relacionado con tener ese desafío cerebral singular, en cuanto a que obtendrás ciertos dones de «genialidad» si tan solo aprendes a calmar, apoyar o «medicar» el aspecto negativo.

Así pues, entiende que tu adicción pertenece a una parte integral de ti que estás tratando de automedicar, esa parte de tu cerebro que te está dando un poco de dificultades.[21]

Llegar a conocer tu cerebro

Una de las formas en las que llego a conocer cómo está organizado el cerebro de una persona es preguntándole qué sustancias ha utilizado, hacia cuáles se ha sentido atraído o de cuáles ha abusado. Les pregunto qué drogas callejeras han tomado, disfrutado o con cuáles han tenido malas reacciones. Muchas personas se sienten un poco avergonzadas cuando les hago esta pregunta, porque están preparándose para ser preavergonzadas. No las estoy avergonzando. Sé que todos utilizamos sustancias para medicarnos: Refresco de dieta, frituras, vino, cocaína, mariguana, LSD, etcétera; nuestro cuerpo y nuestro cerebro saben lo que necesitamos bioquímicamente hablando, al menos en el momento.

Si tienes ansias, no sé, de subirte a la montaña rusa, de comer azúcar, chocolate —esa soy yo, por supuesto—, eso me dice algo sobre la dopamina y las áreas de estímulo de tu cerebro. Esto es, necesitas más estimulación, ya sea desde el punto de vista de la atención, el estado de ánimo o de otro tipo. Si, por otra parte, la cafeína te pone los nervios de punta y, en su lugar, te gusta mucho el Xanax o el alcohol, entonces eso me dice que tienes un problema de GABA y puedes tener problemas relacionados con la ansiedad y el insomnio.

Cuando no tienes un entendimiento de los efectos de largo plazo de medicarte con estimulantes, drogas, apuestas, etcétera, puedes buscar estas sustancias para tener un alivio momentáneo de los síntomas cerebrales. Y, aunque anestesies la depresión y la ansiedad y escapes del dolor del TDAH o de la dislexia o de algún problema de aprendizaje —aprenderemos acerca ello en el capítulo 4—, es más probable que desarrolles una adicción. Al no entender y no aprender cómo sanar de una mejor forma tu mente con medicinas, intuición y afirmaciones, no estarás aprendiendo a utilizar toda tu mente. ¿A qué me refiero con toda tu mente? Al anestesiarte para estar lejos de tus cambios de estado de ánimo, tu irritabilidad y tu pánico, y aprender formas desequilibradas de lidiar con el trastorno de déficit de atención, la dislexia, etcétera, es menos probable que aprendas a utilizar todo tu intelecto y tu intuición, esto es, toda tu mente. De ahí el título de este libro: *Sana tu mente: tu receta para la salud integral a través de los medicamentos, las afirmaciones y la intuición.*

Echa un vistazo a todos y cada uno de los capítulos de este libro. Ahora bien, si estás utilizando sustancias o un comportamiento para «alejarte corriendo» de la depresión, el enojo, el pánico, estás, en esencia, también bloqueando o adormeciendo tu intuición. Al utilizar alcohol, cigarros, comida y otros comportamientos, también estarás adormeciéndote frente a oportunidades potenciales de tener amor y alegría, ya sea que se encuentren en la familia, en las relaciones íntimas, en el trabajo o en la conexión con lo divino. En lo que concierne a los capítulos que siguen, si tienes dificultades para prestar atención, para aprender, problemas de memoria, o para encontrar la paz a nivel espiritual, entonces nublar tu cerebro y tu cuerpo con adicciones como el alcohol, la comida, fumar, apostar, etcétera, te impide igualmente tener acceso a toda tu inteligencia e intuición. En los capítulos restantes de este libro vamos a ayudarte a que aprendas a utilizar tu singular cerebro para aprender, prestar atención y memorizar, de modo que puedas tener acceso a toda tu inteligencia: tanto a tu intelecto como a tu intuición.

La solución

Existen diversas soluciones que puedes utilizar para la adicción. Puedes pensar que debes tener a alguien que te señale cuál de tus sustancias o conductas son adicciones: rescatar, apostar, la comida, etcétera. En el caso de fumar, existe una variedad de pastillas de nicotina, parches de nicotina, el Wellbutrin... La lista es interminable. La acupuntura nos ayuda a apoyar a nuestro cerebro y a nuestro cuerpo para que eliminen una sustancia de nuestra vida, las ansias, así como los síntomas de abstinencia.[22]

Además de los programas de doce pasos, la terapia cognitivo conductual y la terapia motivacional pueden tener también un efecto sorprendente sobre el «abuso de polisustancias», pero especialmente sobre el abuso de opiáceos, ya sea de heroína, oxicodona o cualquier otro.[23] Si tienes un dolor físico que está complicando tu uso de opiáceos, es importante tener un plan de tratamiento multidimensional. La dependencia a los opiáceos es muy complicada. Requiere un equipo de tratamiento: un psiquiatra, un especialista en manejo del dolor, un fisioterapeuta, un psicoterapeuta, un acupunturista, un masajista o un terapeuta neuromuscular. A la par, tal vez quieras considerar que un nutriólogo, un doctor homeópata, un doctor osteópata o un médico naturópata completen tu equipo para alcanzar un equilibrio óptimo entre el control del dolor y una mejora en las funciones.

Algunas personas también consideran utilizar medicinas para mantener la sobriedad. Esta área es muy controvertida. Los médicos y los neófitos en el asunto a menudo critican que se reemplace una dependencia a una droga con otra. Específicamente, en lo que se refiere al abuso de opiáceos y a la recuperación de la adicción, algunas medicinas, que no mencionaré, se han prescrito para evitar que las personas utilicen heroína u oxicodona en la calle. Sin embargo, algunas de estas mismas «medicinas prescritas» se han vendido en las calles por un proceso llamado «desvío de drogas». Las personas han aprendido a triturar las pastillas, inyectárselas y drogarse, como si estuvieran utilizando heroína u oxicodona, dándole la vuelta al objetivo principal de la medicina, que era mantener cierto grado de sobriedad en relación con las drogas. Por ello, algunas personas que quieren lidiar con su adicción a los opiáceos eligen no utilizar medicinas de prescripción en lo absoluto, para prevenir la recaída.[24]

Las afirmaciones

Louise dice a los fumadores que dejar de fumar es una decisión que ellos deben tomar. No hay nada correcto o incorrecto. Les dice: «El hábito de fumar vino a tu vida en el momento correcto y se irá en el momento correcto en una forma perfecta». Y ofrece afirmaciones específicas para los patrones de pensamiento correspondientes a todos los problemas de salud asociados con cualquier adicción, ya sea en los pulmones, el intestino o en otra parte. Así pues, más allá de las afirmaciones que están abajo, si tienes problemas físicos asociados con tu adicción, ve a la parte posterior del libro y busca esos problemas de salud en el Apéndice B. Si tienes depresión, enojo o ansiedad, razón por la cual estas utilizando la sustancia adictiva en primer lugar, consulta esas partes y sigue las instrucciones que ahí se encuentran.

- Para problemas pulmonares, EPOC o enfisema, el patrón de pensamiento es que no eres digno de vivir. La afirmación es: «Es mi derecho de nacimiento vivir plena y libremente. Amo la vida. Me amo».
- Para problemas respiratorios, miedo a vivir la vida plenamente, la afirmación es: «Estoy a salvo. Amo mi vida».
- Para problemas con medicamentos para el dolor o con el dolor en general, el problema es la culpa. La culpa siempre busca castigo. La afirmación es: «Con amor suelto el pasado. Ellos son libres y yo soy libre. Todo está bien en mi corazón ahora».
- Para el estreñimiento, el efecto secundario que experimentas por la toma de medicamentos para el dolor, el patrón de pensamiento es negarte a soltar ideas antiguas, quedar atrapado en el pasado. La afirmación es: «A medida que suelto el pasado, lo nuevo, lo fresco y lo vital entran. Permito que la vida fluya a través de mí. Y todo está bien».

TODOS LOS CAMINOS LLEVAN A LA ADICCIÓN

He sido médica y médica intuitiva durante más de treinta años. He oído y visto los casos más sorprendentes: personas cuyo cuerpo y vida son maravillosos, llenos de milagros, pero también tienen un hilo en común y es que todos estamos tratando de hacerlo lo mejor que podemos. La científica en mí a menudo recuerda las historias más singulares y profundas. En medicina llamamos a esas personas no los «caballos», sino las «cebras». Así pues, como mi área de especialidad ha sido el cerebro, siempre he quedado fascinada por los encuentros espirituales extraordinarios por los que las personas han pasado a través de los trastornos cerebrales. A menudo he quedado fascinada por las extraordinarias constelaciones de síntomas que las personas han tenido, síndromes extraordinarios como en el libro de Oliver Sack, *El hombre que confundió a su mujer con un sombrero*. Considera el siguiente ejemplo, en el que se han cambiado los detalles, de modo que no se trate de ninguna persona en particular. Si te reconoces en esta historia, piénsalo dos veces. Es un ejemplo.

Cuando era residente, todos los demás médicos en el hospital me enviaban a un paciente si él o ella tenía una combinación extraña y singular de trastornos cerebrales. Mientras más peculiar, más probable era que se convirtiera en un «paciente de Mona Lisa». Un día, una paciente vino a mi consultorio y me dijo: «Los ángeles. ¡Haga que se detengan!». Luego, con exquisitos detalles, procedió a describir cómo cada tarde, a la misma hora, un grupo de ángeles atravesaba la puerta de su cocina, golpeando con sus alas los gabinetes y hurgaban en su correspondencia que estaba apilada en la mesa de la cocina. La paciente me miró con seriedad absoluta. «Es un delito federal revisar el correo de una persona. Haga que se detengan».

Pensando en cómo las personas en el movimiento de la Nueva Era gastaban millones de dólares al año para ver a los ángeles, hablar con esos seres, hacer todo lo que tuviera que ver con ellos, me pareció interesante que para esta mujer los ángeles fueran un fenómeno que le provocaba aversión, así que le pregunté: «¿Alguna vez has tratado de hablar con ellos? A la mayoría de las personas les encantaría que un ángel o dos las visitara, ¿cierto?».

Me miró extrañada. «No si están revisando tu correo».

Pregunté a la mujer cuánto tiempo había estado pasando esto. ¿Había sido toda su vida? Dijo que no, que había ocurrido solo en los últimos seis meses. En neuropsiquiatría tienes que observar «debajo de la tapa», tienes que mirar dentro del cerebro para buscar un trastorno. Decidí observar un área específica del cerebro, el lóbulo temporal. Su función normal se relaciona con la espiritualidad, pero algunas veces, cuando una persona tiene una enfermedad ahí, el resultado es una percepción y recepción exagerada para la espiritualidad. Así pues, hicimos una resonancia magnética y encontramos que, en efecto, la mujer tenía un glioma en el lóbulo temporal en el hemisferio derecho —aprenderás en el capítulo 6 que el hemisferio derecho es el área principal para la espiritualidad y la emoción, y el lóbulo temporal, específicamente, es el área con la que percibimos lo divino—. La paciente estuvo de acuerdo con la sugerencia del cirujano de extirpar el tumor, porque, si eso era lo que se requería para que los ángeles dejaran de revisar su correspondencia, ella estaba totalmente a favor.

Dos meses después, la paciente regresó a mi consultorio completamente curada. ¡Fabuloso! Estaba emocionada porque nadie había entrado por la puerta de su cocina recientemente, excepto sus amigos, y ninguno de ellos tenía alas. Su correspondencia estaba libre de intrusiones. Todo estaba bien en el mundo de la paciente.

Sin embargo, dos meses después de eso, la paciente regresó y estaba fúrica. Dijo: «Los ángeles regresaron, y llamé a la policía y no me toman en serio».

Quedé estupefacta, porque le habían quitado el tumor, el «agente transgresor» en su cerebro que estaba provocando este fenómeno perturbador para ella. También estaba tomando anticonvulsivos, un medicamento que estabilizaría cualquier carga eléctrica que pudiera haber resultado de la cirugía. En realidad, no había ninguna razón médica para que estuviera viendo «ángeles visitantes».

Le pedí que me diera la lista de medicinas que estaba tomando, todo lo que se estaba metiendo por la boca, porque yo pensaba que quizá estaba teniendo una especie de estado alterado de conciencia, neblina mental, delirio. Con gusto me dio una lista de sus medicinas, las cuales incluían una gran dosis de mariguana. Mariguana que fumaba de seis a ocho veces al día. La había fumado en la preparatoria y recientemente había vuelto a usarla, porque le ayudaba a relajarse. Y resultó que el aumento de su uso y abuso coincidió con la frecuencia de las visitas de los ángeles. Cuando le sugerí que tal vez podría considerar dejar la mariguana, la cual podría estar creando neblina mental y delirio, se enojó y me dijo: «Las personas siempre están tratando de que reduzca mi uso de mariguana. ¿Por qué habría de escucharla a usted? No escucho a nadie más». Y salió muy enojada. Basta decir que siguió usando mariguana —y, podría agregar, otras drogas ilícitas— a pesar de las consecuencias médicas adversas.

La frase con la que me gustaría que te quedaras es: «Todos los caminos llevan a la adicción». En los casos más elegantes, en los más comunes y en los más inusuales, casi en cada situación, podemos encontrar adicción. La adicción no es exclusiva. Si piensas que no afecta a tu familia, piénsalo dos veces. Si piensas que estás en una situación especial en la que no afecta tu vida —si piensas que eres único—, bueno, ya sabes lo que dicen en AA: le llaman la «enfermedad de la singularidad terminal».

4 EL CEREBRO Y LOS ESTILOS DE APRENDIZAJE

¿Te cuesta trabajo prestar atención a los detalles? ¿Se te dificulta seguirle el hilo a alguien que está contándote una historia o dándote un conjunto de instrucciones o si estás teniendo una larga conversación? ¿Tu mente se distrae cuando alguien te está hablando o cuando estás viendo una película o un programa de televisión? ¿Te cuesta terminar una tarea, ya sea en la escuela o en tu lugar de trabajo? ¿Fácilmente te distraes con lo que está ocurriendo a tu alrededor? ¿Pierdes las cosas que necesitas para una actividad, ya sea tu bolso, tu cartera, tus llaves, tus anteojos, tus documentos, etcétera? ¿Se te dificulta leer libros o, incluso, párrafos en revistas y periódicos porque requiere demasiado esfuerzo? Cuando ibas a la escuela, ¿tratabas de evitar las clases que implicaban escribir ensayos porque tendías a tener problemas con la gramática, la sintaxis y la organización de los párrafos? ¿Eres socialmente nervioso o ansioso? ¿Tiendes a disfrutar de la naturaleza, las máquinas o la tecnología más que de las personas? ¿Siempre se te ha hecho difícil comprender las emociones no verbales de las personas, sus expresiones faciales, los matices y sutilezas emocionales?

Si has tenido una lucha eterna con cualquiera de estos síntomas, tu cerebro puede estar estructurado de una forma distinta al de la mayoría. La forma en la que razonas, resuelves problemas, experimentas, percibes, aprendes y recuerdas el mundo, sin mencionar cómo te comunicas y te relacionas con otras personas, puede ser diferente. Sin embargo, la manera en la que tu cerebro está excepcionalmente configurado puede haberte dificultado, en el pasado y en el presente, desempeñarte en tu familia, la escuela y el trabajo, y manejar las finanzas y las relaciones.

Todo el mundo, en algún grado, tiene una o dos sutilezas especiales que hacen que su cerebro sea diferente. Desde mi doctorado en neurociencia conductual y neuroanatomía, muchos de mis amigos se han vuelto neuropsicólogos: esas personas que, de hecho, evalúan los estilos cerebrales y los trastornos del aprendizaje. Un neuropsicólogo me dijo hace poco que, específicamente a los estadounidenses, les cuesta trabajo aceptar que tienen una debilidad en algún área cognitiva. Dice que, en general, ellos quieren tener puntajes superiores en sus pruebas de CI y si tienen una o dos fallas en un puntaje o en otro, se desaniman y sienten que tienen una discapacidad. Yo me sentí desalentada con algunos de mis puntajes. Me dijo en un tono práctico: «No puedes ser bueno en todo. Si eres humano, simplemente vas a ser mejor en algunas áreas de tu cerebro que en otras. No es necesariamente una discapacidad. Es normal». Así pues, si tienes uno o dos de estos síntomas, es normal. Quizá tu mente se distrae un poco cuando alguien imparte una conferencia prolongada. Está bien. O tal vez eres una de esas personas que pierde mucho las llaves. No necesariamente significa que tengas TDAH o alguna otra discapacidad del aprendizaje. Es solo un estilo cerebral problemático si se te dificulta desempeñarte en tu vida, ya sea en el trabajo, en la escuela, en las relaciones, etcétera.

Aproximadamente entre tres y veinte por ciento de las personas en nuestra cultura son etiquetadas con una así llamada «discapacidad del aprendizaje». Después de todo, somos una de esas culturas a las que les gusta poner etiquetas a la gente. Piénsalo. Si veinte por ciento de todas las personas tiene una discapacidad, ¿realmente es una discapacidad? ¿O es solo una forma diferente de ser normal, como, digamos, ser zurdo? Yo prefiero pensar en las «discapacidades del aprendizaje» simplemente como una forma diferente de ser, un estilo diferente de cerebro.[1]

Cuando hablo de aprendizaje, no solo estoy hablando de aprender en la escuela. Las discapacidades del aprendizaje —en el sentido en el que ese término se ha utilizado a menudo— no tienen que ver solo con asistir al aula de recursos de educación especial en la escuela o tener tutoría adicional. Las dificultades en este campo no se van cuando los niños se vuelven adultos. Los problemas con la adquisición de nueva información —esto es, aprendizaje— persisten, porque implican tener un tipo inusual de desarrollo cerebral. Esto no incluye aprender a leer y a escribir; puede incluir adquirir la capacidad de socializar con otras personas. Tampoco tiene que ver con el nivel del CI; una incapacidad para aprender puede no tener nada que ver con tu nivel general de inteligencia. Alguien puede ser muy muy brillante, pero puede no ser capaz de demostrar su inteligencia en la forma como lee o escribe. Desafortunadamente, en el caso de esas personas, su progreso en la preparatoria o en la universidad —sin mencionar en su carrera— puede verse obstaculizado, porque entre nosotros nos comunicamos sobre todo a través de la lectura y la escritura.[2]

Muchas personas que han sido etiquetadas con «discapacidades del aprendizaje» de hecho no son discapacitadas en lo absoluto. Terminan teniendo vidas sumamente exitosas. Pero si me resbalo y digo «discapacidad del aprendizaje» o «trastorno del aprendizaje» en este capítulo, entiende que es simplemente porque todo el mundo lo dice así. Si te han diagnosticado TDAH, trastorno de déficit de atención, dislexia o trastornos del desarrollo de la lectura, etcétera, puedes no reconocer cómo manejar tu problema si yo lo llamo una «diferencia de estilo de aprendizaje», así que, por favor, tenme paciencia.[3]

FORMAS DE VER LOS ESTILOS CEREBRALES

El aprendizaje es una parte clave de nuestra intuición. Es una parte específica de nuestro estilo cerebral. Todo el mundo tiene intuición en una forma o en otra, y nace de tu estilo cerebral particular, ya sea atención o trastorno de déficit de atención, ya sea ser extremadamente culto, tener dislexia o diversas configuraciones cerebrales. Y, aunque este capítulo trata sobre los estilos de aprendizaje y sus trastornos, debes saber que todos tenemos un área de genialidad y también tenemos, como resultado, un área que no está tan bien definida, que le permite desarrollar la intuición —hablaremos más de esto en el capítulo 6—. Esas áreas que no están tan refinadas pueden, con el tiempo, ser etiquetadas como un trastorno del aprendizaje o como algún otro problema.

¿Cómo adquirimos un «trastorno del aprendizaje» o un estilo cerebral diferente? ¿Qué provoca esos trastornos en las personas con dislexia o con trastorno de déficit de atención o con cualquiera de los distintos diagnósticos de discapacidad del aprendizaje?

De hecho, algunas veces puedes ver diferencias estructurales en el cerebro. En algunas personas, la capacidad de hablar, leer y escribir o socializar simplemente sufre un retraso, ya que su cerebro madura más lentamente que el de otros. En otras, la forma en la que sus hemisferios derecho e izquierdo se conectan es diferente. Y si crecemos en una situación en la que sufrimos carencias, en la que existe caos o drama, nuestro cerebro puede no aprender con la misma facilidad o de una manera tan efectiva.[4]

Nadie sabe por qué ciertos trastornos son diagnosticados más en mujeres que en hombres, en niñas más que en niños. Por ejemplo, el TDAH, trastorno de déficit de atención e hiperactividad, es más «común» en los niños que en las niñas. ¿Por qué? ¿Es porque la testosterona puede influir en el desarrollo cerebral? ¿Es porque nuestra sociedad detecta mejor los problemas de atención en los niños que en las niñas? Tal vez. Sabemos que las hormonas tienen un impacto en el desarrollo cerebral. Los niveles elevados de andrógenos —esto es, de testosterona— influyen en el desarrollo del hemisferio izquierdo del lenguaje. Se ha descubierto que los niveles elevados de testosterona en los periodos críticos de desarrollo cerebral pueden provocar trastornos del aprendizaje en los hombres.[5]

Sin embargo, aunque los niños pueden ser diagnosticados con TDAH y dislexia con más frecuencia que las niñas, estudios más recientes muestran que las niñas pueden tener formas diferentes de dislexia y también pueden ser más capaces de compensar o encubrir su trastorno gracias a cómo está configurado su cerebro. Así, como ves, existen tantas razones por las que una persona puede desarrollar un trastorno que en realidad no podemos decir que un solo factor lo provoque.

ESTILOS DE APRENDIZAJE Y LA INTUICIÓN MÉDICA

¿Cuál es la conexión entre tu estilo particular de aprendizaje —quizá, incluso, tu discapacidad de aprendizaje— y la intuición médica? Es sencillo. La intuición, al menos según mi definición, es la capacidad de tomar una decisión correcta con información insuficiente[6] —esta afirmación no viene solo de mí, se basa en algunos estudios emblemáticos realizados por Antonio Damasio sobre la anatomía de la intuición y la toma de decisiones—. De este modo, en lo que toca a tu estilo cerebral y corporal, en las áreas en las que has tenido problemas, digamos, problemas para adquirir información —aprendizaje—, en ocasiones tienes que llenar los huecos con intuición para funcionar.

Supongamos que tienes dislexia, una discapacidad del aprendizaje del hemisferio izquierdo. Cuando a través de los años has tratado de leer, puedes haberte adaptado aprendiendo diversos métodos para una mayor comprensión, pero, con el tiempo, te has dado cuenta de que tu escritura y tu lectura jamás serán como las de los demás. Tu cerebro simplemente es diferente. Y ya sea que te des cuenta de ello o no, utilizas ese otro sentido, la intuición, para llenar los huecos cuando lees, para captar lo que está escrito, aunque tu inusual hemisferio izquierdo no lo está captando. De forma similar, las personas con TDAH tienen un cerebro que es único en la forma como percibe y capta el mundo. Bien sea que tengan dificultad para organizarse, planear o que sean muy distraídas, estas personas en ocasiones pueden cometer muchos errores y, de hecho, meterse en problemas en el trabajo, en la escuela o en las relaciones. No obstante, cuando es absolutamente crucial, su intuición puede entrar en acción para brindarles la percepción de extraordinaria exactitud y la concentración urgente requeridas debido al sufrimiento de un ser querido o a una crisis inminente.

Ya sea que tengamos un trastorno del aprendizaje o no, podemos desarrollar diversos problemas de salud en nuestra vida. Incluso a medida que tratamos de acceder al significado médico-intuitivo —el mensaje que el dolor detrás de estos síntomas está dándonos sobre nuestra vida o la vida de un ser querido—, podemos también sentir que el problema de salud ha desordenado nuestra vida y, en algunas formas, nos ha obstaculizado. No es así. Igual que los trastornos del aprendizaje, muchos problemas de salud nos brindan capacidades de sabiduría, capacidades intuitivas inusuales. ¿Cómo? Esa área en la que tienes un problema de salud se vuelve parte de tu red particular médico-intuitiva —una parte que, por el resto de tu vida, va a portarse mal en ocasiones—, dándote la señal de que necesitas «prestar atención» y «leer» una situación de una forma más clara. Esa lesión en una articulación que se convirtió en artritis —primer centro emocional— te hablará de forma intuitiva a lo largo de tu vida en cualquier momento en que no te sientas seguro y a salvo. ¿Y ese brote de diverticulitis o colitis ulcerosa —tercer centro—? Por el resto de tu vida —aun si has podido sanar tu digestión con suplementos nutricionales, hierbas, medicinas y muchos otros remedios—, cuando tu trabajo te esté haciendo sentir terrible, tendrás ese espasmo en tu estómago que te es tan familiar. La intuición médica es una fuente extraordinaria para saber cómo aprendemos, recordamos y tomamos decisiones en nuestra vida.

EL CEREBRO ATÍPICO

En el primer libro de Louise, *Sana tu cuerpo*, entre las condiciones y problemas de salud enlistados no se menciona la discapacidad de aprendizaje. No hay dislexia, no hay TDAH en su libro. Louise dice que las personas con estas etiquetas son normales. Su cerebro simplemente se ha desarrollado de una forma diferente.

Existe un gran sustento en la literatura médica para esta forma de ver las discapacidades del aprendizaje. Algunos científicos investigadores creen que, en lugar de utilizar diagnósticos múltiples para una larga lista de discapacidades del aprendizaje que una persona pueda tener, simplemente deberíamos diagnosticarla con «trastorno de cerebro atípico». En lugar de escribir una larga lista, estos científicos sugieren que simplemente veamos el estilo de aprendizaje de cada persona y describamos exactamente cómo ponen atención, leen, escriben y se desempeñan a nivel social. ¿Cómo lo hacemos? La mejor forma es aplicarle a una persona una evaluación neuropsicológica extensa. Observamos a la persona en su totalidad: las capacidades de aprendizaje y las discapacidades. Podría añadir que, si una persona tiene una discapacidad del aprendizaje bastante acentuada —por ejemplo, TDAH o dislexia—, los problemas cognitivos pueden distorsionar las pruebas a tal grado que las pruebas estándar de CI no pueden arrojar de forma efectiva un resultado preciso. No se puede aplicar a estas personas una sola cifra general de CI, porque existe una gran discrepancia entre los puntajes individuales, y el puntaje basado en su área débil baja todas las demás escalas de inteligencia. ¡Hurra! Sencillamente, el CI no se aplica a ellos. Maravilloso. Por eso es importante no ponerle un número a una persona, especialmente si tiene una discapacidad del aprendizaje. Lo más importante que hay que entender es cómo la persona procesa la información, cómo ve un problema y busca su solución.

Una pionera en esta área es una neuropsicóloga de nombre Edith Kaplan, quien fue mi mentora en mi programa de maestría y doctorado en la Escuela de Medicina de la Universidad de Boston. Edith desarrolló algo denominado «abordaje a la neuropsicología centrado en los procesos».[7] Edith no podía soportar las baterías de pruebas para dar a una persona un número de CI o para descubrir qué estaba mal en su cerebro. Solía decir: «Las baterías son para los autos». En vez de ello, Edith tomaba las mismas pruebas y, en lugar de simplemente sentar al paciente y revisar mecánicamente lo que él o ella había hecho bien o mal, solía observar cómo abordaba la persona el problema. Al evaluar a alguien de esta forma, no buscaba un *déficit* de atención; buscaba cómo *operaba* la atención de la persona. Si veía a una persona con dislexia, observaba cómo la persona abordaba la palabra escrita, y luego era capaz de estructurar un programa para ayudar a esa persona a leer mejor. No estaba solo interesada en lo que estaba mal en el cerebro de la persona; la ayudaba a descubrir cómo podía llegar a la solución correcta. Así pues, en la actualidad, cuando una persona tiene una evaluación neuropsicológica, tenemos la oportunidad de adentrarnos en la forma como funciona su cerebro y, luego, podemos encontrar una solución para ayudarla a desempeñarse mejor.

Edith es, en esencia, la madre de la neuropsicología moderna. Contribuyó enormemente a lo que sabemos acerca del aprendizaje para el desarrollo en el cerebro, al igual que la forma en que las personas pueden utilizar rutas creativas alternativas para procesar la información. Recuerdo que en cada sesión en las clases vespertinas de los jueves con Edith, ella solía describir un estudio antiguo hecho por el padre de la neuropsicología, Norman Geschwind, cuyo trabajo cito en este libro. No era una clase ordinaria, porque Edith no era una persona ordinaria. Ella evidentemente tenía también una forma diferente de procesar la información. Era un genio voluble y creativo por derecho propio. La mayoría de las clases en nuestro programa de doctorado tenían una estructura; comenzaban a una determinada hora y terminaban a una determinada hora. Pero no la de Edith. La clase de Edith continuaba hasta que ella se quedaba sin aliento. La clase comenzaba a las cuatro de la tarde y seguía por horas. Podía terminar a las nueve, podía terminar a las diez, quizá a las once. Si alguno de nosotros dormitaba, Edith era famosa por ir a su bolsa, sacar un dulce de café y arrojárselo al estudiante para mantenerlo despierto.

¿Tenía Edith TDAH? ¿Estaba exhibiendo alguna forma de función ejecutiva frontal? —aprenderás sobre ello más adelante—. *¡Sí!* Pero a nadie le importaba, porque era una genio. Era una genio productiva y creativa, y era una revolucionaria en su campo, porque eso es lo que hacen los genios creativos, aprenden a encajar en una estructura y la transforman. Y nos sentíamos afortunados por estar entre las generaciones que fueron bendecidas al aprender de ella.

TRASTORNOS DEL APRENDIZAJE Y AFIRMACIONES

En lo que se refiere al cerebro, Louise algunas veces utiliza la metáfora de un conmutador o una computadora. Si te preocupa tener discapacidades del aprendizaje, sean cuales sean, la afirmación es: «Soy un amoroso operador de mi mente. Me amo tal y como soy».

Muchas personas ven las discapacidades del aprendizaje como enfermedades de la niñez, pero ahora sabemos que eso no es cierto. Vemos las discapacidades del aprendizaje de la misma forma como lo hace la neuropsicología moderna. Vemos que existe un lugar para todos con todo tipo de estilos de aprendizaje. Que todos y cada uno de nosotros podemos recibir las herramientas para ir más allá de lo que algunos consideran una limitación. Aunque un término como «dislexia» o «trastorno de déficit de atención» o «síndrome de Asperger» o «autismo» puede llevar a las personas a pensar que el éxito está fuera de su alcance, este pensamiento no es ni exacto ni útil. Con los abordajes modernos a la evaluación neuropsicológica y a los remedios neuropsicológicos, todos podemos aprender a utilizar nuestra genialidad singular. No obstante, Louise dice que muchas de estas falsas creencias pueden disminuir nuestra capacidad de apreciar el cerebro con el que nacimos. Si esta situación está afectándote a ti o a un ser querido, la afirmación es: «Este niño está protegido por la Divinidad y rodeado por el amor. Reclamamos la inmunidad mental».

Cuando eres diagnosticado con una discapacidad del aprendizaje, puede parecer como si la sociedad estuviera diciendo: «Estás dañado. No puedes alcanzar todo tu potencial». La afirmación de Louise para esto es: «Tengo éxito en las cosas pequeñas. Creo en mi propio poder para cambiar. La autoaprobación y la autoaceptación son ahora la clave para poder llevar a cabo un cambio positivo».

Muchos de nosotros que hemos sido etiquetados con discapacidades del aprendizaje comenzamos a sufrir de baja autoestima porque creemos lo que la gente nos dice: que no podemos tener éxito. Miramos a nuestro alrededor y nos sentimos diferentes, sentimos que no podemos merecer el éxito en la vida que otras personas tienen, porque no son como nosotros. Entonces, si eres una persona con diagnóstico de TDAH, dislexia, síndrome de Asperger o autismo, es importante que practiques la autoaceptación y también que te liberes de las opiniones de otras personas. Louise tiene un tratamiento para esto también. Su maravilloso tratamiento para el sentido de merecer, acerca del cual leíste en el capítulo 3, comienza con estas afirmaciones: «Merezco. Merezco todo lo bueno. No algo, no un poco, sino todo lo bueno. Ahora supero todos los pensamientos negativos y restrictivos. Ya no me identifico con limitaciones de ningún tipo».

LA CLÍNICA «TODO ESTÁ BIEN»

Tal vez has pasado por la escuela o por un empleo y no tienes ningún trastorno de aprendizaje. Quizá tienes hijos y todos son eruditos. Tampoco tienen trastornos de aprendizaje. ¿Cómo podría ayudarte este capítulo? Porque este capítulo trata sobre cómo operar tu cerebro para poder prestar atención, utilizando tus áreas emocionales de las relaciones de tu hemisferio derecho, aprendiendo a manejar hábilmente situaciones de vida mediante la utilización de tus áreas ejecutivas del lóbulo frontal para ser más organizado, planear de forma eficiente y adaptarte a cualquier circunstancia. Así pues, en esencia, todos podemos ajustar cada área de nuestro cerebro para que aprenda de una forma todavía más eficiente de lo que ya lo hace. Cuando leas las siguientes secciones sobre cada uno de los cuatro trastornos cerebrales que vamos a discutir —y existen otros que no vamos a discutir—, aun si no tienes ese trastorno, puedes muy bien utilizar las soluciones para ajustar tu propio cerebro para la excelencia.

Por otra parte, si has tenido dificultades en la escuela en el pasado —sin mencionar en un trabajo tras otro—, entra directamente a la clínica y toma asiento. ¿Por qué? Quizá tu aburrimiento en la escuela, tu incapacidad de ver la relevancia de las materias o la incapacidad de sentirte cómodo en el entorno social de la escuela es el estilo cerebral particular y único que tienes y que entorpece tu capacidad de utilizar toda tu habilidad intelectual. Si ese es el caso, entonces, cuando entras en la fuerza laboral puedes tener problemas para desarrollar una carrera. Puede ser difícil para ti entender las instrucciones escritas, sin mencionar las tareas orales que recibes en la oficina. Podrías tener problemas para mantener una base emocional estable en medio de las delicadas políticas de una organización. Y, finalmente, después de un tiempo, puedes dejar de lado por completo la idea de tener un empleo y año tras año te la pasas buscando esa profesión que alimente tu capacidad creativa y te pague bien. También puedes estar teniendo dificultades para operar tu estilo intelectual particular para desempeñarte en el mundo del trabajo y las relaciones.

I. TRASTORNO DE DÉFICIT DE ATENCIÓN E HIPERACTIVIDAD

El trastorno de déficit de atención e hiperactividad (TDAH) es un estilo cerebral del neurodesarrollo que se ha pensado que ocurre con una mayor frecuencia en los niños que en las niñas. La mayoría de las personas reciben este diagnóstico cuando son niños. Lo que necesitas saber es que esto no es necesariamente una enfermedad de niños. Es una forma en la que percibes el mundo.[8]

Nuestra sociedad está más sintonizada para detectar el TDAH en los niños que en las niñas. Espera una década. Puedes descubrir que la incidencia de estos trastornos es más pareja entre los géneros de lo que hemos sospechado.

Entonces, ¿qué es la atención? Prestar atención involucra múltiples áreas del cerebro. Así como una orquesta requiere múltiples instrumentos para tocar, prestar atención requiere múltiples canales en tu cerebro para funcionar. Ya sea que se trate, en el hemisferio derecho, del lóbulo parietal —para la atención dividida— o del lóbulo frontal, la corteza prefrontal dorsolateral —para estar libres de distracciones—, estas dos áreas trabajan en conjunto para ayudarte a que te enfoques en una tarea. El sistema límbico, el lóbulo temporal, te ayuda a prestar atención a las cosas que son emocionalmente importantes para ti; si estás deprimido o ansioso, tu capacidad de prestar atención es mucho menor. Por último, pero no por ello menos importante, tu tallo cerebral produce neurotransmisores —serotonina, epinefrina y dopamina—, así que, si esta área no está operando de manera óptima, un desequilibrio en los neurotransmisores puede hacer que se te dificulte estar libre de neblina mental y prestar atención.

Ya que existen tantos canales para la atención, tiene sentido que existan muchos tipos de medicamentos para ayudar con el trastorno de la atención. Me río cuando alguien me dice que cree tener TDAH y que por ello quizá deberían tomar Adderall. ¿En serio? ¿Deberían tomar algo como Ritalin porque leyeron en un libro que eran distraídos? Ahora que sabes que existen múltiples áreas en el cerebro que están involucradas en la atención, sabes que el tratamiento para el TDAH no es el mismo para todos.

De este modo, si mientras estás leyendo esto tu atención ya se está dispersando, necesitamos encontrar la estrategia específica para ayudarte a ajustar los circuitos de la atención de tu cerebro. Puedes sanar la atención en tu mente con medicinas, suplementos nutricionales, hierbas o terapia. Continúa leyendo para conocer la variedad de soluciones en la siguiente historia.

NANCY: CONDUCIR BAJO LA INFLUENCIA DE LA DISTRACCIÓN

Nancy me llamó para una lectura, porque estaba teniendo problemas para concentrarse y prestar atención.

La lectura intuitiva

Cuando vi a Nancy, sentí que su cerebro era diferente. Siempre ha tenido dificultades para concentrarse y prestar atención, pero, cuando las hormonas comenzaron a impactar su cerebro, la cosa se puso peor. Me preguntaba si había utilizado o no carbohidratos para «ayudar» a su mente a concentrarse. Me preguntaba si había adicciones en su familia. Me fue difícil ver un trabajo estable. De hecho, me preguntaba si Nancy tenía una larga historia de haber sido subeducada y subempleada.

El cuerpo

Cuando observé la cabeza de Nancy, se me hizo difícil concentrarme y prestar atención, como si mi mente vagara. El resto de su salud no parecía ser un problema, excepto que su ciclo hormonal parecía empeorar su concentración y su atención. Me preguntaba si los miembros de su familia tenían problemas de tiroides. ¿Había problemas con su cuello? Me preguntaba si había tenido una serie de accidentes, porque parecía que los músculos en su espalda estaban tensos y le provocaban dolor. Vi nubes oscuras en sus pulmones, lo cual es, normalmente, señal de que alguien alrededor de la persona fuma. ¿Había patrones de puntos rojos en su esófago y su estómago, cerca de su hígado? Me preguntaba si en su familia había adicciones a la comida, a los carbohidratos, al alcohol o a los estimulantes.

Los hechos

Nancy me dijo que le habían diagnosticado TDAH. En lugar de tomar Ritalin cuando era más joven, había utilizado estimulantes —cigarrillos, Coca-Cola Light, Red Bull— para compensar. Aparte de un pequeño desliz con la cocaína en la preparatoria, Nancy sentía que los estimulantes simplemente no eran para ella. Dijo: «Oh, también tengo diabetes; pero los doctores dijeron que, si bajaba de peso, no tendría que suministrarme insulina». Nancy me dijo que podía haber sacado muy buenas calificaciones en la preparatoria e, incluso, haber ido a la universidad, pero «siempre estaba aburrida».

Por otra parte, no le aburrían las relaciones. Me dijo que tenía una relación caótica y traumática tras otra. Le pregunté si ese drama en serie actuaba como un estimulante. Sin esas telenovelas, sin esa vida amorosa dramática, ¿su mente y sus emociones se sentían aburridas? Nancy dijo: «Santo cielo, ¡jamás lo había pensado! Tengo un TDAH de relaciones». Sin embargo, aceptó que quería sentar cabeza y, con el tiempo, tener hijos.

También admitió que siempre había trabajado en empleos con un salario bajo, pero quería recibir más entrenamiento y ser asistente legal. Sin embargo, se preguntaba si su propia historial legal, sus problemas con la ley, lo harían difícil. Había tenido una serie de accidentes automovilísticos y arrestos relacionados con el alcohol. Un accidente fue grave, y había sufrido traumatismo cervical, que era la causa de aquel dolor de cuello. Nancy quería saber cómo podía ir a la escuela y avanzar en su carrera a pesar de no poder prestar atención y siempre sentirse aburrida.

La solución

¿Tienes problemas para prestar atención, igual que Nancy? ¿A menudo te aburres? ¿Utilizas carbohidratos, Coca-Cola Light o drama en las relaciones para sentirte más concentrado y vivo? Y, como en el último capítulo, que hablaba sobre la adicción, ¿has utilizado estimulantes u otras sustancias de forma adictiva para agudizar tu mente y concentrarte, ya sea Red Bull, cigarros, carbohidratos, entre otros, que finalmente han tenido efectos adversos para tu salud? —véase capítulo 3—. Si es así, existe una forma de utilizar tu estilo cerebral singular para la atención, sin que te quemes los sesos y el cuerpo con el estrés que acompaña al caos y al drama, sin mencionar la mala alimentación y la adicción.

Existe una configuración particular en una persona que tiene TDAH. Ya sea un hemisferio derecho diferente —para la atención dividida— o una función ejecutiva frontal diferente —para estar libre de las distracciones—, tienes que descubrir cómo utilizar todos tus circuitos de la atención para funcionar en tu familia y tus relaciones, manejar el dinero y seguir una vocación que utilice tus dones y talentos.

Además, tienes que descubrir una forma de utilizar esos circuitos del hemisferio derecho —para la atención dividida— con el propósito de equilibrar lo que está ocurriendo en tu mundo emocional con los sentimientos de quienes te rodean, así como con información procedente de la intuición y de la Divinidad.

Sueño

El sueño regular es fundamental para una atención y memoria efectivas. Si no duermes, no puedes prestar atención. Y, podría añadir, dormir lo suficiente en una habitación que no tenga televisión. Si hay aparatos electrónicos en tu habitación, los sonidos constantes y la emisión continua de señales pueden interrumpir tus pensamientos, sin mencionar, tu sueño. El sueño sostenido en la noche es importante para tu hipocampo —el área de la memoria del cerebro— para crear acetilcolina, un neurotransmisor clave para la atención y la memoria. Si eres adicto a tener tecnología en tu dormitorio, contrata a un amigo con el fin de que fisgonee para encontrar cualquier cosa que tenga una batería o Bluetooth y lo saque de tus aposentos. Incluso un reloj de pulso. Asegúrate de irte a dormir a la misma hora y levantarte a la misma hora todos los días, incluyendo los fines de semana. Tomar un multivitamínico con vitamina B12 y ácido fólico puede ayudar a tu cerebro a producir serotonina, que es un neurotransmisor clave para la atención.

Nutrición

Existen muchos otros suplementos que pueden ser también muy efectivos para la atención. Incluyen, pero no están limitados a:

- Ginkgo biloba, 120 mg al día.
- Ácido graso omega-3 (DHA), 1000 mg tres veces al día.
- Extracto de semilla de uva, 360 mg al día.
- Un multivitamínico con B6, 200 mg al día.
- Ácido fólico, 400 μg (microgramos) al día.
- Vitamina B12, 100 μg (microgramos) al día.
- Aminoácidos: glutamina, 500 miligramos al día, y tirosina, 250 mg al día.

Estos oligoelementos, aminoácidos y vitaminas ayudan a tu cerebro a producir neurotransmisores que estimulan tu red de la atención. También considera lo siguiente:

- SAMe (S-adenosilmetionina) ayuda a tu cerebro a producir dopamina y serotonina, neurotransmisores clave para la atención; toma 400 mg dos o tres veces al día con el estómago vacío.
- Panax ginseng —panax coreano—, 625 mg al día; no solo te ayuda con la concentración y la atención; también es un antidepresivo.
- Gotu Kola, también conocido como «centella asiática», es bueno para las personas que tienen ansiedad y depresión, así como problemas de atención. La dosis típica es de 600 mg tres veces al día.
- Pequeñas cantidades de cafeína tienen un efecto similar al del Ritalin, así que el café y el té pueden utilizarse con moderación. Sin embargo, si puedes sentarte con la suficiente calma para meditar, puede ser un mejor promotor de la atención (esto no es algo que yo pueda hacer, así que no voy a ser hipócrita).

Las medicinas

Para cuando se publique este texto, probablemente habrá muchas, muchas, muchas más medicinas para el TDAH, porque las compañías farmacéuticas siempre están sacando a la venta más. Puedes elegir utilizar o no medicamentos. El criterio de referencia durante muchos años fue el Ritalin. Sin embargo, utilizarlo es difícil si tienes TDAH con ansiedad. Existen otras sustancias similares, como el Metadate, Concerta, Adderall y otras, las cuales, en esencia, trabajan sobre la dopamina para ayudar con la concentración y la atención. Hay otras medicinas que pueden ayudar que no son, ni con mucho, tan adictivas como las sustancias parecidas al Ritalin. Estas incluyen Strattera y la clonidina.

Otras estrategias

También te sugeriría que consideraras conseguir una agenda no electrónica —una que utilice pluma y papel—, para ayudar a que te organices y planees tu día. Hay algo en ver algo escrito frente a ti que te ayuda a organizar tus pensamientos. Recuerda: el área del lóbulo frontal —el sitio de la organización— es un área que a menudo se ve impactada con el TDAH. Esta clase de agenda te ayuda a sustituir tu «memoria funcional» o función ejecutiva frontal, la cual puede no trabajar tan bien si tienes TDAH. Ya sea una agenda o un pizarrón o un tablero de corcho, puedes necesitar algo externo para tener la organización, la planeación y la priorización necesarias cuando eres desorganizado.

Alguien que utilice la terapia cognitivo conductual puede también ayudarte a regular tus emociones y tu control de impulsos que quizá te meta en problemas en el trabajo, con tu familia y, especialmente, en tus finanzas.

Las afirmaciones

Sí, puedes estar utilizando los dulces, los carbohidratos, la cafeína, la nicotina, el alcohol, el drama, el caos, el ruido ambiental y el ajetreo para medicar tu cerebro distraído. Sin embargo, un efecto colateral del uso excesivo de cualquiera de estas sustancias o conductas es también anestesiar tus emociones, distraerte todavía más de lo que te das cuenta, sin mencionar que arruinas tu salud y tu felicidad. Louise tiene afirmaciones para muchas adicciones diferentes, dependiendo de la sustancia a la que seas adicto. Por ejemplo, la afirmación para la adicción al azúcar sería: «Descubro lo maravilloso que soy. Elijo el amor y disfrutarme a mí mismo».

Si tienes TDA o TDAH, o tienes efectos secundarios en tu salud física debido a tus propios intentos de compensar mediante la utilización de azúcar, cafeína, nicotina, alcohol, drama, ejercicio excesivo y otras cosas, consulta la sección que se encuentra en la parte posterior del libro, en la que se enumeran los problemas de salud que pueden ser derivados de lo que estás usando. Igual que toda medicina tiene un efecto y un efecto secundario, la forma como estés medicando tu TDA puede ayudar al principio, pero, con el tiempo, tiene un efecto secundario. Considera las siguientes formas en las que te has dado gusto y las enfermedades que pueden haber ocurrido. Si tienes la enfermedad, ve a la parte posterior del libro y haz la afirmación asociada con ella.

- Dulces, carbohidratos: aumento de peso que lleva a la diabetes.
- Cafeína: taquicardia, quizá acelerándose hasta producir problemas cardiacos.
- Fumar cualquier sustancia, incluyendo la nicotina: enfermedad pulmonar, asma y enfermedad cardiaca.
- Uso excesivo de alcohol: alcoholismo.
- Relaciones inestables, caos, drama interminable: cambios incontrolables en el estado de ánimo, TEPT.
- Exceso de ejercicio: lesiones de espalda baja, rodilla y otras lesiones atléticas.
- Asumir riesgos de forma excesiva: accidentes, lesiones cerebrales por traumatismo.

II. DISLEXIA

La siguiente forma más común de discapacidad del aprendizaje de la que hablan las personas es la dislexia. ¿Qué es la dislexia? Las personas con dislexia simplemente tienen un cerebro que está configurado de una forma distinta para el lenguaje. Ya sea que se trate de leer, hablar, escribir, escuchar o aprender un idioma —tu idioma nativo o el de alguien más—, a las personas con dislexia el proceso les parece lento e ineficiente, sin mencionar que no lo ven divertido.[9] A las personas con dislexia, especialmente si son brillantes, puede irles bien en los primeros grados escolares, pero cuando llegan a grados más altos o a la educación superior, puede dificultárseles seguir el ritmo de la lectura o la escritura de documentos. Si eres particularmente brillante, puedes compensar usando más horas que otras personas en tus tareas. Mientras que a una persona puede tomarle un fin de semana leer un libro, a ti puede tomarte tres semanas. Después de un tiempo, o bien, evitarás las clases que implican leer libros y escribir ensayos, o, peor aún, simplemente no terminarás tu carrera.

Así pues, si estás teniendo dificultades en las pruebas de opción múltiple, para escribir ensayos, para recordar lo que acabas de leer, necesitas descubrir si tienes un trastorno del aprendizaje basado en el lenguaje, esto es, dislexia. En el caso de las personas que tienen este estilo de aprendizaje, la dificultad para leer y escribir es el obstáculo que les impide utilizar toda su capacidad intelectual para salir adelante en la vida, en su vocación o en su carrera.[10]

Y si tienes un cerebro seudodisléxico, ¿en verdad puedes «normalizarlo»? Probablemente no. Los estudios científicos muestran que, cuando las personas con dislexia reciben entrenamiento para ayudarles a aprender de una forma más eficiente, existe cierta normalización de las áreas cerebrales para el lenguaje. Sin embargo, realmente necesitas saber que, si tienes dislexia, simplemente naciste diferente. Cuando te sientas cansado o estresado vas a «descompensar» y te será más difícil leer y escribir. Si hay ruido o distracción, va a ser casi imposible que leas o escribas. Así pues, ajústate el cinturón, respira y sé paciente contigo mismo. Lo importante, como dice Louise, es que te ames a ti mismo tal cual eres, pero entiende que querrás ser lo mejor que puedes ser, especialmente en esta situación con el lenguaje. De hecho, los estudios muestran que las personas con dislexia tienen un cerebro extraordinario, con especies de «verrugas» —cicatrices cerebrales corticales, especialmente en el área izquierda, que corresponde al lenguaje—. Si tienes dislexia, tienes que aprender a amarte a ti mismo «con todo y tus verrugas».[11]

¿Este eres tú? ¿Qué haces si ya has llegado hasta la escuela primaria, la preparatoria, la universidad e, incluso, hasta un programa de posgrado y ahora te das cuenta de que, en realidad, tienes un problema de dislexia? Durante ciertas etapas de tu vida puedes perder tu tendencia usual a compensar tu trastorno del lenguaje. Los cambios en el estrógeno durante la menopausia pueden hacer particularmente difícil que te concentres y, al final, tolerar la extenuante tarea que representa para ti leer y escribir. Existen numerosas razones por las que las personas pueden comenzar a darse cuenta de que les es demasiado difícil leer de la forma como lo hacen.[12]

Sin embargo, es importante que sepas que nunca es demasiado tarde para recibir ayuda. Si te encuentras en tu quinta década de vida, con cambios hormonales en tu cerebro, sintiendo que tienes neblina mental, y esas estrategias que solías utilizar para compensar los problemas con la lectura y la escritura ya no te funcionan, este es el momento de abordar tu estilo cerebral singular para el lenguaje, como en el siguiente caso.

OLIVIA: ATRASADA EN EL TRABAJO

Olivia, de cuarenta y nueve años, nos llamó para que se le hiciera una lectura, porque estaba teniendo problemas en el trabajo y cometiendo errores.

La lectura intuitiva

La primera vez que observé a Olivia vi que siempre había tenido dificultades para sentirse a salvo y segura en grupos de personas, ya fuera en su familia de origen, con sus compañeros en la escuela o en su ambiente de trabajo. Vi que era muy permeable y sensible. De hecho, Olivia parecía tener un agudo sentido intuitivo de hemisferio derecho, pero de algún modo no estaba utilizándolo, y su cuerpo y su cerebro estaban haciéndoselo saber. Era muy sensible al dolor emocional y al sufrimiento de las personas que la rodeaban, y yo sentía que eso estaba afectando su salud emocional y física.

El cuerpo

Cuando observé la cabeza de Olivia, vi problemas de concentración, atención y distracción. Pude ver que trataba de enfocarse en los detalles, pero, después de un minuto o dos, su mente se ponía en blanco. De hecho, se me hizo difícil ver en qué trabajaba, pues todo estaba muy borroso. Vi cierto problema asociado con anticuerpos en su tiroides. Vi que podría experimentar presión en el pecho. ¿Le era difícil respirar profundamente? En ocasiones, vi náuseas y una sensación de malestar en su estómago. ¿Había cambios en el estrógeno y la progesterona? No pude descubrir si esos cambios hormonales la hacían tener antojo de carbohidratos, haciendo que subiera de peso. Me preguntaba si el aumento de peso había llevado a problemas con las articulaciones en sus extremidades inferiores. Además, vi que había algo curioso relacionado con su piel.

Los hechos

Olivia se quejaba de artritis, psoriasis, problemas de la tiroides y ataques de pánico. Sin embargo, su gran problema era que estaba fallando en el trabajo. Era asistente legal y no podía seguir el ritmo de las montañas de lectura que tenía que hacer. Le tomó una semana entera escribir un informe, un documento que a un colega le tomaría solo unas cuantas horas terminar. Se la pasaba soñando despierta, y su falta de concentración estaba provocando que cometiera errores. Olivia estaba perpetuamente atrasada, tratando frenéticamente de ponerse al día con su trabajo de modo que no la despidieran. El pánico y el estrés producidos por tener que estar al día con toda esa lectura y escritura estaban registrándose en su cuerpo en la forma de artritis, psoriasis, pánico y problemas de tiroides.

Olivia quería ser abogada, pero se le estaba dificultando pasar sus pruebas de admisión. Solía estudiar horas y horas los cuadernillos de los exámenes y las pruebas muestra, pero luego quedaba atrapada en la maraña de los detalles. Confirmó: «Esa soy yo. Detalles. Detalles. Tengo todas estas tablas, todos estos marcadores, todos estos archivos. Paso horas haciendo la tarea; pero, sin importar cuánto tiempo pase en los documentos, el profesor dice que están llenos de errores gramaticales y de ortografía, y que siempre pierdo de vista el objetivo de la tarea».

Olivia había presentado el examen de admisión a la Escuela de Leyes tres veces y las tres había reprobado. Recientemente había tenido una valoración neuropsicológica y le habían diagnosticado dislexia, así como TDAH.

La solución

¿Alguna vez has tenido problemas con seguir el ritmo de lectura y escritura en la escuela y, posteriormente, en el trabajo? ¿Alguna vez han «prescindido de tus servicios», o, incluso, te han despedido de un trabajo o has perdido promociones debido a errores? ¿Te distraes con los problemas de las personas que te rodean?

Puedes tener una discapacidad del aprendizaje basada en el lenguaje que hace que tu cerebro se adapte pobremente a una carrera que implique mucha lectura y escritura. Sin embargo, tu problema de trastorno del lenguaje ubicado en el hemisferio izquierdo puede dejarte con una habilidad intuitiva exacerbada que puede ayudarte en una carrera intuitiva o de sanación. No obstante, ten cuidado: si quieres utilizar ese don emocional intuitivo que tiene tu cerebro como un derivado de tu discapacidad de aprendizaje basada en el lenguaje, aun así vas a necesitar ayuda. Leer y escribir son requisitos para todas las carreras. Sí, lo son, te guste o no. Vas a tener que averiguar la forma de contratar o rodearte de personas que sean tipo «asistentes» con predominancia del hemisferio izquierdo, de modo que los documentos se archiven, los reclamos a los seguros se envíen, etcétera. De esta manera, evitarás estos detalles muy desagradables y difíciles de los negocios: leer los correos electrónicos, leer los detalles de los contratos, etcétera. Con el tiempo, sobra decir, verás que te mueves en tu negocio o en tu profesión como pez en el agua.

Si tienes dislexia o problemas leves de lenguaje, quizá también tengas un cerebro excesivamente emocional e intuitivo que puede llevarte a tener más problemas de salud relacionados con el «estrés». ¿Por qué? Muchos intuitivos son muy permeables y muy sensibles. Terminan teniendo muchos problemas autoinmunes, problemas de articulaciones y, finalmente, su salud puede hacer que tengan dificultades para mantener un empleo regular en el mundo. El trabajo de Norman Geschwind indica que es más probable que las personas con dislexia tengan enfermedades autoinmunes, tales como artritis psoriásica, enfermedad de Hashimoto, escoliosis, dolores de migraña y trastornos epilépticos, por nombrar solo algunos. ¿Por qué ocurre? Puede ser que cuando el cerebro se está desarrollando en el primer trimestre, si las áreas del lenguaje ubicadas en el hemisferio izquierdo se están desarrollando de forma aberrante, el timo, el área del sistema inmune, también lo está. A esto se le llama la «hipótesis de Geschwind-Behan-Galaburda», y es muy controvertida. Cada diez años se publica un estudio diferente para apoyarla o refutarla. ¿Cuál es la desventaja de tener dislexia —un trastorno del aprendizaje del hemisferio izquierdo que va acompañado por problemas de lenguaje—, aunque puede que tengas un hemisferio derecho hiperintuitivo? Que podrías tener que lidiar con diversos problemas de salud difíciles de tratar.

Si este es tu caso —si tienes dislexia y también eres permeable e intuitivo—, no tengas miedo. Puedes aprovechar tus dones intuitivos emocionales, pero también sacarle jugo al lenguaje que tienes en tu cerebro. No obstante, debes apuntalar tu sistema inmunológico, porque tus dones intuitivos pueden llevar a problemas en él. En primer lugar, si tienes problemas de atención, repasa el caso anterior en la clínica de este capítulo y encuentra soluciones para perfeccionar la concentración en tu cerebro, porque la atención y la dislexia tienden a ser estilos cerebrales que «viajan juntos». Acude con un acupunturista y un herbolario y pídeles que fortalezcan tu sistema inmunológico. Si tienes enfermedades autoinmunes, pídeles que fortalezcan tu riñón y tu hígado. Si te preocupa que puedas tener dislexia, solicita una valoración neuropsicológica para las áreas de la atención, el aprendizaje y la memoria. Además de decirte si tienes TDAH o dislexia, el neuropsicólogo certificado te ayudará a encontrar un centro de aprendizaje basado en el lenguaje. Estos especialistas en lectura utilizan una forma multisensorial para enseñarte a leer. Al aprender a utilizar múltiples áreas de tu cerebro para leer, puedes darle la vuelta a cualquier punto anormal de desarrollo cerebral.

No te limites. Expande tu educación. Ve a tu universidad más cercana y busca recursos para personas con dislexia. Toma clases. Y si tienes un diagnóstico de dislexia, pide que te apliquen tus exámenes con tiempos extendidos. Muchas personas con dislexia y TDAH reciben este tipo de concesión porque en ese formato pueden demostrar mejor su comprensión de la información. Además, yo iría al departamento de carreras de la universidad y hablaría sobre las distintas opciones que sean adecuadas para tu estilo cerebral particular. Naturalmente, si tienes una discapacidad de aprendizaje basada en el lenguaje o dislexia, no querrás obtener un doctorado en Literatura inglesa, porque en este caso tendrás problemas para seguir el ritmo de la lectura y siempre estarás atrasado, a pesar de la ayuda de un especialista. Al hablar con tu neuropsicólogo o con un asesor de carrera o un asesor vocacional en la universidad, puedes descubrir una vocación o carrera que esté extraordinariamente diseñada para tu singular cerebro.

Las afirmaciones

Louise ayuda a las personas a entender que su estilo diferente de aprendizaje les permite tener la carrera apropiada, una en la que sean excepcionales y talentosos. Entonces, todos somos discapacitados de una forma u otra si estamos en la carrera equivocada. En esencia, Louise ve que la única discapacidad de aprendizaje que cualquiera de nosotros tenemos es una incapacidad de amar nuestro estilo cerebral. Cuando no amamos nuestra mente, tendemos a sentir pánico y ansiedad, lo cual, con el tiempo, puede aumentar nuestra tendencia a padecer problemas autoinmunes. En consecuencia, Louise sugiere diversas afirmaciones. En primer lugar, un amor y aceptación totales hacia nuestra propia identidad; en segundo, una afirmación para el pánico y la ansiedad que podamos experimentar cuando estamos esforzándonos por mantener el ritmo en una carrera que no está adaptada a nuestro estilo cerebral singular, y, finalmente, afirmaciones que abordan problemas de salud —quizá, en el caso de la dislexia, problemas autoinmunes— que pueden empeorar cuando sentimos pánico o nos frustramos por nuestro estilo de aprendizaje. Considera las siguientes afirmaciones:

- Para la aceptación, la afirmación es: «Soy amor. Elijo amarme y aprobarme. Veo a los demás con amor».
- Para las afirmaciones para el miedo y la ansiedad, consulta el capítulo 2.
- Para problemas de salud como psoriasis, enfermedad de Hashimoto, escoliosis, epilepsia, dolores de migraña y otros que puedas tener, consulta el Apéndice B en la parte final del libro.

III. TRASTORNOS DE APRENDIZAJE DEL HEMISFERIO DERECHO

Un trastorno del aprendizaje del hemisferio derecho es un estilo cerebral relacionado con el desarrollo en el cual tienes dificultades en tu percepción diaria social y emocional. La función habitual del hemisferio derecho es poder estar consciente de tus sentimientos y, simultáneamente, estar consciente de los sentimientos de alguien más. Similar a caminar y mascar chicle al mismo tiempo, utilizamos nuestro hemisferio derecho para estar conscientes de nuestro nerviosismo y, al mismo tiempo, saber que alguien más cerca de nosotros está enojado o triste. Aparte de equilibrar nuestros sentimientos y los de alguien más, el hemisferio derecho nos ayuda con los límites: saber dónde terminan nuestros sentimientos y dónde comienzan los de los demás. Además de dirigir, expresar y comprender la emoción, el hemisferio derecho también domina el hecho de prestar atención. Ya sea dividir la atención entre el radio y el camino por el que vas conduciendo, o entre la pantalla de tu computadora y lo que tu jefe está diciendo en tu lugar de trabajo, este es otro acto de malabarismo que el hemisferio derecho lleva a cabo. Finalmente, nuestro hemisferio derecho crea un mapa tridimensional del mundo. Ya sea poder *leer* un mapa, comprender la geometría, estacionarse en paralelo o percibir la distancia y la velocidad mientras conduces, este aspecto visual-espacial, aunque es difícil de explicar, resulta evidente cuando no lo tienes.

Así pues, al conocer las funciones habituales del hemisferio derecho puede ser más fácil que imagines lo que implica haber nacido con un estilo singular de hemisferio derecho:

- Puedes tener dificultad con el contacto visual. ¿Por qué? Puede resultarte difícil manejar tus propios sentimientos y equilibrarlos con la conciencia de las emociones reflejadas en el rostro de otra persona.
- Puede ser más difícil para ti expresar tus sentimientos en palabras y resultarte todavía más difícil «leer» la expresión de emoción inherente a la expresión facial o el tono de voz de alguien más.
- Los matices sociales pueden eludirte. A medida que pasas por la secundaria y la preparatoria y más allá, puedes sentir que, socialmente hablando, «estás viendo las cosas desde fuera». Puede parecer que las demás personas están hablando en un «idioma social» que tú no conoces. No es precisamente que seas tímido; es más bien la incomodidad de no saber qué decir o hacer. Otras personas parecen simplemente «conocer» las reglas del juego en lo que se refiere a tener citas, ir a bailes o charlar después del trabajo o en el trabajo.

- Aunque te sientes cómodo pasando el rato con un miembro de tu familia o con un historiador de tu localidad o un científico o un maestro de edad avanzada, te sientes incómodo cuando estás con grupos de personas de tu propia edad. Algunas personas han dicho que puedes tener ansiedad social. Y, luego, cuando te vas de casa para ir a la universidad, puede resultarte particularmente difícil compartir una habitación con un compañero. Puedes estar discutiendo por detalles que son extremadamente importantes para ti, pero que tu compañero de habitación considera ridículos.
- Tiendes a estar orientado a los detalles, a ser un tanto compulsivo y perfeccionista. Una vez que colocas algo en su lugar, si alguien lo mueve, te pones ansioso. Tiendes a tener rutinas muy fijas.
- Tiendes a ser mejor en campos del hemisferio izquierdo, que están orientados a los detalles, como las computadoras, la ingeniería y la tecnología, pero no el trabajo social, la psicología o la antropología. Puede resultarte difícil ejecutar las maquinaciones políticas que se requieren en el trabajo para ascender en tu profesión y no entiendes por qué. Si tu trabajo lo ejecutas de forma impecable, ¿por qué no estás avanzando tanto como ese colega labioso, de grandes habilidades sociales y políticas que no es, ni con mucho, tan brillante como tú? Dices: «No es justo».
- Puedes sentirte más cerca de la naturaleza y preferirla a que alguien esté contigo brindándote apoyo. Puedes entretenerte más armando estructuras o Legos o trabajando en la computadora, que sentado en una cafetería durante horas hablando con un amigo.
- Es más probable que tengas alergias, especialmente al trigo. Es más probable que tengas tensión muscular y rigidez en el cuerpo, así como insomnio. Puede haber alcoholismo en tu familia. Y si te encuentras en una relación, es muy posible que tu pareja haya tratado de llevarte a terapia para que logres hablar más acerca de tus sentimientos. Lo has intentado, y, ¿sabes qué?, no fue la experiencia más productiva o práctica.

Si así eres tú o un ser querido, ¡felicidades! Aunque tus fortalezas pueden no estar funcionando en tu hemisferio derecho, tu capacidad del hemisferio izquierdo para la lógica, los detalles y el pensamiento racional en las áreas de la ingeniería, la ciencia y las matemáticas, u otras áreas que requieren un estilo de pensamiento del hemisferio izquierdo, pueden ser sorprendentes. En esencia, puedes tener lo opuesto al estilo cerebral que vimos en la sección anterior: la dislexia. Esta es un trastorno de aprendizaje del hemisferio izquierdo, es decir, una persona que tiene dones exacerbados emocionales e intuitivos del hemisferio derecho; por el contrario, tú eres alguien con un trastorno de aprendizaje del hemisferio derecho, es decir, alguien con capacidades exacerbadas del hemisferio izquierdo que corresponde a los idiomas, la lógica y las capacidades lineales. Muy a menudo las personas con estos dos estilos opuestos cerebrales se casan, y he oído decir en broma que entre los dos tienen un «cerebro completo». Tendemos a casarnos con la parte del cerebro que no tenemos o, al menos, con la parte que no funciona tan bien como el resto. Esto es, quizá, a lo que se refieren cuando dicen que los opuestos se atraen. Así pues, la siguiente vez que veas a tu pareja y quieras cambiarla, detente. Piénsalo. ¿Es eso realmente lo que quieres hacer? Porque, tal vez —solo tal vez— entre los dos se complementan mutuamente y se ayudan a sanar su mente de modo que pueden crear una totalidad.

No obstante, si has luchado con síntomas evidentes o, incluso, sutiles del hemisferio derecho, ya sea en grupos de personas, en las relaciones, en las finanzas o en el trabajo, puedes utilizar medicamentos, suplementos nutricionales, afirmaciones y la intuición para crear un sentido de totalidad, ya sea que estés solo o en una relación. Continúa y lee la siguiente historia mientras te mostramos cómo.

PATRICK: LA PATOLOGÍA DE LA SUPERIORIDAD

Patrick, de treinta y nueve años, me llamó porque estaba preocupado por su salud.

La lectura intuitiva

La primera vez que leí a Patrick, vi que era muy susceptible, especialmente en los lugares públicos. Vi que le era difícil sentirse cómodo con las personas, ya fuera en el trabajo o en la escuela.

Parecía como si Patrick estuviera cómodo únicamente con las personas de la familia en la que creció. Por otra parte, vi que se sentía muy cómodo con los números y los detalles, ya fuera porque eran ordenados o porque eran lógicos; no importaba. ¿Acaso era que las personas lo hacían sentir incómodo? Intuitivamente, no podía ver personas a su alrededor, y no vi a una pareja o hijos. Únicamente a Patrick, solo, en una habitación.

El cuerpo

Lo primero que observé fue que Patrick tiene una piel muy sensible. Sentí que aparecían puntos rojos en su piel, especialmente cuando comía ciertos alimentos. Se percibía más o menos saludable, con excepción de alergias digestivas que había tenido toda su vida, específicamente al trigo o a algunos otros alimentos. No se trataba de esas alergias comunes al trigo de las que todo mundo habla en estos tiempos. Patrick jamás pudo comerlo. Si lo hacía, se doblaba del dolor.

Los hechos

Patrick dijo que había ido de un doctor a otro, de un dermatólogo a otro, para lidiar con su eczema. Ninguno pudo descubrir a qué era alérgico, excepto al trigo. De hecho, desde que era niño no podía ni comerlo ni tomar leche.

Patrick me había llamado no primordialmente por su salud física, sino por problemas en el trabajo. Lo habían despedido, y no era la primera vez. Dijo: «No sé qué pasa con estos gerentes en la actualidad. Ciertamente no están interesados en hacer las cosas correctamente». Patrick había trabajado como asistente administrativo en una editorial y, luego, más recientemente, como editor, hasta que una vez más lo despidieron, y ahora estaba simplemente llevando a cabo trabajo administrativo. Fue una discusión con un autor sobre la diferencia entre los términos «el que» y «el cual» lo que había provocado el reciente despido. Patrick me dijo: «Un hecho es un hecho. No entiendo por qué las personas se ofenden tanto cuando las instruyes sobre el uso apropiado de la gramática y la sintaxis».

Quedaba claro que Patrick estaba teniendo dificultades para equilibrar sus extraordinarias habilidades lógicas y de lenguaje del hemisferio izquierdo con un entendimiento de los matices y políticas sociales y emocionales del hemisferio derecho. Y no podía manejar dos puntos de vista opuestos —equilibrar su opinión lógica con las opiniones de las personas con las que trabajaba (incluyendo, sus superiores)—, ya que creía que los hechos y la lógica triunfaban sobre las opiniones, los sentimientos y las posturas. El desequilibrio llevó a Patrick a tener frustración perpetua, depresión y ansiedad. Primero, se enojó, pues pensaba: «Yo estoy bien; ellos están mal; las cosas deberían ser distintas»; luego se deprimió porque sus extraordinarias capacidades intelectuales no eran valoradas; después se sintió ansioso cuando se dio cuenta de que había perdido su empleo y no sabía cómo iba a pagar sus cuentas.

Patrick no tenía ni idea de cómo expresar su frustración, su depresión y su ansiedad, ni tampoco entendía por qué su jefe lo había despedido o estaba enojado. Sin embargo, la acumulación de sentimientos se desvió hacia sus glándulas suprarrenales, aumentando su probabilidad de liberar la hormona del estrés, el cortisol. El cortisol, a su vez, aumentaba su probabilidad de tener peores alergias en el cuerpo. Patrick añadió: «Oh, esto te interesará. Estuve en educación especial cuando era niño porque me tardé en aprender a hablar, ¡pero veme ahora! Soy un alumno avanzado de inglés, con una maestría en Literatura Inglesa. ¡Vaya! ¡Demasiado para Patrick, el especial!».

La patología de la superioridad

Cada uno de nosotros tiene una genialidad. Al igual que Patrick, tú también puedes tener una extraordinaria capacidad que esté relacionada, de algún modo, con una debilidad en alguna otra parte en tu cerebro. Como una moneda que tiene cara y cruz, el cerebro de cada uno de nosotros tiene algún área de «deficiencia» que, de algún modo, va de la mano con un área excepcional, por supuesto, dependiendo del grado de la deficiencia. En su forma más extrema, alguien con un problema muy marcado en su hemisferio derecho puede ser etiquetado como autista y sus habilidades superiores pueden ganarle la etiqueta de ser un sabio autista. Si eres una persona con debilidades extremas en tu hemisferio derecho, no tienes que ser autista, añadiría yo. Tener extrema dificultad con las habilidades sociales y emocionales puede predisponerte biológicamente a tener una exagerada capacidad para los detalles, la lógica, la ciencia y la tecnología. Puedes ser increíblemente talentoso para calcular cifras, llevar a cabo hazañas tecnológicas, programar computadoras o comprender y reproducir sinfonías o arte. No obstante, tu incapacidad para trabajar en un ambiente de equipo en un entorno social pone al descubierto tus debilidades emocionales del hemisferio derecho. Nadie es perfecto. Todos tenemos distintos grados de debilidad en un hemisferio por encima del otro. Algunos podemos ser pseudosabios en lo relacionado con nuestras capacidades emocionales e intuitivas del hemisferio derecho, que nos inclinan a ser terapeutas, trabajadores sociales, psicólogos, artistas creativos, etcétera. Así pues, ¿cuál es la solución si tienes un estilo cerebral extremo, ya sea del que hablamos en esta sección —habilidades extremas del hemisferio izquierdo y deficiencia en el hemisferio derecho— o el que vimos en la sección anterior —habilidades extremas del hemisferio derecho y un hemisferio izquierdo relativamente débil—?

La solución

Observa que nos estamos alejando de las etiquetas de diagnóstico tales como «dislexia» y «discapacidad del aprendizaje del hemisferio derecho». No necesitas tener un diagnóstico de deficiencia extrema ya sea en tu hemisferio derecho o izquierdo para poder utilizar las soluciones que se presentan en esta sección o en la anterior. Todos podemos aprender a identificar nuestras debilidades en ambos hemisferios y tratar de mejorarlas de modo que podamos crear un estado de totalidad en nuestra mente. Al utilizar tanto el hemisferio derecho como el izquierdo lo mejor que podemos, estamos, en esencia, aprendiendo a hacer un mejor uso de todo nuestro cerebro y no solo del lado con el que más nos sentimos cómodos.

La primera solución consiste en aplicar el principio dialéctico de los opuestos proveniente de la terapia dialéctica conductual, esto es, que puedes amarte a ti mismo —tu actual estilo cerebral— tal y como eres y, paradójicamente, querer ser todavía mejor. Al mejorar las habilidades de tu otro hemisferio, no estarás «perdiendo» tu identidad característica. No serás menos tú mismo. Nadie pensará que te estás volviendo «aburrido» o que estás perdiendo tu individualidad, aquello que te hace poco convencional o inusual o lo que te hace sobresalir o, incluso, destacar. Amarte a ti mismo tal y como eres y querer adquirir habilidades en el hemisferio en el que eres más débil simplemente te hace adaptarte mejor al mundo, y, al utilizar toda tu mente para adaptarte al mundo, podrás comunicar de una mejor manera tu genialidad e individualidad extraordinarias.

La siguiente solución consiste en ampliar tu entorno con personas o herramientas para pulir ese lado del cerebro que no es tan fuerte. Si tienes habilidades extremas del hemisferio derecho, como en la sección previa, vas a necesitar contratar —o casarte con— alguien con habilidades del hemisferio izquierdo para que te ayude a sortear el mundo del papeleo, la documentación y las pruebas estandarizadas que a menudo se requieren para obtener tus credenciales. De forma alternativa, como en esta sección, si tiendes hacia las habilidades del hemisferio izquierdo y tienes grandes capacidades para el orden, la perfección, la lógica y habilidades técnicas, necesitas complementarte con el hemisferio opuesto también. Al tener capacidades lógicas extremas del hemisferio izquierdo, puedes fallar cuando es necesario sortear los matices sociales en el mundo académico para adquirir permanencia o en una profesión para lidiar con la política y las charlas e ir subiendo de rango. En ese sentido, necesitas casarte con o contratar a una persona con habilidades del hemisferio derecho, que pueda asesorarte sobre cómo decir lo apropiado a la persona apropiada en el momento apropiado. De otra manera, tu mente, a menudo lógica, basada en hechos, enfocada, del hemisferio izquierdo, puede tender a tener conflictos con tu familia y tus compañeros de trabajo, ofendiendo a las personas y provocando el rechazo en una forma de la que tal vez no seas consciente.

La tercera solución es la terapia dialéctica conductual o la terapia cognitivo conductual. Utilizar la TDC o la TCC puede ayudarte a reconfigurar y fortalecer los circuitos cerebrales necesarios para funcionar con ambos hemisferios en el mundo. Específicamente, en la TDC se utiliza una habilidad basada en el budismo tibetano y el mindfulness llamada «mente sabia», para crear un cerebro integrado y equilibrado al ayudarte a identificar a la mente emocional del hemisferio derecho y a equilibrar sus efectos con la mente mental del hemisferio izquierdo. Esta habilidad de la TDC te ayuda a utilizar el mindfulness para observar, describir y permitir la creación de un delicado equilibrio entre ambos hemisferios en percepción, pensamientos y, finalmente, en la forma como actúas con tus amigos, tu familia y tus colegas en el mundo. Existen también muchas otras técnicas. Sin embargo, vale hacer una advertencia: si piensas que porque has hecho TDC o TCC durante un periodo de seis meses o un año o más ahora está todo arreglado —que tu cerebro está normalizado—, ¡piénsalo dos veces! Las personas que nacen zurdas pueden enseñarse a ser ambidiestras, a utilizar ambas manos —o ambos hemisferios, podría añadir— para moverse en el mundo. Pero, en su cerebro, siempre son zurdos, y, en momentos de tensión o agotamiento o en los momentos duros de la vida, regresarán a su configuración mental original, pura e innata. De manera similar, sean cuales sean las terapias que hagas para ayudar a reforzar o fortalecer el hemisferio más débil, estas harán lo mismo: crear una habilidad pseudoambidiestra en el cerebro. Puedes, hasta cierto grado, con esfuerzo e intención, tener un cerebro más integrado y actuar en consecuencia en el mundo. Sin embargo, durante momentos de tensión, ansiedad, depresión, sufrimiento o enfermedad vas a necesitar apoyo de las personas o de tu entorno para fortalecer la parte del cerebro en la que no eres naturalmente talentoso.

Las afirmaciones

Finalmente, sea cual sea el hemisferio en el que tienes debilidad, puedes haber tenido desafíos con las finanzas, el trabajo y, como resultado, haber tenido éxito al esforzarte por «llegar a entender bien» la tarea que tienes frente a ti. Ya sean la enorme cantidad de lectura, escritura y detalles —para los problemas de aprendizaje de hemisferio izquierdo—, o los desafíos sociales y emocionales de tener que lidiar con jefes, comités, reuniones, alianzas cambiantes e insinuaciones emocionales en la familia y en el trabajo, pueden dejarte con catástrofes financieras y profesionales que dañarán tu autoestima y tu autoimagen. Muchas de las afirmaciones que querrás utilizar implicarán abordar los problemas que has tenido en tu vida con el dinero, las relaciones y el trabajo. Considera los siguientes patrones de pensamiento que puedes tener y las correspondientes afirmaciones que ha dado Louise.

- Si piensas que nadie te valora en el trabajo: «Mi trabajo es reconocido por todos».
- Si siempre tienes empleos sin futuro: «Convierto cada experiencia en una oportunidad».
- Si tu jefe es abusivo: «Me respeto a mí mismo y las demás personas también me respetan». Si todo el mundo espera demasiado de ti: «Estoy en el lugar perfecto y estoy a salvo en todo momento».
- Si tus compañeros de trabajo te vuelven loco: «Veo lo mejor en todos y les ayudo a expresar sus cualidades más alegres».
- Si tu empleo no te ofrece creatividad: «Mis pensamientos son creativos».
- Si piensas que nunca serás exitoso: «Todo lo que toco es un éxito».
- Si crees que no existe una oportunidad de progreso: «Todo el tiempo están abriéndose nuevos empleos».
- Si tu empleo no está bien pagado: «Estoy abierto y receptivo a nuevos canales de ingresos».
- Si tu trabajo es demasiado estresante: «Siempre me siento relajado en mi trabajo».
- La afirmación general es: «Me doy permiso para sentirme satisfecho de una forma creativa».

IV. ESTILOS DE PERSONALIDAD: ENCONTRÁNDOTE A TI MISMO

Pasamos toda nuestra vida tratando de encontrar la felicidad, buscándola en la familia, las relaciones, el dinero, el trabajo, los hijos, el activismo en el mundo, la educación y la espiritualidad. Sin embargo, quizá todavía no sintamos alegría. Tal vez no lo sepas, pero has pasado toda tu vida tratando de aprender a ser feliz. Has estado tratando de moldear tus circuitos cerebrales hacia la paz. La palabra hebrea *shalom* significa «paz», pero también significa «completo». Entonces, cuando nos hacemos más viejos y quizá más sabios, comenzamos a buscar la paz y la armonía entre nosotros, otras personas y la humanidad en general. Piénsalo: en muchos concursos de belleza, cuando a las participantes se les pregunta cuál es su plataforma, dicen: «La paz mundial». Sea cierto o sea que se diga para evocar emoción en el espectador, la felicidad y la paz parecen ser esa esencia esquiva que todos estamos buscando. Pasamos toda nuestra vida tratando de aprender a alcanzarla. Todos y cada uno nacemos con cierta dificultad, cierto desafío para alcanzar la felicidad y la paz. Ya sea un problema con la depresión o la irritabilidad —capítulo 1—, la ansiedad —capítulo 2—, la adicción —capítulo 3—, el aprendizaje —este capítulo—, etcétera —sin mencionar los problemas de salud—, todos tratamos de limar las partes ásperas de nuestra personalidad y moldearnos de modo que podamos acercarnos a la paz. Todos tenemos cierta debilidad en nuestro cerebro, algún patrón de fallas en nuestro estado de ánimo, ansiedad, adicción, en el aprendizaje, etcétera, que necesitamos desenmarañar, de modo que podamos adaptarnos de mejor manera al mundo. Esta búsqueda de la felicidad es, en esencia, aprender a moldear nuestra personalidad.

Esta sección está dedicada al trastorno que todos tenemos en nuestra psique, la parte de nuestra personalidad configurada en nuestro cerebro en la que pasamos toda nuestra vida trabajando o resolviendo para crear felicidad. En esencia, cuando estamos sanando nuestra mente con medicamentos, afirmaciones e intuición, el sentido de plenitud —la paz— que estamos tratando de alcanzar es lo que llamamos «encontrarnos a nosotros mismos». Encontrarte a ti mismo es tratar de sumar esos pequeños trozos y piezas a tu psique —que son débiles o que están ausentes— que hacen más difícil que los suplementos nutricionales, las medicinas o las terapias de cualquier tipo arreglen tu depresión, irritabilidad, ansiedad u otros problemas cerebrales de forma duradera.

Entonces, ¿cómo está configurada la personalidad en el cerebro? La personalidad es un producto de las emociones del lóbulo temporal y de la capacidad del lóbulo frontal de contener tus sentimientos de modo que puedas mantener tu trabajo o tu relación o encajar en la sociedad. Existe un continuo de estilos de personalidad que se mueve más o menos entre tres categorías básicas. Eso sí, no pienses que estoy diciendo que tú eres uno o el otro: ¡es un continuo! En un extremo están las personas que tienen una mayor inclinación al lóbulo temporal; esto es, que están menos restringidas emocionalmente. El otro extremo son personas que están sumamente inclinadas al lóbulo frontal y que tienen los frenos mejor puestos y se contienen más. El tercer estilo es una combinación de características del lóbulo temporal y el lóbulo frontal, lo cual crea una singularidad, una personalidad característica y excentricidades que a menudo hacen que una persona se sienta como la oveja negra o como un extraño que observa desde fuera. Como oscilan entre los primeros dos estilos de personalidad, en ocasiones tienden a la intensidad emocional y en otras pueden ser extremadamente ansiosos, contenidos y distantes.

Para crear un sentido de totalidad en el cerebro se requiere equilibrio. El yin necesita al yang; necesitamos compensar nuestro hemisferio derecho con el izquierdo y, en lo que se refiere a la personalidad, necesitamos equilibrar nuestro lóbulo frontal y nuestro lóbulo temporal. Igual que en las últimas dos secciones, donde un hemisferio es más fuerte que el otro, si tu lóbulo temporal o tu lóbulo frontal domina al otro, puede dificultársete acercarte a la felicidad y a la paz. Tu depresión, ansiedad o irritabilidad, las discapacidades de aprendizaje y las adicciones que tienes —sin mencionar los temas relativos a la memoria, la intuición y la espiritualidad (sobre los cuales leerás en los siguientes capítulos)— pueden traerte tanto desafíos como regalos. Para crear una totalidad, en esta sección sobre los estilos de aprendizaje una vez más aprendemos a amarnos a nosotros mismos tal y como somos y a querer ser mejores.

Es muy fácil entender que un lóbulo frontal más débil haga que seas menos contenido y un lóbulo frontal más fuerte provoque seas más contenido. Sin embargo, ¿qué hay de aquellas personas que son excéntricas y *sui generis*? ¿Qué hacen? ¿Tienen que rehacer ambas áreas cerebrales? Muchas personas con este estilo cerebral *sui generis* y excéntrico pueden sentirse más seguras con el espíritu y lo divino que con las personas en la Tierra. En esencia, las relaciones primarias y el trabajo de estos individuos son con el espíritu. Las personas con este estilo cerebral pueden ser místicos o monjes o trabajar en ámbitos espirituales, y, a menudo, puede resultarles difícil sentirse aceptados por la familia o la sociedad en general. Si eres una de esas personas —y de vez en cuando puedo incluirme en esta categoría—, tal vez desees decir con frecuencia: «Me amo a mí mismo; entonces, ¿por qué necesito encajar en el mundo?». A menudo las cosas por las que las personas se preocupan en la sociedad actual parecen superficiales, irrelevantes y, usando una palabra que mi querida amiga y colega Caroline Myss utiliza, ordinarias. Bueno, si tienes este estilo cerebral en el que te sientes más seguro con el espíritu que con las personas en la Tierra, es una lástima. Sigues viviendo en la Tierra. Y mientras caminas por la Tierra, ¡tú también eres una persona ordinaria! Muchas veces, las personas con este estilo cerebral tienen diversos problemas de salud complejos y difíciles de tratar, incluyendo trastornos neurológicos como migrañas y ataques epilépticos, trastornos del aprendizaje de distintos tipos, problemas de tiroides, cánceres, problemas de peso y de azúcar en la sangre, alergias digestivas, problemas crónicos del sistema inmunológico y múltiples problemas en las articulaciones y en la columna vertebral. Muchos de los grandes santos —podría agregar—, que no fueron lo que denominarías ciudadanos comunes y corrientes, fueron excéntricos y *sui generis*, y tuvieron una personalidad no contenida en ocasiones —lóbulo frontal débil—, y en otras, una personalidad demasiado contenida. Hablaremos más de esto en el capítulo 6.

Si esto te pasa, aunque puedes pensar que te sientes cómodo con este estilo cerebral, conviviendo con el espíritu, lejos de los ciudadanos terrenales, piénsalo dos veces. Es probable que tu salud sufra si no caminas con el resto del rebaño en la Tierra. Puedes observar que tú y esos grandes santos tienen algo en común: muchos problemas de salud. La salud de todas las personas mejora al tener una red social, así que, si caes en la tercera categoría y, específicamente, si eres una persona *sui generis* separada por la característica de la espiritualidad —una especie de monje—, encuentra a un grupo de monjes y místicos con los cuales convivir. Mejorará tu estado de ánimo, tu ansiedad, tu irritabilidad, tus problemas de tiroides, tus problemas hormonales, tus problemas del sistema inmunológico y de peso, por nombrar solo unos cuantos desafíos mente-cuerpo.

Busca en estos tres estilos. Tal vez descubras que no eres tan extremo en un momento de tu vida como en otro. Esta sección acerca de los estilos de aprendizaje trata sobre cómo moldear tu personalidad de modo que puedas llevarte mejor con el mundo, ya sea en tu familia, en tus relaciones, en tu trabajo, con el dinero, etcétera. Así, cuando repases esos tres tipos básicos en el continuo de los estilos de personalidad, pregúntate: ¿sentías que tenías dificultad para encajar en la primaria, en la preparatoria, en la universidad y en un empleo? ¿Te cuesta trabajo contener tu frustración cuando tienes que lidiar con las expectativas de otras personas? ¿Es difícil ir tras lo que quieres si estás especialmente consciente de que puedes lastimar los sentimientos de alguien más o, incluso, hacerlo enojar? ¡Este tipo de preguntas que apuntan a tu estilo cerebral singular son infinitas! Sin embargo, arrojan luz sobre tu estilo de personalidad, esto es, la forma como manejas el delicado equilibrio entre tus sentimientos y los sentimientos de alguien más, entre lo que tú quieres y lo que la sociedad en general quiere.

Pasamos toda nuestra vida limando las orillas ásperas de nuestra personalidad de lóbulo frontal y lóbulo temporal de modo que podamos modificar nuestras respuestas a estas preguntas. Después de trabajar con medicamentos, suplementos, terapias y afirmaciones, puede ser más fácil utilizar los circuitos de nuestro cerebro que se encuentran entre nuestro lóbulo frontal y nuestro lóbulo temporal para sentir que «encajamos» un poquito más. Después de utilizar todas esas soluciones, puede resultarnos un poquito más fácil contener nuestra frustración cuando un jefe, pareja, hijo o padre está presionándonos con exigencias. Y después de sanar nuestra mente a lo largo de nuestra vida con medicinas, suplementos, terapia y afirmaciones, puede ser un poquito más fácil ir tras lo que queremos, aun si estamos conscientes de que alguien que nos importa puede enojarse. Al aprender durante tu vida todas las soluciones contenidas en esta sección, las cuales moldean tus circuitos de la personalidad que se encuentran entre tu lóbulo temporal y tu lóbulo frontal, podrás compaginar tus sentimientos con los de alguien más y lo que tú quieres con lo que la sociedad quiere. Asimismo, en el capítulo 6 aprenderás a utilizar tu hemisferio derecho y tu hemisferio izquierdo, tu lóbulo frontal y tu lóbulo temporal, para comenzar el proceso de equilibrar tus sentimientos y lo que quieres, con tu alma y lo divino.

¿Por qué es así?

De vez en cuando hago lecturas para personas que tienen una madre difícil, un padre difícil, un hijo difícil, etcétera. Dicen cosas como estas: «No podemos llevarnos bien. Tiene muy mal carácter. Es muy irritable. Me robó. Abuso de mí. Ha estado entrando y saliendo de rehabilitación. Ha estado entrando y saliendo de la cárcel. ¿Por qué es así? ¿Por qué es tan difícil? ¿Por qué? ¿Por qué? ¿Por qué? Si tan solo pudiera actuar de forma normal, la vida sería mejor. Si tan solo pudiera cambiar, mi salud sería mejor. Si tan solo pudiera tratarme mejor, la vida sería sublime». Si tan solo, si tan solo, si tan solo.

Esta es la mejor forma en la que puedo explicarlo: una persona con un trastorno extremo del desarrollo que provoca dificultades con estas conexiones del lóbulo frontal/lóbulo temporal es similar a alguien que tiene, digamos, un trastorno del desarrollo de nacimiento. Algunas «discapacidades» son más evidentes que otras. Por ejemplo, algunos niños nacen con un trastorno motriz llamado «parálisis cerebral». Cuando comienzan a caminar puedes ver que carecen de movimientos fluidos y suaves. Así pues, puedes ver claramente el defecto en las áreas del movimiento de su lóbulo frontal. Su «discapacidad» es muy visible a una edad muy temprana en su vida, porque esas áreas cerebrales se desarrollan de forma temprana. Sin embargo, los circuitos del lóbulo frontal para contener el mal humor, la irritabilidad, para seguir las reglas de la sociedad, etcétera, no se desarrollan sino hasta la adolescencia y la segunda década de vida. De modo que, si una persona tiene un trastorno del desarrollo en esos circuitos cerebrales, la «discapacidad» resulta menos evidente porque no involucra caminar o hablar. Esos defectos biológicos en el cerebro producen efectos en el desarrollo que se encuentran en la personalidad, los cuales pueden ser profundamente discapacitantes, como puede atestiguar un padre, una pareja, un miembro de la familia o un cónyuge.

Alguien con parálisis cerebral o con un problema del habla podrá comprender su defecto y utilizar las medicinas, suplementos nutricionales, terapias y afirmaciones apropiadas para ayudarse a sí mismo. Sin embargo, desafortunadamente, las personas que tienen déficits extremos en el lóbulo frontal en cuanto al juicio, la moderación en sociedad y las reglas no tienen esa introspección o el deseo de moldear su personalidad en direcciones más saludables. Están muy satisfechas siendo como son y, tristemente, creen que todos sus problemas —ya sean legales, financieros, vocacionales o de otro tipo— son culpa de las personas que los rodean. Así, cuando trabajo con alguien que dice que su madre era egoísta o «narcisista», o que su padre era un sociópata y estaba en la cárcel, o que su hijo asaltaba casas y había sido arrestado varias veces, trato de explicarle este trastorno cerebral del lóbulo frontal/lóbulo temporal relacionado con el desarrollo. Aunque esto no hace que estos individuos sean menos responsables de su conducta, es importante que entendamos que nacieron con un cerebro que los desafía.[13]

Es con este entendimiento sobre los tipos de personalidad, las peculiaridades de estos y el hecho de moldear nuestra personalidad para lograr la felicidad que pasaremos al siguiente caso.

SARAH: ESCAPAR DE LA CRISIS PERPETUA

Sarah me llamó para una lectura, porque dijo que estaba teniendo problemas para conciliar el sueño.

La lectura intuitiva

Cuando comencé a hacer la lectura de Sarah, su casa se sentía como una unidad de M.A.S.H.[14] Podía escuchar los teléfonos sonar y sonar. Sus pensamientos giraban y giraban en su cabeza. Me costó trabajo ver a Sarah en una relación significativa con otra persona que no fuera su teléfono. Sarah parecía trabajar largas horas hasta entrada la noche en una especie de empleo; parecía que siempre estaba pagando cuentas. Y luego veía a Sarah en el teléfono tratando de hacer entender algo a alguien, tratando de cambiar su punto de vista.

El cuerpo

Había presión en la cabeza de Sarah. Se sentía como si estuviera golpeándola contra una pared de ladrillos. ¿Tenía problemas de anticuerpos dirigidos contra su tiroides? Vi un cambio en el ritmo cardiaco, como si se saltara un latido. Me preguntaba si a ella le preocupaban las áreas densas que había en su tórax alrededor de los senos, especialmente del lado izquierdo. Además, me preguntaba si la frustración y el pánico de Sarah aumentaban la capacidad de sus glándulas suprarrenales de producir estrógeno y cortisol. Sin embargo, mientras estaba leyendo su cuerpo, seguía viéndola en el teléfono tratando de hacer entender algo a alguien.

Los hechos

Sarah me dijo que sí, que le habían diagnosticado cáncer de mama en el seno izquierdo, pero que la lectura la quería para su hija, Ruby. Dijo: «Tienes razón. Siempre estaba en el teléfono tratando de hacer entender a mi hija. Mi hija ha tenido una vida muy dolorosa. Ha estado batallando con un estado de ánimo y un comportamiento inestables durante toda su vida. Aunque va mejorando desde que pagamos para que fuera a una de esas costosas rehabilitaciones para el abuso del alcohol y la cocaína, simplemente no hemos logrado que los medicamentos estabilicen su depresión y su pánico». Sarah no sabía si su hija tenía trastorno de personalidad, TEPT o trastorno bipolar II.

La solución

¿Tú, al igual que Sarah, piensas que el problema en tu mente y tu cuerpo es solo un síntoma? Sarah pensó primero que su problema principal era el insomnio. Luego, después de un tiempo, admitió que estaba preocupada por su hija, a quien no lograba hacer entender, porque su hija podría tener algún trastorno de la personalidad.

Nuestra personalidad afecta nuestros estados de ánimo, ansiedad y capacidad de aprender, ya sea en su forma más severa, como en el caso de la hija de Sarah, o en su forma más leve, o en algún punto intermedio. Si tienes un problema de depresión, irritabilidad, pánico, adicción o un conjunto de problemas de salud, no trabajes solamente en cada uno de estos problemas en lo individual. Aprende a moldear las características de tu personalidad de modo que puedas tener una mejor adaptación entre tus sentimientos, los sentimientos de alguien más y de la sociedad en general. De otra manera, verás que los medicamentos, los suplementos nutricionales, las terapias y las afirmaciones tendrán resultado solo por un tiempo. Luego, invariablemente, algo cambiará en tu familia o en tu relación, en tus finanzas o en tu trabajo, y entonces es probable que pierdas: que pierdas el equilibrio de la totalidad que has alcanzado. Pensarás que necesitas experimentar con los medicamentos o los suplementos, cambiar de terapeuta, añadir afirmaciones o buscar alergias alimentarias o al ambiente, etcétera. Incluso, por el momento, puedes considerar diversas alergias a las relaciones también, pensando que alejarte de una persona o de un trabajo, o, incluso, moverte geográficamente, te hará más feliz. Quizá, pero conoces el dicho: «Dondequiera que vayas, ahí vas tú también».

Todo mundo tiene a alguien en su vida como la hija de Sarah. Todo mundo encontrará a alguien, ya sea a una madre o un padre, un novio o una novia, o un jefe, a quien sentirán el impulso de «hacer entender». Si tan solo pudiéramos lograr que cambiara, seríamos más felices y, entonces, no estaríamos deprimidos, no estaríamos ansiosos; definitivamente, no estaríamos irritables, y dormiríamos mejor, comeríamos mejor y estaríamos en paz. Paz en el mundo. ¡No lo creo! No funciona de esa manera. Si tu salud y tu felicidad dependen de que alguien más cambie, estás en problemas.

La terapia cognitivo conductual, la terapia dialéctica conductual, el mindfulness y las afirmaciones son, todas ellas, herramientas que pueden ayudarte a aprender a cambiar a alguien, y ese alguien eres tú. Sí, puedes aconsejar a un menor de edad, cuyo estado de ánimo y comportamiento está saliéndose de control, entre en la clase correcta de terapia o medicina. Mientras tanto y sin embargo, todos necesitamos aprender que, cuando alguien en nuestra vida tiene desafíos mente-cuerpo, podemos ayudarle, pero también necesitamos emplear una habilidad de la terapia dialéctica conductual llamada «aceptación radical». La aceptación radical implica aprender el equilibrio entre la terquedad —querer cambiar una situación— y la disposición a aceptar que las cosas pasan como tienen que pasar.[15] La aceptación radical no significa que te agraden los resultados de lo que le ha ocurrido a tu amigo, tu familiar, etcétera, o que sientas que es justo o correcto. Aceptar radicalmente la situación en tu vida que está «quitándote el sueño por la noche» es el único camino de salida para tu sufrimiento. Tratar perpetuamente de «hacerle entender» o «cambiarlo» solo aumenta la posibilidad de que estés crónicamente deprimido, irritable y ansioso; tales emociones pueden llevarte potencialmente a la adicción y a una serie de problemas de salud. Sabemos que esas emociones crónicas pueden dañar hormonas de las glándulas suprarrenales, cambiando los niveles de estrógeno y cortisol, influyendo en tu sistema inmunológico.

Te sugiero que busques la terapia dialéctica conductual. Visita *www.behavioraltherapy.org* [sitio en inglés] y pregunta por alguien que sepa sobre la TDC. Cuando llames, tal vez te pregunten o no si tienes un trastorno límite de personalidad. No obstante, la TDC también es utilizada a menudo por muchas personas con depresión resistente a los medicamentos, ansiedad, cambios en el estado de ánimo y TEPT, así como para familiares de personas con trastornos severos de enfermedades mentales. Si te encuentras en una relación larga con alguien con este tipo de problemas emocionales, comprende que la crisis perpetua aumentará tu propia posibilidad de tener problemas de salud perpetuos. La TCC y la TDC te ayudarán a descubrir mejores formas de crear paz y un sentido de plenitud en tu vida en lugar de simplemente «cambiar a alguien».

Las afirmaciones

Si deseas crear plenitud y felicidad en tu vida, únete al club. Todos pertenecemos a él. Puedes aprender a amarte a ti mismo tal como eres, así como descubrir y poner al descubierto más y más de tu verdadero ser a través de las afirmaciones. Considera las siguientes afirmaciones para ayudarte a sanar tu mente con el fin de crear un sentido de plenitud y felicidad:

- Estoy dispuesto a cambiar.
- La vida es muy sencilla.
- Recuerda que estamos lidiando con pensamientos, y los pensamientos pueden cambiarse.
- Podemos cambiar nuestra actitud hacia el pasado.
- En mi mente tengo libertad total.
- Ahora entro a un nuevo espacio de conciencia donde estoy dispuesto a verme a mí mismo de forma diferente. Estoy dispues-

to a crear nuevos pensamientos sobre mí y sobre mi vida. El nuevo pensamiento se convierte en nuevas experiencias.

- El universo está más que dispuesto a manifestar mis nuevas creencias, y yo acepto esta vida abundante con alegría, placer y gratitud, pues lo merezco. Lo acepto. Sé que es verdad.

5 MEMORIA

Ahora que has llegado hasta este punto en el libro, tomemos toda la información que has leído y pasemos al tema de la memoria. ¿Qué es la memoria? La memoria es tomar lo que hemos experimentado en el pasado y convertirlo en sabiduría. Puedes leer todo tipo de libros académicos, esotéricos acerca de lo que es o no es la memoria, cómo agudizarla o qué ocurre cuando la pierdes. Sin embargo, si no podemos incorporar esos temas comunes acerca de lo que es la memoria, no podremos ayudarnos cuando esta importante función cerebral parezca escapársenos de las manos.

Antes de hablar sobre la preocupación por perder la memoria, ahora o en el futuro, es importante entender cómo vivir en el presente impacta sus circuitos en nuestro cerebro y nuestro cuerpo. A propósito de cómo opera nuestra memoria —conectando los tiempos en nuestra vida—, vi la película *Alicia a través del espejo*, donde Alicia trata de conectar el pasado, el presente y el futuro. Sin embargo, el Sombrerero Loco, que supuestamente no debería tener tanta sabiduría, muestra que, de hecho, sí la tiene, cuando declara profundamente: «No trates de conectar el pasado y el futuro, porque hará pedazos el presente». De hecho, ¡espero estar recordando la cita correctamente! Ese es el punto: en algún grado, todos tenemos una memoria inestable, ya sea debido a una tendencia en nuestro cerebro hacia la depresión, la ansiedad, la irritabilidad, problemas de aprendizaje como el TDAH, la dislexia, un trastorno del hemisferio derecho u otros. Ya sea que hayas tenido un trauma a lo largo de tu vida, problemas de salud física y emocional en el pasado o en el presente, todos estos asuntos pueden distorsionar tus circuitos de la memoria en cierta medida. La forma como grabaste la memoria en tu cerebro en el pasado y la sabiduría que recibas en el futuro dependen realmente de la manera como sanes tu mente para crear un sentido de plenitud en el presente. Quizá es verdad: si tratar de alterar biológica o psicológicamente tus recuerdos del pasado ocupa demasiado tiempo de tu vida presente, simplemente no vas a estar viviendo, aprendiendo y adquiriendo conocimientos para el futuro.

Por tanto, si mientras aprendemos sobre la memoria y todos sus trastornos tienes miedo de perderla —ya sea que sientas que tu cerebro no está funcionando bien ahora o te dé miedo tener enfermedad de Alzheimer en el futuro—, detente. Sí, es importante trabajar en nuestro cerebro y en nuestro cuerpo para maximizar nuestra salud ahora y en nuestros años venideros con suplementos nutricionales, hierbas, medicamentos, terapia cognitivo conductual, afirmaciones, etcétera. Sin embargo, la medicina más potente que protegerá a tu cerebro contra la demencia ahora y por el resto de tu vida es aprender, cambiar y adquirir sabiduría diariamente, como individuo y junto a todas las demás personas que conforman tu mundo.

Es posible vivir toda nuestra vida con una mente aguda y sagaz. No estamos destinados a tener demencia. Repito: no estamos destinados a tener demencia u otras formas de pérdida de la memoria. Recuerdo que cuando tenía doce años escuchábamos que tal o cual persona tenía endurecimiento de las arterias o que aquella tenía «senilidad» —otra palabra para referirse a la demencia—. En esa época parecía que perder la «mente» era la consecuencia inevitable de envejecer. Ahora te digo que no lo es. En el siglo XXI vemos que, a medida que envejecemos, muchas partes de nuestra memoria de hecho son más agudas que cuando éramos más jóvenes.

Sí, estás notando que tu memoria trabaja de una forma distinta a medida que envejeces. Así se supone que debe ser. A medida que te vuelves mayor, tienes más experiencia grabada en todas las redes de tu cerebro. Quizá te toma más tiempo acordarte de un nombre o de un término o de una palabra. ¿Es acaso porque tu mente tiene que abrirse paso por toda esa sabiduría que has acumulado en las bibliotecas de tu mente? Entre todas las pilas de conocimiento acumulado que has adquirido, no nos sorprende que en el envejecimiento normal nuestra mente actúe con mayor lentitud y que sea menos impulsiva. Entiende que no deseas la mente de un veinteañero, ni siquiera de un adolescente, quien, por definición, tiene varias décadas menos de información y experiencia acumuladas donde hurgar en lo que se refiere a recordar un nombre o una fecha o un incidente. Sé amable contigo mismo. Entiende que la biblioteca de la memoria en tu mente está mucho más poblada que la de ellos. Ten algo de respeto por cómo madura el magnífico instrumento de la memoria en un cerebro saludable que envejece. Vamos a ayudarte a amar y apreciar tu memoria, tengas la edad que tengas, y sea lo que sea que haya ocurrido en tu vida.

FORMAS DE VER A LA MEMORIA

La memoria es una parte importante de nuestra intuición: nos permite saber cuándo nuestra mente puede estar «en otra parte», sintonizándose empática o virtualmente con alguna otra forma de conciencia. Trátese del dolor de un ser querido o de la necesidad de concentrarte en alguna otra tarea o problema, tu memoria y tu atención supuestamente pueden salirse de curso cuando, a nivel intuitivo, tu mente tiene «una mente propia» y te lleva a una fuente de información que no habrías considerado de forma racional.

La memoria también se convierte en una fuente para nuestra intuición. ¿Cómo? La memoria está grabada en la red de imágenes, símbolos y sensaciones de nuestro cerebro y nuestro cuerpo. Cuando nuestra guía intuitiva nos habla y nos da cierta información clave acerca de nuestra vida o la vida de un ser querido, nuestra intuición puede recuperar imágenes, símbolos o sensaciones a partir de esos «bancos de memoria» en nuestro cerebro y nuestro cuerpo. He aquí un ejemplo. Si fuiste testigo de un accidente automovilístico en el pasado, tienes un recuerdo de ello en tu cerebro y en tu cuerpo. Las imágenes, los sonidos y el sentimiento de horror son como una película en tercera dimensión que llevas cargando contigo toda tu vida sin siquiera ser consciente de ello. Luego, más adelante en tu vida, tal vez, si estás a punto de comprometerte seriamente con alguien muy similar a una pareja abusiva del pasado, puedes, de hecho, tener un sueño aterrador de un accidente automovilístico. Las imágenes, el fuerte golpe, la imagen de dos autos chocando y casi destruyéndose en su totalidad pueden despertarte con un sudor frío, temblando de terror. Solo cuando le cuentas tu sueño a un amigo íntimo, él o ella puede preguntarte: «¿Qué piensas sobre tu relación con fulanito de tal? ¿Piensas que vas por ese mismo camino otra vez? ¿Piensas que vas a tener otra relación destructiva como la que tuviste con tus últimas tres parejas?». Tu intuición, a través del sueño, utiliza la memoria del pasado para advertirte sobre las consecuencias futuras de tus acciones en el presente.

CÓMO SE CREA LA MEMORIA

Los centros clave de la memoria en el cerebro son como casetas de peaje en una autopista. La información llega a tu cerebro y se va ya sea al hipocampo o a la amígdala.[1]

Los recuerdos traumáticos y los recuerdos corporales pasan a través de la amígdala. Los recuerdos con menos carga emocional pasan por el hipocampo. La enfermedad de Alzheimer afecta inicialmente al hipocampo, pero, luego, como un incendio, se extiende hacia otras áreas del cerebro.

Cuando algo te mueve emocionalmente, las imágenes, los sonidos, los olores, las sensaciones corporales, toda esa información viaja a través del hipocampo y, luego, como una red, se almacena a lo largo de tu cerebro. Sin embargo, si una situación es especialmente traumática, llena de terror y sufrimiento e, incluso, rabia, es más probable que la memoria pase a través de la amígdala y no del hipocampo. Mientras que cuando la memoria se graba a través de este es más probable que puedas hablar con detalle sobre lo que «recuerdas», en el caso de los acontecimientos especialmente traumáticos sucede con menor probabilidad que puedas hablar sobre ellos, ya que las imágenes, los sonidos, los olores y los sentimientos corporales se desvían a través de la amígdala. En lugar de ello, tu cuerpo tiende a «hablar» sobre ellos. ¿Cómo? Cuando los ecos del acontecimiento se expanden por tu cerebro y por tu cuerpo, realmente no hablas mucho de ellos, pero tu cuerpo sí que lo hace a través de problemas de salud, hábitos y relaciones poco saludables y malas decisiones. Si tenemos dolor y sufrimiento prolongados, ya sea en nuestra familia, en la escuela, en el trabajo o a nuestro alrededor —como en la guerra—, los altos niveles de hormonas del estrés —epinefrina y cortisol— dificultan que el hipocampo grabe el recuerdo, de modo que podamos hablar sobre lo ocurrido con detalles, lo procesemos y lo soltemos.

El recuerdo traumático tiene implicaciones específicas cuando consideramos el ámbito de la intuición médica, la salud y la enfermedad. Si has tenido un pasado particularmente doloroso en tu familia —primer centro—; en tus relaciones o en tus finanzas —segundo centro—; abuso físico, emocional o sexual —tercer centro—; descuido y abandono por parte de tus padres —cuarto centro—, etcétera, estas regiones de tu cuerpo —los centros emocionales— pueden hacértelo saber posteriormente en la vida, cuando te encuentres en una situación que parece similar o, incluso, idéntica a tu trauma del pasado. Trastornos del sistema inmunológico, dolor de articulaciones, trastornos de la piel —primer centro—; problemas reproductivos, hormonales, dolor crónico de espalda baja o dolor de caderas, problemas de vejiga —segundo centro—; trastornos alimentarios, obesidad, adicción —tercer centro—; depresión crónica, pánico, asma, palpitaciones o enfermedad mamaria —cuarto centro—, los síntomas en estas áreas pueden ser la única señal que recibas advirtiéndote que tu presente está recreando tu trauma del pasado.

Al utilizar la intuición médica podemos aprender a acceder al recuerdo que está grabado en nuestro cuerpo. Nunca es demasiado tarde para «resolver» —por un tiempo limitado, con un consejero— esos traumas que han ocurrido en el pasado, de modo que podamos reelaborarlos y perdonarlos. Parte de la sabiduría que acumulamos en la vida es aprender a amarnos a nosotros mismos —mente, cuerpo y alma— tal y como somos. Eso es lo que Louise Hay nos enseña. Un elemento importante de amarnos a nosotros mismos consiste en agradecer y aceptar radicalmente la forma en la que nuestro cerebro y nuestro cuerpo han sido configurados para la memoria a través de lo que nos ha ocurrido en nuestro pasado. Si tienes una historia de traumas, puedes maximizar tu memoria hipocámpica a través de suplementos nutricionales, hierbas, medicinas, afirmaciones y terapia cognitivo conductual. También puedes aprender a utilizar la intuición médica para acceder a la memoria que está grabada y almacenada en tu cuerpo a través de una red de salud o enfermedad. Tanto la memoria mental —hipocampo— como la memoria corporal —amígdala— son formas esenciales de nuestro sistema de memoria. Denigrar a una o a la otra no es solo denigrar quién eres; no es saludable y no va a ayudarte a tener una mejor memoria. Vas a aprender en la Clínica «Todo Está Bien» cómo tu extraordinaria memoria mente-cuerpo necesita agudizarse para crear un sentido de plenitud. Pero, antes que nada, veamos la receta.[2]

CREAR UN SISTEMA DE MEMORIA SALUDABLE CON SUPLEMENTOS NUTRICIONALES, HIERBAS, MEDICINAS Y NEUROTRANSMISORES

¿Quieres maximizar tu memoria? ¿Quieres agudizar tu capacidad de retener lo que estás leyendo o recordar de forma veloz? Ya sea que estés tomando suplementos nutricionales, hierbas o medicinas para volverte más sagaz, es importante entender que existen diversas formas de abordar la salud de la memoria cerebro-cuerpo:

- Reduce la inflamación.
- Protege a tu cerebro de las lesiones.
- Dejar de revivir los traumas del pasado. Acepta de forma radical y perdona a aquellos que te han traumatizado.
- Fortalece tu sistema inmunológico.
- Haz ejercicio.
- Reduce el consumo de cigarros y alcohol.
- Trata la depresión, la ansiedad, la irritabilidad y la adicción.
- Aprende todos los días. Lee y exponte a diferentes estilos de música, arte, cultura, personas e idiomas.
- Aumenta el amor y la alegría a partir de diversas fuentes: personas, niños, animales, naturaleza y espiritualidad.
- Busca apoyo. Resiste el impulso de estar siempre solo.
- Acepta el cambio en tu vida, en las personas que te rodean y en la sociedad en general.
- Proporciona a tu cerebro las moléculas que necesita para la memoria, incluyendo la acetilcolina, el GABA, la serotonina, la norepinefrina, la dopamina y posiblemente también hormonas.

Veámoslo con mayor detalle.

- En lo que se refiere al cerebro y a la enfermedad de Alzheimer, la acetilcolina es el neurotransmisor más importante para la memoria. Así pues, a medida que envejezcas no querrás tomar medicinas y suplementos o medicamentos de venta libre que inhiban la acetilcolina. Esas pastillas para dormir o medicinas de venta libre que tratan las alergias bloquean los efectos de la acetilcolina y harán que tu cerebro se sienta como un cotonete para limpiar los oídos. De esa forma, el Benadryl y otras medicinas para las alergias o pastillas para dormir pueden hacer que tu cerebro esté confuso. Pide a tu médico o farmacéutico que revise tu lista de medicamentos para ver qué fármacos son «anticolinérgicos». Luego, deshazte de ellos.
- Pregúntate si has tenido varios golpes en la cabeza o, posiblemente, lesiones en el cerebro. Ya sea que hayas sido jugador de futbol *soccer* o de futbol americano, o que hayas estado en múltiples accidentes automovilísticos, necesitas cuidar de forma especial tus circuitos cerebrales para la memoria. Además, si en tu niñez tu hogar estuvo lleno de violencia física, considera lo siguiente: ¿alguien en tu familia era golpeado repetidamente en la cabeza? Si fuiste testigo de que uno de tus padres o tus hermanos recibiera este tipo de abuso, ya sea que lo recuerdes o no, puedes haber recibido un trato similar. Si tienes un problema con tu memoria y has estado en alguna de estas situaciones —ya sea en los deportes, en un accidente o has experimentado violencia—, pide que te hagan una valoración neuropsicológica para evaluar tu atención, tu aprendizaje y tu memoria, con el fin de ver si la prueba puede captar señales de lesión cerebral traumática. Aunque son controversiales, en el caso de las personas con lesión cerebral, la acupuntura o el tratamiento con oxígeno hiperbárico pueden ser útiles. Ambos pueden aumentar el flujo sanguíneo cerebral, ayudándote ya sea a aumentar la plasticidad —una reconfiguración de los circuitos cerebrales alrededor de tu lesión— o a aumentar la eficiencia en la memoria que ya tienes.

  ¡Y aprende, aprende, aprende, aprende! Las lesiones cerebrales mejoran con el tiempo. Y, aunque existe mucha literatura sobre personas que padecen algo llamado «encefalopatía traumática crónica» —el trastorno neurodegenerativo que ocurre en las personas que han tenido múltiples conmociones o lesiones cerebrales, por ejemplo, en el box o en el futbol—, nunca es demasiado tarde para utilizar suplementos nutricionales, hierbas o medicinas para tratar de paliar el daño cerebral. Cuando utilizas suplementos nutricionales, hierbas, oxígeno hiperbárico o acupuntura para estimular la plasticidad, pueden formarse nuevos vasos sanguíneos y, quizá, pueda evitarse este trastorno.

Sin embargo, comprende que existen algunas cosas que pueden empeorar tu memoria. El alcohol se caracteriza por agravar las lesiones cerebrales con el tiempo. Si tienes ansiedad, es especialmente probable que utilices alcohol y te cueste trabajo dejarlo —véase capítulo 3—. El alcohol no solo daña todavía más los circuitos cerebrales que interconectan la memoria, sino que altera las vitaminas B6 y B12, que son importantes para el metabolismo de la serotonina. Si descubres que estás utilizando el alcohol para tratar la ansiedad, la depresión y el enojo, en verdad necesitas buscar ayuda. Este no solo altera el sueño, que es esencial para la memoria, también, con el tiempo, perturba tus centros de la memoria que producen neurotransmisores.

- Si tienes una disfunción crónica del sistema inmunológico, como lupus, artritis reumatoide, fatiga crónica, fibromialgia, enfermedad de Lyme, o estás expuesto a tóxicos ambientales como el plomo, el mercurio y otros, en ocasiones puedes sentir que tienes neblina mental o delirio —véase el capítulo 1 para consultar soluciones para la neblina mental—. Además de una perturbación del estado de ánimo, los problemas inmunológicos crónicos pueden perturbar los circuitos de la memoria a través de la inflamación crónica. Las citocinas u otros mediadores de la inflamación, o mediadores inflamatorios, como también se le conocen —en el caso de la alergia, las histaminas— pueden hacerte sentir como si tus pensamientos estuvieran tratando de atravesar un pudín de chocolate. Considera eliminar el trigo, los lácteos u otros alimentos que pueden agravar tu alergia, tu problema autoinmune o tu infección crónica. Estas intolerancias alimentarias —no necesariamente alergias— pueden hacer que empeore tu problema de neblina mental/estado de ánimo/atención/memoria.

- ¿Tienes problemas de insomnio? El insomnio en sí mismo puede perturbar tu memoria de una manera profunda. El sueño hace que tu cerebro cree el neurotransmisor acetilcolina. En la noche, cuando duermes, cuando pasas por el sueño REM, tienes microconvulsiones —véase el capítulo 6—, pequeños eventos que producen el neurotransmisor de la memoria, la acetilcolina. Una de las mejores cosas que puedes hacer para mejorar tu memoria y tu neuroquímica para la memoria es dormir lo suficiente, de preferencia ocho horas por noche.
- Si has tenido depresión e irritabilidad, además de insomnio, considera algunas de las soluciones que se encuentran en el capítulo 1. Si has tenido ansiedad, pánico y traumas, además de problemas para conciliar el sueño y permanecer dormido, considera las soluciones que se presentan en el capítulo 2. Si has probado todo, como el 5-HTP, la pasiflora, el toronjil, la melatonina, sin mencionar modificar tu medio ambiente al eliminar la tecnología, manipular las sombras, etcétera, considera hacerte un estudio del sueño en tu centro médico especializado más cercano. Algunas veces existen programas de tratamientos que pueden ser muy efectivos para reentrenar a tu cerebro y a tu cuerpo para que tenga un sueño regular, más descansado y eficiente. Finalmente, siempre que no hayas tenido una historia de adicción al alcohol, al Valium o a cualquier otra sustancia adictiva, en lo que toca a la memoria y al insomnio, este no es un momento para el orgullo y el estoicismo. Si todos los suplementos, remedios nutricionales y otras soluciones «naturales» han fracasado, tal vez lo que necesitas es un medicamento para dormir. Si esto significa utilizar medicinas para obtener suficiente acetilcolina para salvar tu memoria, vale la pena.[3]

LA MEMORIA Y LAS AFIRMACIONES

El trauma pasado —a través del cortisol y la epinefrina— puede «pegarse» u obstruir nuestro preciado circuito de la memoria. Para literalmente diluir el impacto de los recuerdos, pensamientos e imágenes traumáticos que están distribuidos a lo largo de tu cerebro y tu cuerpo, considera el trabajo de espejo de Louise Hay. Piénsalo: en realidad has estado haciendo trabajo de espejo toda tu vida, no solo trabajo de espejo que involucra afirmaciones saludables. Ya sea debido a experiencias familiares, relacionales, financieras o laborales dolorosas en el pasado y en el presente, tal vez te has descubierto viéndote al espejo y diciendo consciente o inconscientemente: «Me da terror envejecer». «La gente me da miedo». «Me da miedo estar solo». «Nunca voy a poder enfrentar la vejez». «¡Cielos, me veo viejo!». «¿Desde cuándo he tenido esas arrugas?». «Mi piel se ve muy flácida». «¿Por qué no me aman?». «Si tan solo no fuera tan gordo». «¿Quién querría tener sexo con alguien con estas caderas?». «Estoy atrapado en este trabajo». «¿Quién va a contratar a alguien como yo, tan estúpido?».

El trabajo de espejo de Louise Hay implica mirar la imagen que vemos en el espejo de modo que podamos cambiar con el tiempo la forma como nos vemos a nosotros mismos. Has estado haciendo trabajo de espejo toda tu vida y has estado haciendo afirmaciones toda tu vida, pero, quizá, no han sido saludables. Tal vez mientras vas conduciendo por el carril izquierdo, en un momento de exasperación, te has encontrado diciendo: «¿Por qué esta gente es tan estúpida?», solo para mirarte al espejo unos días después y decirte a ti mismo: «¿Por qué soy tan estúpido?». «¿Por qué no puedo resolver esto?». Tal vez fuiste al área de comida en la plaza comercial y viste a alguien con cierto problema de sobrepeso vistiendo una playera metida en pantalones ajustados y mascullaste: «Yo jamás me pondría algo así. ¿Acaso no sabe cómo se ve?», solo para que, más adelante, en la semana, mientras te estás alistando para salir, te veas al espejo, examines tu vestimenta y te digas a ti mismo: «No puedo creer lo gordo que me estoy poniendo». «No importa lo que me ponga, me veo muy gordo». La afirmación que pronunciaste en el auto y, posteriormente, en el área de comida de la plaza, también la has hecho como trabajo de espejo en casa.

Esos pensamientos que has expresado de manera privada y/o en el espejo —como maleza— se apoderan de tu cerebro y de tu cuerpo en la forma de redes de memoria. Realmente no puedes eliminarlas. Las personas dicen que pueden hacerlo a través de diversos medios, la terapia EMDR y, tal vez, el *tapping* pueden tener cierto mecanismo para manipular el acceso a estos recuerdos traumáticos. Sin embargo, la única forma en la que podrías eliminarlos de manera permanente sería eliminar trozos completos de masa cerebral —se ha hecho—, además de partes de tu cuerpo. Debe haber otra solución.

Puedes diluir tus malos recuerdos con afirmaciones saludables. Decir una y otra vez en el trabajo de espejo: «Me amo tal y como soy, me amo tal y como soy» compite con escuchar: «Eres estúpido, eres estúpido». Si escuchaste tres veces: «¡No vales nada!», y dices cien veces: «Me amo a mí mismo», no vas a eliminar «No vales nada». No puedes. Está en tu cerebro. Sin embargo, ahora tienes cien ocasiones más de escuchar que eres inteligente, y aprendes a crear relaciones y entornos ahora en los que escuchas «Eres inteligente». Y «¡Eres muy inteligente!» compite con «Qué idiota eres» y, después de un tiempo, la crítica tiene menos efecto, porque has diluido lo no saludable con lo saludable. Por cada diez afirmaciones no saludables y trabajo de espejo no saludable que hemos hecho en nuestra vida, podemos quizá intentar hacer veinte, treinta o, incluso, cuarenta afirmaciones saludables o trabajo de espejo saludable que diluya los efectos de las anteriores.

Hay personas que dicen que han borrado recuerdos traumáticos. Bueno, no podría decir que no lo hicieron. No obstante, puede haber una razón funcional por la que todos experimentamos traumas. ¿Qué? ¿El trauma podría tener algún efecto positivo en nuestra vida? No es que exima de su responsabilidad a aquellos que nos lastimaron. Sin embargo, cuando experimentamos un trauma, tenemos que vencerlo y convertirnos en alguien diferente, en alguien más fuerte, más resistente y, permítaseme decir, de algún modo, más sabio. Piensa en Mahatma Gandhi, en Nelson Mandela, en Wilma Rudolph.[4] Elige un ícono cultural. ¿Por qué se han convertido en íconos? Porque han trascendido su pasado doloroso y han avanzado hacia la grandeza. Como cultura, creamos íconos, de modo que podamos ver que nosotros también somos capaces de alcanzar la grandeza, que también nosotros podemos trascender la tragedia y el trauma y, a pesar de ella, crear un yo sorprendente y sabio. No queremos olvidarnos de quienes fuimos; ciertamente no queremos odiar quienes somos. Queremos ser mejores.[5]

LA CLÍNICA «TODO ESTÁ BIEN»

Igual que ocurre con los estados de ánimo, la ansiedad, la adicción y los trastornos del aprendizaje, la memoria tiene muchas facetas. Por tanto, existen muchas soluciones. A todos nos preocupa de una forma u otra la memoria. Ya sea que hayas tenido problemas con recordar en el pasado o el presente, o te preocupe tu futuro, acompáñame en la Clínica «Todo Está Bien», donde puedes aprender las soluciones a tus preocupaciones particulares sobre la memoria.

I. EL EFECTO A LARGO PLAZO DE LA DEPRESIÓN SOBRE LA MEMORIA

¿Alguna vez has tenido una acumulación de cosas, trabajos atrasados o sufrimiento en tu vida? ¿La depresión ha sido un problema perenne? Si es así, la tristeza, la desesperación, la soledad y la infelicidad prolongadas pueden socavar la salud de los circuitos de la memoria de tu cerebro. Después de décadas de desilusión y pesar con la familia, el dinero, el matrimonio, el trabajo, los hijos o, incluso, problemas de salud catastróficos continuos, puedes sentir que tu memoria es como una neblina. Cuando vas de doctor en doctor, tal vez preguntes: «¿Es esto, en verdad, un envejecimiento normal?». Después de experimentar con hormonas —ya sea estrógeno, DHEA o cortisol para la fatiga adrenal, sin mencionar una variedad de suplementos nutricionales y hierbas—, quizá descubras que tu mente y tu memoria no son lo que te gustaría que fueran. Puede ser que el lento goteo de la depresión, las décadas de angustia, rechazo, melancolía y tristeza han corrompido energética y bioquímicamente tus circuitos de la memoria.

Considera los siguientes sentimientos y pensamientos. ¿Te identificas con ellos?

Pensamientos y sentimientos

- Durante muchos años, a lo largo de las últimas décadas, he estado sumamente triste e infeliz; pero, de algún modo, he logrado salir adelante.

- A menudo siento que mi futuro es desesperanzador; sin embargo, trato de buscar soluciones mente-cuerpo para crear cambios.
- Cuando miro hacia atrás, hacia mi pasado —ya sea mi familia, mis finanzas, mis relaciones o mi trabajo—, me encuentro sintiéndome triste y deseando que ojalá hubiera descubierto la forma de encontrar la felicidad.
- Desde niño, cuando alguien a mi alrededor siente dolor o está sufriendo, normalmente me siento culpable, triste y consternado si no puedo ayudarle.

Cuerpo/conducta

- Me es difícil recordar haber tenido periodos largos de emoción, optimismo y alegría sin importar lo que haga para tratar de encontrar la felicidad, ya sea estar en la naturaleza, hacer ejercicio, buscar entretenimiento, ver películas, oír música o estar con amigos.
- Lloro fácilmente. Durante la mayor parte de mi vida he pasado mucho tiempo llorando y, podría añadir, no son lágrimas buenas.
- Durante gran parte de mi vida me ha molestado fácilmente mi entorno, ya sea por las multitudes, los ruidos, la luz intensa o cualquier otra cosa que sea sobreestimulante.
- Durante mucho tiempo se me ha dificultado tomar decisiones.
- Durante la mayor parte de mi vida, mi cuerpo se ha sentido abrumado con fatiga y agotamiento.

Si eres una persona que tiene fatiga, letargo, así como la fatiga mental y física que acompaña la tristeza y la depresión prolongadas, puedes descubrir que tu estado de ánimo es, en parte, lo que está haciendo que tu memoria sea menos aguda. Puede haber otros elementos que estén provocando que tengas preocupaciones relacionadas con tu memoria. Después de leer el siguiente caso, lee también las demás secciones.

Si muchos de estos enunciados se aplican a ti, puedes tener desequilibrios en tu cerebro y en tu cuerpo en cuanto a la dopamina, la norepinefrina, la serotonina y otros neurotransmisores del estado de ánimo. Por favor, lee el capítulo 1, que trata sobre el estado de ánimo, y considera acudir con un profesional capacitado para obtener apoyo para manejar tus estados de ánimo, de modo que no se conviertan en una fuente evitable de problemas de la memoria. Acompáñame en el siguiente estudio de caso, a fin de que puedas aprender más soluciones para ayudarte a manejar tus estados de ánimo y tu memoria.

SUSAN: ¿TENGO LA ENFERMEDAD DE ALZHEIMER?

Susan, de cincuenta y siete años, me llamó porque le preocupaba su memoria.

La lectura intuitiva

Cuando observé la vida de Susan, parecía que estaba corriendo por todos lados, siendo todo para todos. ¿Acaso esto se debía a que estaba tratando de escapar de esta sensación de tristeza o sufrimiento que guardada en su pecho? Parecía que había habido una serie de pérdidas en su familia. ¿Habían fallecido seres queridos recientemente? Parecía como si Susan estuviera corriendo de un lado para otro, haciéndose cargo de las necesidades de todo mundo en su familia, cocinando, limpiando, siendo una eterna madre.

El cuerpo

Vi una presión agobiante en la cabeza de Susan. ¿Era esto tensión en sus vasos sanguíneos? Observé su cuello y, una vez más, vi que le costaba trabajo mantener una presión estable. Su cuerpo se sentía pesado, como si estuviera agobiado. Vi problemas con la regulación de azúcar en sangre. ¿Hubo problemas en el pasado con un crecimiento en su pared uterina? ¿Le hicieron alguna cirugía ahí? Percibí que en ocasiones Susan sentía una presión en su pecho y le era difícil respirar profundamente.

Los hechos

Susan decía que tenía «huesos gruesos», pero nadie pensaría realmente que tenía sobrepeso, aunque los doctores decían que tenía veinticinco kilos de más. Susan admitió que tenía un duelo atrasado: había perdido a su hermano debido al cáncer, después de haber cuidado de su madre durante más de una década, pues padecía alzhéimer. Hace algunos años, Susan había tenido una histerectomía debido a un fibroma, después de varios años de fuertes hemorragias y anemia, y había tomado esteroides para el asma. Ella quería saber si esta era la causa de sus problemas de memoria. Por otra parte, preguntó si iba a tener los mismos problemas de memoria que su madre, quien había tenido alzhéimer. «Haga lo que haga, no puedo equilibrar mis hormonas ni corregir mi fatiga adrenal lo suficiente como para que mi mente esté despejada».

La solución

¿Una persona tras otra te ha dejado? ¿Has tenido una pérdida tras otra? Siéntate y cuenta los sucesos que te han dejado desconsolado.

- Familia: ¿cuántas personas han fallecido?
- ¿Divorcios, rupturas, hijos que se mudan?
- ¿Cuántas catástrofes financieras, bancarrotas o problemas legales?
- ¿Pérdida de empleo, despidos o, incluso, retiro? Aunque el retiro puede ser un alivio en cuanto a que ya no tienes que trabajar, sigues teniendo una pérdida en tu programa diario, al ya no estar conviviendo diariamente con personas en el trabajo y en la sociedad.
- ¿Enfermedades graves?

Primero acudes con tu doctor para descubrir si estás perdiendo la memoria y te dice: «Es el proceso normal de envejecimiento». Si tus problemas de memoria ocurren alrededor de la llegada de la menopausia, existe la posibilidad de que esto no se deba a la enfermedad de Alzheimer, sino a cambios bioquímicos en tu cerebro, que dan como resultado altibajos hormonales. El área que graba los recuerdos en tu cerebro, el hipocampo, tiene receptores de estrógeno y progesterona. Cuando el estrógeno sube y baja, la capacidad de grabar recuerdos a través del hipocampo puede subir y bajar, de modo que puedes tener problemas de concentración y atención, además de que puedes sentir que te estás enfermando de alzhéimer. Si sientes que estás muy confundido, tal vez desearás, en el corto plazo, recurrir a estrógeno y progesterona bioidénticos para tratar tus síntomas cognitivos. Lo que es importante saber es que tu neblina mental y tus problemas de memoria son temporales. Los síntomas relacionados con la memoria en esta etapa no tienen que ver con el nivel de estrógeno en tu saliva o en tu sangre, así que, si sigues revisando esos niveles, entiende que los problemas de la memoria se deben a los niveles cambiantes de estrógeno que provocan los síntomas relacionados con la memoria en esta etapa. Cuando los niveles hormonales se estabilicen después de cinco o diez años, alcanzarás un nuevo estado constante en cuerpo y mente. ¿Tu memoria será la misma que antes de la menopausia? No. Tendrás un tipo nuevo de memoria en cuanto a que la velocidad con la que piensas y recuerdas las cosas no será tan rápida como era antes. Sin los efectos del estrógeno todavía puedes tener una memoria aguda y sagaz —véase abajo «Envejecimiento normal»—.

No obstante, si hay enfermedad de Alzheimer en la familia, algunas personas simplemente no pueden tolerar la neblina mental de la menopausia, así que pueden necesitar probar el reemplazo con estrógeno bioidéntico. Si es tu caso, he aquí una nota de advertencia: si tienes veinte kilos o más de sobrepeso, entiende que tu cuerpo ya tiene depósitos excesivos de estrógeno en los tejidos. Incluso, si has checado tus niveles de estrógeno en saliva y en sangre, el estrógeno que puede aumentar tu probabilidad de tener cáncer endometrial y de mama no está almacenado en la sangre o en la saliva, como vimos en el capítulo 1, sino que está almacenado en la grasa corporal. Vete en el espejo. Sabes dónde se encuentra tu grasa corporal. Está en tu abdomen. Está en tu área pélvica y está en el área de tus pechos. Las mujeres que tienen veinte kilos o más de sobrepeso después de la menopausia tienen un mayor riesgo de padecer cáncer de seno y endometrial, así que, si este es tu caso y si tienes esta neblina mental, tal vez quieras considerar otras formas de lidiar con tus síntomas relacionados con la memoria. Necesitas saber que el reemplazo de estrógenos por sí solo no previene la enfermedad de Alzheimer.

También necesitas saber que en el caso de muchas mujeres no existe ningún reemplazo con estrógeno bioidéntico en la edad mediana que se deshaga de la depresión o la ansiedad, así que, si algunos de estos cambios en el estado de ánimo están nublando tu memoria —véase la siguiente sección en esta clínica—, necesitas considerar con determinación tratar tu cerebro con suplementos nutricionales, medicamentos y otras terapias para elevar tu estado de ánimo y lograr estar más tranquila.

Además, tal vez quieras considerar echar un vistazo a otras causas de la pérdida temporal de memoria. Las causas más comunes del estado de confusión o neblina mental son deficiencias nutricionales de vitamina B12 y ácido fólico. Las personas que tienen anemia, hipoglucemia o problemas de enfisema, EPOC o asma a menudo también tienen este tipo de cerebro alterado. El alcohol y las drogas a menudo crean neblina mental, y esto con frecuencia puede confundirse con problemas de memoria, como la enfermedad de Alzheimer. Si estás tomando diversos antidepresivos, antihipertensivos, betabloqueadores o antihistamínicos (Benadryl), ellos también podrían nublar tu memoria. Checa tus niveles de vitamina B6, B12 y ácido fólico; las vitaminas B6 y B12 y el ácido fólico ayudan a tu cerebro a producir serotonina, un neurotransmisor importante para el estado de ánimo, la ansiedad, la atención y la memoria. Si estás utilizando el alcohol para tratar el insomnio, puede hacer que tu memoria empeore; pregunta a tu doctor por otros suplementos nutricionales, hierbas y medicamentos para ayudarte a conciliar el sueño. Asimismo, si has sufrido y sigues sufriendo de dolores o alergias, pide a un farmacéutico o a un doctor que eche un vistazo a tus medicinas para descubrir si también pueden estar provocando que tengas depresión, problemas de memoria o ambos.

Envejecimiento normal

¿Cuál es la diferencia entre el envejecimiento normal y la enfermedad de Alzheimer? En la enfermedad de Alzheimer, el cerebro se degenera y existe una acumulación de placas y nudos en el hipocampo y en redes específicas a lo largo del cerebro. Algunas formas de alzhéimer que se desarrollan de manera temprana en la vida son genéticas y están relacionadas con el gen APOE4. Sí, es el mismo gen que está relacionado con el colesterol y las enfermedades cardiovasculares. Sí, puede haber una conexión entre el colesterol, las enfermedades cardiovasculares y tu riesgo de padecer enfermedad de Alzheimer. Sin embargo, la mayoría de los casos de alzhéimer no son genéticos. Si este se desarrolla en una etapa posterior de la vida, está relacionado con múltiples factores, incluyendo toxinas ambientales, enfermedades, estrés, así como traumas físicos y emocionales.

Tenemos la capacidad de envejecer con normalidad, y el cerebro que envejece con normalidad tiene un potencial para el aprendizaje perenne. La función de nuestro cerebro consiste en acumular conocimiento con el tiempo y beneficiarnos de la experiencia.[6] Sí, es cierto, algunos perdemos neuronas a medida que envejecemos, pero eso ha estado pasando desde que naciste. Como un alfarero que elimina las partes innecesarias del barro cuando moldea un jarrón, nuestro cerebro ha sido programado desde el nacimiento para eliminar —a través de un proceso llamado «apoptosis»— las conexiones que enturbian nuestro pensamiento. Ya has experimentado lo que es hablar con personas que incluyen un montón de detalles innecesarios cuando hablan. Se van por esta tangente, aquella tangente. Su mente está nublada. Tu cerebro está programado para deshacerse de estos detalles, de estas conexiones no esenciales, de modo que la sabiduría pueda brillar. Así pues, mantenemos la mayoría de las neuronas que necesitamos para protegerlas, cuidarlas y nutrirlas con comida, aprendizaje y relaciones saludables. No obstante, entre más vivimos, más estamos expuestos a toxinas ambientales, enfermedades, estrés y traumas. Por tanto, todos necesitamos mecanismos para neutralizar los efectos de los ataques negativos, de los altibajos de vivir la vida en el planeta Tierra. A propósito, mientras estés en la Tierra, ponte un casco cuando andes en bicicleta.

De modo que es cierto que, a medida que envejeces, tienes un mayor riesgo de ser vulnerable a la demencia y que el riesgo aumenta con la edad.[7] No obstante, el envejecimiento normal implica una cantidad mayor de conexiones entre nuestras neuronas, un aumento en el cableado entre las áreas de tu cerebro cuando llegas a tu séptima década de vida y más allá. La mayoría de las personas piensa que parte del envejecimiento normal es perder la memoria, pero eso dista mucho de ser verdad.[8]

Protege a tu cerebro contra la demencia

Todos tenemos la capacidad de envejecer con magnificencia. Existen algunas variaciones en la forma como las personas envejecen. No todo mundo tiene la misma serie de infortunios a lo largo de su vida.[9] Algunas personas tienen más estrés y otras tienen mejores habilidades para manejar el estrés. Algunas personas tienen mejores dietas; otras han tenido más toxinas ambientales. Otras personas tienen más resistencia para manejar y reelaborar sus tragedias y traumas particulares. No obstante, a medida que envejecemos, todos tenemos la capacidad de aprender y de cambiar a través de la plasticidad de nuestro cerebro. Puedes cambiar y darle un giro a lo que te ocurrió hasta tu séptima, octava, novena década de vida y más allá. Vete tú a saber. No es cierto que perro viejo no aprende trucos nuevos. ¿En verdad estudian a los perros viejos? No lo creo. De hecho, han estudiado el enseñar a las *personas* que tienen demencia de leve a moderada cómo aprender: les enseñan a aprender cosas nuevas y su demencia en verdad mejora.

Entonces, ¿cómo puedes proteger a tu cerebro contra la demencia?

- En primer lugar, aborda la depresión y el sufrimiento prolongados. Si has tenido muchas pérdidas en tu vida, acude con un consejero, alguien que pueda brindarte apoyo. Al igual que Susan, necesitas tener a alguien que se siente contigo, que te escuche cuando hablas y liberas el dolor. Si te quedas con el dolor durante mucho tiempo y se arraiga en tu cuerpo, se come los neurotransmisores, aumenta la inflamación en tus vasos sanguíneos y puede poner el escenario para diversos trastornos degenerativos en tu cuerpo, sin mencionar la demencia. Suelta la necesidad de ponerte a cuidar a alguien o a todo mundo para escapar de tu dolor. Sí, puedes sentirte mejor si eres algo para alguien. Estar solo con el propio dolor siempre es difícil. Sumergirte en la emoción y el éxtasis de rescatar puede, después de un tiempo, ser una adicción y un escape. Entonces, busca apoyo para soltar el dolor antes de que se convierta en una depresión importante. La depresión prolongada y su liberación de cortisol puede tener un efecto dañino sobre los circuitos de la memoria de tu cerebro.

- Si no logras conciliar el sueño, acude con un doctor o una enfermera para que te ayude con medicinas nutricionales, suplementos, hierbas u otras sustancias. Este no es el momento de quedarte despierto por la noche. Necesitas tanto sueño REM como te sea posible, porque el sueño REM es la forma en la que tu cerebro produce la acetilcolina, el neurotransmisor esencial para el sueño.[10] Sí, recordarás que lo dije al principio del capítulo. Lo estoy diciendo dos veces porque es importante.
- No tomes demasiadas vitaminas A o D, aunque hayas oído que puede disminuir el riesgo de que padezcas cáncer, porque, irónicamente, las cantidades excesivas de estas vitaminas liposolubles pueden perjudicar tu memoria. Y ya que estás en esto, pide que revisen tu función renal y hepática, así como tu azúcar en la sangre, para asegurarte de que no estén desequilibradas, porque estas son formas sutiles de cambios en la bioquímica de tu cerebro y de tu cuerpo que hacen que te sientas como si tuvieras neblina mental. Este es el momento de tener un entrenador regular para que te ayude a hacer ejercicio todos los días. Te ayudará a lograr que tu sangre fluya por los vasos sanguíneos en tu cerebro y ayudará a promover una presión arterial más saludable. El ejercicio regular disminuirá tu azúcar en la sangre, disminuirá tu riesgo de padecer diabetes y, una vez más, disminuirá tu riesgo de tener demencia relacionada con los vasos sanguíneos, llamada «demencia vascular».
- Considera tomar una aspirina al día, pues también inhibirá esos infartos de las pequeñas arterias en tu cerebro que pueden producir pérdida de la memoria. Habla con tu médico primero, para verificar si es algo seguro.
- Si ya estás tomando una estatina para disminuir tu colesterol, considera tomar coenzima Q10, de 400 a 600 mg al día, ya que las estatinas se caracterizan por disminuir la coenzima Q10.

Considera también la siguiente larga lista de suplementos que pueden agudizar tu mente y tu memoria:

- Acetil-l-carnitina, 500 mg tres veces al día: es un antioxidante y protege tus neuronas de la muerte cerebral. No solo agudiza tu mente, tu concentración y tu atención; puede ayudar a las personas que ya tienen alzhéimer de leve a moderada para que tengan una mejoría en su memoria.
- CDP colina, de 500 a 2000 mg al día: aunque es controversial, ayuda a tu cerebro a producir el neurotransmisor para la memoria, la acetilcolina. La CDP colina es considerada un potenciador cognitivo. Puede reparar las membranas de las neuronas que ya han sido dañadas debido al trauma, a un derrame cerebral, a toxinas y al envejecimiento.
- Vitamina E, 2000 UI.
- DHA, 1000 miligramos tres veces al día. El aceite de pescado puede ayudar a las personas que padecen un deterioro cognitivo leve y que tienen formas leves de demencia; puede mejorar la memoria de corto plazo y la memoria funcional.[11]
- Ácido fólico, 0.8 miligramos al día; vitamina B6, 20 mg al día; vitamina B12, 0.5 miligramos al día, pueden minimizar la disminución del volumen del cerebro, especialmente en las áreas de la memoria que tienden a encogerse en la enfermedad de Alzheimer.[12]
- L-metilfolato, 5.6 miligramos; metilcobalamina y N-acetilcisteína, 600 miligramos: todos ellos han demostrado ser útiles en aquellas personas que están preocupadas por una pérdida temprana de la memoria o aquellos que tienden a tener esos pequeños derrames en el cerebro.
- Estrógeno bioidéntico: habla con tu doctor acerca del riesgo en ti o en algún miembro de tu familia de padecer cáncer de seno o endometrial. Si ya has tenido cáncer de seno, cáncer ovárico o endometrial, tal vez quieras evitar las hormonas por completo, pero, al final, la decisión es entre tú y tu médico.
- Ginseng siberiano: 625 mg una vez al día pueden ayudar a tu cerebro a liberar acetilcolina, el neurotransmisor de la memoria, así como ayudar a proteger las neuronas de tu cerebro.

- Ginkgo biloba: de 120 a 240 mg al día ayuda a las personas que están en la edad mediana con quejas leves relacionadas con la memoria. También ayuda a aumentar los niveles de acetilcolina y mejora la memoria y la atención.
- El zinc, el selenio y el alfa-tocotrienol ayudan a prevenir los cambios inflamatorios en el cerebro al «succionar» los radicales libres que pueden producir la muerte de las neuronas en la enfermedad de Alzheimer.

Envejecer con potencial y propósito

Para proteger a tu cerebro contra la demencia también es importante crear crecimiento, cambio y aprendizaje perennes. Asegúrate de estar aprendiendo en múltiples áreas de tu vida. Y no se trata solamente de hacer crucigramas o sudokus. Ya sea que aprendas un idioma, que perfecciones un sentido tridimensional como aprender a navegar con un mapa o hacer rompecabezas, es importante desafiarte en múltiples ámbitos, ya sea en el planeta Tierra o donde sea.

No te quedes atrapado en una rutina solo con los amigos que tienes. Amplía tu círculo. Inscríbete a un curso. Participa en algún deporte por equipos, aun si nunca has sido realmente un «jugador de equipo». Toma una clase de baile, aunque hasta ahora hayas tenido dos pies izquierdos.

Cambia la forma como organizas y planeas tu casa. Si eres una «criatura de hábitos», cambia. No querrás tener rigidez cognitiva, ¿o sí? ¿O una «actitud endurecida»? Contrata a alguien para que venga a tu casa y reorganice tu cajón de los calcetines. Cambia la organización de tu clóset, aun si eso significa colocar todos los ganchos en la dirección contraria —y, créeme, ¡esto no me gusta más de lo que te gusta a ti!—.

Comienza a comprar revistas diferentes. Si siempre has comprado *The Boston Globe*, compra *The New York Times*. Sí, la letra será más pequeña… ¡qué lástima! Compra una lupa. Si siempre has leído libros impresos, cómprate un Kindle. Si le tienes fobia a la tecnología, pide a un adolescente de tu localidad que te enseñe. No digas: «Yo no me llevo bien con la tecnología». Querrás integrarte al resto del rebaño, porque, si el resto del mundo lo está haciendo, no querrás quedarte atrás, ¿o sí? Aprender significa ejercitar las células en tu hipocampo, y esa es una conducta antidemencia. Si todos los niños en tu familia o en tu vecindario están comprando PlayStation o Xbox o el más reciente videojuego, considera aprender a utilizarlo o, incluso, comprar uno. Al principio te sentirás ridículo. Incluso, puedes sentirte desafiado a nivel cognitivo cuando trates de usar por primera vez el controlador. Será particularmente molesto cuando veas a un niño de ocho o doce años utilizar la misma máquina sin ningún tipo de problema. Sin embargo, considera los efectos medicinales de crear nuevos circuitos en tu cerebro. El inmenso esfuerzo que llevarás a cabo —sin mencionar tener que pasar por la vergüenza— valdrá su peso en oro a medida que disminuyes el riesgo de padecer demencia. Te dará mucho gusto saber que estoy en mi tercer PlayStation y que también llevo conmigo un GameBoy. La gente me ve con extrañeza. No me importa. Aprende un idioma distinto. Aprende inglés. Trata de aprender un alfabeto diferente. Sí, es tremendamente difícil. Hazlo de cualquier manera. Escucha y habla con alguien con una inclinación política diferente. Esto puede ser también profundamente difícil. Observa que no dije que necesariamente cambies tus actitudes políticas; dije que escuches y consideres lo que otras personas están diciendo. Trata de entender cómo llegaron a ese punto de vista.

Ofrecerte como voluntario en un albergue cercano donde tienden a agruparse muchas minorías puede ayudarte a aprender los distintos idiomas que se hablan ahí. Aprenderás una oración o una frase aquí o allá, y, en esencia, te volverás políglota. Si estás perdiendo la audición, consigue un aparato auditivo. Si estás perdiendo la vista, encuentra una forma diferente de ver, aun si eso significa aprender braille. Si estás perdiendo algún sentido, tu posibilidad de padecer demencia se eleva enormemente. Si no puedes oír, este no es el momento de decir que no quieres verte viejo por llevar un aparato de ayuda auditiva.

Renta un auto y conduce por ahí, porque te ayudará a practicar habilidades tridimensionales. ¿Así que te perdiste? Puedes encontrarte en un lugar sorprendente. Estaciónate; ve a comer a un lugar al que jamás habrías ido. No tengas miedo de cometer errores y conocer nuevas personas. Mézclate con grupos espirituales, grupos recreacionales, grupos ocupacionales.

No te retires. Este es un punto importante. Las personas dirán: «Pero he trabajado mucho tiempo y muy duro. Merezco retirarme».

La literatura sugiere que el retiro aumenta, al cabo de cinco años, tu riesgo de desarrollar demencia, cáncer, enfermedades cardiovasculares y un derrame cerebral. En lugar de decir que vas a retirarte, di: «Estoy terminando esta carrera y eligiendo otra vocación o llamado». No estoy diciendo que lo sustituyas con otro trabajo de nueve a cinco; sin embargo, holgazanear en la casa o esperar a que tu pareja esté disponible para que haga algo contigo es un camino que favorece la demencia.

Convive con personas de distintas edades. Sí, puedes sentirte incómodo al principio. Conoces el dicho: «El que con lobos anda a aullar se enseña». No querrás ser parte de una manada de dementes que andan juntos. El hecho de estar con niños y con adultos te obligará a moverte más rápido y a seguir el ritmo. Y en el caso de las personas que son mayores, querrás ayudarlas a que se muevan más rápido. Las actividades multigeneracionales son mejores para ayudarte a mantener la flexibilidad en tu cerebro y en tu cuerpo.[13]

II. ANSIEDAD, TRAUMA Y MEMORIA

¿Tuviste algún trauma emocional o físico en tu niñez? ¿Estás teniendo problemas ahora en tus relaciones familiares, en tus finanzas y en tu trabajo? Si es así, las hormonas del estrés —el cortisol y la epinefrina— pueden aumentar la posibilidad de que tengas problemas con tu memoria. Si *recuerdas*, existen dos tipos de memoria. Está el hipocampo, el área que graba los recuerdos de los que podemos hablar, y luego está el otro tipo de memoria. La amígdala es memoria corporal. La amígdala toma el mando por encima del hipocampo cuando los eventos que ocurren a tu alrededor son abrumadoramente aterrorizantes, estresantes, atemorizantes y catastróficos. Durante un trauma, la amígdala canaliza el pánico y el enojo hacia tu cuerpo a través del hipotálamo y las hormonas. ¿Cuál es el resultado? Cuando te encuentras en una situación traumática, primero sientes pánico y enojo; luego, atontamiento. Sin embargo, con el tiempo, si el trauma es constante, el hipotálamo y las hormonas transforman el dolor en memorias corporales. Luego, más adelante en tu vida, si te encuentras en una situación que te recuerda el trauma del pasado, puedes no estar consciente en lo más mínimo de que así es. No obstante, tu cuerpo sí estará consciente.

A nivel médico-intuitivo, aun si piensas que una pareja, un vecindario o una familia te hace sentir muy cómodo, de hecho, puede asemejarse a un recuerdo traumático que te es muy familiar de cómo era tu hogar. Puedes sentir una comodidad y una familiaridad emocional inicial, pero tu cuerpo no lo sentirá así. En un sentido médico-intuitivo, tu cuerpo hará sonar una alarma de advertencia a múltiples órganos, haciéndote saber que debes reconsiderar la seguridad de tu situación. Es posible que aquellos que hemos experimentado un trauma podamos tener una visión distorsionada toda la vida, una ceguera frente a saber qué es una familia segura si hemos tenido una familia abusiva. Quizá no podamos ver con exactitud una relación segura si hemos tenido una serie de relaciones abusivas. Y podemos tener una miopía similar a la hora de ver lo que podría ser posible profesionalmente hablando si hemos estado en una serie de empleos en los que hemos tenido jefes abusivos o, incluso, en los que hemos sido despedidos.

Entonces, ¿qué haces si los circuitos de la memoria en tu cerebro y en tu cuerpo han sido alterados por el trauma? Además de las soluciones que se encuentran en la siguiente sección, puedes, como cualquier persona que tiene ceguera física, pedir prestados un par de ojos para esa área de tu vida. Por el resto de tus días puedes necesitar pedir prestada la percepción y la sabiduría de alguien para ver lo que *sí es* un grupo saludable de personas en el cual puedes estar. Puedes necesitar la perspectiva equilibrada de un consejero o un psicoterapeuta —como un perro lazarillo— que te guíe y te apoye para elegir parejas y profesiones apropiadas. ¿Es posible —a través de la psicoterapia y de «trabajar nuestros problemas»— que podamos decirnos a nosotros mismos: «Para este momento, después de décadas de cometer los mismos errores en mis relaciones y en mi profesión, ya debería poder elegir con mayor sabiduría»? Quizá. Hay dos formas de verlo. Hasta que llegues a ese punto, puedes seguir necesitando el apoyo visual de un consejero que te guíe para que tomes las decisiones correctas, porque, si continúas tomando las decisiones equivocadas que te provocan un trauma, llevarás tus problemas de memoria a un nivel más profundo en tu cerebro y tu cuerpo. Sin embargo, en el caso de personas con pasados más traumáticos y severos, la ciencia nos muestra que puede haber un reacomodo más extenso de los circuitos de la visión y la memoria en su cerebro para reconocer relaciones y oportunidades con exactitud.

Así pues, parte de envejecer sabiamente consiste en aceptar con gracia nuestros límites al tiempo que aprendemos a adquirir nuevos talentos. Por ejemplo, Stevie Wonder es ciego y se encuentra en su séptima década de vida al momento en que yo escribo estas líneas. Quizá su ceguera hizo que perdiera capacidades visuales pero lo hizo desarrollar talentos para toda su vida en beneficio de su genialidad melódica y musical. El hombre es ciego. No se te ocurriría que dijera: «Un día de estos, con la cantidad apropiada de psicoterapia, voy a ver, porque he "trabajado" el problema».

Eso abre otra lata de gusanos. Podemos lidiar con los efectos del trauma en nuestro cerebro y nuestro cuerpo, tal vez, incluso erradicar, curar, sanar y eliminar ciertas enfermedades. No obstante, jamás podremos apartar realmente nuestra memoria de sus efectos en nuestra vida, ya sean traumáticos o de otra índole. Haber experimentado todos esos eventos —dolorosos o de otro tipo— afecta nuestro cerebro y puede, de hecho, tener un impacto en nuestra memoria justo como lo estamos describiendo en esta historia. Así que, para aceptar lo que te ha ocurrido y amarte por la persona en la que te has convertido para soportar el trauma, tienes una única forma de ayudar a tu memoria: *aceptando* ayuda.

Considera los siguientes enunciados para descubrir si has experimentado ansiedad y trauma que afectan tus circuitos de la memoria.

Síntomas emocionales

- Ha habido largos periodos en tu vida en los que has experimentado nerviosismo y preocupación a tal grado que difícilmente puedes soportarlo.
- Ha habido un suceso o sucesos en tu vida en los que has experimentado un terror tal que te has preguntado cómo podrías sobrevivir.
- Ha habido un suceso o sucesos en tu vida en los que has visto a un ser querido experimentar un trauma horrible y te has sentido impotente o culpable porque no pudiste ayudarlo.

Síntomas corporales

- Desde que tienes memoria, tu cuerpo ha tenido bochornos y escalofríos.
- Desde que tienes memoria, has tenido episodios en los que parece que el corazón se te sale del pecho.
- Has tenido periodos prolongados en tu vida en los que has tenido problemas de mareos y aturdimiento.
- Durante largos periodos te has preguntado si tu sistema nervioso está alterado; has sentido que tu cuerpo tiembla, se sacude; algunas veces has sentido adormecimiento y hormigueo.
- Durante la mayor parte de tu vida te ha sido difícil tragar pastillas.
- Tienes muchos efectos secundarios cuando tomas medicinas, hierbas y suplementos nutricionales.

Solo tú puedes determinar cuántos de los síntomas arriba mencionados de nerviosismo y ansiedad pueden estar dificultándote recordar. Si eres una persona muy nerviosa que tiene hipersensibilidad emocional e intuitiva, tu nerviosismo y tu tensión pueden hacer que tu memoria tenga un desempeño menos eficiente del que podría tener. La ansiedad, sin embargo, puede ser solo un componente de lo que está haciéndote batallar para tener una memoria aguda y eficiente. Después de que leas el siguiente caso, lee las otras secciones en este capítulo también, ya que pueden ayudarte a encontrar otras soluciones para utilizar todo tu intelecto y sabiduría.

TERRY: TRAUMA Y MEMORIA

Terry, de cincuenta y ocho años, me llamó quejándose de que no podía recordar nada. Decía que su cerebro estaba nublado.

La lectura intuitiva

Cuando observé la vida de Terry, vi que después de perder a uno de sus seres queridos pareció estar siempre nerviosa por estar sola.

¿Acaso fue uno de sus padres? ¿Alguien simplemente abandonó a la familia? Sea lo que haya sido, parecía que el cerebro y el cuerpo de Terry tenían una hipervigilancia, una sensación nerviosa de que el mundo no era seguro y de que en cualquier momento alguien podía desaparecer y dejarla. Ahora, recientemente parecía que su vida estaba reproduciendo instantáneamente este trauma. Alguien había dejado a Terry una vez más. Esto, en sí mismo, no era una tragedia, pero parecía agravarse porque le recordaba esa separación anterior en su vida. Parecía como si Terry hubiera experimentado un «latigazo emocional».

El cuerpo

Cuando observé la cabeza de Terry, vi problemas de concentración y atención. ¿Se debía esto a las hormonas? ¿Se debían al pánico? Vi presión en su pecho. Le era difícil respirar profundamente. Parecía que había adicciones en las personas que rodeaban a Terry. ¿Era adicción al alcohol? ¿A la comida? No estaba segura. Vi cambios sutiles en los estrógenos, en la progesterona, en el cortisol y la insulina, que hacían que su neblina mental empeorara. Finalmente, vi tristeza y problemas para conciliar el sueño y permanecer dormida.

Los hechos

Terry trabajaba como decoradora de interiores, pero estaba tomándole cada vez más y más tiempo completar sus proyectos. Las personas estaban empezando a quejarse. No podía cumplir con su programa y estaba comenzando a olvidar algunos de los detalles de sus deberes. Su madre había muerto de cáncer de mama cuando ella tenía cuatro años y, recientemente, su padre había fallecido de forma intempestiva de un ataque masivo al corazón. Terry me dijo que podía recordar muy poco de su niñez, así que realmente no pensaba que la muerte de su madre fuera un gran problema. Lo que sí admitió fue que había estado en recuperación por un problema de alcoholismo que había durado veinte años, pues lo había usado para la ansiedad y el insomnio. Recientemente había pasado por la perimenopausia y le estaba costando trabajo dormir. Como había tenido durante mucho tiempo problemas con las relaciones, siempre pensó que lo único en lo que podía confiar verdaderamente era en su éxito en el trabajo, pero recientemente eso también estaba fallándole.

La solución

Si has tenido un trauma grave en tu vida, puedes haber sido diagnosticado con TEPT, ansiedad, depresión y, quizá, incluso TDAH. Si ese es el caso, ve a que te realicen una valoración neuropsicológica para la memoria, de modo que puedan separar qué aspectos de tus problemas de memoria se deben a la ansiedad y cuáles se deben a problemas de la función ejecutiva frontal, al TDAH y/o TEPT. El neuropsicólogo podrá proporcionarte un remedio cognitivo para todos estos trastornos. Para conocer mayores soluciones, consulta el capítulo 1 sobre la depresión, el capítulo 2 sobre la ansiedad y el TEPT, y el capítulo 4 sobre el TDAH.

La primera solución para el cerebro en relación con el trauma y su efecto sobre la memoria ciertamente no es continuar desenterrando. Como ocurre cuando arrancas una costra, entre más arrancas, más profunda se hace la cicatriz. Además, tratar de recordar el evento traumático no necesariamente te ayuda a sanar. No lo hace. Aunque saber qué fue lo que te ocurrió y cómo ha influido en tu cerebro, en tu estado de ánimo y en tus relaciones puede ser reconfortante e informativo, no te proporciona las habilidades para evitar tomar la misma decisión una y otra vez. Entre más desentierres un trauma a lo largo de los años hablando al respecto o repitiéndolo —como una palomilla nocturna se siente atraída a una llama—, vas a programar tu cerebro para que lo repita. Entre más hables del trauma al paso de las décadas, más fuertes se vuelven los vestigios del recuerdo en tu cerebro y en tu cuerpo, aumentando la posibilidad de que —sin que te des cuenta e inconscientemente— no puedas tomar decisiones más saludables en tus relaciones, tus finanzas y tu trabajo. Vas a necesitar terapia cognitivo conductual o terapia dialéctica conductual especializada en mente-cuerpo para romper el ciclo entre el trauma, la amígdala, los hábitos y la salud. De otra manera, tu guion de vida será una pésima telenovela y tu salud te hará saber que estás cayendo una vez más en esa peligrosa rutina a través de una enfermedad crónica.

La terapia EMDR también puede ser útil para las personas que han tenido un trauma. De algún modo, puede alterar la forma como el cerebro procesa el recuerdo de los sucesos dolorosos. Puedes utilizar suplementos, hierbas tradicionales y medicamentos para tratar la ansiedad, tales como la ashwagandha, la rhodiola, el 5-HTP y otros —véase el capítulo 2—. Además, tal vez quieras considerar tomar pasiflora o toronjil para ayudarte a conciliar el sueño, o también magnesio. Trata la depresión enérgicamente —véase el capítulo 1— con suplementos o medicinas, ya que la depresión crónica puede trastornar la función ejecutiva del lóbulo frontal de tu cerebro y hacer que se te dificulte recuperar los recuerdos (véase el caso anterior).

Las afirmaciones

Louise Hay ha escrito un libro tras otro acerca de cómo una persona perdona después de haber sido lastimada por una madre, un padre, un jefe, un amigo, una hermana, un amante, etcétera. Dice: «Sé que quieres que todo mundo y todo lo demás cambie. No funciona de esa manera. Si te han lastimado en el pasado y quieres cambiar tu vida, entonces tú eres quien debe hacer el cambio». Así pues, de acuerdo con Louise, si deseas sanar el trauma, no puedes voltear la mirada a tu familia, a tus amigos o a las personas que han abusado de ti. Y, sí, sería maravilloso si se disculparan, pero con frecuencia una simple disculpa, o una disculpa larga, no mejora las cosas. ¿O sí? Realmente, no. La persona que tiene que llevar a cabo el cambio para sanar, de hecho, eres tú, la persona que fue lastimada. De acuerdo con Louise, para sanar de un trauma, para limpiar tu mente de modo que el dolor del daño no reverbere una y otra y otra vez, tienes que crear cambios en tus creencias. No obstante, no siempre es fácil. Ella dice: «La vida es muy sencilla. Lo que damos regresa a nosotros». Nuestra mente subconsciente acepta cualquier cosa que elijamos creer. Recuerda: estamos lidiando con pensamientos, y estos pueden cambiarse. Cuando éramos niños aprendimos acerca de nosotros, acerca de nuestra vida, a partir de las reacciones de los adultos que nos rodeaban. Piensa en ello: si fuiste abusado, si fuiste lastimado, vas a pensar: «Merezco que abusen de mí. No soy digno de ser amado». Puedes cambiar eso ahora, en el presente. Eso fue entonces, y esto es ahora.

Louise continúa: «Cuando crecemos tenemos una tendencia a recrear el entorno emocional de nuestra vida temprana en nuestro hogar. Tendemos a recrear en nuestras relaciones personales aquello que tuvimos con nuestro padre y nuestra madre. Si fuimos altamente criticados cuando éramos niños, entonces buscaremos personas en nuestra vida adulta que reproducirán esta conducta. Si fuimos elogiados, amados y alentados cuando éramos niños, entonces recrearemos esta conducta. No culpes a tus padres». Nos consuela: «Todos somos víctimas de víctimas y, de algún modo, ellos probablemente también fueron víctimas: no podían enseñarte algo que no conocían. Si tu madre o tu padre no sabía cómo amarse a sí mismo, habría sido imposible que te enseñara a amarte a ti mismo. Estaba arreglándoselas lo mejor que podía con la información que tenía». Piensa en ello por un instante, en la forma como fueron educados tus padres. Si quieres entenderlos mejor, te sugiero que les preguntes sobre su infancia. Escucha no solo lo que te están diciendo, sino observa lo que ocurre mientras están hablando. ¿Cómo es su lenguaje corporal? Podría agregar que eso no hará que se vaya tu propio enojo. Eso no invalida el dolor de tu trauma. Puedes hacer el ejercicio de ver la experiencia de tu victimario y, al mismo tiempo, estar presente con tu propio dolor, enojo y sufrimiento. Eso es lo que significa *di* en la terapia dialéctica conductual. *Di* significa «dos»: ser capaz de ver al mismo tiempo dos perspectivas aparentemente paradójicas.

La creencia más profunda en todos es: «No soy lo suficientemente bueno»; todos nos odiamos a nosotros mismos y nos culpamos en un grado o en otro. Estos son problemas con los que todos batallamos en nuestra vida. Si pasamos nuestro tiempo culpando a otros y no tomamos la responsabilidad de nuestras propias experiencias en el presente, vamos a tener problemas para sanar. No puedes cambiar tu camino, pero puedes cambiar tu actitud hacia el pasado. Lo que te ocurrió, te ocurrió. Tiempo pretérito. No puede cambiarse. Sin embargo, puedes modificar tus pensamientos sobre el pasado, tu reacción hacia él y la manera como afecta la forma como te sientes en relación contigo mismo. Y el único camino hacia la curación, ya sea que tengas neblina mental o dolor en tu cuerpo, es a través del perdón. Liberas a la otra persona y te liberas a ti mismo.

Louise sugiere hacer el ejercicio de sentir que merecemos a través del trabajo de espejo, diciendo frente a este: «Merezco. Merezco todo lo bueno. No algo, no un poco, sino todo lo bueno. Ahora supero todos los pensamientos negativos y restrictivos. Suelto y dejo ir las limitaciones de mis padres. Amo a mis padres. No amo sus opiniones negativas o sus creencias limitantes. No valoro ninguno de sus miedos o prejuicios. Ya no me identifico con limitaciones de ningún tipo. En mi vida, estoy entrando a un nuevo espacio de conciencia donde estoy dispuesto a verme de forma diferente. Estoy dispuesto a crear nuevos pensamientos sobre mí y sobre mi vida. Ahora prospero en diversas formas. La totalidad y la posibilidad se encuentran frente a mí. Merezco una buena vida. Merezco abundancia de amor. Merezco buena salud. Merezco vivir cómodamente y prosperar. Merezco alegría. Merezco felicidad. Merezco la libertad de ser todo lo que puedo ser. Merezco más que solo lo suficiente. Merezco todo lo bueno. El universo está más que dispuesto a manifestar mis nuevas creencias, y yo acepto esta vida abundante con alegría, placer y gratitud, pues yo merezco. Lo acepto. Lo reconozco para liberarme».

III. ACCIDENTES, CONMOCIONES, LESIONES CEREBRALES Y MEMORIA

Nos hemos golpeado la cabeza desde que éramos niños, cuando dimos nuestros primeros pasos. Es una función normal de nuestro cerebro y nuestro cuerpo repararse después de una lesión, ya sea un raspón en la rodilla, un hueso roto aquí y allá o, incluso, un golpe leve en la cabeza cuando te caíste del columpio o te volteaste en la bicicleta. Tu cuerpo y tu cerebro pueden ser increíblemente indulgentes después de un insulto o una lesión, después de un trauma emocional o físico.

¿Qué hace que una lesión, un golpe en la cabeza, nos genere problemas con la memoria? Diversos factores, incluyendo nuestra genética, nuestro estado nutricional y si utilizamos o no alcohol o drogas. No obstante, no podemos minimizar la influencia que tiene nuestro entorno o nuestro comportamiento en nuestra capacidad de recordar, reprogramar nuestro cerebro y compensar después de una lesión: ya sea que hayamos crecido con un intenso deseo de aprender o no nos encontrábamos en un ambiente donde se alentaba el aprendizaje; ya sea que tengamos recursos tales como suplementos nutricionales, hierbas, medicamentos y diversas terapias. El impacto que una lesión tiene en el cerebro no es lo mismo de una persona a otra.

A todo esto, ¿qué es una lesión cerebral? En su forma más benevolente, una conmoción es una lesión traumática en el cerebro en la que una fuerza repentina es dirigida contra nuestra cabeza, rostro o cuello. Ya sea que ocurra en un accidente automovilístico, en un evento atlético o que se trate de otro tipo de lesión, existen signos y síntomas clásicos: pérdida de la conciencia, irritabilidad, tiempos de reacción lentos, somnolencia, dolor de cabeza, neblina mental, inestabilidad emocional. Los síntomas de las conmociones normalmente se resuelven por sí mismos; sin embargo, muchas veces la persona que es lastimada no reconoce que haya ocurrido una conmoción.

Tan solo en los Estados Unidos, 1.7 millones de personas tienen algún tipo de lesión cerebral traumática de una clase u otra cada año. La mayoría de las personas no buscan asistencia médica, pero, en el caso de aquellos que sí lo hacen, el costo total de su atención nada más en los Estados Unidos en el año 2000 fue de sesenta mil millones de dólares.[14]

Si te preocupa que una lesión en tu cabeza —ya sea por un resbalón o una caída, una lesión atlética o un accidente automovilístico— haya afectado tu memoria, acude a la sala de urgencias inmediatamente después de que ocurra. Los doctores y enfermeras te harán los exámenes, los estudios apropiados y otras pruebas para determinar la severidad de tu lesión, además de darte el tratamiento y seguimiento apropiados. Si meses después descubres que «todavía no estás bien», que tienes neblina mental, problemas de memoria u otros síntomas, considera acudir con un neurólogo y que te haga una valoración neuropsicológica en relación con la atención, el aprendizaje y la memoria. Esos profesionales podrán tomar una «imagen neuropsiquiátrica» de la forma como está funcionando tu cerebro en este momento, para ver cuál es la base de tus molestias relacionadas con la memoria.

Además de los síntomas de conmoción que acabamos de describir, ¿cuáles son algunos otros problemas cerebrales que una persona puede tener después de una o varias lesiones? Muchos de los síntomas se ubican en la categoría del lóbulo frontal del cerebro, el área que describimos en el capítulo 4, que trata sobre los trastornos del aprendizaje.

- Como podrás recordar, el área ejecutiva del lóbulo frontal opera para contener, censurar, dirigir y organizar tu área límbica del lóbulo temporal relacionada con la emoción. Entonces, alguien que tal vez ha tenido una lesión cerebral más extensa puede experimentar ciertos cambios de personalidad, ya que el lóbulo frontal y el lóbulo temporal trabajan en conjunto para moldear nuestra personalidad, así como la forma como actuamos y nos comportamos.
- Algunas veces, después de una lesión cerebral más extensa, la lesión causada al lóbulo frontal elimina la inhibición habitual que necesitamos para contener los impulsos, ya sea en el trabajo, en las relaciones, en las finanzas o en la familia. Alguien que ha tenido una lesión cerebral puede responder de forma impulsiva a un comentario aleatorio con irritabilidad, emotividad y, luego, depresión.
- Alguien que anteriormente era ansioso o sensible puede —después de una lesión cerebral— tener pánico exagerado después de un susto aparentemente leve o una situación que no le resulte familiar. Alguien con una lesión cerebral simplemente no puede dejar de hablar de ese terror. No solo va a rumiar al respecto como una persona obsesiva-compulsiva —véase capítulo 2—, va a «perseverar»; esto es, no podrá dejar el tema y seguirá regresando a él una y otra y otra vez, sin importar cuánto traten los miembros de la familia, su pareja o sus colegas de cambiar de tema.
- Después de una lesión cerebral, el «freno» del lóbulo frontal puede dificultar que alguien controle su temperamento o su estado de ánimo. Alguien que previamente ha sido una persona más o menos equilibrada puede —después de una lesión cerebral— perder los estribos con mayor facilidad si alguien se le atraviesa en el tráfico, se tarda demasiado en la fila para pagar o, incluso, si hace demasiado ruido.
- Después de una lesión cerebral traumática, las áreas de la atención y la organización del lóbulo frontal pueden no trabajar con la misma eficiencia. Aun si anteriormente tuviste mucha motivación e iniciativa, después de una serie de conmociones o

lesiones, puedes darte cuenta de que se te dificulta ser igual de productivo como solías ser, convivir con tus amigos y tu familia, participar en viajes o en entretenimiento; tu cuerpo puede sentirse como de plomo. Puedes perderte en una montaña de detalles en el trabajo y puede resultarte difícil organizar tu trabajo, tus compras o, incluso, los planes para un viaje.

- Y, finalmente, en lo que se refiere a tu memoria, puedes notar —u otras personas pueden notar todavía más que tú— que no eres tan «sagaz» como solías ser. Durante una conversación, cuando alguien está hablando contigo, puedes recordar solo un detalle aquí o allá de lo que la persona acaba de decir, mientras que tus amigos y tu familia —que están escuchando al mismo tiempo— parecen estar entendiendo mucho más de la conversación. A menos que tomes notas o escribas lo que has escuchado, si te dicen algo, te entra por un oído y te sale por el otro. Simplemente no puedes recordarlo.

Si después de haber pasado por una evaluación neuropsicológica tienes alguno o todos estos síntomas, continúa leyendo el siguiente estudio de caso. No te desanimes. Las lesiones cerebrales son muy comunes. Muchas personas famosas que se desempeñan con gran éxito han tenido accidentes terribles con este tipo de lesiones y han aprendido todo tipo de formas para nutrir y suplementar su cerebro para que funcione bien. Tú también puedes hacerlo. Tú puedes sanar tu mente, incluso, después de una lesión cerebral, para crear un estado de plenitud con medicinas, afirmaciones e intuición.

VIVIAN: UN GOLPE EN LA CABEZA

Vivian, de treinta y ocho años, me llamó porque le preocupaban las hormonas.

La lectura intuitiva

Cuando observé a Vivian, parecía ser el epítome de la salud. Jamás parecía quejarse de ese tipo de problemas. Vivian parecía fuerte, con un espíritu indomable. Me preguntaba por qué estaba llamándome para una lectura.

El cuerpo

Cuando observé su cabeza, inmediatamente entendí por qué. Era como una densa neblina. Vi problemas de concentración, atención y distracción. Vi a Vivian teniendo problemas en el trabajo debido a su juicio. Podía ver que pasaba demasiado tiempo en un detalle sin importancia al tiempo que pasaba por alto la parte más importante del proyecto. Además de tener problemas con las prioridades y el juicio, Vivian también parecía distraída, tanto que estaba teniendo problemas para finalizar los proyectos. ¿Era porque estaba dificultándosele trabajar en un ambiente concurrido donde había ruido y distracción? Y, aunque vi que era extremadamente creativa, con un gran intelecto, me preguntaba si le era difícil tener acceso a ese intelecto debido a la densa neblina que había en su cabeza. Además de la neblina, había algunos problemas músculoesqueléticos en su cuello y sus costillas. ¿Eran lesiones atléticas? ¿Accidentes?

Los hechos

Vivian me dijo que era muy saludable y que era corredora, y, sí, había tenido una lesión aquí y allá. Le preocupaba estabilizar sus hormonas, pero, sin importar lo que los doctores hicieran, no podían equilibrar su estrógeno y su progesterona. Cuando Vivian no habló de inmediato de su neblina mental, le pregunté si había tenido algún accidente o lesión. Dijo: «Sufrí un accidente de auto cuando tenía diecisiete años y estuve en coma durante dos semanas». ¿En coma durante *dos* semanas? «Sí», dijo. «Tuve una fractura en el cráneo, y los doctores me colocaron una placa metálica». Dijo que después de eso estuvo bien. Le pregunté hasta qué grado había estudiado en la escuela; me dijo que después del accidente había tratado de regresar y terminar la universidad, pero no había podido. Desde ese momento, ha tenido una serie de empleos, en muchos de los cuales ha sido despedida o de los cuales se había ido antes de ser despedida debido a algún «malentendido». Vivian dijo que, de cualquier forma, trabajar en una oficina nunca había sido lo suyo. Tenía tendencia a ser permeable y sensible y a distraerse fácilmente en un ambiente de oficina ajetreado. Ahora trabajaba para un abogado de la tercera edad, y podía hacer su trabajo en casa. Sin embargo, posteriormente, en plena perimenopausia, incluso con estas adaptaciones laborales, tenía estos problemas hormonales y seguía sin poder concentrarse.

El daño cerebral traumático y la memoria

Ya sea que el daño cerebral sea leve, moderado o grave, ocurren dos lesiones en el cerebro en distintos niveles. Primero, cuando se aplica fuerza a tu cabeza, el cerebro golpea contra el cráneo y se menea. Cuando el cerebro se menea, las conexiones entre las neuronas —los axones— se estiran en varios grados y luego se desconectan unas de otras. Este proceso recibe el nombre de daño axonal difuso y puede ser la causa de mucho de lo que las personas experimentan después de una conmoción. Los dolores de cabeza, la fatiga, los problemas de concentración, el pensamiento lento, los olvidos, los mareos, el aturdimiento, la depresión con insomnio, la irritabilidad.

Por otra parte, en las formas más severas de daño cerebral ocurren cambios más drásticos en la estructura del cerebro. Junto con los circuitos que hay en el cerebro, también hay arterias. En el daño cerebral más severo, cuando esos circuitos de las neuronas se estiran y se lesionan, las arterias también se dañan y pueden sangrar. Este sangrado puede provocar inflamación con el tiempo y, en algunas personas —no en todas—, la inflamación puede provocar degeneración y pérdida de la memoria.

Durante mucho tiempo, los doctores no entendieron el nivel de los cambios en la anatomía cerebral que ocurren en las formas más leves de daño cerebral.[15] No obstante, ahora, la tecnología más reciente —como la imagen por tensor de difusión (ITD) y la tractografía— muestra que las personas con estos síndromes tienen, de hecho, anormalidades en estos circuitos de conexión de la materia blanca. Estos muy sutiles cambios que ocurren en el daño cerebral leve pueden ser la base de los síntomas que se presentan, incluyendo la depresión, la irritabilidad, la ansiedad y la neblina mental.[16]

Si has tenido múltiples conmociones a lo largo del tiempo, necesitas tener especial cuidado de no participar en eventos atléticos o asumir riesgos que puedan someter tu cerebro a más lesiones. Algunas personas, si tienen múltiples traumatismos a lo largo del tiempo, pueden desarrollar un trastorno llamado encefalopatía traumática crónica (ETC). En la encefalopatía traumática crónica, el problema de la persona no es solamente el golpe en la cabeza. Después de múltiples golpes al cerebro, de pequeñas contusiones múltiples, ocurre una inflamación crónica a lo largo de los circuitos cerebrales. Se liberan los mediadores de la inflamación. La inflamación puede ocurrir meses, años o, incluso, décadas después del trauma cerebral. Estos cambios cerebrales pueden afectar la memoria y el juicio, provocar confusión y problemas para controlar los impulsos, la agresión e, incluso, provocar demencia. Originalmente pensábamos que la ETC era el trastorno degenerativo progresivo que solo padecían los boxeadores. La llamábamos «demencia pugilística», porque los boxeadores tenían múltiples conmociones por haber sido golpeados en la cabeza. No obstante, ahora sabemos que muchas personas pueden tener ETC en la NFL, en el *hockey* sobre hielo, en las luchas, en el futbol *soccer*, etcétera. La violencia doméstica también está siendo investigada en relación con esto. Resulta interesante que, cuando examinas el cerebro de las personas que han tenido múltiples contusiones a lo largo del tiempo, puedes ver pérdida de neuronas o nudos de proteína tau, placas de proteína beta amiloide y ovillos neurofibrilares. Estos se encuentran entre las características que vemos en individuos con otros síndromes demenciales, tales como la enfermedad de Alzheimer.

Como dije anteriormente, cuando has tenido una lesión cerebral, lo primero es recibir evaluación y tratamiento inmediatos. Acude inmediatamente a la sala de urgencias del hospital y pide que te hagan el estudio apropiado. Querrás asegurarte de no tener vasos sanguíneos con hemorragia asociados con las lesiones en la cabeza. Sin embargo, por otra parte, si tienes una lesión en la cabeza, querrás comenzar de inmediato a sanar tu mente con todo lo que esté disponible, ya sean suplementos nutricionales, hierbas, medicinas o diversos remedios curativos. Querrás considerar todo lo que esté disponible para sentirte sano otra vez.

Los suplementos

Después de que ya has lidiado con la situación de emergencia, es importante que utilices suplementos nutricionales y hierbas para ayudar a nutrir tu cerebro, con el fin de alejarlo de la inflamación. Aunque muchas de estas soluciones pueden ser controversiales y todavía no están plenamente estudiadas, yo no esperaría hasta que llegaran los estudios. Hablaría con mi equipo de tratamiento sobre tomar coenzima Q10, un antiinflamatorio, de 400 a 600 mg al día. Utilizaría suplementos y medicinas, especialmente antioxidantes tales como:

- Alfa-tocotrienol, un antiinflamatorio sumamente potente.
- Una aspirina infantil al día, pero solo si tu doctor dice que está bien.
- Acetil-l-carnitina, 500 mg dos o tres veces al día, que es un neuroprotector y también tiene un efecto antioxidante y previene la muerte celular.
- CDP colina, de 500 a 2000 mg al día, la cual te ayuda a mantener los bloques de construcción para la acetilcolina, el neurotransmisor fundamental para la memoria.
- Jitomate, papa o berenjena: comerlas teóricamente puede aumentar la acetilcolina en tu cerebro.
- Ginseng siberiano si tu presión arterial es normal, 625 mg una vez al día.
- Si no te preocupa una hemorragia y si tu doctor dice que está bien, ginkgo biloba de 120 a 240 mg al día.
- Para mantener la acetilcolina, huperzina A, de 60 a 200 µg —microgramos— al día.
- SAMe, pero solo si no estás utilizando otros medicamentos para la serotonina; 400 mg dos o tres veces al día con el estómago vacío, pues de otra forma no funciona.
- Un multivitamínico que tenga vitaminas B6, B12 y ácido fólico, todos los cuales ayudan a que el cerebro produzca serotonina; también disminuyen los niveles del mediador de la inflamación homocisteína.
- DHA, 1000 mg tres veces al día.
- Fosfatidilserina, aunque es controversial, de 100 a 300 mg al día.

Otros enfoques

Si has tenido una lesión cerebral de cualquier tipo, considero que es importante que revalúes el estado de tu función cerebral. Considera hacerte una valoración neuropsicológica para la función ejecutiva frontal, la atención, el aprendizaje y la memoria, especialmente si tus síntomas por la conmoción no han mejorado después de seis meses. Si tus síntomas relacionados con la memoria han afectado tu capacidad de trabajar y tus relaciones, pídele al neuropsicólogo que te refiera a la terapia cognitivo conductual apropiada, terapia vocacional y a otro tipo de apoyo para ayudarte a adaptarte mientras te recuperas de tu lesión.[17]

Del mismo modo, yo aprendería, aprendería, aprendería. Me colocaría en un ambiente rico en información. Trataría de leer el periódico impreso o en línea todos los días —hago énfasis en la palabra «trataría»—. Tal vez no sientas que estás recordando todo, pero en este momento eso no es lo importante. Lo importante es que estás sometiendo a tu cerebro a información literaria y estás ejercitando tus circuitos del lenguaje. Incluso, si lees un párrafo o dos al día, o si solo lees los encabezados, estás inyectando neuronas a tu cerebro y ejercitando tus circuitos de la atención y la memoria.

Pero, lo más importante, yo me alejaría de un ambiente donde mi cabeza fuera a ser golpeada. Si eres jugador de futbol americano, detente. Si eres jugador de futbol *soccer*, detente. En este momento no necesitamos cascos que salven tu cabeza. Si sigues jugando el mismo deporte a nivel profesional, en esencia estás hipotecando tu cerebro en beneficio de tu cuenta bancaria.

Prueba la meditación y el yoga para disminuir el cortisol, el neurotransmisor del estrés. Utiliza la acupuntura para aumentar el flujo sanguíneo que llega a las distintas áreas de tu cerebro.

Aunque es controversial, el oxígeno hiperbárico fue utilizado hace una década por personas con lesión cerebral traumática. Esta terapia ahora se utiliza «fuera del ámbito autorizado» para diversos escenarios, incluyendo el síndrome de Asperger, el autismo y otros. Nuevos estudios sugieren que, cuando se le compara con un placebo, el oxígeno hiperbárico tiene poco efecto. Sin embargo, se están llevando a cabo nuevas investigaciones donde se muestra que los soldados con lesiones por explosiones en la guerra pueden ser ayudados con el oxígeno hiperbárico.[18]

Si has tenido una lesión cerebral de moderada a severa, querrás revisar tus niveles de hormonas TSH, T4, T3 y otras, así como especialmente la testosterona, el estrógeno y la progesterona. Un golpe más severo en tu cabeza podría afectar las conexiones entre tu cerebro, el hipotálamo y la glándula pituitaria, haciendo que tus hormonas se comporten de forma errática. Y ya que estamos hablando del tema de las hormonas, aunque la progesterona no ha sido considerada útil, se ha demostrado que el beta estradiol y la amantadina, inmediatamente después de una lesión, disminuyen de forma significativa la muerte celular, así que, si no has tenido cáncer, o si el cáncer no está presente en tu familia, podrías querer considerar hablar con un doctor complementario acerca de si eres candidato o no para este tipo de tratamientos.[19]

¿Qué hay de la biorretroalimentación? Lo creas o no, la biorretroalimentación —esto es, trabajar con la variabilidad de la frecuencia cardiaca— ha resultado útil para las personas con daño cerebral, incluso con daño cerebral severo. Este tipo de tratamientos no solo mejoran el desempeño social sino que también se ha mostrado que mejoran los síntomas emocionales.[20]

Y luego está la terapia con láser. Ciertas investigaciones recientes sugieren que las personas con lesiones cerebrales leves han sido beneficiadas con el láser, específicamente con la emisión de luz transcraneal cercana al infrarrojo. Esta terapia no solo mejora el desempeño cognitivo, sino que ayuda con la función del lóbulo frontal, con la distracción y con problemas de organización y planeación.[21]

¿El futuro ha llegado? Existen nuevos enfoques de tratamientos para el daño cerebral que ahora están siendo investigados. Los científicos están trabajando con gran determinación en los trasplantes de células madre para el daño cerebral.[22] Luego están los medicamentos. Algunos medicamentos más recientes que trabajan en el receptor de glutamato pueden ser particularmente útiles para el daño cerebral, ya que el glutamato puede estar involucrado en la cascada de inflamación que ocurre dentro del periodo de veinticuatro horas posterior a la lesión.[23] Si yo tuviera un familiar con una lesión cerebral traumática, le diría que considerara todos estos tratamientos. Le sugeriría la acupuntura, la medicina tradicional china, para detener la cascada inflamatoria, al igual que ginkgo biloba, cúrcuma, centella asiática, cualquiera de estas hierbas antiinflamatorias, además de los suplementos que pueden detener la inflamación crónica que puede ocurrir años más tarde.[24] Le sugeriría el oxígeno hiperbárico. Le diría que ejercitara su cerebro y su cuerpo para aprender tanto como le fuera posible, de modo que pudiera utilizar toda su mente por el resto de su vida.

No hay nada nuevo bajo el sol. Las conmociones y las lesiones cerebrales no son algo nuevo. Quizá la conciencia que tenemos de ellas, sí. En cierto nivel podemos prevenir un accidente. Podemos colocarnos el cinturón de seguridad, pero, al final, es un accidente. Sin embargo, podemos crear un amortiguamiento en nuestro cuerpo que nos proteja de las adversidades de la vida, ya sea con suplementos nutricionales, hierbas, medicinas, con la creencia de que podemos estar seguros y fuertes frente a la adversidad.

Las afirmaciones

Ya sea que se trate de un accidente o de una lesión, todos podemos sentir enojo cuando creemos que el accidente o el choque —la falta de equipo de seguridad— «no debió haber ocurrido». Las cosas «deberían ser diferentes». Esto es «injusto». Después del accidente, si tuviste lesiones además de las relacionadas con tu cerebro y la memoria —tal vez lesiones en la columna, en las piernas, etcétera— puedes tener un sentimiento de amargura por haber estado a punto de perder la vida, sin mencionar perder cierta parte de tu identidad, ya sea que esté relacionada con jugar cierto deporte o que tu cuerpo y tu cerebro sean de determinada forma. Además de las consecuencias físicas de una lesión cerebral, tenemos que lidiar con la depresión y la amargura por el hecho de que la vida misma nos ha jugado «una mala pasada».

Louise Hay tiene una lista del perdón que puede ayudarte a superar el enojo y el trauma después de haber tenido un accidente o un incidente en el que alguien más estuvo también involucrado en la lesión que recibieron tu cuerpo y tu cerebro. Enunciados como «Nunca voy a perdonarlo», «Lo que me hizo es imperdonable», «Arruinó mi vida», «No tengo que perdonar a nadie, es su culpa», «Me hizo esto», aunque puedan ser ciertos —pudiste haber sido golpeado por aquel auto o por aquella bala o por aquel puño—, sentirse indignado o seguir guardando rencores año tras año no es terapéutico. Estar enojado después de tu lesión y cargar durante años con ese enojo al final libera mediadores de la inflamación en tu cerebro y en tu cuerpo, y ya sabemos que la lesión cerebral en sí misma involucra mediadores de la inflamación. No necesitas agregar más a todo ello al mantener en tu mente esos pensamientos: «Yo estoy bien. Él está mal. Las cosas deberían ser diferentes». Aunque esa postura puede ser lógica, apegarte a esa emoción de resentimiento solo dañará más tu cerebro y tu cuerpo, sin mencionar tu memoria. En lugar de ello, considera trabajar con alguien que maneje la terapia dialéctica conductual. Específicamente pídele a esa persona que te ayude a aprender la habilidad de la Aceptación Radical, la cual nos ayuda a aceptar la realidad tal y como es, y a aprender a manejar el sufrimiento de una forma consciente. Si estás enojado después de salir lastimado en un accidente, en un evento deportivo o, incluso, en una situación de abuso, busca ayuda por parte de un profesional capacitado que esté familiarizado con los traumas emocionales y físicos. Si has tenido abuso físico en una relación, el consejero te ayudará a descubrir lo que necesitas hacer para estar seguro. Si has tenido una lesión cerebral más severa, las unidades de rehabilitación para lesiones cerebrales a menudo tienen asesores que te ayudan a lidiar con las repercusiones emocionales, el enojo y la frustración debido a tu lesión.

Además, Louise Hay sugiere hacer el trabajo de espejo, especialmente cuando hemos tenido un trauma donde alguien nos ha lastimado. Mírate a los ojos en el espejo y di sintiéndolo: «Estoy dispuesto a perdonar». Repítelo varias veces. ¿Qué estás sintiendo? ¿Te sientes reacio y atorado? ¿O te sientes abierto y dispuesto? Simplemente observa tus sentimientos; no los juzgues. Respira profundamente varias veces y repite el ejercicio. ¿Te sientes diferente? Luego usa las siguientes afirmaciones.

- Si lo que crees es: «Nunca podré perdonarlo», tu afirmación es: «Este es un nuevo momento. Tengo la libertad de soltar».
- Si lo que crees es: «No merece que lo perdone», tu afirmación es: «Perdono, no importa si lo merece o no».
- Si lo que crees es: «Lo que me hizo fue imperdonable», tu afirmación es: «Estoy dispuesto a superar mis limitaciones».

- Si lo que crees es: «Lo hizo a propósito», tu afirmación es: «Hizo lo mejor que pudo con el conocimiento, el entendimiento y la conciencia que tenía en ese momento».
- Si lo que crees es: «Arruinó mi vida», tu afirmación es: «Asumo la responsabilidad de mi propia vida. Soy libre».
- Si lo que crees es: «No tengo que perdonar a nadie», tu afirmación es: «Me niego a limitarme. Siempre estoy dispuesto a dar el siguiente paso».

Ya sea que se trate de un golpe pequeño o de un gran golpe a tu cerebro o a tu psique, dite a ti mismo en el espejo: «Me doy permiso de soltar».

IV. TRASTORNOS DE LA MEMORIA, ENFERMEDAD DE ALZHEIMER Y OTRAS DEMENCIAS: EXISTE ESPERANZA

¿Has observado una disminución progresiva de tu capacidad de recordar cosas? ¿Te has vuelto menos alerta, menos capaz de manejar la ansiedad, el estrés y la tristeza en tu vida diaria? En algunos casos, una disminución progresiva en tu memoria que tiene un efecto profundo en tu vida diaria puede ser enfermedad de Alzheimer. Sin embargo, existen muchas otras causas reversibles para la pérdida de la memoria que pueden provocar los mismos síntomas. Por favor, asegúrate de leer las primeras tres secciones de este capítulo antes de llegar a la conclusión de que tus problemas de memoria pueden deberse al alzhéimer.

La enfermedad de Alzheimer es una pérdida gradual de varias capacidades de tu cerebro, no solo de la memoria. Ya sean problemas con la atención, el lenguaje o con tu capacidad de orientarte, problemas para utilizar el juicio, hacer introspección y tomar decisiones, la memoria es el síntoma en el que la mayoría de las personas piensan cuando se preocupan por el alzhéimer. No obstante, existen otras formas de demencia. La demencia de cuerpos de Lewy, la parálisis supranuclear progresiva, la enfermedad de Parkinson, sin mencionar otros trastornos neurodegenerativos, todos ellos pueden provocar que una persona tenga, con el tiempo, una pérdida de la función cerebral.

Muchas personas que sienten que su atención y su memoria se les están escapando entre los dedos pueden no tener demencia en lo absoluto. Sus problemas de memoria pueden deberse a una gran cantidad de trastornos reversibles, trastornos físicos y químicos en su cerebro y en su cuerpo que incluyen:

- La enfermedad de Lyme, el herpes zoster, el VIH, el cáncer, el lupus y otras enfermedades infecciosas pueden provocar neblina mental. Cuando tu sistema inmunológico se activa, crea moléculas inflamatorias como IL1, IL6, TNF alfa y otras que «bloquean» el aparato de la memoria. En ese caso, tu problema de memoria puede ser reversible y, si tu enfermedad es tratada, puedes recuperar tu atención, tu concentración y tu memoria.
- Trastornos de la nutrición, trastornos metabólicos y otros trastornos tóxicos. El alcohol y los medicamentos para el dolor a menudo pueden nublar nuestro cerebro. La deficiencia de vitamina B12, los trastornos del hígado, los problemas de tiroides, los problemas de glándulas suprarrenales/cortisol y la exposición a metales pesados pueden «reestructurar» la química del cerebro, nublar la conciencia y hacer que se te dificulte tener acceso a la memoria.
- Enfermedades cardiovasculares y problemas vasculares. Si una persona ha tenido un derrame cerebral, hipertensión e, incluso, una cirugía reciente para corregir arterias tapadas, podemos tener una pérdida de la memoria.
- Los parásitos y las infecciones en el cerebro también pueden crear un trastorno inmunológico que perturbe la memoria. Si estás teniendo un problema de neblina mental y fatiga, es verdaderamente importante que te hagan un chequeo médico completo para descartar las causas reversibles de la pérdida de la memoria.

Digamos que estás particularmente preocupado por el alzhéimer y otras demencias porque uno de tus padres u otro familiar cercano desarrolló ese trastorno. Si es así, lo primero que querrás hacer es acudir con un neurólogo y pedirle que te evalúe en relación con todas las causas de los problemas de la memoria. Los neurólogos tienen diversos instrumentos de diagnóstico adecuados para descubrir si tus síntomas de la memoria pueden ser provocados o no por un trastorno neurodegenerativo como el alzhéimer u otras formas de demencia.

Sin embargo, ten cuidado: si eres particularmente dotado a nivel intelectual y/o has tenido mucha educación, tus síntomas relacionados con la memoria pueden no ser captados por sus pruebas. ¿Por qué? Al tener varios años de enriquecimiento intelectual, puedes haber construido circuitos cerebrales que compensan y encubren tus síntomas de la memoria, así que las pruebas estándar no van a captar esos síntomas sutiles de pérdida de la memoria que sabes que verdaderamente están ocurriendo. Si este es tu caso, notarás que, quizá, te está tomando mucho más tiempo hacer el crucigrama del periódico con tinta. O en lo que se refiere a preparar las devoluciones de impuestos de cuatro personas en un fin de semana, puedes descubrir que no eres tan sagaz como solías ser. Las pruebas normales arrojarán que estás siendo «demasiado duro contigo mismo» y que estás haciendo demandas excesivas. Con semejante «efecto de techo alto» en la forma como has entrenado tu cerebro para que se desempeñe, podría ser mejor que vayas con un neuropsicólogo y le pidas que te haga una evaluación neuropsicológica extensa. En proporción a tu educación y tu carrera, un neuropsicólogo certificado podrá más o menos interpretar hasta qué grado tu memoria puede haber disminuido. Mientras tanto, con ayuda de un amigo o un ser querido, considera los siguientes enunciados:

- Además de tener problemas con tu memoria, tienes un problema *constante* con tu memoria y tu pensamiento.
- Tienes problemas para recordar sucesos recientes, como lo que cenaste la noche anterior o lo que hiciste el fin de semana pasado.
- Te cuesta trabajo recordar una lista de compras pequeña.
- Tu memoria ha decaído especialmente durante el último año.
- Tu pareja o un miembro de tu familia también está preocupado por tu memoria.
- Recientemente olvidaste un evento importante, como una fiesta, una boda o un viaje, a pocas semanas de haber ocurrido el evento.

- Te cuesta trabajo recordar información importante sobre tu pasado, como la fecha de tu boda, el lugar donde trabajas, etcétera.
- Tus problemas de memoria pueden haberte costado el empleo o te han forzado a retirarte.

Si varios de estos enunciados parecen encajar en tu experiencia, entonces, además de utilizar las soluciones que se mencionan en este libro, es muy importante que crees un equipo no solo para ayudarte a encontrar la fuente de tus problemas relacionados con la memoria, sino para ayudarte en el día a día. Aparte de los suplementos nutricionales, las hierbas, los medicamentos y muchas otras terapias, puedes necesitar, por el momento, a varias personas para que te ayuden a asegurarte de que estás controlando de forma efectiva y segura los detalles de tu vida, ya sea manejar las finanzas, responder a las emergencias en el hogar o, incluso, manejar tu calendario de actividades de largo plazo con tu familia y tus amigos o en el trabajo. El apoyo es algo que necesitas en este momento para navegar de forma efectiva por los desafíos de tu cerebro y tu cuerpo.[25]

Lee la siguiente historia para descubrir cómo manejar la memoria, el envejecimiento y las preocupaciones sobre la enfermedad de Alzheimer y otras demencias.

WHITNEY: NO SOLO CANSADA

Whitney dijo que las personas estaban preocupadas por su memoria. No estaba segura de si había tenido algún problema. Simplemente pensaba que estaba cansada. La hija adulta de Whitney nos acompañó en la lectura.

La lectura intuitiva

Cuando observé la vida de Whitney, parecía como una de esas casas modelo que tienen en un nuevo desarrollo habitacional. Todo está acomodado. Todo está impecable. Ninguno de los muebles parece personal. Costó trabajo ver algo personal en las paredes de su casa mientras observaba de forma intuitiva. Si había habido artículos personales ahí, era como si hubieran sido retirados. No podía ver una fotografía de un esposo. No podía ver fotografías de hijos. ¿Estaba experimentando Whitney alguna pérdida? Solo podía ver la evidencia básica de alguien viviendo en una casa.

El cuerpo

Whitney parecía sana en general. Sin embargo, parecía estar teniendo problemas de concentración y atención, y no había muchas ideas fluyendo en su mente. Me costó trabajo seguir su línea de pensamiento. Normalmente, cuando hago una lectura, puedo sentir lo que le preocupa a alguien: si está preocupado sobre el trabajo, los hijos, la familia. No obstante, en lo que se refiere a Whitney, no podía ver detalles sobre su vida fluyendo dentro y fuera de su cabeza. Solo estaba un espacio, tan deshabitado como la casa que vi anteriormente en la lectura.

Los hechos

Whitney dijo que siempre se había sentido orgullosa de mantener su salud y su apariencia impecables y de permanecer activa. Sin embargo, recientemente había tenido una serie de pérdidas. Su pareja había fallecido cinco años atrás debido al cáncer y sus dos hijos se habían mudado al otro extremo del país. Había aceptado un paquete de retiro anticipado por su trabajo como maestra y se había mudado a una comunidad de jubilados. Desde ese momento, Whitney se había sentido cansada, realmente sin ganas de llevar a cabo actividades con los demás residentes. Pronto su familia se preocupó. Dijeron que había algo diferente en su conversación. No podía expresar las palabras, parecía como si la palabra que quería decir siempre estuviera en la punta de su lengua.

Whitney admitió que estaba yendo menos a fiestas, porque le estaba costando trabajo seguir las conversaciones. Su familia le dijo que se checara el oído, pero el resultado fue normal. Posteriormente se había deprimido, abrumado y sentido ansiosa por la tarde-noche.

Su familia se lo señaló, pero ella simplemente pensaba que se cansaba. Recientemente, un neurólogo le dijo que su memoria mostraba señales muy tempranas de alzhéimer y le sugirió medicamentos. Whitney nunca había tomado ningún tipo de medicina, ni para el colesterol ni para la presión arterial, ya que su salud siempre había sido, como yo digo, impecable. Ella y su familia querían saber qué había disponible para ayudar a «agudizar» su mente y proteger su cerebro contra posibles trastornos de la memoria, como la misma enfermedad de Alzheimer.

Qué hacer si piensas que estás perdiendo la memoria

Acude con un neurólogo, quien te evaluara para descubrir cuál es la fuente de tus problemas de memoria. Ya sea que se trate de una lesión —como en el último caso—, de problemas nutricionales o de anormalidades en la química corporal, el médico irá descubriendo los múltiples factores que están deshaciendo tus redes. Además, el equipo especializado en memoria puede determinar si la depresión —como en la sección I de esta clínica—, la ansiedad —sección II— o el trauma —sección III— contribuyen todavía más a su pérdida. Ellos evaluarán tu lista de medicamentos y valorarán si el alcohol u otra sustancia lo está agravando. Normalmente, después de averiguar cuáles son todos estos factores, un profesional capacitado podrá determinar si parte de tu problema con la memoria es verdaderamente enfermedad de Alzheimer, un deterioro cognitivo leve o algún otro trastorno cerebral.

¿Es mi estado de ánimo o mi memoria?

No caigas en la trampa de pensar —como dice la gente— que simplemente estás deprimido y que no tienes un problema de memoria: son solo «imaginaciones tuyas». La depresión, en sí misma, si no se trata, aumenta el riesgo de que pierdas la memoria, ya sea debido a pequeños derrames cerebrales, a la enfermedad de Alzheimer o a otra forma de demencia. Si estás en medio de un duelo debido a la pérdida de una pareja o de uno de tus padres, o porque uno de tus hijos se va de casa, el cambio dramático en los neurotransmisores en tu cerebro y en tu cuerpo puede poner el escenario para la neblina mental y una sensación de pérdida de la memoria similar a la enfermedad de Alzheimer, pero que *no* lo es —sección I de esta clínica—. Además, el trauma severo —por ejemplo, el abuso físico, emocional o sexual, o el trastorno de estrés postraumático— libera cortisol, lo cual, igualmente, «bloquea» el aparato de la memoria en el hipocampo —sección II—. No obstante, al tratar de forma contundente los trastornos abordados en esos casos —los cambios en el estado de ánimo, la irritabilidad, la ansiedad y los traumas— estás reduciendo el riesgo de padecer demencia.

Cambios cerebrales asociados con problemas de la memoria

En lo que se refiere a entender los tratamientos para los problemas de la memoria, es importante comprender los cambios en el cerebro asociados con enfermedades que producen su pérdida. Cuando experimentamos el envejecimiento normal —el cual, podría añadir, no es una enfermedad—, la memoria cambia en comparación con nuestros años juveniles. La diferencia más evidente es que podemos recuperar los recuerdos con mayor lentitud. El trastorno de la memoria —o, quizá, la enfermedad de la memoria— más leve es el deterioro cognitivo leve. Y luego las personas describen la enfermedad de Alzheimer en términos de rangos de severidad: leve, moderado y severo. Quizá para cuando estés leyendo este libro, los nombres serán distintos. La ciencia del cerebro, como campo, está cambiando rápidamente. Con el fin de diagnosticar los problemas de memoria, médicos y científicos están observando las proteínas que pueden encontrarse en un cerebro que tiene alzhéimer u otros trastornos de la memoria.

En lo que ese refiere al alzhéimer, actualmente los científicos han observando una proteína, la proteína precursora de beta amiloide, que afecta el aprendizaje y la memoria. También están buscando formas de proteína amiloide en la sangre y en el líquido cefalorraquídeo para ver si pueden detectar niveles aumentados en las personas que se encuentran en las primeras etapas de la enfermedad de Alzheimer. De manera similar se están desarrollando estudios para revelar si nosotros, el paciente potencial, podemos tener cantidades anormales de esta proteína acumuladas en nuestro cerebro y si esos niveles están de algún modo relacionados o no con los síntomas de la memoria, indicando la presencia de enfermedad de Alzheimer, encefalopatía traumática crónica, daño cerebral o algún otro trastorno de la memoria.[26]

No obstante, he aquí una nota importante: aunque estas pruebas pueden llevarse a cabo de forma experimental en varios centros médicos importantes, los mismos médicos que están diseñándolas tienen un enorme problema. ¿Cuál? Están tratando de crear una prueba diagnóstica para determinar si padeces alzhéimer, pero no saben qué hacer o cómo tratarte si descubren que sí lo tienes. En la medicina occidental no encontrarías un tratamiento potente para el alzhéimer si una prueba arrojara que lo padeces. Así pues, ¿deberías hacerte la prueba? Algunos médicos y científicos dicen que, si obtuvieras un resultado positivo, te ayudaría con la planeación de tu vida. *Mmm*... Otros científicos y médicos sugieren que el hecho de trabajar con estas proteínas y exámenes puede ayudarlos en el camino para idear tratamientos dirigidos contra esas supuestas proteínas que parecen estar en la escena del crimen, cerca de la «lesión» en el cerebro de los pacientes con alzhéimer.

No necesitas tener uno de estos exámenes para descubrir si tienes una enfermedad progresiva de la memoria. Después de recibir una valoración neuropsicológica para el aprendizaje y la memoria, una resonancia magnética y, quizá, pruebas de sangre para descartar causas reversibles de la pérdida de la memoria, podrás dilucidar hasta qué grado puedes tener un deterioro de las redes de tu cerebro, de tu memoria o de otro tipo. Considera las soluciones que te presentamos a continuación. Sin embargo, no sé si yo querría que alguien, con uno de estos exámenes, con datos que solo se encuentran en las primeras etapas de comprensión, me dijera cómo va a ser mi futuro. Y aunque alguien puede argumentar que es importante planear nuestro futuro, ¿cómo podemos saber verdaderamente cuál es el futuro? El curso de cualquier enfermedad —como el cáncer, el lupus, la fatiga crónica, la enfermedad de Lyme o, incluso, la enfermedad de Alzheimer o los cambios cognitivos leves— es diferente de una persona a otra, dependiendo de su dieta, su tratamiento para la depresión, su capacidad de hacer ejercicio o los cambios en la forma como conduce su vida.

Por eso, no voy a describir en este libro lo que le ocurre con este trastorno a una persona cuando tiene un deterioro «leve, moderado o severo» y cuál es el «curso normal». Basta decir que en las formas más leves de alzhéimer puedes vivir tu vida con apoyo por parte de tus amigos y tu familia, pero en las formas más severas tendrás dificultades para vestirte y cuidar de ti mismo: necesitas mucho más apoyo. En las formas más leves puedes olvidar nombres, extraviar cosas, olvidar eventos recientes; pero las personas —una secretaria, tu cónyuge— podrían darte una pista o recordártelo. Sin embargo, en las formas más severas será esencial que otras personas manejen tus finanzas y tu cuidado físico diario. Con esto en mente, así como con la ayuda y el apoyo del equipo de tratamiento, médicos, acupunturistas, naturópatas, terapeutas cognitivo conductuales, consejeros espirituales, familiares y seres queridos, crearás un sentido de plenitud y revivirás lo mejor posible los circuitos de tu cerebro.

Después de tus pruebas

¿Cuál es el objetivo de hacerte todas estas pruebas? En este momento, la medicina occidental, como he dicho, tiene opciones muy limitadas para que los medicamentos traten un deterioro cognitivo leve frente a un alzhéimer de leve a moderado y severo. Las medicinas actualmente disponibles, como el Aricept y otras, pueden, a lo mucho, mostrar cierta mejoría en las funciones cotidianas, pero no parecen hacer más lento el curso de la enfermedad. Por otra parte, existen otros tratamientos que parecen disminuir su impacto o avance.

Los mejores tratamientos para los trastornos de la memoria que involucran demencia son aquellos que tienen un impacto sobre la inflamación y las enfermedades cardiovasculares. La ciencia nos muestra que muchos de los factores de riesgo para la enfermedad de Alzheimer son los mismos que conllevan las enfermedades cardiovasculares. Por ejemplo, el APOE4 es un factor de riesgo tanto para los problemas de colesterol como para la enfermedad de Alzheimer. Namenda es un medicamento que disminuye la inflamación y puede ayudar de las primeras etapas a etapas moderadas de la enfermedad de Alzheimer. Además, la coenzima Q10, el alfa-tocotrienol y otros antiinflamatorios muy potentes pueden ayudar con la base inflamatoria detrás de los problemas degenerativos de la memoria.[27]

La solución

Además de las sugerencias arriba mencionadas, considera los siguientes pasos para mejorar tus circuitos cerebrales.

- *Reduce el estrés y el cortisol.* Muchos de los factores estresantes de larga duración en nuestra vida ayudan a acelerar la aparición tanto de la pérdida de la memoria como el avance del trastorno degenerativo de la memoria. Si has sufrido la pérdida de un ser querido o el «síndrome del hogar vacío», querrás llenar tu casa y tu vida con tus seres queridos. Si no puedes encontrarlos, créalos. Acude a tus centros espirituales o centros recreativos más cercanos, trabaja como voluntario, crea familiares «sustitutos» cuando los tuyos hayan dejado este mundo. El estrés del duelo no tratado intensifica los cambios de largo plazo en el hipocampo y en otras áreas del cerebro que pueden perturbar la función de la memoria.
- *Genera circuitos de la memoria.* Si quieres aumentar tu capacidad de recordar, querrás promover el aprendizaje y el cambio continuos, así que necesitas añadir estímulos mentales, emocionales y sociales a tu vida. Sí, todos los cambios y nuevos aprendizajes son, en cierto grado, estresantes, así que, si tienes problemas de ansiedad social, fobia, duelo o tristeza, acude a tu centro de salud mental más cercano y pide a alguien que conozca la terapia cognitivo conductual o la terapia de apoyo que te ayude a manejar los factores emocionales y sociales que complican la pérdida de la memoria.[28]
- *Utiliza la intuición médica para mejorar tu memoria.* En una hoja de papel dibuja siete círculos, uno arriba del otro. Numera esos

círculos del uno al siete, de abajo hacia arriba. Hemos visto siete centros en nuestra vida desde un punto de vista médico-intuitivo. Cuando tenemos una acumulación de pérdidas en nuestra vida, esos centros comienzan a vaciarse. Entonces, en tu diagrama escribe catorce por ciento junto a cada uno de los círculos. ¿Por qué? Porque si tienes una pérdida en algún área de tu vida, has perdido una séptima parte de tu vida o catorce por ciento. Así pues, por ejemplo, si perdiste a un ser querido, a una pareja, a un esposo o una esposa, has perdido catorce por ciento en tu segundo centro. ¿Te retiraste? Acabas de perder tu tercer centro, otro catorce por ciento. ¿Tu familia se ha mudado? ¿Otros miembros de la familia han fallecido? Primer centro: otro catorce por ciento. Entonces, sumemos: en esencia, cuarenta y dos por ciento de tu vida ha muerto. Eso es prácticamente la mitad, lo cual ha creado un enorme agujero, una sensación de vacío.

Centro por centro, utiliza la intuición médica para calcular todas las pérdidas o vacíos que hay en tu vida. Estos son los centros que ahora tienes que reconstruir al trasplantar nuevas personas y experiencias en tu vida. De esta forma, también comenzarás a reconstruir tu salud mente-cuerpo, además de tu memoria. Al añadir o trasplantar grupos de personas que son, en cierto sentido, familia —primer centro—, añades nutrientes de pertenencia para ayudar a que tu química cerebral se aleje de la depresión y la ansiedad. Al tener un tipo de vocación, trabajo o propósito que desafíe tu mente y tu cuerpo —tercer centro—, liberas opiáceos y dopamina, neuroquímicos de recompensa que pueden mantener funcionando tus centros del aprendizaje y la memoria. Y, finalmente, estar abierto a la posibilidad de una relación después de un amor perdido —segundo centro— o, incluso, rodearte de compañeros y amigos te brinda apoyo social, libertad de la ansiedad que puede ayudar a regular los niveles de cortisol en tu cerebro y proteger todavía más tu maquinaria de la memoria. Luego, ya que estás en eso, pide a un asesor de confianza, consejero o familiar que te ayude a determinar si existen residuos de tristeza, pánico o trauma debido a estas pérdidas que pueden también tener un impacto en tu memoria.

Otros remedios

Por favor, consulta las demás secciones que se encuentran en este capítulo sobre cómo fortalecer tu memoria al aprender a reducir la inflamación y promover la producción de acetilcolina, GABA, serotonina, norepinefrina, dopamina y otros neurotransmisores. Considera seguir las demás sugerencias para mejorar tu memoria, ya sea acupuntura, oxígeno hiperbárico o evaluar tu lista de medicamentos para ver si puede haber sustancias dañinas que estén bloqueando tus circuitos cerebrales. Todas estas sugerencias pueden promover una mejora de tu memoria.

Considera conseguir una mascota o una planta que necesites cuidar todos los días. Los estudios sugieren que incluso los pacientes con demencia moderada en los asilos de ancianos tienen mejores puntuaciones en memoria cuando tienen que cuidar algo vivo. Además de suplementos como la acetil-l-carnitina, la CDP colina, la vitamina E, el DHA, el ácido fólico, las vitaminas B6 y B12, el ginseng siberiano, el ginkgo biloba y el zinc, tal vez quieras considerar la huperzina A, de 60 a 200 µg al día. Este musgo chino puede elevar la actividad de la acetilcolina y se ha mostrado que mejora la memoria en la enfermedad de Alzheimer, el envejecimiento normal y la demencia vascular. Similar al donepezilo, este suplemento puede aumentar la eficiencia de la red neural de la memoria y ayudar a prevenir la muerte de las neuronas. Las formas naturales de esta sustancia pueden ser de tres a cuatro veces más potentes que las formas sintéticas —para conocer las dosis de todos estos suplementos y hierbas, consulta los casos previos en esta clínica—.

Las afirmaciones

A todos nos preocupa en cierto grado mantener una mente y una memoria saludables, además de un cuerpo saludable, a medida que envejecemos. Louise te pide que evalúes la siguiente lista de pensamientos.

- Me aterra envejecer.
- ¿Qué tal si tengo una muerte dolorosa?

- Jamás podré soportar la vejez.
- Todo el mundo en mi familia parece tener demencia. Es inútil.
- Me da miedo el futuro.
- Ya no me quieren.
- Ya no tengo apoyo en mi vida.
- Necesito controlar todo lo que me rodea.
- Me rindo.

Louise ofrece diversas afirmaciones para ayudarnos a cambiar una mentalidad que puede fosilizar nuestros circuitos cerebrales y hacer que se nos dificulte tener una memoria saludable a lo largo de nuestra vida.

- Para la memoria, la protección divina, la seguridad, la paz: «La inteligencia del Universo opera en todos los niveles de mi vida».
- Para el envejecimiento: «Me amo y me acepto en cada edad, en cada momento de mi vida».
- Para la enfermedad de Alzheimer en particular —que es un rechazo a lidiar con el mundo tal y como es—, para la desesperanza, para el sentido de impotencia y el enojo: «Siempre hay una forma nueva y mejor de ver y experimentar la vida. Perdono y suelto el pasado y entro en la alegría».
- Para el patrón de pensamiento «Me da miedo envejecer»: «Cada edad tiene posibilidades infinitas. Mi edad es perfecta y disfruto cada nuevo momento».
- Si estás sufriendo síntomas relacionados con la memoria o si se te está dificultando que tu cerebro opere de forma eficiente y efectiva en tu vida en este momento después de utilizar todas las soluciones incluidas en este capítulo: «Confío en el proceso de la vida. Estoy en un viaje infinito por la eternidad».
- En lo que se refiere a acceder a todo nuestro potencial en nuestra mente para la memoria, considera esta afirmación: «El punto de poder se encuentra siempre en el momento presente».

6 CUERPO, MENTE, CEREBRO

Gran parte de mi carrera como médico intuitivo y neuropsiquiatra la paso descubriendo las formas en las que ciertas emociones están asociadas con las enfermedades físicas. Lo que he encontrado, irónicamente, especialmente como psiquiatra, es que a menudo alguien llega al doctor sintiéndose ansioso y deprimido por primera vez en su vida y parece no haber razón por la cual esté sintiendo esa emoción. No está preocupado por su familia, su relación o su trabajo, y no parece estar pasando por un duelo debido a la muerte de un ser querido, a un matrimonio fallido o a la pérdida de un empleo. Y, luego, después de un examen físico y de algunas pruebas básicas, descubrimos que tiene un problema de salud en su cuerpo. Esa ansiedad, irritabilidad, tristeza fue el primer y único síntoma que lo alertó de la presencia de un problema de salud serio, ya sea un problema autoinmune, un desequilibrio hormonal, como una insuficiencia tiroidea, una anormalidad de las glándulas suprarrenales u otros problemas hormonales de estrógeno o testosterona. La neblina mental, los cambios en el estado de ánimo y los problemas de memoria pueden haber sido las primeras señales de advertencia de que tenía un problema digestivo grave, un problema cardiaco o pulmonar, un trastorno cerebral o, incluso, cáncer de algún tipo.

Todo mundo ha oído hablar de este tipo de escenarios:

- Una persona está ansiosa, cansada, nerviosa, un poco adolorida, y tiene problemas para prestar atención después de años de sentirse más o menos normal. La persona va al doctor y recibe un tratamiento para la depresión. El medicamento o los suplementos nutricionales no funcionan. Finalmente, alguien hace pruebas y a la persona se le diagnostica lupus.

- Un hombre se siente triste, inseguro, por un reciente matrimonio fallido y por haber caído en bancarrota. Se siente irritable, deprimido, culpable, y constantemente se está disculpando. Va al doctor y recibe un tratamiento para la depresión con suplementos nutricionales, hierbas y medicamentos. No funcionan, y sigue deprimido; sigue sintiéndose culpable, triste y débil. Alguien revisa sus niveles de testosterona y descubre que están muy bajos. Después del reemplazo de testosterona, aunque sigue triste por su bancarrota y su matrimonio fallido y aunque esté «trabajándolo» en terapia, se encuentra en mejor posición para manejar sus pensamientos y reconstruir su vida.
- Nos sentimos nerviosas y tenemos cada vez más problemas para concentrarnos y prestar atención en el trabajo. Como estamos en nuestra quinta década de vida, pensamos que simplemente son cambios de estrógeno y progesterona. Así pues, nos dan tratamiento para los cambios de estado de ánimo y la irritabilidad que acompañan «el cambio». Sin embargo, después de ocho meses, seguimos sintiéndonos intranquilas, tensas y con pánico, y nuestro cerebro está aturdido. Un gastroenterólogo nos hace una prueba de proliferación bacteriana excesiva en el intestino delgado, así como de enfermedad celiaca, y descubre que tenemos ambos trastornos. Después de hacer una dieta especial y de reducir la acumulación de endotoxinas en nuestro intestino —y a lo largo de nuestro cuerpo, incluyendo la sangre—, nos tranquilizamos, nos calmamos y podemos concentrarnos.
- Alguien llega a la sala de urgencias con nerviosismo salido de la nada, porque nunca antes ha tenido ataques de pánico en su vida. Lo dan de alta. Cuatro horas después regresa a la sala de urgencias con el mismo nivel de pánico; un doctor astuto ordena un escaneo de sus pulmones y descubre que tiene coágulos: una condición denominada embolismo pulmonar.
- Una mujer tiene ansiedad, se siente estresada, con «mariposas en el estómago». Acude con el doctor, quien la envía a la sala de urgencias y, después de un electrocardiograma y de pruebas rápidas, las cuales son negativas, le dicen que simplemente es

estrés y ansiedad. El escenario se repite tres fines de semana consecutivos y, aunque la mujer nunca ha tenido un electrocardiograma anormal, una enfermera sagaz prueba sus enzimas cardiacas para buscar una enfermedad más grave. Los resultados dan positivo y muestran que está teniendo un ataque al corazón.

- Estás nervioso, ansioso y deprimido en tu segundo año de la universidad y te cuesta trabajo poner atención en clase. Parece como si tuvieras un nudo en la garganta y tu corazón estuviera un poco acelerado. Vas al centro de salud y dicen que estás estresado por la escuela. Te tomas un semestre de vacaciones, sigues con los mismos síntomas, y tus padres te consiguen un tratamiento para el trastorno de pánico. En algunos escenarios podrías incluso dejar la escuela por completo, considerando que simplemente no puedes con ella, debido a que tu pánico es demasiado severo. Pasa una década o dos y tienes diversos síntomas vagos, incluyendo músculos tensos, taquicardia, problemas para prestar atención y, por supuesto, el pánico, todo lo cual tratarás con medicamentos, suplementos nutricionales, hierbas, etcétera. Nadie piensa realmente que hay algo malo en tu salud hasta que cumples treinta y cinco años y te fracturas la muñeca, desarrollas osteoporosis y comienzas a perder los dientes. Un profesional de la salud astuto descubre que has tenido un trastorno paratiroideo durante décadas y que todos tus síntomas pueden justificarse por problemas de calcio, incluyendo los síntomas emocionales y físicos del pánico, además de la fractura y la pérdida de tus dientes.
- Por último, pero no por ello menos importante, te estás preparando para ir a un crucero por el Caribe con tu pareja y comienzas a sentirte nerviosa. Vas con tu médico general y nota que tienes un cierto problema respiratorio. Piensa que simplemente necesitas descansar y que podría ser tu asma el que está dando problemas: «Simplemente llévate el inhalador al viaje, relájate y estarás bien». Entonces, te vas al crucero, sintiéndote cansada y nerviosa todavía sin importar lo mucho que descanses. Luego, de vuelta a casa, desarrollas coágulos en las piernas —trombosis venosa profunda, TVP—. Acudes a la sala de urgencias y descubren que tienes cáncer de pulmón.

En cada uno de estos casos, el primer síntoma de enfermedad física fue una emoción.

APLICAR LA MEDICINA MENTE-CUERPO

Se ha escrito mucho en las últimas tres o cuatro décadas sobre la medicina mente-cuerpo. Las personas siempre hablan sobre cómo su mente afecta a su cuerpo, la así llamada «mente sobre materia». En este capítulo vamos a hablar acerca de cómo el cuerpo afecta a la mente. Cómo tu cuerpo, a través de la enfermedad, puede ser el agente precipitante de un problema de estado de ánimo, ansiedad, irritabilidad, enojo, atención, memoria. Teóricamente pensaríamos que este concepto del que estamos hablando —que la mente puede afectar al cuerpo, que el cuerpo puede afectar a la mente— sería fácil de comprender y, finalmente, de utilizar para crear salud. No tanto. ¿Por qué? Por un lado, cuando explicas a las personas que la depresión, la ansiedad, la irritabilidad o el enojo, cuando se sostienen durante un largo tiempo, pueden aumentar su probabilidad de padecer problemas de salud, las personas sienten que las estás culpando. Y cuando las personas tienen problemas de salud que empeoran por los cambios en los neurotransmisores asociados con los problemas de estado de ánimo —como la serotonina, la epinefrina, el GABA y los opiáceos—, una vez más se sienten culpados. O, peor aún, cuando le dices a alguien —o cuando a mí misma me dicen— que el dolor, los dolores de cabeza, el SII, las convulsiones o cualquiera que sea el problema de salud puede empeorar con la ansiedad o la depresión, en realidad lo que esa persona piensa es: «Me estás diciendo que todo está en mi cabeza». Y tiende a no querer regresar con ese médico nunca más.

En lo que se refiere a este capítulo —la medicina cuerpo-mente—, ¿por qué es igualmente difícil comprenderla y, finalmente, utilizarla? Porque cuando presentamos un síntoma único, como la ansiedad, la depresión, la irritabilidad o el enojo, la mayoría de los profesionales probablemente pensarán que el síntoma está meramente en nuestra cabeza y probablemente no es generado por un problema de salud de nuestro cuerpo.

El título de este libro es *Sana tu mente: tu receta para sentirte pleno a través de los medicamentos, las afirmaciones y la intuición*. Si la mente está compuesta por nuestro cerebro y nuestro cuerpo, entonces los problemas de salud ocurren simultáneamente en ambos. Es fácil decir: «¿Está en mi cabeza o está en mi cuerpo? ¿Es esto estructural o emocional? ¿Es depresión o es enfermedad de Lyme? ¿Es esto ansiedad o envenenamiento por mercurio? ¿Es esto enojo o enfermedad cardiovascular? ¿Es esto duelo y tristeza o una condición precancerosa?». Debemos ver que no es uno ni lo otro. Ambas condiciones ocurren de forma simultánea.

FORMAS DE VER AL CUERPO, LA MENTE Y EL CEREBRO

He estado en el campo de la intuición médica durante más de treinta años. Después de describir los problemas emocionales en la vida de una persona que veo que agravan su salud y luego arrojo luz sobre los síntomas que manifiesta su cuerpo que están provocándole «intranquilidad», con mucha frecuencia las personas me dicen: «Doctora Mona Lisa, usted no entiende. Mi problema no está en mi cabeza; está en mi cuerpo». Yo les respondo: «Ya lo sé, es ambas cosas. Es porque tu cabeza es parte de tu cuerpo».

En este capítulo aprenderás a sanarte en dos formas importantes. Utilizando la intuición médica aprenderás cómo ciertos patrones emocionales están asociados con ciertos síntomas físicos en el cuerpo. Y en lo que toca a sanar a la mente, aprenderás a crear un sentido de plenitud al tratar tanto al cerebro como al cuerpo, al aprender que el cerebro puede ser la primera señal de que una enfermedad importante está comenzando a gestarse en el cuerpo. De modo que si has tenido depresión, irritabilidad, cambios en el estado de ánimo, ansiedad y problemas de atención, neblina mental y adicciones, ya sean nuevas o crónicas, este capítulo es para ti. Tal vez simplemente recibas la clave para algunas soluciones adicionales para encontrar la paz y utilizar tu potencial.

El primer libro de Louise Hay, *Sana tu cuerpo*, describe las causas mentales de las enfermedades físicas y las formas metafísicas para superarlas. Observa que Louise nunca hace una distinción entre el cerebro y el cuerpo. A pesar del título del libro, entre los trastornos enumerados los padecimientos del cerebro nunca se mencionan separados de los padecimientos del cuerpo. Las alergias se enumeran junto al alzhéimer. Verás la amnesia junto a la anemia. Pensar que el miedo, el enojo, la tristeza y la falta de amor y alegría están de algún modo separados de la anemia, del alzhéimer, del dolor y del sufrimiento parece bastante razonable. Allá por la década de 1970, ella equiparó al cuerpo con la mente, al cerebro con el cuerpo y a la salud física con la salud emocional. Nos ha tomado cuarenta años alcanzarla. Quizá todavía estamos tratando de hacerlo.

De acuerdo con Louise, si tienes un problema de salud, este es considerado un exceso de miedo, enojo o tristeza, o una falta de amor y alegría, y esto puede cambiarse con un nuevo patrón de pensamiento. Por ejemplo, digamos que tienes un problema de depresión; de acuerdo con Louise, el patrón de pensamiento que está detrás de esto es la apatía: una resistencia a sentir, un adormecimiento del ser y miedo. Así pues, cambias ese patrón de pensamiento a «Es seguro sentir. Me abro a la vida. Estoy dispuesto a experimentar la vida». En cierto sentido, lo que Louise está haciendo para modificar los patrones de pensamiento en la depresión es muy similar a lo que hacemos en la terapia cognitivo conductual en la psiquiatría actualmente.

Ella aborda un problema de salud de la misma manera. Simplemente vemos el patrón de pensamiento, encontramos la afirmación y cambiamos nuestro razonamiento. Por ejemplo, veamos la enfermedad cardiovascular. Louise dice que esta tiene que ver con la dificultad de llevar con nosotros la alegría de la vida, con una falta de alegría. Así pues, para disminuir tu tendencia a lo anterior, cambiaría ese patrón de pensamiento haciendo la afirmación «Estoy lleno de alegría. Fluye conmigo con cada latido de mi corazón». Y así sucesivamente.

De acuerdo con Louise, ya sea que se trate de un problema en la mente o en el cuerpo, la solución terapéutica es la misma. Encuentras el patrón de pensamiento dañino, el exceso o la deficiencia de emoción. Cambias el pensamiento. Agregas la emoción que está faltando —normalmente, alegría y amor— y avanzas hacia la salud. Si fueras un científico sofisticado que ha pasado años en la ciencia del cerebro, en neuroanatomía o hiciste una residencia en psiquiatría, o has acumulado, digamos, doscientos setenta y cinco mil dólares en préstamos estudiantiles —¿quién podrá ser?—, podrías pensar que es algo simplista y te ofenderías. Incluso, podrías decirte a ti mismo: «Vea nada más la audacia de esta mujer, ¡pensar que un método tan sencillo puede funcionar!». Sin embargo, luego, durante tu entrenamiento en psiquiatría —por si no te has dado cuenta, estoy hablando de mí—, descubrirías que el padre de la terapia cognitivo conductual, Aaron Beck, ideó planes para cambiar los pensamientos de las personas, y esta es la base detrás de cómo se ejerce actualmente la terapia cognitivo conductual en psiquiatría. Los protocolos, o «recetas», de la terapia cognitivo conductual son enunciados similares —aunque más complicados— a los que Louise Hay utiliza en su delgado libro. Enunciados para tratar la ansiedad, la depresión, el enojo. Y sabemos ahora, en el siglo XXI, que muchas de esas emociones, si se sostienen, aumentan nuestra probabilidad de padecer diversos problemas de salud inexorables, como las enfermedades cardiovasculares, cáncer, demencia, diabetes, obesidad, dolor crónico, trastornos del sistema inmunológico y cosas por el estilo.[1]

LA CIENCIA DE LA INTUICIÓN MÉDICA: CÓMO LAS EMOCIONES SE CONVIERTEN EN PROBLEMAS DE SALUD Y LOS PROBLEMAS DE SALUD SE CONVIERTEN EN EMOCIONES

Las emociones se registran como síntomas en tu cuerpo, y el comienzo de la enfermedad en tu cuerpo puede observarse primero solo como una emoción, como el miedo, el enojo, la tristeza o la neblina mental. En el capítulo 1 hablamos sobre el efecto dominó emoción-enfermedad, en el cual, si una emoción o un estado de ánimo se sostiene durante mucho tiempo, se crean cascadas de mediadores de la inflamación. Si tienes depresión, ansiedad, pánico o tristeza prolongados, el estado de ánimo se transfiere a tu tallo cerebral o a tus glándulas suprarrenales, se libera epinefrina y cortisol, y luego, mediadores de la inflamación, como las citocinas y otros, producen un efecto dominó de cambios en tu cuerpo: fiebre, debilidad, letargo; luego un virus o una alergia; luego, con el tiempo, cambios hormonales, artritis, problemas de colesterol, insulina, presión arterial y peso, adicción y otros problemas corporales se salen de control.

De forma similar, si tienes un problema de salud en tu cuerpo, existe un efecto dominó enfermedad-estado de ánimo, ya sea una proliferación de bacterias en tus intestinos con una liberación de moléculas inflamatorias, endotoxinas, que se filtran hacia tu sangre y luego viajan hacia tu cerebro, haciendo que te sientas deprimido, ansioso o irritable, o mediadores de la inflamación —tales como el TNF-alfa y otros— de artritis reumatoide y otros trastornos autoinmunes que se filtran desde tus articulaciones adoloridas hacia tu sistema sanguíneo, tu cerebro, provocando que te sientas letárgico, llorón, triste, irritable, nervioso y alterado. Puede ser que ni siquiera sepas que estás teniendo otro «brote» de tu problema autoinmune, hasta que entras en una discusión salida de la nada con un ser querido por una tontería. Luego te das cuenta de que nuevamente estás enfermo y que la única señal para ti de que tu problema de articulaciones está empeorando es ese cambio en tu estado de ánimo.

Y, finalmente, puedes estar en remisión de tu cáncer de pulmón, navegando por la vida con gran alivio, cuando, de la nada, te sientes deprimido. Aunque tienes ganas de llorar y tienes neblina mental, haces un valiente inventario de tu vida para descubrir qué podría estar deprimiéndote, y no encuentras nada. Vas a tu siguiente revisión y tu doctor descubre que tienes un pequeño tumor en el pulmón. Te dice que tienes un trastorno que viene junto con el cáncer llamado síndrome paraneoplásico, que libera químicos desde tu pulmón hacia tu sangre que viajan a tu cerebro y te hacen sentir deprimido y actuar como loco. En todos estos casos en los que existe un efecto dominó cuerpo-cerebro, los problemas con el estado de ánimo, la ansiedad, la irritabilidad y la atención fueron solo el primer síntoma que te señaló intuitivamente que algo estaba ocurriendo en tu cuerpo.[2]

En este capítulo, Louise y yo queremos ayudarte a crear un sentido verdadero de plenitud en tu mente. Para en verdad sanar nuestra mente y crear plenitud, necesitamos sanar el cerebro y el cuerpo de forma simultánea. De hecho, sanar la mente es comprender que el cuerpo y la mente son simplemente partes de un ser completo.

Así pues, si has tenido depresión durante un periodo corto o largo, irritabilidad, cambios de estado de ánimo o problemas de ansiedad, además de problemas de salud de corta o larga duración, acude a la Clínica «Todo Está Bien». Al abordar los aspectos en tu cuerpo que pueden estar afectando también tu estado de ánimo, tu sentido de paz y tu capacidad de utilizar todo tu intelecto, estarás en camino hacia curación total.

LA CLÍNICA «TODO ESTÁ BIEN»

Si quieres conocer otra forma de resolver tu depresión, tu pánico, tus problemas de atención, adicción, aprendizaje y memoria, estos estudios de caso que presentaremos a continuación son para ti. Vamos a ver el cuerpo para descubrir qué problemas de salud pueden estar haciendo que tu trastorno mental empeore. Ya sea que tengas problemas en el sistema inmunológico o un trastorno hormonal, digestivo, relacionado con el peso o cardiovascular u otro, siempre hay algún problema de salud en nuestro cuerpo por debajo de nuestra cabeza que está afectando la función de nuestro cerebro.

I. TRASTORNOS INMUNES, FUNCIÓN DE LAS GLÁNDULAS SUPRARRENALES Y EL CEREBRO

¿Has estado preocupado por tu sistema inmunológico, ya sea por una alergia, por problemas autoinmunes o por infecciones? ¿Has estado preocupado por la función de tus glándulas suprarrenales, ya sea por fatiga, aumento de peso u otros problemas? Pregúntate si tienes los siguientes síntomas:

- Te han diagnosticado fibromialgia, fatiga crónica o alguna otra infección viral o bacteriana como la enfermedad de Lyme u otras.
- Tienes alergias que influyen en tu piel, tu digestión y tu tracto respiratorio, por nombrar algunas.
- Te han diagnosticado diversos trastornos autoinmunes, como lupus, artritis reumatoide, psoriasis, enfermedad de Hashimoto, enfermedad de Graves y otros.
- Tienes fatiga o infecciones.
- Has engordado en la parte central de tu cuerpo.
- Tienes mal humor o irritabilidad.
- Tienes estrías, líneas en tu piel.
- Fácilmente se te hacen moretones.
- Tienes muchos síntomas peculiares de fatiga, dolor en las articulaciones y dolencias físicas vagas que son difíciles de describir.

Si tienes ansiedad, depresión, irritabilidad, neblina mental y problemas con tu memoria, además de muchos de los síntomas arriba mencionados, considera la siguiente lectura.

ABIGAÍL: PARALIZADA POR LA ANSIEDAD

Abigaíl, de treinta y siete años, me llamó para una lectura. Estaba teniendo problemas con una nueva depresión y ansiedad paralizantes.

La lectura intuitiva

Abigaíl parecía estar en una de esas relaciones que son como un callejón sin salida. Parecía elegir al hombre equivocado una y otra vez, un hombre que no estaba ahí para ella. Todavía peor, el hombre que escogió la engañó. El cerebro y el cuerpo de Abigaíl parecían tener una acumulación de depresión debido a una serie de relaciones fallidas. Sin embargo, ella también parecía tener el nerviosismo, la ansiedad y el miedo de una persona que está esperando que ocurra la siguiente tragedia en su vida.

El cuerpo

Observé que había problemas de concentración, atención y neblina mental. Sin embargo, para mí, el aspecto más significativo del cuerpo de Abigaíl era que su sistema inmunológico parecía estar «en llamas». ¿Se debía esto a la capacidad de su sistema de crear anticuerpos contra distintos órganos? Vi puntos rojos en sus articulaciones, su piel, su tiroides y sus intestinos. ¿Tenía Abigaíl problemas de fertilidad, lo cual le dificultaba tener hijos? Sus hormonas parecían subir y bajar, subir y bajar, igual que su estado de ánimo.

Los hechos

Abigaíl me dijo que los doctores habían recogido anticuerpos de su sangre para verificar si tenía lupus y enfermedad de Addison —función baja de las glándulas suprarrenales—. Tenía dolores articulares difusos, así como múltiples problemas médicos debido a ambos trastornos autoinmunes. Además del dolor en las articulaciones, problemas de riñones, tiroides, y bajos niveles de cortisol, producto de ambos problemas autoinmunes, Abigaíl sufría de una ansiedad y depresión que ninguna medicina podía tratar. Ella quería saber si se relacionaba con sus hormonas. ¿Estrógeno y progesterona? ¿Los síntomas de ansiedad y depresión de Abigaíl se generaban en su cerebro en respuesta a una serie de relaciones fallidas y a un trauma prolongado? ¿O su ansiedad y su depresión se debían a su lupus y enfermedad de Addison, a la inflamación por su bajo nivel de cortisol y a la inflamación por el ataque autoinmune a sus articulaciones, riñones y órganos hormonales? La respuesta es: ambas cosas. Para que Abigaíl sanara, tenía que crear una receta que abordara la totalidad de su ser, tanto los síntomas de su cerebro como de su cuerpo.

Abordemos primero las glándulas suprarrenales, el estado de ánimo y la ansiedad.

Las glándulas suprarrenales y el estado de ánimo

Si tienes el cortisol deficiente de la enfermedad de Addison o el exceso de cortisol del síndrome de Cushing, ambos extremos pueden aumentar la probabilidad de que tengas ansiedad, depresión y neblina mental. Parece irónico que demasiado y demasiado poco de la misma hormona pueda provocar tanto depresión como ansiedad, pero es cierto. Y ya que estamos en esto, lo mismo puede ocurrir en el caso de otras hormonas, incluyendo el estrógeno, la hormona tiroidea y otras. Hablemos específicamente del estrógeno: el exceso de estrógeno —ya sea por depósitos excesivos de grasa corporal o por reemplazo hormonal— se caracteriza por provocar depresión. Muy poco estrógeno, especialmente el cambio repentino de los niveles de la hormona en la menopausia y posterior al parto, puede provocar depresión también, de modo que parece que muy poco o demasiado de cualquier hormona en nuestro cuerpo puede alterar el intrincado circuito emocional en el sistema límbico de nuestro cerebro.

Sin embargo, hay más. Todos los días se liberan hormonas en nuestro cerebro y en nuestro cuerpo de acuerdo con un ritmo circadiano. Todas nuestras hormonas están sintonizadas con los altibajos del cortisol. Eso significa que las glándulas suprarrenales están a cargo, en cierto sentido, de todas tus demás hormonas. El ritmo normal es que el cortisol sea elevado en la mañana y bajo en la noche. Si tienes el patrón contrario —niveles bajos de cortisol en la mañana y niveles altos por la noche— es más probable que tengas depresión. Así pues, si solo estás midiendo tus niveles de cortisol en un horario y no en otro, eso no va a ayudarte. Al final, queremos un equilibrio; queremos establecer un ritmo normal, el flujo y reflujo de hormonas en nuestro cerebro y en nuestro cuerpo a lo largo de todo el día.

Pero vayamos al sistema inmunológico y al estado de ánimo.

Trastornos del sistema inmunológico y del estado de ánimo

Existen muchas áreas en nuestro cerebro emocional que actúan bioquímicamente del mismo modo que nuestro sistema inmunológico. ¿Qué significa eso? Significa que, cuando nuestro sistema inmunológico se enciende, ya sea a través de una infección, una alergia o problemas autoinmunes, puede afectar nuestro estado de ánimo. Si tenemos lupus, artritis reumatoide, una infección crónica como la enfermedad de Lyme, fatiga crónica o fibromialgia, alergia alimentaria, psoriasis o eczema, es más probable que la inflamación en nuestro cuerpo irrite nuestro estado de ánimo, aumentando nuestra probabilidad de padecer depresión, ansiedad, neblina mental, problemas de memoria, quizá, incluso, adicción. Así pues, entiende que, si estás siendo tratado por alguno de estos trastornos, tenemos que seguir el título de aquel famoso libro escrito por Joan Borysenko: necesitamos, al mismo tiempo, ocuparnos del cuerpo y sanar la mente.

El cortisol tiene un impacto poderoso sobre nuestro sistema inmunológico. Por un lado, los médicos nos dan esteroides, una forma de cortisol, para disminuir la inflamación en los trastornos autoinmunes como la artritis reumatoide, el lupus, la psoriasis y otros. Quizá, incluso en este momento, puedas estar utilizando «extractos glandulares» u otras formas de suplementar «naturalmente» el cortisol de las glándulas suprarrenales. Por otra parte, cuando estamos ansiosos, en pánico o deprimidos, esas hormonas pueden transmitirse a nuestras glándulas suprarrenales, provocando que esas glándulas suprarrenales liberen cantidades dañinas de cortisol. Esos cambios en el cortisol de nuestras glándulas suprarrenales relacionados con el «estrés» irónicamente pueden provocar una infección, una alergia, una enfermedad autoinmune, o algo más grave —véanse las otras secciones en este capítulo—. Sin embargo, existe la posibilidad de que, si tienes problemas con las glándulas suprarrenales, tengas complicaciones con el sistema inmunológico. Si tienes problemas con el sistema inmunológico, tienes problemas con las glándulas suprarrenales. Y, finalmente, si tienes problemas con las glándulas suprarrenales y problemas con el sistema inmunológico, también es más probable que tengas depresión, ansiedad, irritabilidad y problemas con la concentración y la memoria, además de con las adicciones.

Así pues, ya sea que tengas problemas con las glándulas suprarrenales o lo que las personas actualmente están denominando «fatiga adrenal», es probable que el cortisol, ya sea en exceso o en deficiencia, te provoque depresión, ansiedad y pánico. Si tienes una infección crónica, como la enfermedad de Lyme, el virus de Epstein-Barr, fibromialgia, alergias crónicas, enfermedades producidas por el ambiente, no solo eres proclive al dolor, la fatiga y la somnolencia; también es más probable que tengas problemas de depresión, ansiedad, neblina mental, falta de atención y problemas de memoria. Sin embargo, hay esperanza. Si tratamos tanto al cerebro como al cuerpo de forma simultánea, tanto el estado de ánimo como la inmunidad, tanto el dolor como el pánico, tanto la atención como la agonía, la locura emocional y física puede mejorar.

La solución médico-intuitiva

¿Cuál es la solución? ¿Cómo brindar apoyo al cerebro y al cuerpo de forma simultánea?

En primer lugar, haz una lectura médico-intuitiva de tu vida. ¿Qué es lo que tu cuerpo está diciéndote que necesita cambiar en tu vida o en la vida de un ser querido? Comienza tu lectura médico-intuitiva de la siguiente manera. Dibuja un cuadro grande y escribe en él «CUERPO». En el cuadro dibuja siete círculos, uno arriba del otro. Numéralos del uno al siete, de abajo hacia arriba. ¿En qué parte de tu cuerpo está produciéndote síntomas el sistema inmunológico?

Consulta la gráfica de los centros de energía en el Apéndice A. Verás que del lado derecho están enlistados los órganos del cuerpo junto con los centros correspondientes. Coloca una X en las regiones donde tienes problemas con el sistema inmunológico. Luego, lee los problemas emocionales que se encuentran del lado izquierdo de la gráfica para encontrar el área emocional que coincide con tu problema de salud. El inicio de tu curación consiste en conectar el cuerpo con la mente, el síntoma físico con el área en tu vida que necesitas examinar a nivel emocional e intuitivo.

Una vez que has conectado tus síntomas corporales con aquello en lo que tu intuición médica quiere que te enfoques en tu vida, ¿cuál es el primer paso? Busca a un entrenador, consejero u otro guía de confianza para que te ayude a hacer un «inventario valiente» de tu lectura. Quizá puede resultar útil que traigas a un amigo cercano que sea, digamos, extremadamente honesto y, sin embargo, también, amoroso y comprensivo. Él/ella puede ayudarte a descubrir cuáles son los siguientes pasos y qué necesita cambiar en las áreas emocionales que has marcado en tu gráfica de lectura médico-intuitiva.

En segundo lugar, brinda apoyo a tu cuerpo. Mientras estás aprendiendo a evaluar y responder a la forma como la intuición médica te está hablando a través de tu cuerpo y tu cerebro, debes apoyar la capacidad que tiene todo tu cuerpo de sanar físicamente. Puedes utilizar medicinas, suplementos nutricionales, hierbas y tu dieta para apoyar a tu sistema inmunológico. Consulta *Todo está bien: tú puedes curar tu cuerpo a través de la medicina, las afirmaciones y la intuición*, el capítulo sobre el primer centro, para obtener sugerencias específicas sobre la disfunción del sistema inmunológico.

El tercer y último paso consiste en reprogramar la memoria y los pensamientos que están conectados en la red entre la mente y el cuerpo, el cuerpo y la mente. Al utilizar las afirmaciones, la terapia cognitivo conductual y otras terapias corporales, como el EMDR, la terapia somática y otras, podemos aprender a cambiar los patrones de pensamiento relacionados con lo que está ocurriendo en nuestra vida o nuestra respuesta a la vida de quienes nos rodean. Utilizar afirmaciones puede cambiar no solo la forma como ves tu vida o la vida de otros, sino la forma como ves el mundo, y puede ayudarte a seguir tu intuición y a responder a ella de manera efectiva. Tu problema de salud finalmente te llevará no solo a una mentalidad más sana y a una sabiduría; como resultado de esta crisis tendrás un mayor acceso a tu intuición y podrás responder a ella con mayor efectividad en el futuro. Al final, descubrirás que comenzarás a ver tu patrón específico a través del cual tu cuerpo-mente literalmente está haciéndote saber a nivel intuitivo cómo ayudar a crear plenitud en tu vida

II. HORMONAS, PROBLEMAS DE CORAZÓN Y EL CEREBRO

¿Has tenido algunos problemas de depresión, ansiedad e irritabilidad, pero más o menos has permanecido estable hasta la mitad de tu vida? ¿Has comenzado a experimentar con suplementos, medicamentos y otros remedios, pero, hagas lo que hagas, no puedes estabilizar tu estado de ánimo? Entonces, puedes acudir a tus hormonas, a tu corazón y a tu sistema cardiovascular para obtener algunas pistas en lo referente a lo que puede estar haciendo que tus circuitos cerebrales del estado de ánimo comiencen a girar sin control.

¿Has llegado a esa etapa en tu vida en la que tus hormonas no pueden estar más fuera de control? ¿Tu corazón se acelera? ¿Tu ansiedad está por los cielos? ¿Te cuesta trabajo conciliar el sueño y permanecer dormido? ¿Tu cuerpo está agitado, tenso, con un nudo en el estómago? Ya sea que se trate de presión arterial elevada, presión arterial inestable o palpitaciones, muchos de estos trastornos cardiacos pueden ser sutiles, incluso, silenciosos. Aquí te digo cuán sutiles pueden ser las señales.

- Una vez más, muchas personas ni siquiera saben que están teniendo una arritmia o, incluso, un ataque al corazón; especialmente las mujeres; los únicos síntomas que pueden experimentar son ansiedad, dificultad para respirar y pánico. Pueden no saberlo hasta varios años después, cuando otras cicatrices en su corazón se revelen a través de un electrocardiograma anormal.
- La presión arterial elevada se caracteriza por ser «el asesino silencioso». Aquellos que han tenido la gran suerte de recibir el diagnóstico y el tratamiento han descubierto mentalmente las sutilezas en su cerebro y en su cuerpo que les señalan cuando su «presión se está elevando». Pueden experimentar los inicios de un estado de inquietud, irritabilidad y frustración extrema.
- Muchos hombres entran en una «crisis de la edad mediana», donde tienen el ánimo por los suelos, están letárgicos, y luego descubren que esa depresión extrema está indicándoles una disminución drástica de los niveles de testosterona.
- Finalmente, pero no por ello menos importante, ¿de cuántas mujeres te has enterado —quizá, tú misma— que han tenido una histerectomía o un tratamiento antihormonal por cáncer de mama y se han deprimido profundamente? El llanto, las lágrimas, la caída extrema del ánimo, sin mencionar el temperamento irascible disparado por el calor, pueden también ocurrir en una mujer que acaba de dar a luz. En un momento en el que se supone que debes tener felicidad absoluta, sosteniendo en tus brazos un «manojo de alegría», no te sientes tan alegre.

La ciencia apenas está trazando los circuitos de inflamación entre nuestro cuerpo, nuestros centros hormonales, nuestro corazón y nuestros vasos sanguíneos, y las regiones de nuestro cerebro relacionadas con el estado de ánimo. El efecto dominó de dos vías entre el cerebro y el cuerpo, el cuerpo y el cerebro en esta sección tiene que ver con dos regiones del cuerpo que están íntimamente relacionadas. Así como en la sección anterior el sistema inmunológico y el cortisol de las glándulas suprarrenales eran sistemas entrelazados en el cuerpo, ocurre lo mismo con nuestras hormonas, nuestro corazón y nuestros vasos sanguíneos.[3]

De este modo, si has tenido depresión prolongada, cambios en el estado de ánimo, irritabilidad y ansiedad, además de distracción y problemas de memoria, observa la salud de tu cuerpo, particularmente cerca del inicio de la edad mediana. A menudo, tu depresión puede empeorar, tu pánico puede aumentar y tu irritabilidad puede incrementarse, y estas pueden ser las primeras señales de que tus hormonas y la salud de tu corazón y tu sistema cardiovascular pueden estar saliéndose de control. Considera la siguiente historia.

BLANCHE: ANSIEDAD HORMONAL

Blanche, de cuarenta y nueve años, me llamó y me preguntó: «¿Por qué mis medicamentos contra la ansiedad ya no están funcionando? Tal vez son mis hormonas, pero no puedo lograr que se estabilicen. ¿Por qué?».

La lectura intuitiva

Cuando observé la vida de Blanche, vi que tenía una familia en la que uno de sus miembros gobernaba con puño de acero. ¿Esa persona era autoritaria? ¿Controladora? Sea como fuere, esta persona administraba el dinero, las pertenencias y hacía que la gente se sintiera culpable. Yo solo podía ver a Blanche inclinándose ante esta persona y moviéndose alrededor de ella como si fuera un rey, mientras el susodicho exigía las cosas con enojo. Y si Blanche se frustraba, se lo guardaba; no se quejaba, porque sabía que eso empeoraría la situación.

El cuerpo

Cuando observé de forma intuitiva el cuerpo de Blanche, su cabeza parecía girar y tenía una sensación de desequilibrio en su cuerpo también. Pude ver que sus vasos sanguíneos se abrían y cerraban erráticamente, haciendo que su presión arterial oscilara erráticamente también. En lo que se refiere a su corazón, su frecuencia cardiaca estaba acelerada con un ritmo irregular. Cuando llegué a sus riñones, parecía que sus arterias estaban tapadas con una sustancia blanca. Me preguntaba si tenía problemas con almacenar grasas en su cuerpo. Sus vasos sanguíneos parecían exhaustos.

En general, todo su cuerpo se sentía nervioso, agitado, abrumado, con llanto e irritable. Sin embargo, ella trataba de mantener todos sus sentimientos dentro, detrás de un rostro valiente y estoico, y todos esos sentimientos agitados le dificultaban conciliar el sueño.

Los hechos

Blanche dijo que había sufrido de pánico por años, pero había logrado tenerlo más o menos bajo control con 5-HTP, pasiflora y toronjil, además de con la terapia cognitivo conductual y las afirmaciones. Con desesperación, exclamó: «¡Pero esas cosas ya no están funcionando!». Aquejada por el pánico, Blanche había acudido con un médico que había tratado de estabilizar sus hormonas. Progesterona, estrógenos, DHEA, pregnenolona... La lista continuaba. Dijo: «Sin importar lo que haga, no puedo lograr que se estabilicen».

Blanche añadió que tomaba un medicamento antihipertensivo para la presión alta y también tomaba otros para el colesterol. ¿Y aquel miembro autoritario en su familia? Oh, esa persona era su madre, que realmente hacía que la presión sanguínea de Blanche se elevara por los cielos. No era una reina, sino un rey que gobernaba con puño de acero. La madre de Blanche manipulaba a toda su familia con culpa y coerción. Cuando el teléfono comenzó a sonar, la presión de Blanche se elevó —misma que se midió con su baumanómetro de muñeca casero—, y sabía, simplemente, que sería otro de esos días lleno de exigencias. Su peso también se elevó, junto con sus niveles de colesterol.

La solución

Si has luchado toda tu vida con la depresión, la ansiedad, la irritabilidad, con problemas de atención o de memoria —muchos de los problemas mencionados en este libro—, puedes haber aprendido a encontrar diversas prescripciones para obtener alivio, ya sean productos nutricionales, medicamentos, hierbas, terapia cognitiva conductual o afirmaciones. No obstante, una vez que llegas a la edad mediana, tu depresión, tu ansiedad, tu irritabilidad y otros síntomas cerebrales pueden comenzar a salirse de control nuevamente. ¿Por qué? Si tienes una variación en algún área de tu cerebro, una especie de debilidad, un «cambio barométrico» de hormonas en la edad mediana, el delicado equilibrio de salud que tanto has trabajado por alcanzar puede llegar al límite. Con todos los cambios profundos que has creado —ya sea dieta, ejercicio, suplementos herbales o nutricionales específicos, incluso, tal vez, medicamentos—, cuando entras a la menopausia —o, en los hombres, a la andropausia—, puedes tener que experimentar con las dosis de lo que estás tomando o probar un conjunto completamente diferente de prescripciones. Podrías ni siquiera saber que estabas entrando en los cambios propios de la menopausia o la andropausia relacionados con el estrógeno, la progesterona y la testosterona si no fuera por los cambios en tu depresión, ansiedad, irritabilidad, atención y memoria.

Si has estado tomando 5-HTP —esto es, un suplemento de serotonina— o Wellbutrin, una medicina de dopamina y norepinefrina, ¿por qué podrían no ser suficientes para mantener estable tu estado de ánimo? Cuando tu estrógeno disminuye, también pierdes una buena dosis de sus neurotransmisores: la dopamina, la norepinefrina y la serotonina. Tu cerebro necesitaba antes esas hormonas como antidepresivos y como medicamento antiansiedad. Así pues, cuando tu dosis de estrógeno —serotonina, norepinefrina y dopamina— disminuye, necesitas más suplementación de cualquier cosa que estés tomando. Lo mismo ocurre con la testosterona. Y en lo que se refiere a suplementos como la pasiflora y el toronjil, o a medicamentos como el Klonopin y el Xanax, o, incluso, beber alcohol, esas sustancias y/o medicinas proporcionan GABA, así que, cuando tus niveles de progesterona comienzan a bajar, pierdes GABA, e incluso, si tu ansiedad estaba bajo control antes con pasiflora, toronjil, Klonopin, Xanax o una que otra copa de vino, después de la menopausia, la caída en los niveles de progesterona, con su caída de GABA, hace que tu ansiedad y tu pánico se salgan de control. No solo podrías comenzar a beber más —véase capítulo 3—, sino que podrías descubrir que creas tolerancia a la dosis de Klonopin y Xanax que estás utilizando. Tanto tu ansiedad como tu depresión comienzan a salirse de control. Ambos síntomas, relacionados con el estado de ánimo, pueden ser la primera señal que anuncia que tus hormonas están empezando a cambiar.

Tu lectura médico-intuitiva

Primero, haz tu lectura médico-intuitiva. Dibuja un cuadro grande y escribe «CUERPO» en él. En el cuadro, dibuja siete círculos, uno arriba del otro. Numéralos del uno al siete de abajo hacia arriba. Ahora coloca una X en el segundo y cuarto centros. El segundo centro se relaciona con las hormonas y los órganos reproductores, y el cuarto centro tiene que ver con los problemas cardiovasculares y cardiacos.

Consulta la gráfica de los centros de energía en el Apéndice A. Del lado derecho están enlistados los órganos del cuerpo junto con los centros correspondientes. Pasa al lado izquierdo de la gráfica y encontrarás los problemas emocionales que pueden correlacionarse con los síntomas en tu cuerpo. Entiende que la enfermedad se debe siempre, en parte, a la dieta, al medioambiente, a la genética, etcétera, pero cada enfermedad tiene un componente emocional e intuitivo, y en esta parte de tu curación estamos abordando el aspecto intuitivo de tu salud y su solución. Así pues, cuando las hormonas, en particular, se combinan con el estado de ánimo, la irritabilidad y la ansiedad para provocar dolor y sufrimiento, necesitamos hacer un inventario valiente de qué crisis y problemas pueden estar pidiendo ser abordados en tus relaciones o en tus finanzas.

Del mismo modo, en lo referente a tener problemas de colesterol, hipertensión, dolor en el pecho y otros problemas cardiacos y vasculares —cuarto centro—, con los cambios en el estado de ánimo, irritabilidad y pánico que los acompañan, se nos puede estar pidiendo que examinemos todas las relaciones que hay en nuestra vida. ¿Cómo es la relación con nuestros hijos? ¿Con nuestra madre? Si estamos acumulando emoción y frustración en nuestro cuerpo, pueden introducirse a nuestro sistema cardiovascular, y si tenemos patrones persistentes en la forma como expresamos nuestras emociones en las relaciones en nuestra vida, a lo largo de las décadas esto puede aumentar nuestra posibilidad de padecer una enfermedad cardiovascular. Irónicamente, la primera vez que podemos volvernos un poco más sensibles, irritables y volubles es cuando comenzamos a tener hipertensión y problemas cardiacos. Entonces, trabaja con un terapeuta cognitivo conductual, con un *coach* o con un consejero de confianza sobre las áreas emocionales en tu vida que necesitas abordar para crear salud en tu cuerpo, específicamente, en este caso, en tu sistema cardiovascular y en tus hormonas, así como para tener un estado de ánimo y una función cerebral saludable y perdurable.

En segundo lugar, si te estás preguntando si en verdad estás entrando a la menopausia —o, si eres hombre, a la andropausia—, acude con un médico y pídele que te haga un panel de pruebas hormonales. Entiende que tomar reemplazo hormonal por el resto de nuestra vida, en las mujeres y en los hombres, es algo controversial. Si recibes reemplazo hormonal, tal vez quieras considerar las hormonas bioidénticas, pero ten cuidado con la cantidad del reemplazo. Si reemplazas tus hormonas a los niveles de una persona de veinte o treinta años de edad, puedes estar cometiendo un grave error. Las hormonas son factores de crecimiento. A medida que nuestro cuerpo envejece, acumula más daño genético, toxinas, etcétera, y puede haber una ventaja evolutiva en la menopausia: al quitar el estrógeno y la progesterona, podemos estar protegiendo nuestro cerebro, nuestros senos, nuestros ovarios y nuestro revestimiento uterino de los efectos de la hormona del crecimiento. Algunos estudios recientes sugieren que el momento más seguro para tomar reemplazo hormonal es durante solo un par de años después de la menopausia. Algunos médicos y científicos creen que hacerlo por más tiempo puede aumentar la probabilidad de que una persona padezca enfermedades cardiovasculares, derrame cerebral y cáncer de seno, lo cual está muy por arriba de los beneficios de mejorar tu densidad ósea, tu memoria o tu vida sexual. ¿Y qué hay de los hombres? Un reemplazo excesivo de testosterona se ha asociado con ataques cardiacos.

Recuerda que no todos los síntomas que tengas en la perimenopausia y la andropausia necesitan tratarse con hormonas. Si tienes una historia familiar de cáncer de mama, ovárico, de endometrio o de derrames cerebrales, o si tú mismo has tenido alguno de estos problemas, tal vez quieras considerar otra forma de tratar los síntomas menopáusicos. Y lo mismo ocurre si eres hombre. Si el cáncer de próstata, el cáncer testicular u otros cánceres reproductivos —incluso, cáncer de mama— se han presentado en tu familia o si tú mismo has tenido esos trastornos, quizá quieras encontrar otra forma de manejar tu estado de ánimo y tu memoria. Existen algunos libros maravillosos sobre el tema: *La sabiduría de la menopausia*, escrito por la doctora Christiane Northrup, tiene múltiples sugerencias sobre cómo manejar el cerebro y el cuerpo en la menopausia. Ya sea con hierbas chinas, con suplementos nutricionales, acupuntura, yoga, meditación o mindfulness, existe una gran cantidad de soluciones para ayudarte a manejar la década (aproximadamente) que te toma pasar de una etapa de tu vida a otra.

¿Y qué hay de los trastornos cardiovasculares? Acude a un centro cardiovascular competente. Si eres mujer, tal vez quieras considerar acudir a un centro de diagnóstico que tenga una sucursal que se especialice solo en el tratamiento y evaluación de los problemas cardiacos de la mujer. Las arterias en el corazón de una mujer son más pequeñas y reaccionan diferente a las de un hombre, y la forma en la que detectamos un ataque al corazón o una arritmia en una mujer es diferente a la detección en un hombre. Una vez que llega a su cuarta década de vida, la mujer debería hacerse un chequeo cardiovascular exhaustivo, aun si no tiene depresión, ansiedad o cualquiera de los síntomas habituales de problemas cardiacos o problemas con la presión arterial. Pide que te hagan una prueba de esfuerzo; te pedirán que te subas a una caminadora y evaluarán si tu presión arterial «se descompensa» bajo el esfuerzo del ejercicio. Sin embargo, sabemos que no es solo el estrés físico lo que hace que las venas del corazón de una mujer sufran un espasmo; es el estrés emocional que tiene que ver con las relaciones del segundo centro o con los hijos o los padres, relacionados con el cuarto centro. Así pues, antes de que comiences tu prueba de esfuerzo, pon una fotografía de tu pareja, de tu hijo o de un familiar en la caminadora, de modo que, mientras están evaluando tu función cardiovascular bajo estrés, realmente puedas evocar el estrés al observar esas áreas en tu vida que lo provocan.

Ve al capítulo 5, que habla sobre la memoria, y observa las soluciones para mantener un cerebro saludable y tener una buena memoria. Muchos de los antioxidantes, suplementos antiinflamatorios y hierbas que ahí se mencionan también te ayudarán a mantener un sistema cardiovascular saludable. Tómate la presión con regularidad. Tal vez no quieras esperar hasta tener ese primer síntoma emocional de irritabilidad, cambios de estado de ánimo y ansiedad que es la «señal» de que tu presión arterial se está elevando. Atiende con determinación la presión arterial, porque no querrás que afecte tu memoria y que nuble tu concentración. Además de los medicamentos que puedas tomar, quizá también querrías considerar acudir con un acupunturista, un herbolario chino o un nutriólogo, para que te recomiende remedios que se han utilizado durante siglos para disminuirla.

La tercera solución es conectar la mente con el cuerpo y el cuerpo con la mente. Utiliza las afirmaciones relacionadas con la menopausia y las enfermedades cardiovasculares (véase Apéndice B), además de la hipertensión. Utiliza las afirmaciones apropiadas para la depresión —capítulo 1— y la ansiedad —capítulo 2— si tuviste esos síntomas del estado de ánimo antes de estos problemas hormonales y cardiovasculares. Con el tiempo —aunque tardará un poco—, puedes descubrir que, lento pero seguro, tu depresión disminuye, tu ansiedad se calma, tu irritabilidad desaparece y tu presión arterial se estabiliza. De vez en cuando puedes sentir que tus hormonas vuelven a «agitarse» y tu presión arterial puede elevarse o puedes tener esa sensación de pánico, que puede ser una señal para ti de que tu cuerpo se está saliendo un poco de control y necesitas hacerte cargo de tus hormonas y de tu corazón, de tu estado de ánimo y de tus relaciones con las personas que hay en tu vida.

III. TU CEREBRO Y EL CÁNCER

¿Estuviste triste y distraído algunos meses, pero realmente no sabías por qué? Y luego acudiste para un chequeo regular y tu doctor encontró cáncer. ¿Has vivido tu vida pensando que todo estaba bien, digamos, con los altibajos normales? Sin embargo, tenías irritabilidad y no podías concentrarte, por lo que fuiste con tu doctor y, después de ver tus pruebas de sangre, te envió con un especialista, porque le preocupaba que tuvieras cáncer.

Si esto te ha ocurrido o si recuerdas que le ha ocurrido a uno de tus seres queridos o a un amigo, entenderás que, a menudo, la depresión, la ansiedad, la irritabilidad y la neblina mental pueden ser las únicas señales que tenemos de que algo está mal, muy mal con nuestra salud. Puedes, de hecho, ignorar esas primeras señales de advertencia, ese vaivén emocional, la inquietud, pensando que estás, ya sabes, simplemente deprimido; quizá solo necesitas aumentar tu dosis de antidepresivos, tomar más 5-HTP o cualquier suplemento nutricional o medicamento que estés tomando, pensando que «todo está en tu cabeza». Si yo fuera tú, no lo haría. Aprendería a escuchar a mi cuerpo y lo que podría estar diciéndome. Considera la siguiente historia.

CHARLES: CÁNCER EN MI MENTE

Charles, de cincuenta y dos años, me llamó porque le preocupaba su futuro.

La lectura intuitiva

Cuando leí a Charles, vi que estaba preocupado por cuánto tiempo iba a vivir. De hecho, pude ver que, durante un tiempo, había estado viviendo la vida en piloto automático, dejándose llevar por la corriente, viviendo la vida dentro del *statu quo*, cada día, como se presentara. Sin embargo, recientemente la vida no estaba presentándosele a Charles tan fácilmente. Parecía como si su carrera se hubiera detenido. ¿Lo habían despedido? ¿Lo habían cesado? ¿La compañía había cerrado? Parecía que el principal foco de atención en la vida de Charles simplemente había desaparecido y, sin ese sentido de propósito en su vida, estaba perdido.

El cuerpo

La cabeza de Charles parecía como un armario cuyo contenido había sido completamente vaciado. No, permítanme decirlo de otra manera. Parecía como una casa cuyo contenido había sido retirado apresuradamente, metido a un camión de mudanzas y llevado lejos. ¿Le estaba costando trabajo enfocarse y prestar atención? ¿Tenía problemas con su memoria? No solo estaba perdido en su vida, estaba desconectándose cada vez más y más de las personas en general.

Mientras continuaba recorriendo su cuerpo, mi atención se dirigió intuitivamente hacia su tórax, y aunque los vasos sanguíneos en su cuerpo parecían tiesos y, al mismo tiempo, frágiles, no parecía ser el mayor problema. Vi un cambio importante en la estructura de sus pulmones y su pecho. Había un patrón en forma de red, donde se suponía debían estar sus pulmones.

Los hechos

La esposa de Charles estuvo en el teléfono con nosotros durante la lectura y mencionó que estaba preocupada por su esposo. Él era muy diferente. Parecía deprimido, un poco irritable y distraído. ¡Y su memoria! Estaba olvidando citas, olvidando el nombre de las personas y se había perdido mientras conducía. Recientemente un médico había encontrado una mancha sospechosa en su pulmón derecho, y una biopsia reveló cáncer de pulmón. Como él nunca había fumado, no entendía por qué le había dado este padecimiento potencialmente mortal.

La esposa de Charles dijo que diez años atrás había perdido un empleo debido a «circunstancias complicadas», y luego había tratado de volverse consultor para otra compañía con «resultados pobres». Ahora había sido despedido nuevamente de su empleo y estaba devastado. La esposa de Charles quería saber si su tristeza, su irritabilidad y su olvido podrían ser meramente depresión y duelo, y no solo por la pérdida de su trabajo, sino por su diagnóstico de cáncer.

La solución

Si hemos tenido una pérdida importante en nuestra vida, el duelo, la tristeza y la depresión pueden mantenerse y debilitar la capacidad de nuestro sistema inmunológico de protegernos contra el cáncer en desarrollo. Así pues, una depresión prolongada puede aumentar tu riesgo de padecer problemas con el sistema inmunológico, además de cáncer. No obstante, algunas células cancerosas específicas producen químicos, anticuerpos que perturban tu estado de ánimo, tu atención, tu memoria y tu pensamiento en general. A esto se le llama «síndrome paraneoplásico» o «encefalopatía límbica». Algunas personas quizá ni siquiera saben que tienen cáncer, excepto a través de estos primeros síntomas vagos, con los que se sienten inusualmente deprimidos, irritables y distraídos.[4]

Luego, una vez que se encuentra el cáncer, tratamientos como la quimioterapia y las radiaciones pueden afectar la materia blanca en tu cerebro, provocando que tu mente literalmente se mueva en cámara lenta. Puede ser que llores más y las personas podrían pensar que estás reaccionando al diagnóstico de cáncer, cuando, en realidad, tiene que ver con el medicamento y con el diagnóstico. Hay un nombre para esto: «quimiocerebro». Una vez que comienzas a desarrollar otros efectos secundarios —como el entumecimiento, el hormigueo y otros síntomas vagos—, puedes darte cuenta de que tiene que ver con el medicamento.

¿Cómo se titula este libro? *Sana tu mente: tu receta para la plenitud a través de la medicina, las afirmaciones y la intuición*. ¿Cuál fue el título del último libro que escribí con Louise? *Todo está bien: Tú puedes sanar tu cuerpo con la medicina, las afirmaciones y la intuición*. Depende de ti, de ti y de tu médico, la forma como quieras sanar tu cuerpo. ¿Quieres utilizar medicinas, hierbas, suplementos? Tú eliges. ¿Quieres enfocarte en tu mente primero? ¿En tu cuerpo primero? Es tu decisión. Yo haría ambas cosas al mismo tiempo, pero eso es solo lo que yo haría.

Tu lectura médico-intuitiva

Primero, haz tu lectura médico-intuitiva. Dibuja un cuadro grande y escribe «CUERPO» en él. En el cuadro, dibuja siete círculos, uno arriba del otro. Numéralos del uno al siete, de abajo hacia arriba. Ahora coloca una X en dos círculos: uno en la región donde está tu cáncer y dos en el séptimo centro, el cual se relaciona con las enfermedades potencialmente mortales. Observa el lado izquierdo de la gráfica para examinar los patrones emocionales e intuitivos asociados con tu problema específico de salud.

De hecho, en lo que se refiere al cáncer en general —y a todas las enfermedades graves—, no vamos a observar nuestra vida para encontrar la «razón» por la que nos enfermamos, y tampoco queremos simplemente enfocarnos en el hecho de que todavía no estamos listos para morir. En lugar de ello, podemos descubrir que necesitamos buscar un propósito de vida importante por el cual queremos vivir. En sociedad con el espíritu, con tu alma o con lo que sea que te sientas cómodo, comienza a pensar en lo que piensas que es tu propósito de vida ahora y cuál es el propósito de vida mayor para el cual se te ha pedido que vivas. Acude con un entrenador de confianza, con un consejero espiritual o, incluso, con un psicoterapeuta para examinar las áreas emocionales e intuitivas que se te revelaron en tu lectura médico-intuitiva.

En segundo lugar, brinda apoyo a tu cuerpo y a tu cerebro. Comienza brindando apoyo a tu estado de ánimo. Habla con tu doctor o con otro profesional de la salud acerca de lo que puede ser seguro hacer para ayudar a tu depresión, ansiedad e irritabilidad. Aunque tal vez quieras comenzar a probar muchas de las soluciones que se mencionan en este libro para la depresión, la irritabilidad, etcétera, antes de utilizar cualquier hierba, suplemento o medicamento, habla con el doctor que está tratándote el cáncer. Los medicamentos, las hierbas, los suplementos nutricionales, todos ellos pueden interactuar. Busca una segunda opinión. No te bases en una sola persona para que te dé un diagnóstico de cáncer; considera acudir a un centro médico especializado, aun si se encuentra fuera del estado en el que vives, donde puedan ver tus muestras de patología, tus resultados de laboratorio y tu problema de salud desde una perspectiva distinta. Toma una hoja de papel y escribe todos los tratamientos y soluciones que puedes utilizar. Resiste la tentación de etiquetar algo como «natural» o «no natural». Junto a cada tratamiento escribe los riesgos de tomarlo y los beneficios, a corto y a largo plazo. Luego escribe los riesgos y beneficios de *no* utilizar el tratamiento. Al final, tú eres el dueño de tu cuerpo. Los doctores, los naturópatas, los nutriólogos, los acupunturistas, los maestros de Reiki, los maestros de qi gong, etcétera, son, todos ellos, consultores. Tú tienes que ser quien elija.

En tercer lugar, utiliza las afirmaciones. Aquí —cuando conectamos el cuerpo con la mente y la mente con el cuerpo— abordamos los patrones de pensamiento que pueden interponerse en el camino para crear curación y plenitud. Ve al Apéndice B y busca tu tipo específico de cáncer, así como el cáncer en general.

Pero, antes que nada, entiende que no provocamos nuestras enfermedades. Aunque ciertos alimentos que ingerimos, cosas que fumamos o, incluso, pensamientos que pensamos pueden aumentar nuestro riesgo de padecer una enfermedad como el cáncer, nosotros no la creamos, así que resiste el impulso de culparte por haberte provocado un cáncer. ¡No es verdad! Tú no provocaste tu cáncer. Y ya que estamos en esto, si algún amigo bienintencionado o miembro de tu familia trata de culparte por tu enfermedad, amablemente escapa de esa persona, y entiende que en realidad solo está tratando de ayudar. Un pensamiento, un alimento, un gen, son solo uno de los múltiples factores que pueden producir un cáncer o eliminarlo. No estamos culpándonos a nosotros mismos, sino ayudando al crecimiento y el desarrollo de una mentalidad saludable que conduzca a la curación del cuerpo y la mente.

IV. TRANSFORMACIÓN ESPIRITUAL DEL CEREBRO Y EL CUERPO

Todavía no conozco a nadie que sea un chamán o un sanador intuitivo o una especie de místico que no tenga muchos problemas de salud emocionales y físicos. En lo que se refiere a la mente, me he dado cuenta de que las personas que trabajan en el campo de la intuición —incluyéndome a mí— son algunas de las personas más volubles, más ansiosas, irritables, nerviosas, directas y apasionadas que jamás haya conocido. Me han dicho, por ejemplo, que jamás ganaría un premio a la diplomacia. Y la opinión que tengo sobre algo jamás es un misterio, a pesar del hecho de que la «sonrisa de la Mona Lisa» original era misteriosamente inexpresiva.

No soy ninguna santa, pero ciertamente he leído sobre ellos. Muchos de los grandes santos que eran médicamente intuitivos —Catalina de Génova, Teresa de Ávila, Catalina de Ricci y Teresa de Lisieux, entre ellos— se caracterizaban por tener una «mente única». A menudo eran excéntricos, temperamentales, ansiosos, pero muy directos y cortantes cuando daban su información profética e intuitiva. Y en lo que se refiere a la salud física, muchos consejeros intuitivos tienen dificultades con ella. A menudo tienen diversos problemas de salud difíciles de tratar, reactivos y complejos, incluyendo migrañas, problemas de peso y de tiroides y trastornos del sistema inmunológico, por nombrar solo algunos.

Basta decir que en cualquier momento en que me hablan de alguien que dicen que es un místico, un chamán o un médico intuitivo, no pregunto por historias que ilustren sus dones espirituales, intuitivos y místicos únicos, echo un vistazo a su mente y a su cuerpo. En primer lugar, la mente: ¿es voluble?, ¿ansioso?, ¿irritable?, ¿cascarrabias?, ¿se enfrasca fácilmente en una discusión? Luego, el cuerpo: ¿cuántas cirugías ha tenido?, ¿cuántas veces estuvo a punto de morir?, ¿alguna vez ha sangrado hasta casi morir?, ¿ha tenido migrañas, epilepsia, problemas autoinmunes o trastornos de la tiroides?

Si la respuesta es sí a muchas de estas preguntas, sé que estas personas son auténticas. Todos los chamanes y sanadores nativos de tribus indígenas, así como los sanadores intuitivos que vinieron después en la historia, tuvieron muchos problemas de salud debido a que la tendencia a ser intuitivamente permeables, la inclinación al misticismo, se relaciona con tener un cerebro y un cuerpo reactivos. Así pues, los místicos, los médicos intuitivos, los consejeros y sanadores espirituales, etcétera, tienen que prestar mucha atención a su salud emocional y física, la cual tiende a irse por el desagüe algunas veces.

Entonces, ¿es este tu caso? Puedes estar «en tu sendero espiritual» durante años y en el camino notas cambios en tu estado de ánimo, ansiedad, memoria y en tu salud física. Créeme, al estar en ese sendero, estás dejando la vida ordinaria en la Tierra y estás deseando crear una vida extraordinaria tocando lo divino. Puede tomar un tiempo que tu cuerpo y tu cerebro se adapten a tu nueva configuración cerebral permeable, sensibilizada, globalizada. Considera la siguiente historia.

DENISE: EL CEREBRO MÍSTICO

Denise, de treinta y siete años, me llamó porque estaba en un sendero espiritual y quería aprender a fortalecer su salud para poder acceder a su intuición de mejor manera.

La lectura intuitiva

Cuando observé la vida de Denise, específicamente, su familia... ¡Dios mío, qué caos! ¡Caos, caos por todas partes! Podía ver discusiones constantes entre padres y hermanos. Si había alguien en la casa, había una discusión. Solo podías ver a Denise escondiéndose detrásde una puerta, mientras sus padres y otros familiares estaban discutiendo en la otra habitación. ¿Estaba evitando la violencia? ¿Estaba evitando ser el siguiente blanco de abuso emocional y físico? Parecía como si fuera uno de esos pequeños animales en el bosque que está temblando, escondiéndose bajo un árbol, por miedo a ser atrapado por un depredador. Y luego pude ver que Denise sabía intuitivamente cuando una discusión estaba a punto de estallar. Podía verla parada entre las personas que discutían. ¿Estaba mediando, negociando la paz?

El cuerpo

Parecía que el cuerpo de Denise había pasado por una zona de guerra. Su cerebro parecía entumecido, con el tipo de entumecimiento que sientes cuando estás atrapado en una pista de despegue en el aeropuerto JFK, escuchando constantemente aviones pasar por encima de tu cabeza. Había dolores de cabeza por presión, dolor de cuello. Su cabeza se sentía sumamente caliente. Vi un patrón de puntos rojos donde se suponía que debía estar su tiroides. ¿Tenía Denise problemas de presión en el pecho? Había falta de aire, náuseas, mareos y vértigo.

Cuando llegué a su tracto digestivo, pude ver que manipulaba su salud al estar siempre cambiando su dieta. ¿Se debía esto a intolerancias o alergias alimentarias? Pude ver que estas maniobras nutricionales le ayudaban por un mes, quizá, dos, pero, al final, cualquier mejoría cesaba. Parecía haber también una lucha eterna con el peso y la restricción alimenticia. Y, finalmente, vi tristeza, como una sábana que envolvía a Denise, con oleadas de pánico que afectaban su capacidad de prestar atención y concentrarse en la escuela.

Los hechos

Denise dijo que había tenido problemas con su cerebro y su salud desde que era chica, pero nadie podía decirle por qué. Siempre había sabido que era diferente. Desde la pubertad, se había caído mucho, pero realmente no había perdido la conciencia. Estuvo en un accidente automovilístico, pero nadie salió lastimado. Ella era la «oveja negra» de la familia. Las personas le decían que era demasiado sensible y emocional.

En lo que se refería a la escuela, Denise dijo que nunca había pertenecido realmente al grupo. Trataba de compensar por sentirse como una especie de paria social y lo hacía sobresaliendo académicamente, pero eso no funcionó tampoco. Estudiaba para las pruebas y cuestionarios dos o tres veces más que todos los demás, pero simplemente no podía contestar correctamente las pruebas. Durante la preparatoria, Denise empezó a recibir tratamiento para la ansiedad y la depresión. Sin embargo, después de un año de universidad, dejó la escuela porque simplemente no podía seguir el ritmo de lectura.

Denise me dijo que ella solo quería ser normal. Había terminado un programa certificado en terapia de masaje, pero dijo: «Estoy demasiado conectada a nivel intuitivo con los problemas de mis clientes». Recientemente le habían hecho una resonancia magnética y otras pruebas para averiguar por qué estaba teniendo mareo, vértigo y dolor de pecho. Todas las pruebas salieron negativas. Solo una prueba fue ligeramente anormal: un electrocardiograma que mostraba ondas atípicamente lentas. Los doctores no sabían cómo interpretarlo.

La solución

Si tú, como Denise, siempre te has sentido diferente, tal vez una oveja negra en tu familia, ¡felicidades! En cierto nivel, no quieres ser una persona ordinaria; quieres ser extraordinaria. Sin embargo, con nuestra genialidad singular programada en nuestro cerebro, de algún modo necesitamos encontrar la felicidad y la salud y llevar una vida productiva.

Si siempre has tenido un cerebro especial que te ha brindado discapacidades de aprendizaje y episodios de pánico, ansiedad y depresión, sí es importante que te ames a ti mismo tal y como eres. Y para amarte a ti mismo necesitas saber cómo trabaja tu cerebro, de modo que puedas utilizarlo de la mejor manera posible. Para obtener un conjunto de instrucciones sobre cómo operar de mejor manera los circuitos de tu cerebro para el estado de ánimo, la ansiedad, el aprendizaje, la atención y la memoria, acude con un neurólogo conductual o al departamento de neuropsicología en un centro médico de renombre. Te preguntarán sobre tu historia: ¿Tuviste una historia de violencia? ¿Lesiones cerebrales? ¿Abuso? ¿Tuviste problemas para aprender en la escuela? ¿Te costaba trabajo permanecer quieto y concentrarte? Y luego pueden hacerte una serie de pruebas, incluyendo las que se mencionan en este caso, como electrocardiogramas, resonancias magnéticas, etcétera. Los neurólogos conductuales, los neuropsiquiatras y los neuropsicólogos te ayudarán a dilucidar la singularidad de tu cerebro, de modo que puedas utilizarlo de mejor manera. No esperes décadas para hacerlo. No querrás perderte oportunidades de educación o promociones en tu carrera mientras experimentas el fracaso en ambas. Hay una forma en la que puedes aprender a identificar —con apoyo e instrucción— lo que te hizo diferente y, con clases de refuerzo, tener relaciones, finanzas y una carrera más exitosas.[5]

Existen diversos estilos cerebrales que se presentan en las personas que son espirituales y místicas. El lóbulo temporal de nuestro cerebro, específicamente, es un área clave que se relaciona con la intuición, la espiritualidad y el misticismo. Ya sea que tengamos una lesión ahí debido a un trauma emocional o físico, a la epilepsia o a otros trastornos, podemos tener dones exacerbados para la espiritualidad. Pero todos tenemos una capacidad para el misticismo. ¿Cómo? Por la noche, cuando dormimos, especialmente entre las dos y las cuatro de la mañana, nuestro hipocampo —sí, el área de la memoria— tiene microconvulsiones. Estas microconvulsiones pueden estar involucradas no solo con la memoria o con los sueños, sino con conectar con lo divino.

San Pablo, Mahoma, Margarita de Kempe, Juana de Arco, todos tenían ciertas formas de convulsiones en esta región del lóbulo temporal. Juana de Arco tenía estados de éxtasis cuando tenía convulsiones en los que escuchaba la voz de un ángel y veía una gran luz. Catalina de Génova también tenía convulsiones, en las cuales tenía sofocos —¿te suena menopáusicamente común?—, también sonambulismo y otros fenómenos parecidos a las convulsiones. Teresa de Ávila también tenía visiones; además de dolores de cabeza crónicos, solía perder la conciencia y tener otros síntomas de convulsiones. Catalina de Ricci tenía convulsiones parciales complejas que inducían alucinaciones visuales y estados místicos. Emanuel Swedenborg —sí, ese hombre que inició una religión entera— tenía ataques epilépticos que involucraban múltiples sentidos, ya fuera el olfato, el gusto o sentir cosas. Joseph Smith también tenía convulsiones. El hombre que inició el mormonismo veía un pilar de luz y escuchaba voces en episodios en los que decía que podía «ver el cielo». Y, finalmente, Ann Lee, quien comenzó el movimiento Shaker,[6] tuvo epilepsia también, con episodios donde veía y escuchaba cosas.

¿Qué significa esto para ti? Si te sientes atraído a la espiritualidad, puedes estar reconfigurando tu lóbulo temporal o, si tu lóbulo temporal ha sido configurado por el trauma, puedes ser un experto en intuición. Sea como sea, es un hecho que tienes el cerebro y el cuerpo para la intuición y el misticismo; sin embargo, puedes haber observado los efectos colaterales en tu cuerpo, porque el lóbulo temporal tiene enormes cantidades de conexiones con nuestro cuerpo, especialmente con nuestro sistema inmunológico, glándulas suprarrenales, hormonas, tracto digestivo y corazón.

Así, mientras estás en tu sendero espiritual o escribiendo tus sueños o hablando con tu terapeuta sobre tu trauma o si eres un místico avanzado que vive en un *ashram* en alguna parte, debes tratar de forma simultánea la salud tanto de tu cerebro como de tu cuerpo, al tiempo que estás adquiriendo estados alterados, misticismo e intuición.

Las afirmaciones

Si eres una oveja negra y destacas de entre el resto de la familia, puedes estar cansado de que te critiquen. Por otra parte, a medida que avanzas en tu sendero espiritual, puedes ver que hay más y más personas con las que no te identificas, porque no parecen lo suficientemente espirituales. Considera la premisa de Louise Hay: «Me amo tal y como soy». A medida que evolucionas espiritualmente, puedes también crecer y ver que, aunque puedes sentirte diferente a otras personas, y aunque ellas no están también en tu sendero espiritual, seguimos siendo humanos. Y al ver las similitudes en todos podemos aprender a amarnos tal y como somos.

El misticismo: el delicado equilibrio entre la mente y el cuerpo para la salud

Esto me lleva al siguiente conjunto de soluciones: la aceptación radical. Trabajar con alguien que entiende la terapia dialéctica conductual te ayudará a equilibrar tu percepción mística de los problemas de otras personas con el conocimiento de cuándo ayudar. Los médicos intuitivos se caracterizan por sentirse culpables si no tratan de rescatar a alguien con cuyo dolor se sienten intuitivamente conectados. Así pues, trabaja con un terapeuta cognitivo conductual para que te ayude a aprender habilidades para equilibrar la mente emocional —hemisferio derecho— con la mente racional —hemisferio izquierdo—.

Y ya que estás en esto, también podrás aprender a equilibrar tu lóbulo temporal intuitivo y místico con el lóbulo frontal más arraigado a la tierra. Aprenderás a operar tu cerebro en evolución a medida que progresas en tu sendero espiritual y místico. Sí, *siempre* serás sensible, pero puedes aprender y aprenderás a ser cada vez menos reactivo a nivel emocional y físico a los problemas de las personas que te rodean. Y aunque no puedas hacer mucho en relación con la permeabilidad intuitiva y espiritual con la que naciste —o que puede ser un derivado de tu trauma o que pudo haber aparecido después de diversos problemas de salud en tu cerebro y tu cuerpo—, la TDC y otras terapias cognitivo conductuales te ayudarán a responder con mayor efectividad, de modo que tu estado de ánimo, tu ansiedad, tu distracción, tus problemas de memoria y de salud regresen a un nivel tolerable que sea «normal» para ti.

LA HISTORIA COMPLETA

Si hacemos a un lado el meollo del asunto, los detalles esenciales y las minucias de sanar tu mente, ¿cuál es el mensaje que te llevas a casa?, ¿cuál es la clave fundamental que todos necesitamos conocer para sanar?

En este libro hemos viajado y sistemáticamente hemos tratado de aprender cómo crear salud y equilibrio en todas las áreas de nuestro cerebro. Ya sea para la depresión, la ansiedad, la irritabilidad, los cambios de estado de ánimo, las adicciones, la atención, la memoria, el aprendizaje o el misticismo, hemos visto cada elemento de nuestra mente individual para tratar de crear salud y curación. Y, luego, en este último capítulo, hemos comenzado a ver cómo nuestra mente, a través de sus distintos trastornos: depresión, pánico, neblina mental, etcétera, puede ayudarnos a saber de forma intuitiva cuando algo está mal en nuestro cuerpo. No obstante, en todas y cada una de las páginas de este libro hemos hablado principalmente de *tu* cerebro, *tu* cuerpo, *tu* mente y cómo influye uno en el otro.

Es cierto que de vez en cuando he aludido al hecho de que tus emociones, tu intuición y tu salud pueden ser una reacción a las personas que te rodean. Y en la última historia, en el último capítulo, incluso hablé acerca de cómo influye en tu salud emocional y física estar en un sendero espiritual al tiempo que tratas de entrelazar tu mente con la mente de la divinidad. Sin embargo, en lo que se refiere a sanar tu mente y tu cuerpo para crear plenitud es importante entender que los límites de tu identidad como individuo no son claros. Se entrelazan con otras personas en la forma de relaciones. Así pues, puedes pasar mucho tiempo trabajando en tu salud emocional y física; no obstante, como todos tenemos cierto tipo de relación con alguien en alguna parte, su falta de salud y felicidad afecta, a la larga, la nuestra, nos guste o no.

Y esto nos lleva a los aspectos curativos de las relaciones. ¿Relaciones con quién? No solo relaciones con otras personas en nuestra familia, o con una pareja, o con las personas en el trabajo, o con nuestros hijos, sino con algo fuera de nosotros. Quizá un poder mayor a nosotros, si puedes desentrañarlo. Quizá, incluso, algo que definimos como lo divino. Ya sea que estés enfrentando depresión, pánico, cambios de estado de ánimo, adicción, un trastorno del aprendizaje, un problema de memoria, un problema de salud que altera tu vida, o, incluso, cáncer, el estrés extremo de la crisis libera químicos que alteran tu cerebro. Los opiáceos, el cortisol, la norepinefrina cambian las propiedades en las áreas emocionales, intuitivas y místicas en tu mente y alteran tu sentido de la realidad. Y, quizá, ese evento tiene una cualidad adaptativa en cuanto a que reconfigura tu cerebro para la intuición y para tener una capacidad de acceder a un poder superior: para conectarte con lo divino.

Muchos de nosotros tratamos de evitar y hemos evitado toda nuestra vida el sentirnos solos. Para otros, el hecho de haber sido una oveja negra o un paria hace que tal vez perciban como algo un poco más seguro estar en los márgenes de la sociedad, lo que evitará que sean lastimados nuevamente. Seas el alma de la fiesta o un místico solitario, en alguno u otro momento todos tenemos la experiencia singular de la soledad y el aislamiento, el hecho de que estamos solos. El pánico y el terror de ser lanzados a la oscuridad nos fuerzan a buscar algún tipo de luz. Y a menudo esa luz es lo divino. Esos momentos en los que estamos frente a un precipicio que lleva a otro mundo, esos momentos en los que estamos inexorablemente separados de otros quizá facilitan en nuestra mente y nuestro cuerpo la capacidad de volvernos uno con el espíritu. Todos tenemos esta maquinaria dentro de nuestro cerebro, una conexión intuitiva y espiritual integrada. Y podemos utilizar de alguna forma todos los aspectos de nuestra mente: las áreas cerebrales para el estado de ánimo, la ansiedad, la adicción, la atención y la memoria —que hemos visto en este libro— en la búsqueda del misticismo y la espiritualidad.

Así pues, en cualquier momento en tu vida, cuando algo necesite cambiar y tu espíritu esté hablándote, podrías tener un pequeño susurro de un cambio en tu mente. Cuando tu intuición o tu espíritu te estén diciendo que tu vida está en peligro, podrías tener algún pequeño cambio en tu cuerpo. Y en esos momentos en los que estás nervioso, te sientes exasperado o irritable, podrías sentir una tensión en tu estómago y una presión en tu pecho que te dicen: «Esto no es suficiente para mi vida. Quiero más». Al lograr la claridad emocional con tu mente emocional, observando los hechos con tu mente racional y equilibrando ambas en una sola mente intuitiva y espiritual, eres capaz —todos somos capaces— de tener una perspectiva mente-cuerpo mística e inteligente, ya sea a través de la oración y la contemplación, o de la gracia física y emocional. Y sea cual sea el sendero que elijas hacia la plenitud, puedes descubrir los pasos para sanar tu mente con medicinas, afirmaciones e intuición.

El Principio

APÉNDICE A

CENTROS DE ENERGÍA

Gráfica de los centros de energía/chakras: Conexión de los problemas de salud con la situación emocional

Longevidad, conexión con el universo	7	Trastornos genéticos, enfermedades mortales
Percepción, pensamiento, moral	6	Cerebro, oído y trastornos oculares
Comunicación, voluntad, elección del momento oportuno	5	Tiroides, cuello, mandíbula, boca y trastornos dentales
Relaciones, cuidado emocional, expresión de los sentimientos	4	Corazón, pecho y problemas de pulmón
Autoestima, responsabilidad, trabajo	3	Problemas de digestión, peso, riñones y adicciones
Dinero, relaciones	2	Espalda baja, pelvis, fertilidad y problemas de vejiga
Familias, organizaciones, seguridad, sentido de pertenencia	1	Huesos, articulaciones, sangre, sistema inmunológico y problemas de la piel
Problemas emocionales		**Problemas de salud**

APÉNDICE B

TABLAS DE «TODO ESTÁ BIEN»

PROBLEMA	CAUSA PROBABLE	NUEVO PATRÓN DE PENSAMIENTO
Aborto (Aborto espontáneo)	Miedo. Miedo al futuro. «No ahora; después». Momento inapropiado.	La acción divina correcta está siempre manifestándose en mi vida. Me amo y me apruebo. Todo está bien.
Absceso	Pensamientos fermentados debido a sufrimientos, desprecios y venganza.	Permito que mis pensamientos sean libres. El pasado ha quedado atrás. Estoy en paz.
Accidente cerebrovascular *Véase: Derrame cerebral*		
Accidentes	Incapacidad de defenderse a sí mismo. Rebeldía contra la autoridad. Creer en la violencia.	Suelto el patrón en mí que creó esto. Estoy en paz. Soy valioso.
Acidez *Véase: Úlcera péptica, Problemas estomacales, Úlceras*	Miedo. Miedo. Miedo. Miedo paralizante.	Respiro libre y plenamente. Estoy a salvo. Confío en el proceso de la vida.
Acné	No aceptarse a sí mismo. Sentirse a disgusto consigo mismo.	Soy una expresión divina de la vida. Me amo y me acepto a mí mismo tal y como soy justo ahora.

PROBLEMA	CAUSA PROBABLE	NUEVO PATRÓN DE PENSAMIENTO
Addison, enfermedad de *Véase: Problemas suprarrenales*	Desnutrición emocional severa. Enojo hacia uno mismo.	Con amor cuido mi cuerpo, mi mente y mis emociones.
Adenoides	Fricción familiar, pleitos. El niño no se siente bienvenido; siente que se ha interpuesto en el camino.	Este niño es deseado, bienvenido y profundamente amado.
Adicciones	Huir de sí mismo. Miedo. No saber cómo amarse a sí mismo.	Ahora descubro lo maravilloso que soy. Elijo amarme y divertirme.
Adormecimiento (Parestesia)	Retener el amor y la consideración. Dejar de funcionar mentalmente.	Comparto mis sentimientos y mi amor. Respondo al amor en todas las personas.
Aftas	Infectarse con palabras retenidas por los labios. Culpa.	Solo creo experiencias alegres en mi mundo amoroso.
Alcoholismo	«¿De qué sirve?». Sentimiento de futilidad, culpa, ineptitud. Rechazo hacia uno mismo.	Vivo en el ahora. Cada momento es nuevo. Elijo ver mi propia valía. Me amo y me apruebo.
Alergias *Véase: Heno, fiebre del*	¿A quién eres alérgico? Negar tu propio poder.	El mundo es seguro y amigable. Estoy a salvo. Estoy en paz con la vida.
Almorranas *Véase: Hemorroides*		

PROBLEMA	CAUSA PROBABLE	NUEVO PATRÓN DE PENSAMIENTO
Alzheimer, enfermedad de *Véase: Demencia, Senilidad*	Negarse a lidiar con el mundo tal y como es. Desesperanza e indefensión. Enojo.	Siempre hay una forma nueva y mejor para que yo experimente la vida. Perdono y dejo ir el pasado. Avanzo hacia la alegría.
Amenorrea *Véase: Problemas femeninos, Problemas menstruales*	No desear ser mujer. Aversión a sí misma.	Me regocijo en quien soy. Soy una hermosa expresión de la vida que fluye perfectamente en todo momento.
Amigdalitis *Véase: Anginas, Garganta irritada*	Miedo. Emociones reprimidas. Creatividad apagada.	Lo que es bueno para mí ahora fluye libremente. Las ideas divinas se expresan a través de mí. Estoy en paz.
Amnesia	Temor. Huir de la vida. Incapacidad de defenderse a sí mismo.	La inteligencia, el valor y la autoestima están siempre presentes. Me siento seguro estando vivo.
Ampolla febril *Véase: Fuego en la boca, Herpes simplex*		
Ampollas	Resistencia. Falta de protección emocional.	Suavemente fluyo con la vida y con cada nueva experiencia. Todo está bien.
Anemia	Actitud de «sí, pero». Falta de alegría. Miedo a la vida. No sentir que eres suficientemente bueno.	Me siento seguro al experimentar la alegría en cada área de mi vida. Amo la vida.

PROBLEMA	CAUSA PROBABLE	NUEVO PATRÓN DE PENSAMIENTO
Anemia de células falciformes	Creer que no se es suficientemente bueno, lo cual destruye la alegría misma de la vida.	Este niño vive y respira en la alegría de la vida y es alimentado por el amor. Dios obra milagros todos los días.
Anginas (Absceso peritonsilar) *Véase: Garganta irritada, Amigdalitis*	Fuerte creencia en que no puedes abogar por ti y pedir lo que necesitas.	Es mi derecho de nacimiento que mis necesidades se satisfagan. Ahora pido lo que quiero con amor y facilidad.
Ano *Véase: Hemorroides*	Punto de liberación. Vertedero.	Suelto fácil y cómodamente aquello que ya no necesito.
• **Absceso**	Enojo en relación con lo que no quieres soltar.	Me siento seguro dejando ir. Solo aquello que ya no necesito deja mi cuerpo.
• **Sangrado** *Véase: Sangrado anorrectal*		
• **Fístula**	Liberación incompleta de desechos. Aferrarse a la basura del pasado.	Con amor libero totalmente el pasado. Soy libre. Soy amor.
• **Comezón** (prurito anal)	Culpa en relación con el pasado. Remordimiento.	Con amor me perdono a mí mismo. Soy libre.
• **Dolor**	Culpa. Deseo de castigo. No sentirse lo suficientemente bueno.	El pasado ya pasó. Elijo amarme y aprobarme en el ahora.

PROBLEMA	CAUSA PROBABLE	NUEVO PATRÓN DE PENSAMIENTO
Anorexia *Véase: Apetito, pérdida del*	Negarse a uno mismo. Miedo extremo, odio y rechazo hacia uno mismo.	Me siento seguro siendo yo mismo. Soy maravilloso tal y como soy. Elijo vivir. Elijo la alegría y aceptarme a mí mismo.
Ansiedad	No confiar en el flujo y el proceso de la vida.	Me amo y me apruebo a mí mismo y confío en el proceso de la vida. Estoy a salvo.
Apatía	Resistirse a sentir. Insensibilizarse. Miedo.	Es seguro sentir. Me abro a la vida. Estoy dispuesto a experimentar la vida.
Apendicitis	Miedo. Miedo a la vida. Bloquear el flujo de lo bueno.	Estoy a salvo. Me relajo y permito que la vida fluya con alegría.
Apetito		
• **Excesivo**	Miedo. Necesidad de protección. Juzgar las emociones.	Estoy a salvo. Es seguro sentir. Mis sentimientos son normales y aceptables.
• **Pérdida de** *Véase: Anorexia*	Miedo. Protegerse a uno mismo. No confiar en la vida.	Me amo y me apruebo. Estoy a salvo. La vida es segura y alegre.
Arterias	Transportar la alegría de la vida.	Estoy lleno de alegría. La alegría fluye a través de mí con cada latido de mi corazón.

PROBLEMA	CAUSA PROBABLE	NUEVO PATRÓN DE PENSAMIENTO
Articulación temporomandibular *Véase: Mandíbula, problemas de*		
Articulaciones *Véase: Artritis, Codo, Rodilla, Hombros*	Representan los cambios de dirección en la vida y la facilidad de llevar a cabo estos movimientos.	Fluyo fácilmente con el cambio. Mi vida está guiada por la divinidad, y siempre voy en la mejor dirección.
Artritis *Véase: Articulaciones*	No sentirse amado. Crítica, resentimiento.	Soy amor. Ahora elijo amarme y aprobarme. Veo a otros con amor.
Artritis reumatoide	Crítica profunda hacia la autoridad. Sentirse verdaderamente explotado.	Soy mi propia autoridad. Me amo y me apruebo. La vida es buena.
Asma	Amor *asfixiante*. Incapacidad de respirar por uno mismo. Sentirse sofocado. Llanto reprimido.	Me siento seguro haciéndome cargo de mi propia vida. Elijo ser libre.
• **Bebés y niños**	Miedo a la vida. No desear estar aquí.	Este niño está seguro y es amado. Este niño es bienvenido y abrigado.
Ataque vasovagal *Véase: Desmayarse*		

PROBLEMA	CAUSA PROBABLE	NUEVO PATRÓN DE PENSAMIENTO
Ataques de asfixia *Véase: Problemas respiratorios, Hiperventilación*	Miedo. No confiar en el proceso de la vida. Quedarse atrapado en la infancia.	Me siento seguro al crecer. El mundo es seguro. Estoy a salvo.
Ataques epilépticos	Huir de la familia, de uno mismo o de la vida.	Me siento a gusto en el universo. Estoy a salvo, seguro y soy comprendido.
Aterosclerosis	Resistencia, tensión. Intolerancia endurecida. Negarse a ver lo bueno.	Estoy completamente abierto a la vida y a la alegría. Elijo ver con amor.
Barros *Véase: Granos*	Ocultar la fealdad.	Me acepto hermoso y amado.
Bazo	Estar obsesionado por las cosas.	Me amo y me apruebo. Confío en que el proceso de la vida está a mi favor. Estoy a salvo. Todo está bien.
Boca	Representa asimilar nuevas ideas y alimento.	Me alimento con amor.
• **Problemas**	Opiniones fijas. Mente cerrada. Incapacidad de asimilar nuevas ideas.	Doy la bienvenida a las nuevas ideas y nuevos conceptos, y los preparo para la digestión y la asimilación.
Bocio *Véase: Tiroides*	Odio por haber sido agraviado. Víctima. Sentirse frustrado en la vida. Insatisfecho.	Yo soy el poder y la autoridad en mi vida. Soy libre para ser yo.

PROBLEMA	CAUSA PROBABLE	NUEVO PATRÓN DE PENSAMIENTO
Brazo(s)	Representa la capacidad y la habilidad de sostener las experiencias de la vida.	Amorosamente sostengo y abrazo mis experiencias fácilmente y con alegría.
Bright, enfermedad de *Véase: Nefritis*	Sentirse como un niño que no puede hacer las cosas bien y no es lo suficientemente bueno. Un fracaso. Pérdida.	Me amo y me apruebo a mí mismo. Me cuido. Soy totalmente adecuado en todo momento.
Bronquitis *Véase: Problemas respiratorios*	Entorno familiar inflamado. Peleas y gritos. Algunas veces, silencioso.	Declaro la paz y la armonía en mi interior y a mi alrededor. Todo está bien.
Bulimia	Terror sin esperanza. Llenarse frenéticamente y purgarse del odio a uno mismo.	La vida misma me ama, me alimenta y me apoya. Me siento seguro estando vivo.
Bursitis	Enojo reprimido. Deseo de golpear a alguien.	El amor relaja y libera todo lo que no es como él.
Cabello canoso	Estrés. Creencia en la presión y la tensión.	Estoy en paz y cómodo en cada área de mi vida. Soy fuerte y capaz.
Cabeza, dolores de *Véase: Migrañas*	Invalidarse a sí mismo. Autocrítica. Miedo.	Me amo y me apruebo. Me veo a mí mismo y lo que hago con ojos de amor. Estoy a salvo.
Cadera(s)	Cargan al cuerpo en perfecto equilibrio. Impulso importante para avanzar.	¡Hip, hip, hurra! Hay alegría en cada día. Estoy equilibrado y soy libre.

PROBLEMA	CAUSA PROBABLE	NUEVO PATRÓN DE PENSAMIENTO
Cadera, problemas de	Miedo a avanzar en las decisiones importantes. Nada hacia lo cual avanzar.	Estoy en perfecto equilibrio. Avanzo en la vida con facilidad y alegría en cada edad.
Calambres	Tensión. Miedo. Aferrarse.	Me relajo y permito que mi mente esté en paz.
Cálculos biliares (Colelitiasis)	Amargura. Pensamientos rígidos. Condenar. Orgullo.	Con alegría libero el pasado. La vida es dulce, y yo también lo soy.
Callos	Áreas endurecidas de pensamiento; aferrarse tercamente al dolor del pasado.	Avanzo, libre del pasado. Estoy a salvo, soy libre.
Callosidad	Conceptos e ideas endurecidos. Miedo solidificado.	Es seguro ver y experimentar nuevas ideas y nuevas formas. Estoy abierto y receptivo al bien.
Calvicie	Miedo. Tensión. Tratar de controlar todo. No confiar en el proceso de la vida.	Estoy a salvo. Me amo y me apruebo. Confío en la vida.
Cáncer	Dolor profundo. Resentimiento prolongado. Secreto profundo o sufrimiento que carcome a la persona. Cargar odios. «¿De qué sirve?».	Con amor perdono y suelto todo el pasado. Elijo llenar mi mundo con alegría. Me amo y me apruebo a mí mismo.

PROBLEMA	CAUSA PROBABLE	NUEVO PATRÓN DE PENSAMIENTO
Cándida (Candidiasis) *Véase: Candidiasis vaginal, Hongos, infecciones por.*	Sentirse muy disperso. Mucha frustración y enojo. Exigir y no confiar en las relaciones. Sentir que se aprovechan de uno.	Me doy permiso de ser todo lo que puedo ser y merezco todo lo mejor de la vida. Me amo y me aprecio a mí y a los demás.
Candidiasis *Véase: Cándida, Boca, Hongos, infecciones por*	Enojo por tomar las decisiones *equivocadas*.	Con amor acepto mis decisiones, sabiendo que soy libre de cambiar. Estoy a salvo.
Carbúnculo *Véase: Forúnculo*	Enojo venenoso por injusticias personales	Suelto el pasado y permito que el tiempo sane todas las áreas de mi vida.
Cataratas	Incapacidad de ver hacia delante con alegría. Futuro oscuro.	La vida es eterna y está llena de alegría. Espero con ansia cada momento.
Celulitis	Enojo almacenado y autocastigo.	Perdono a los demás. Me perdono a mí mismo. Soy libre para amar y disfrutar la vida.
Cerebro	Representa la computadora, el conmutador.	Soy el operador amoroso de mi mente.
• **Tumor**	Creencias incorrectas computarizadas. Terquedad. Negarse a cambiar viejos patrones.	Es fácil para mí reprogramar la computadora de mi mente. Toda la vida es cambio, y mi mente siempre está renovándose.

PROBLEMA	CAUSA PROBABLE	NUEVO PATRÓN DE PENSAMIENTO
Ciática	Ser hipócrita. Miedo relacionado con el dinero y con el futuro.	Entro a mi mayor bien. Mi bien está en todas partes, y yo estoy seguro y a salvo.
Circulación	Representa la capacidad de sentir y expresar las emociones en formas positivas.	Soy libre de hacer circular el amor y la alegría en cada parte de mi mundo. Amo la vida.
Cistitis *Véase: Vejiga, problemas de*		
Codo *Véase: Articulaciones*	Representa cambiar de dirección y aceptar nuevas experiencias.	Fluyo fácilmente con las nuevas experiencias, las nuevas direcciones y los nuevos cambios.
Colapso nervioso	Egocentrismo. Obstruir los canales de comunicación.	Abro mi corazón y creo únicamente una comunicación amorosa. Estoy a salvo. Estoy bien.
Colelitiasis *Véase: Cálculos biliares*		
Colesterol (Aterosclerosis)	Obstruir los canales de la alegría. Miedo a aceptar la alegría.	Elijo amar la vida. Mis canales de la alegría están completamente abiertos. Estoy a salvo recibiendo.
Cólico	Irritación mental, impaciencia, enojo alrededor.	Este niño responde solo al amor y a los pensamientos amorosos. Todo está en paz.

PROBLEMA	CAUSA PROBABLE	NUEVO PATRÓN DE PENSAMIENTO
Colitis *Véase: Colon, Intestinos, Colon con mucosidad, Colitis espástica*	Inseguridad. Representa la facilidad de soltar aquello que ya ha terminado.	Formo parte del ritmo y flujo perfectos de la vida. Todo está en orden divino y está bien.
Colitis espástica *Véase: Colitis, Colon, Intestinos, Colon con mucosidad*	Miedo a dejar ir. Inseguridad.	Me siento seguro viviendo. La vida siempre me proveerá. Todo está bien.
Colon	Miedo a soltar. Aferrarse al pasado.	Suelto fácilmente aquello que ya no necesito. El pasado ha quedado atrás y soy libre.
Colon con mucosidad *Véase: Colitis, Colon, Intestinos, Colitis espástica*	Capas de depósitos de pensamientos viejos y confusos que obstruyen el canal de eliminación. Revolcarse en el lodo del pasado.	Suelto y disuelvo el pasado. Pienso con claridad. Ahora vivo en la paz y la alegría.
Columna vertebral	Apoyo flexible de la vida.	La vida me apoya.
Coma	Miedo. Escapar de algo o de alguien.	Te rodeamos con un sentido de seguridad y amor. Creamos un espacio para que te cures. Eres amado.
Comedones	Pequeños brotes de enojo.	Calmo mis pensamientos y estoy sereno.

PROBLEMA	CAUSA PROBABLE	NUEVO PATRÓN DE PENSAMIENTO
Comezón (Prurito)	Deseos que van contra la corriente. Insatisfacción. Remordimiento. Comezón por salir o escapar.	Estoy en paz justo donde me encuentro. Acepto mi bien, sabiendo que todas mis necesidades y deseos serán satisfechos.
Conducto radicular *Véase: Dientes*	Ya no puedo morder nada. Creencias básicas destruidas.	Creo firmes cimientos para mí y para mi vida. Escojo mis creencias para que me apoyen con alegría.
Congestión *Véase: Bronquitis, Resfriados, Influenza*		
Corazón *Véase: Sangre*	Representa el centro del amor y la seguridad.	Mi corazón late al ritmo del amor.
• **Ataque** (I.M./Infarto al miocardio) *Véase: Trombosis coronaria*	Expulsar toda la alegría del corazón a favor del dinero o la posición, etcétera.	Traigo de regreso la alegría al centro de mi corazón. Expreso amor a todas las personas.
• **Problemas**	Problemas emocionales de larga duración. Falta de alegría. Endurecimiento del corazón. Creer en la tensión y el estrés.	Alegría. Alegría. Alegría. Con amor permito que la alegría fluya por mi mente, mi cuerpo y mis experiencias.

PROBLEMA	CAUSA PROBABLE	NUEVO PATRÓN DE PENSAMIENTO
Cortadas *Véase: Lesiones, Heridas*	Castigo por no seguir tus propias reglas.	Creo una vida llena de recompensas.
Crisis de ausencia *Véase: Epilepsia*		
Cuello (Columna cervical)	Representa la flexibilidad. La capacidad de ver lo que está atrás.	Estoy en paz con la vida.
Cuello, problemas de	Negarse a ver otros ángulos de una situación. Terquedad, inflexibilidad.	Con flexibilidad y facilidad veo todos los ángulos de una situación. Existen innumerables formas de hacer las cosas y de ver las cosas. Estoy a salvo.
Cuello rígido *Véase: Cuello, problemas de*	Terquedad inquebrantable.	Me siento seguro viendo otros puntos de vista.
Curvatura espinal (Escoliosis, Cifosis) *Véase: Hombros redondos*	Incapacidad de fluir con el apoyo de la vida. Miedo y tratar de aferrarse a viejas ideas. No confiar en la vida. Falta de integridad. No hay coraje por convicción.	Suelto todos los miedos. Ahora confío en el proceso de la vida. Sé que la vida está a mi favor. Llevo la cabeza en alto con amor.
Cushing, enfermedad de *Véase: Problemas adrenales*	Desequilibrio mental. Sobreproducción de ideas destructivas. Sensación de estar dominado.	Con amor equilibro mi mente y mi cuerpo. Ahora elijo pensamientos que me hacen sentir bien.

PROBLEMA	CAUSA PROBABLE	NUEVO PATRÓN DE PENSAMIENTO
Debilidad	Necesidad de descanso mental.	Doy a mi mente unas vacaciones alegres.
Dedos	Representan los detalles de la vida.	Estoy en paz con los detalles de la vida.
• Pulgar	Representa el intelecto y la preocupación.	Mi mente está en paz.
• Índice	Representa el ego y el miedo.	Estoy seguro.
• Medio	Representa el enojo y la sexualidad.	Estoy cómodo con mi sexualidad.
• Anular	Representa las uniones y el duelo.	Soy tranquilamente amoroso.
• Meñique	Representa a la familia y fingir.	Soy yo mismo con la familia de la Vida.
Dedos artríticos	Deseo de castigar. Culpa. Sentirse victimizado.	Veo con amor y entendimiento. Sostengo todas mis experiencias en alto frente a la luz del amor.
Dedos de los pies	Representan los detalles menores del futuro.	Todos los detalles se hacen cargo de sí mismos.
Defectos	Kármico. Elegiste venir de esa manera. Elegimos a nuestros padres y a nuestros hijos. Asunto sin terminar.	Cada experiencia es perfecta para nuestro proceso de crecimiento. Estoy en paz con el lugar en donde me encuentro.
Demencia *Véase: Alzheimer, enfermedad de, Senilidad*	Negarse a lidiar con el mundo tal cual es. Desesperanza y enojo.	Estoy en mi lugar perfecto y estoy a salvo en todo momento.

PROBLEMA	CAUSA PROBABLE	NUEVO PATRÓN DE PENSAMIENTO
Depresión	Enojo que sientes que no tienes derecho a sentir. Desesperanza.	Ahora supero los miedos y limitaciones de otras personas. Yo creo mi vida.
Derrame cerebral (Accidente cerebrovascular/ ACV)	Darse por vencido. Resistencia. «Prefiero morir a cambiar». Rechazo hacia la vida.	La vida es cambio y yo me adapto fácilmente a lo nuevo. Acepto la vida: pasado, presente y futuro.
Desmayarse (síncope vasovagal)	Miedo. No poder lidiar. Desmayarse.	Tengo el poder, la fuerza y el conocimiento para manejar todo en mi vida.
Diabetes (Hiperglucemia, Mellitus)	Anhelar lo que pudo haber sido. Una gran necesidad de controlar. Pesar profundo. No queda dulzura.	Este momento está lleno de alegría. Elijo experimentar la dulzura del presente.
Diarrea	Miedo. Rechazo. Salir corriendo.	Mi ingesta, asimilación y eliminación están en perfecto orden. Estoy en paz con la vida.
Dientes	Representan las decisiones	
• **Deterioro**	Incapacidad de tomar decisiones. Tendencia a darse por vencido fácilmente.	Lleno mis decisiones con amor y compasión. Nuevas decisiones me apoyan y me fortalecen. Tengo nuevas ideas y las pongo en acción. Me siento a salvo en mis nuevas decisiones.

PROBLEMA	CAUSA PROBABLE	NUEVO PATRÓN DE PENSAMIENTO
• **Problemas**	Indecisión sostenida durante largo tiempo. Incapacidad para desmenuzar las ideas y las decisiones para su análisis.	Tomo decisiones basándome en los principios de la verdad. Estoy tranquilo porque sé que solo la acción correcta está manifestándose en mi vida.
Dientes, problemas de *Véase: Conducto radicular*	Indecisión sostenida durante largo tiempo. Incapacidad de desmenuzar las ideas y las decisiones para su análisis.	Tomo mis decisiones basándome en los principios de la verdad y estoy tranquilo porque sé que solo la acción correcta se manifiesta en mi vida.
Disentería	Miedo y enojo intensos.	Creo paz en mi mente y mi cuerpo lo refleja.
• **Amebiana**	Creer que la gente quiere dañarte.	Soy el poder y la autoridad en mi mundo. Estoy en paz.
• **Bacilar**	Opresión y desesperanza.	Estoy lleno de vida y energía y con la alegría de vivir.
Dismenorrea *Véase: Problemas femeninos, Problemas menstruales*	Enojo hacia una misma. Odio hacia el cuerpo o hacia la mujer.	Amo mi cuerpo. Me amo a mí misma. Amo todos mis ciclos. Todo está bien.
Distrofia muscular	«No vale la pena crecer».	Supero las limitaciones de mis padres. Soy libre para ser la mejor versión de mí mismo.

PROBLEMA	CAUSA PROBABLE	NUEVO PATRÓN DE PENSAMIENTO
Dolencias	Anhelo de amor. Anhelo de ser abrazado.	Me amo y me apruebo a mí mismo. Soy amoroso y digno de ser amado.
Dolor	Culpa. La culpa siempre busca castigo.	Con amor suelto el pasado. Ellos son libres y yo soy libre. Todo está bien en mi corazón ahora.
Eczema	Antagonismo imponente. Erupciones mentales.	La armonía y la paz, el amor y la alegría me rodean y moran dentro de mí. Estoy a salvo y seguro.
Edema *Véase: Retención de líquidos, Hinchazón*	¿Qué o a quién no quieres soltar?	Voluntariamente suelto el pasado. Estoy a salvo soltando. Soy libre ahora.
Encías, problemas de	Incapacidad de respaldar las decisiones. Sentirse soso en relación con la vida.	Soy una persona decidida. Termino lo que empiezo y me apoyo con amor.
Encías sangrantes	Falta de alegría por la decisión tomada en la vida.	Confío en que la acción correcta siempre está manifestándose en mi vida. Estoy en paz.
Endometriosis	Inseguridad, decepción y frustración. Reemplazar el amor por uno mismo con azúcar. Persona que culpa a los demás.	Soy tanto poderosa como deseable. Es maravilloso ser mujer. Me amo y me siento realizada.

PROBLEMA	CAUSA PROBABLE	NUEVO PATRÓN DE PENSAMIENTO
Enfermedad degenerativa de disco	Falta de apoyo. Miedo a la vida. Incapacidad de confiar.	Estoy dispuesto a aprender a amarme. Permito que mi amor me apoye. Estoy aprendiendo a confiar en la vida y a aceptar su abundancia. Estoy a salvo cuando confío.
Enfermedad psiquiátrica *Véase: Locura*		
Enfermedades crónicas	Negarse a cambiar. Miedo al futuro. No sentirse seguro.	Estoy dispuesto a cambiar y a crecer. Ahora creo un futuro nuevo y seguro.
Enfermedades respiratorias *Véase: Bronquitis, Resfriados, Tos, Influenza*	Miedo a asimilar la vida plenamente.	Estoy a salvo. Amo mi vida.
Enfermedades venéreas *Véase: Sida, Gonorrea, Herpes, Sífilis*	Culpa sexual. Necesidad de castigo. Creer que los genitales son pecaminosos o sucios. Abusar de otra persona.	Con amor y con alegría acepto mi sexualidad y su expresión. Acepto solo pensamientos que me apoyan y me hacen sentir bien.
Enfisema	Miedo a inhalar la vida. No sentirse digno de vivir.	Es mi derecho de nacimiento vivir plena y libremente. Amo la vida. Me amo.
Enuresis *Véase: Mojar la cama*		

PROBLEMA	CAUSA PROBABLE	NUEVO PATRÓN DE PENSAMIENTO
Envejecimiento, problemas del	Creencias sociales. Pensamiento antiguo. Miedo a ser uno mismo. Rechazo hacia el ahora.	Me amo y me acepto en cada edad. Cada momento de la vida es perfecto.
Envenenamiento por hiedra	Sentirse indefenso y abierto al ataque.	Soy poderoso, estoy a salvo y seguro. Todo está bien.
Epilepsia	Sensación de persecución. Rechazo hacia la vida. Una sensación de gran lucha. Violencia hacia uno mismo.	Elijo ver la vida como eterna y alegre. Soy eterno y alegre y estoy en paz.
Equilibrio, pérdida del	Pensamiento disperso. No estar centrado.	Me centro en la seguridad y acepto la perfección de mi vida. Todo está bien.
Equimosis *Véase: Moretones*		
Eructos	Miedo. Engullir la vida demasiado rápido.	Hay tiempo y espacio para todo lo que necesito hacer. Estoy en paz.
Escalofríos	Contracción mental, alejarse y acercarse. Deseo de alejarse. «Déjenme en paz».	Estoy a salvo y seguro en todo momento. El amor me rodea y me protege. Todo está bien.
Esclerodermia	Protegerse contra la vida. No confiar en que vas a estar ahí y vas a cuidarte.	Me relajo completamente, pues ahora sé que estoy a salvo. Confío en la vida y confío en mí mismo.

PROBLEMA	CAUSA PROBABLE	NUEVO PATRÓN DE PENSAMIENTO
Esclerosis lateral amiotrófica (ELA) o Enfermedad de Lou Gehrig	No estar dispuesto a aceptar la propia valía. Negación del éxito.	Sé que soy valioso. Me siento seguro teniendo éxito. La vida me ama.
Esclerosis múltiple	Dureza mental, dureza de corazón, voluntad de acero, inflexibilidad. Miedo.	Al elegir pensamientos de amor y alegría creo un mundo de amor y alegría. Estoy a salvo y soy libre.
Escoliosis *Véase: Hombros redondos, Curvatura espinal*		
Esguinces	Enojo o resistencia. No querer moverse en determinada dirección en la vida.	Confío en que el proceso de la vida me llevará solo hacia mi mayor bien. Estoy en paz.
Espalda	Representa el apoyo de la vida.	Sé que la vida siempre me apoya.
Espalda, problemas de		
• **Baja**	Miedo relacionado con el dinero. Falta de apoyo económico.	Confío en el proceso de la vida. Todo lo que necesito siempre me es proporcionado. Estoy a salvo.
• **Media**	Culpa. Atrapado en muchas cosas del pasado. «Déjame en paz».	Suelto el pasado. Soy libre para avanzar con amor en mi corazón.

PROBLEMA	CAUSA PROBABLE	NUEVO PATRÓN DE PENSAMIENTO
• **Alta**	Falta de apoyo emocional. No sentirse amado. Reprimir el amor.	Me amo y me apruebo a mí mismo. La vida me apoya y me ama.
Espasmos	Tensar nuestros pensamientos a través del miedo.	Suelto, me relajo y dejo ir. Estoy a salvo en la vida.
Espasmos abdominales	Miedo. Detener el proceso.	Confío en el proceso de la vida. Estoy a salvo.
Espinilla(s)	Ideales caídos. Las espinillas representan los estándares de vida.	Vivo según mis más altos estándares con amor y con alegría.
Espinillas/ puntos negros/ barros	Pequeños brotes de enojo.	Calmo mis pensamientos y estoy sereno.
Esqueleto *Véase: Huesos*	Desmoronamiento de la estructura. Los huesos representan la configuración de tu vida.	Estoy fuerte y sano. Estoy bien estructurado.
Esterilidad	Sentir miedo o resistencia hacia el proceso de la vida. O no necesitar pasar por la experiencia de la paternidad.	Confío en el proceso de la vida. Siempre estoy en el lugar adecuado, haciendo lo adecuado, en el momento adecuado. Me amo y me apruebo.
Estómago	Contiene el alimento. Digiere las ideas	Digiero la vida con facilidad.

PROBLEMA	CAUSA PROBABLE	NUEVO PATRÓN DE PENSAMIENTO
Estreñimiento	Negarse a soltar las viejas ideas. Atrapado en el pasado. Algunas veces, tacañería.	A medida que suelto el pasado, lo nuevo, lo fresco y lo vital entran. Permito que la vida fluya a través de mí.
Exotropía (Estrabismo) *Véase: Problemas oculares*		
Fatiga	Resistencia, aburrimiento. Falta de amor hacia lo que uno hace.	Me siento entusiasmado por la vida y lleno de energía y entusiasmo.
Fertilidad, problemas de	Miedo. Preocupación por no ser lo suficientemente bueno. Resistencia hacia el proceso de la vida.	Amo y valoro a mi niño interior. Me amo y me adoro. Soy la persona más importante en mi vida. Todo está bien y estoy a salvo.
Fibrosis quística	Una fuerte creencia de que la vida no funcionará para ti. «Pobre de mí».	La vida me ama, y yo amo la vida. Ahora elijo aceptar la vida plena y libremente.
Fiebre	Enojo. Quemarse por dentro.	Soy la expresión tranquila y calmada de la paz y el amor.
Fiebre glandular *Véase: Mononucleosis*	Problemas glandulares. Distribución pobre de ideas positivas. Contenerte.	Tengo todas las ideas de actividad divina que necesito. Avanzo en este momento.
Fístula	Miedo. Bloqueo en el proceso de dejar ir.	Estoy a salvo. Confío plenamente en el proceso de la vida. La vida está a mi favor.

PROBLEMA	CAUSA PROBABLE	NUEVO PATRÓN DE PENSAMIENTO
Flatulencia *Véase: Gases, dolores por*		
Flebitis	Enojo y frustración. Culpar a otros por las limitaciones y falta de alegría en la vida.	La alegría ahora fluye libremente en mi interior, y estoy en paz con la vida.
Forúnculo *Véase: Carbúnculo*	Enojo. Hervir por dentro. Estar furioso.	Expreso amor y alegría, y estoy en paz.
Frigidez	Miedo. Negación del placer. Una creencia de que el sexo es malo. Parejas insensibles. Miedo al padre.	Me siento segura disfrutando mi propio cuerpo. Me regocijo siendo mujer.
Furúnculo *Vease: Forúnculo*		
Gangrena	Morbo mental. La alegría se ahoga con pensamientos venenosos.	Ahora elijo pensamientos armoniosos y permito que la alegría fluya libremente a través de mí.
Garganta	Medio de expresión. Canal de creatividad.	Abro mi corazón y canto la alegría de la vida.
• **Problemas** *Véase: Garganta irritada*	Incapacidad de abogar por uno mismo. Enojo tragado. Creatividad apagada. Negarse a cambiar.	Está bien hacer ruido. Me expreso libre y alegremente. Abogo por mí con facilidad. Expreso mi creatividad. Estoy dispuesto a cambiar.

PROBLEMA	CAUSA PROBABLE	NUEVO PATRÓN DE PENSAMIENTO
Garganta irritada *Véase: Anginas, Garganta, Amigdalitis*	Contener palabras de enojo. No sentirse capaz de expresarse a sí mismo.	Suelto todas las restricciones y soy libre para ser yo.
Gases, dolores por (Flatulencia)	Aferrarse. Miedo. Ideas no digeridas.	Me relajo y permito que la vida fluya a través de mí con facilidad.
Gastritis *Véase: Problemas estomacales*	Incertidumbre prolongada. Una sensación de fatalidad.	Me amo y me apruebo. Estoy a salvo.
Genitales	Representan los principios masculino y femenino.	Me siento seguro siendo quien soy.
• **Problemas**	Preocupación por no ser lo suficientemente bueno.	Me regocijo en mi propia expresión de la vida. Soy perfecto tal y como soy. Me amo y me apruebo.
Glándula(s)	Representan estaciones de detención. Actividad autoiniciada.	Soy un poder creativo en mi mundo.
Glándula pituitaria	Representa el centro de control.	Mi mente y mi cuerpo están en perfecto equilibrio. Controlo mis pensamientos.
Globus Hystericus *Véase: Nudo en la garganta*		

PROBLEMA	CAUSA PROBABLE	NUEVO PATRÓN DE PENSAMIENTO
Gonorrea *Véase: Enfermedad venérea*	Una necesidad de castigo por ser una *mala* persona.	Amo mi cuerpo. Amo mi sexualidad. Me amo.
Gordura *Véase: Sobrepeso*	Hipersensibilidad. A menudo representa miedo y muestra una necesidad de protección. El miedo puede ser una tapadera de un enojo oculto y una resistencia a perdonar.	Soy protegido por el amor divino. Siempre estoy a salvo y seguro. Estoy dispuesto a crecer y a aceptar la responsabilidad de mi vida. Perdono a los demás y ahora creo mi propia vida tal y como la deseo. Estoy a salvo.
• **Brazos**	Enojo por habérsete negado el amor.	Es seguro para mí crear todo el amor que deseo.
• **Vientre**	Enojo por habérsete negado el alimento.	Me nutro con alimento espiritual, estoy satisfecho y soy libre.
• **Caderas**	Bultos de enojo obstinado hacia los padres.	Estoy dispuesto a perdonar el pasado. Me siento seguro superando las limitaciones de mis padres.
• **Muslos**	Enojo almacenado de la infancia. A menudo, rabia hacia el padre.	Veo a mi padre como un niño falto de amor, y perdono fácilmente. Ambos somos libres.
Gota	Necesidad de dominar. Impaciencia, enojo.	Estoy a salvo y seguro. Estoy en paz conmigo y con los demás.

PROBLEMA	CAUSA PROBABLE	NUEVO PATRÓN DE PENSAMIENTO
Goteo postnasal	Llanto interno. Lágrimas infantiles. Víctima.	Reconozco y acepto que soy el poder creativo en mi mundo. Ahora elijo disfrutar mi vida.
Granos *Véase: Espinillas, Barros*	Pequeños brotes de enojo.	Calmo mis pensamientos y estoy sereno.
Gripe *Véase: Influenza*		
Halitosis *Véase: Mal aliento*	Actitudes podridas, chismes viles, pensamiento hediondo.	Hablo con amabilidad y amor. Exhalo solo el bien.
Hematoquecia *Véase: Sangrado anorrectal*		
Hemorroides *Véase: Ano*	Miedo a las fechas límite. Enojo por el pasado. Tener miedo a soltar. Sentirse apesadumbrado.	Suelto todo lo que es distinto al amor. Hay un tiempo y un espacio para todo lo que quiero hacer.
Heno, fiebre del *Véase: Alergias*	Congestión emocional. Miedo al proceso socialmente rígido de la vida. Creencia en la persecución. Culpa.	Soy uno con *toda la vida*. Estoy a salvo en todo momento.
Hepatitis *Véase: Problemas hepáticos*	Resistirse al cambio. Miedo, enojo, odio. El hígado es el asiento del enojo y la rabia.	Mi mente está limpia y libre. Dejo el pasado y avanzo hacia lo nuevo. Todo está bien.
Heridas *Véase: Cortadas, Lesiones*	Enojo y culpa hacia uno mismo.	Me perdono y escojo amarme.

PROBLEMA	CAUSA PROBABLE	NUEVO PATRÓN DE PENSAMIENTO
Hernia	Relaciones rotas. Tensión, cargas, expresión creativa incorrecta.	Mi mente es amable y armoniosa. Me amo y me apruebo. Soy libre para ser yo.
Hernia de disco	Sentirse completamente carente de apoyo por parte de la vida. Indeciso.	La vida apoya todos mis pensamientos; por tanto, me amo y me apruebo y todo está bien.
Herpes (Herpes genitalis) *Véase: Enfermedad venérea*	Enorme creencia en la culpa sexual y la necesidad de castigo. Vergüenza pública. Creer en un dios que castiga. Rechazo hacia los genitales.	Mi concepto de Dios me apoya. Soy normal y natural. Me regocijo en mi propia sexualidad y en mi propio cuerpo. Soy maravilloso.
Herpes simplex (Herpes Labialis) *Véase: Fuegos labiales*	Deseo ardiente de maldecir. Palabras amargas que no se han dicho.	Pienso y hablo solo palabras de amor. Estoy en paz con la vida.
Hígado	Asiento del enojo y las emociones primitivas.	El amor, la paz y la alegría son lo que yo conozco.
Hinchazón *Véase: Edema, Retención de líquidos*	Estar atorado en el pensamiento. Ideas congestionadas y dolorosas.	Mis pensamientos fluyen fácil y libremente. Me muevo por las ideas con facilidad.
Hiperactividad	Miedo. Sentirse presionado y frenético.	Estoy a salvo. Toda presión se disuelve. Soy lo suficientemente bueno.
Hiperglicemia *Véase: Diabetes*		

PROBLEMA	CAUSA PROBABLE	NUEVO PATRÓN DE PENSAMIENTO
Hipermetropía *Véase: Problemas oculares*		
Hipertensión *Véase: Presión arterial*		
Hipertiroidismo *Véase: Tiroides*	Rabia por ser excluido.	Estoy en el centro de la vida, y me apruebo a mí mismo y todo lo que veo.
Hiperventilación *Véase: Ataques de asfixia, Respiración, problemas de*	Miedo. Resistirse al cambio. No confiar en el proceso.	Estoy a salvo en todas partes en el universo. Me amo y confío en el proceso de la vida.
Hipoglicemia	Abrumado por las cargas de la vida. «¿De qué sirve?».	Ahora elijo hacer mi vida ligera, fácil y alegre.
Hipotiroidismo *Véase: Tiroides*	Darse por vencido. Sentirse irremediablemente asfixiado.	Creo una nueva vida con nuevas reglas que me apoyan plenamente.
Hirsutismo	Enojo encubierto. La cubierta que se utiliza normalmente es el miedo. Un deseo de ocultar. A menudo hay falta de disposición para nutrirse a sí mismo.	Soy un padre/madre para mí. Estoy cubierto con amor y aprobación. Me siento seguro mostrando quien soy.

PROBLEMA	CAUSA PROBABLE	NUEVO PATRÓN DE PENSAMIENTO
Hodgkin, enfermedad de	Culpa y un enorme miedo a no ser lo suficientemente bueno. Una carrera frenética para probarse a uno mismo hasta quedarse sin fuerzas. La alegría de la vida se olvida en la carrera por la aceptación.	Estoy perfectamente feliz de ser quien soy. Soy lo suficientemente bueno tal y como soy. Me amo y me apruebo. Soy la alegría que se expresa y recibe.
Hombros *Véase: Articulaciones, Hombros redondos*	Representa nuestra capacidad de vivir las experiencias de la vida con alegría. Hacemos de la vida una carga a través de nuestra actitud.	Escojo permitir que todas mis experiencias sean alegres y amorosas.
Hombros redondos *Véase: Hombros, Curvatura espinal*	Llevar a cuestas las cargas de la vida. Indefenso y sin esperanza.	Estoy orgulloso de mí y soy libre. Me amo y me apruebo. Mi vida mejora cada día.
Hongos	Creencias estancadas. Negarse a soltar el pasado. Permitir que el pasado rija hoy.	Vivo en el momento presente, alegre y libre.
Hongos, infecciones por *Véase: Cándida, Candidiasis*	Negar tus propias necesidades. No apoyarte a ti mismo.	Ahora elijo apoyarme en formas amorosas y alegres.
Hueso(s) *Véase: Esqueleto*	Representa(n) la estructura del universo.	Estoy bien estructurado y equilibrado.
Hueso púbico	Representa la protección genital.	Mi sexualidad está a salvo.

PROBLEMA	CAUSA PROBABLE	NUEVO PATRÓN DE PENSAMIENTO
Huesos, problemas en los		
• **Roturas/ fracturas**	Rebelarse en contra de la autoridad.	En mi mundo, yo soy mi propia autoridad, pues yo soy el único que piensa en mi mente.
• **Deformidad** *Véase: Osteomielitis, Osteoporosis*	Presiones mentales y tensión. Los músculos no pueden estirarse. Pérdida de movilidad mental.	Respiro la vida plenamente. Me relajo y confío en el flujo y el proceso de la vida.
Huntington, enfermedad de	Resentimiento por no poder cambiar a los demás. Desesperanza.	Entrego todo el control al universo. Estoy en paz conmigo y con la vida.
Ictericia *Véase: Problemas hepáticos*	Prejuicio interno y externo. Razón desequilibrada.	Siento tolerancia, compasión y amor hacia todas las personas, yo incluido.
Ileítis (Crohn, enfermedad de, Enteritis regional)	Miedo. Preocupación. No sentirse lo suficientemente bueno.	Me amo y me apruebo. Estoy haciéndolo lo mejor que puedo. Soy maravilloso. Estoy en paz.
Impotencia	Presión sexual, tensión, culpa. Creencias sociales. Rencor hacia una pareja anterior. Miedo a la madre.	Ahora permito que todo el poder de mi principio sexual opere con facilidad y alegría.

PROBLEMA	CAUSA PROBABLE	NUEVO PATRÓN DE PENSAMIENTO
Incontinencia	Desbordamiento emocional. Años de controlar las emociones.	Estoy dispuesto a sentir. Me siento seguro expresando mis emociones. Me amo.
Incurable	No puede curarse por medios externos en este momento. Debemos ir al interior para llevar a cabo la cura. Vino de la nada y regresará a la nada.	Los milagros ocurren todos los días. Voy a mi interior para disolver el patrón que creó esto, y ahora acepto una curación divina. ¡Hecho está!
Indigestión	Miedo a nivel visceral, temor, ansiedad. Aferrarse y refunfuñar.	Digiero y asimilo todas las nuevas experiencias en paz y con alegría.
Infarto al miocardio *Véase: Ataque al corazón*		
Infección *Véase: Infección viral*	Enfado, enojo, molestia.	Escojo estar en paz y ser armonioso.
Infecciones urinarias (Cistitis, Pielonefritis)	Muy molesto, normalmente con el sexo opuesto o con una pareja. Culpar a los demás.	Libero el patrón en mi conciencia que creó esta condición. Estoy dispuesto a cambiar. Me amo y me apruebo.
Infecciones virales *Véase: Infección*	Falta de alegría que fluye por la vida. Amargura.	Con amor permito que la alegría fluya libremente en mi vida. Me amo.
Infertilidad *Véase: Fertilidad, Problemas de*		

PROBLEMA	CAUSA PROBABLE	NUEVO PATRÓN DE PENSAMIENTO
Inflamación *Véase: -itis*	Miedo. Estar muy enojado. Pensamiento inflamado.	Mi pensamiento está en paz, tranquilo y centrado.
Influenza *Véase: Enfermedades respiratorias*	Respuesta a la negatividad y creencias de las masas. Miedo. Creer en las estadísticas.	Estoy más allá de las creencias del grupo o del proceso socialmente rígido de la vida. Estoy libre de toda congestión e influencia.
Insomnio	Miedo. No confiar en el proceso de la vida. Culpa.	Con amor entrego el día y me entrego al sueño tranquilo, sabiendo que el mañana se hará cargo de sí mismo.
Intestino *Véase: Colon*	Asimilación. Absorción. Eliminar con facilidad.	Asimilo y absorbo fácilmente todo lo que necesito saber y suelto el pasado con alegría.
Intestinos	Representan la liberación de desechos.	Dejar ir es fácil.
• **Problemas**	Miedo a dejar lo antiguo y lo que ya no necesitas.	Libre y fácilmente dejo ir lo antiguo y con alegría doy la bienvenida a lo nuevo.
Intoxicación por alimentos	Permitir que otros tomen el control. Sentirse indefenso.	Tengo la fuerza, el poder y la capacidad de digerir lo que sea que venga a mí.
• **-itis** *Véase: Inflamación*	Enojo y frustración por las condiciones que estás viendo en tu vida.	Estoy dispuesto a cambiar todos los patrones de crítica. Me amo y me apruebo.

PROBLEMA	CAUSA PROBABLE	NUEVO PATRÓN DE PENSAMIENTO
Juanetes	Falta de alegría para cumplir con la experiencia de la vida.	Con alegría corro hacia delante para dar la bienvenida a las maravillosas experiencias de la vida.
Lado derecho del cuerpo	Agotarse, dejar ir, energía masculina, hombres, el padre.	Equilibro mi energía masculina fácilmente y sin esfuerzo.
Lado izquierdo del cuerpo	Representa la receptividad, asimilar, la energía femenina, la mujer, la madre.	Mi energía femenina está bellamente equilibrada.
Laringitis	Tan enojado que no puedes ni hablar. Miedo a defenderse. Resentimiento hacia la autoridad.	Soy libre de pedir lo que quiero. Me siento seguro expresándome. Estoy en paz.
Laringotraqueitis aguda *Véase: Bronquitis*		
Lengua	Representa la capacidad de saborear los placeres de la vida con alegría.	Disfruto la enorme generosidad que hay en mi vida.
Lepra	Incapacidad total de hacerse cargo de la vida. Una creencia largamente sostenida de no ser lo suficientemente bueno o lo suficientemente limpio.	Me elevo por encima de todas las limitaciones. Soy guiado e inspirado por la Divinidad. El amor sana la vida en su totalidad.
Lesiones *Véase: Cortadas, Heridas*	Enojo hacia uno mismo. Sentirse culpable.	Ahora libero el enojo en formas positivas. Me amo y me valoro.

PROBLEMA	CAUSA PROBABLE	NUEVO PATRÓN DE PENSAMIENTO
Leucemia *Véase: Sangre, problemas de la*	Matar brutalmente la creación. «¿De qué sirve?».	Supero las limitaciones del pasado y avanzo a la libertad del ahora. Me siento seguro siendo yo.
Leucorrea *Véase: Problemas femeninos, Vaginitis*	Creer que las mujeres están indefensas frente al sexo opuesto. Enojo hacia una pareja.	Yo creo todas mis experiencias. Yo soy el poder. Me regocijo en mi femineidad. Soy libre.
Llagas	Enojo no expresado que se arraiga.	Expreso mis emociones en formas alegres y positivas.
Llanto	Las lágrimas son el río de la vida que se derraman por alegría, así como por tristeza y miedo.	Estoy en paz con todas mis emociones. Me amo y me apruebo.
Locura (Enfermedad psiquiátrica)	Huir de la familia. Escapismo, retirarse. Separación violenta de la vida.	Esta mente conoce su verdadera identidad y su punto creativo de autoexpresión divina.
Lou Gehrig, enfermedad de *Véase: Esclerosis lateral amiotrófica*		
Lupus (Eritematosis)	Darse por vencido. Preferible morir a defenderse a uno mismo. Enojo y castigo.	Me defiendo libre y fácilmente. Reclamo mi propio poder. Me amo y me apruebo. Soy libre y estoy a salvo.

PROBLEMA	CAUSA PROBABLE	NUEVO PATRÓN DE PENSAMIENTO
Mal aliento *Véase: Halitosis*	Pensamientos de enojo y venganza. Experiencias que lo refuerzan.	Suelto el pasado con amor. Elijo expresar únicamente amor.
Malaria	Estar fuera de equilibrio con la naturaleza y con la vida.	Estoy unido y equilibrado con todo en mi vida. Estoy a salvo.
Mandíbulas, problemas de (Articulación temporomandibular/Trastorno de la articulación temporomandibular)	Enojo. Resentimiento. Deseo de venganza.	Estoy dispuesto a cambiar los patrones en mí que crearon esta condición. Me amo y me apruebo. Estoy a salvo.
Manos	Sostener y llevar a cabo. Asir y tomar. Agarrar y soltar. Acariciar. Pellizcar. Todas las formas de lidiar con las experiencias.	Elijo conducir todas mis experiencias con amor, alegría y facilidad.
Mareo (Vértigo)	Pensamiento voluble, disperso. Negarse a mirar.	Estoy profundamente centrado y en paz en la vida. Estoy a salvo estando vivo y alegre.
Mareo del viajero *Véase: Mareo por movimiento*	Miedo. Esclavitud. Sentimiento de estar atrapado.	Me muevo con facilidad por el tiempo y por el espacio. Solo el amor me rodea.
Mareo en el mar *Véase: Mareo por movimiento*	Miedo. Miedo a la muerte. Pérdida de control.	Estoy totalmente a salvo en el universo. Estoy en paz en todas partes. Confío en la vida.

PROBLEMA	CAUSA PROBABLE	NUEVO PATRÓN DE PENSAMIENTO
Mareo por movimiento *Véase: Mareo en el mar*	Miedo. Miedo a no tener el control.	Siempre tengo el control de mis pensamientos. Estoy a salvo. Me amo y me apruebo.
Mastitis *Véase: Senos, problemas en los*		
Mastoiditis	Enojo y frustración. Un deseo de no escuchar lo que está pasando. Normalmente en niños. Miedo que infecta el entendimiento.	La paz divina y la armonía me rodean y habitan en mí. Soy un oasis de paz, de amor y de alegría. Todo está bien en mi mundo.
Médula ósea	Representa tus más profundas creencias sobre ti mismo. La forma como te brindas apoyo y cuidado a ti mismo.	El Espíritu Divino está en la estructura de mi vida. Estoy a salvo, soy amado y soy completamente apoyado.
Mellitus *Véase: Diabetes*		
Meningitis espinal	Pensamiento inflamado y furia hacia la vida.	Suelto toda culpa y acepto la paz y la alegría de la vida.
Menopausia, problemas de la	Miedo a ya no ser deseada. Miedo al envejecimiento. Autorrechazo. No sentirse lo suficientemente buena.	Estoy equilibrada y en paz con todos los cambios de ciclos, y bendigo mi cuerpo con amor.

PROBLEMA	CAUSA PROBABLE	NUEVO PATRÓN DE PENSAMIENTO
Migraña *Véase: Cabeza, dolores de*	Aversión a ser impulsado. Resistirse al flujo de la vida. Miedos sexuales. (Normalmente pueden aliviarse mediante la masturbación).	Me relajo en el flujo de la vida y permito que la vida me proporcione todo lo que necesito fácil y cómodamente. La vida está a mi favor.
Miopía *Véase: Problemas oculares.*	Miedo al futuro. No confiar en lo que está por delante.	Acepto la guía divina y siempre estoy a salvo.
Mojar la cama (Enuresis)	Miedo a uno de los progenitores, normalmente al padre.	Este niño es visto con amor, con compasión y entendimiento. Todo está bien.
Mono, mononucleosis (Pfeiffer, enfermedad de, Fiebre glandular)	Enojo por no recibir amor y aprecio. Ya no interesarse en uno mismo.	Me amo, me aprecio y me cuido. Soy suficiente.
Mordidas	Miedo. Estar abierto al desprecio.	Me perdono y me amo ahora y siempre.
• **Animal**	Enojo volcado hacia dentro. Necesidad de castigo.	Soy libre.
• **Bicho**	Culpa por pequeñas cosas.	Estoy libre de todo enfado. Todo está bien.
Moretones (Equimosis)	Los pequeños golpes de la vida. Autocastigo.	Me amo y me valoro. Soy amable y gentil conmigo mismo. Todo está bien.
Muela del juicio impactada	No darte espacio mental para crear cimientos firmes.	Abro mi conciencia a la expansión de la vida. Hay mucho espacio para crecer y cambiar.

PROBLEMA	CAUSA PROBABLE	NUEVO PATRÓN DE PENSAMIENTO
Muerte	Representa abandonar la película de la vida.	Con alegría avanzo a nuevos niveles de experiencia. Todo está bien.
Muñeca	Representa el movimiento y el descanso	Vivo todas mis experiencias con sabiduría, amor y facilidad.
Músculos	Resistirse a nuevas experiencias. Los músculos representan nuestra capacidad de movernos en la vida.	Experimento la vida como una danza alegre.
Nacimiento	Representa entrar a este segmento de la película de la vida.	Este bebé comienza ahora una nueva vida alegre y maravillosa. Todo está bien.
• **Defectos**	Kármico. Tú elegiste venir de esa manera. Elegimos a nuestros padres y a nuestros hijos. Asuntos sin terminar.	Cada experiencia es perfecta para nuestro proceso de crecimiento. Estoy en paz con el lugar donde me encuentro.
Nalgas	Representan el poder. *Nalgas flácidas*: pérdida de poder.	Utilizo mi poder con sabiduría. Soy fuerte. Estoy a salvo. Todo está bien.
Narcolepsia	No poder lidiar con las cosas. Miedo extremo. Querer alejarse de todo. No querer estar aquí.	Confío en que la sabiduría y la guía divina me protegen en todo momento. Estoy a salvo.

PROBLEMA	CAUSA PROBABLE	NUEVO PATRÓN DE PENSAMIENTO
Nariz	Representa el reconocimiento hacia uno mismo.	Reconozco mi capacidad intuitiva.
• **Sangrados**	Necesidad de reconocimiento. No sentirse reconocido ni tomado en cuenta. Llorar por amor.	Me amo y me apruebo. Reconozco mi propia valía. Soy maravilloso.
• **Goteo nasal**	Pedir ayuda. Llanto interno.	Amo la comodidad en formas placenteras para mí.
• **Nariz tapada**	No reconocer la propia valía.	Me amo y me valoro.
Náuseas	Miedo. Rechazar una idea o experiencia.	Estoy a salvo. Confío en que el proceso de la vida me trae solo lo bueno.
Nefritis *Véase: Bright, enfermedad de*	Reacción exagerada a la decepción y al fracaso.	Solo la acción correcta se manifiesta en mi vida. Suelto lo viejo y doy la bienvenida a lo nuevo. Todo está bien.
Neoplasia	Alimentar viejas heridas. Crear resentimientos.	Perdono fácilmente. Me amo y me recompensaré con pensamientos de elogio.
Nervios	Representan la comunicación. Reporteros receptivos.	Me comunico con facilidad y alegría.
Nerviosismo	Miedo, ansiedad, conflicto, apresuramiento. No confiar en el proceso de la vida.	Estoy en un viaje infinito por la eternidad y hay mucho tiempo. Me comunico con mi corazón. Todo está bien.

PROBLEMA	CAUSA PROBABLE	NUEVO PATRÓN DE PENSAMIENTO
Neumonía *Véase: Problemas pulmonares*	Desesperado. Cansado de la vida. Heridas emocionales a las que no se les permite sanar.	Asimilo libremente las ideas divinas que están llenas con el aliento y la inteligencia de la vida. Este es un nuevo momento.
Neuralgia	Castigo debido a culpa. Angustia relacionada con la comunicación.	Me perdono. Me amo y me apruebo. Me comunico con amor.
Niñez, enfermedades de la	Creer en procesos de vida estructurados y rígidos, en los conceptos sociales y en las falsas leyes. Comportamiento infantil en los adultos que rodean a los niños.	Este niño está protegido por la divinidad y rodeado por el amor. Reclamamos la inmunidad mental.
Nódulos	Resentimiento, frustración y un ego herido relacionado con la profesión.	Suelto el patrón de retraso que está en mi interior y ahora me permito tener éxito.
Nudo en la garganta *(Globus Hystericus)*	Miedo. No confiar en el proceso de la vida.	Estoy a salvo. Confío en que la vida está a mi favor. Me expreso libre y gozosamente.
Oído	Representa la capacidad de escuchar.	Escucho con amor.
Oído, dolor de (Otitis: Externa/ Canal medio del oído/Oído interno)	Enojo. No querer escuchar. Demasiada agitación. Padres peleando.	La armonía me rodea. Escucho con amor lo agradable y lo bueno. Soy un centro de amor.

PROBLEMA	CAUSA PROBABLE	NUEVO PATRÓN DE PENSAMIENTO
Oído, problemas de	Incapacidad de escuchar o de abrir totalmente tu mente al mundo exterior. Falta de confianza.	Ahora aprendo a confiar en mi Yo Superior. Suelto todas las ideas distintas a la voz del amor.
Ojo(s)	Representan la capacidad de ver claramente: pasado, presente y futuro.	Veo con amor y alegría.
Ojo seco	Ojos enojados. Negarse a ver con amor. Preferiría morir a perdonar. Ser rencoroso.	Perdono voluntariamente. Infundo vida a mi vista y veo con compasión y comprensión.
Ojos, inflamación de los *Véase: Conjuntivitis*	Enojo y frustración por lo que estás viendo en la vida.	Veo con los ojos del amor. Existe una solución armónica y yo la acepto ahora.
Olor corporal	Miedo. Rechazo hacia uno mismo. Miedo a los demás.	Me amo y me apruebo. Estoy a salvo.
Orzuelo *Véase: Problemas oculares*	Observar la vida a través de ojos enojados. Estar enojado con alguien.	Elijo ver a todos y todo con alegría y con amor.
Osteomielitis *Véase: Huesos, problemas en los*	Enojo y frustración debido a la estructura misma de la vida. No sentirse apoyado.	Estoy en paz con el proceso de la vida y confío en él. Estoy a salvo y seguro.
Osteoporosis *Véase: Huesos, problemas en los*	Sentir que ya no queda apoyo en la vida.	Abogo por mí, y la vida me apoya en formas inesperadas y amorosas.

PROBLEMA	CAUSA PROBABLE	NUEVO PATRÓN DE PENSAMIENTO
Ovarios	Representan el punto de creación. Creatividad.	Estoy equilibrada en mi flujo creativo.
Paget, enfermedad de	Sentir que ya no hay una base sobre la cual construir. «A nadie le importa».	Sé que soy apoyado por la vida en formas maravillosas y gloriosas. La vida me ama y cuida de mí.
Páncreas	Representa la dulzura de la vida.	Mi vida es dulce.
Pancreatitis	Rechazo. Enojo y frustración porque la vida parece haber perdido su dulzura.	Me amo y me apruebo, y yo mismo creo dulzura y alegría en mi vida.
Pánico	Miedo. Incapacidad de moverse con el flujo de la vida.	Soy capaz y soy fuerte. Puedo hacerme cargo de todas las situaciones en mi vida. Sé qué hacer.
Parálisis cerebral	Necesidad de unir a la familia en una acción de amor.	Contribuyo a una vida familiar unida, amorosa y apacible. Todo está bien.
Parálisis de Bell	Control extremo del enojo. No estar dispuesto a expresar los sentimientos.	Me siento seguro expresando mis sentimientos. Me perdono a mí mismo.
Parálisis muscular	Miedo. Terror. Escapar de una situación o una persona. Resistencia.	Soy uno con toda la vida. Soy totalmente adecuado para todas las situaciones.
Parásitos	Dar poder a otras personas, permitirles dominar.	Con amor reclamo mi poder y elimino toda interferencia.

PROBLEMA	CAUSA PROBABLE	NUEVO PATRÓN DE PENSAMIENTO
Parkinson, enfermedad de *Véase: Parálisis*	Miedo y un deseo intenso de controlar todo y a todos.	Me relajo sabiendo que estoy a salvo. La vida confía en mí, y yo confío en el proceso de la vida.
Periodontitis *Véase: Piorrea*		
Pfeiffer, enfermedad de *Véase: Mononucleosis*		
Pie de atleta	Frustración por no ser aceptado. Incapacidad de avanzar con facilidad.	Me amo y me apruebo. Me doy permiso de avanzar. Me siento seguro al moverme.
Piel	Protege nuestra individualidad. Un órgano sensorial.	Me siento seguro siendo yo.
Piel colgada	La piel colgada en el rostro viene de pensamientos flácidos en la mente. Resentimiento hacia la vida.	Expreso la alegría de vivir y me permito disfrutar cada momento de cada día plenamente. Soy joven otra vez.
Piel, problemas de la *Véase: Urticaria, Psoriasis, Sarpullido*	Ansiedad, miedo. Suciedad vieja y enterrada. Estoy siendo amenazado.	Con amor me protejo con pensamientos de alegría y paz. Perdono y olvido el pasado. Soy libre en este momento.
Pielonefritis *Véase: Infecciones urinarias*		

PROBLEMA	CAUSA PROBABLE	NUEVO PATRÓN DE PENSAMIENTO
Pierna(s)	Nos llevan adelante en la vida.	La vida está a mi favor.
Piernas, problemas de • Zona inferior	Miedo al futuro. No querer moverse.	Avanzo con confianza y alegría, sabiendo que todo está bien en mi futuro.
Pies *Véase: Pies, problemas en los*	Representan nuestro entendimiento de nosotros, de la vida, de otros.	Mi entendimiento es claro y estoy dispuesto a cambiar con los tiempos. Estoy a salvo.
Pies, problemas en los	Miedo al futuro y a no dar un paso hacia delante en la vida.	Avanzo en la vida con alegría y facilidad.
Piorrea (Periodontitis)	Enojo por la incapacidad de tomar decisiones. Personas sosas.	Me apruebo y mis decisiones son siempre perfectas para mí.
Plexo solar	Reacciones viscerales. El centro de nuestro poder intuitivo.	Confío en mi voz interna. Soy fuerte, sabio y poderoso.
Polio	Celos paralizantes. Deseo de detener a alguien.	Hay suficiente para todos. Creo mi propio bien y mi libertad con pensamientos amorosos.
Presión arterial		
• Alta (Hipertensión)	Problema emocional de larga duración no resuelto.	Con alegría suelto el pasado. Estoy en paz.
• Baja	Falta de amor en la niñez. Derrotismo. «¿De qué sirve? De todos modos, no va a funcionar».	Elijo vivir en el siempre alegre AHORA. Mi vida es una alegría.

PROBLEMA	CAUSA PROBABLE	NUEVO PATRÓN DE PENSAMIENTO
Problemas estomacales *Véase: Gastritis, Acidez, Úlcera péptica, Úlceras*	Temor. Miedo a lo nuevo. Incapacidad de asimilar lo nuevo.	La vida está de acuerdo conmigo. Asimilo lo nuevo cada momento de cada día. Todo está bien.
Problemas femeninos *Véase: Amenorrea, Dismenorrea, Tumores fibroides, Leucorrea, Problemas menstruales, Vaginitis*	Negarse a una misma. Rechazar la femineidad. Rechazo hacia el principio femenino.	Me regocijo en mi femineidad. Amo ser mujer. Amo mi cuerpo.
Problemas hepáticos *Véase: Hepatitis, Ictericia*	Quejarse de forma crónica. Justificar el hecho de encontrar fallas para engañarte a ti mismo. Sentirse malo.	Elijo vivir a través del espacio abierto de mi corazón. Busco el amor y lo encuentro en todas partes.
Problemas linfáticos	Una advertencia de que la mente necesita volver a centrarse en lo esencial de la vida. Amor y alegría.	Ahora estoy totalmente centrado en el amor y la alegría de estar vivo. Fluyo con la vida. Tengo paz mental.
Problemas menstruales *Véase: Amenorrea, Dismenorrea, Problemas femeninos*	Rechazo de la propia femineidad. Culpa, miedo. Creer que los genitales son pecaminosos o sucios.	Acepto mi pleno poder como mujer y acepto todos mis procesos corporales como normales y naturales. Me amo y me apruebo.

PROBLEMA	CAUSA PROBABLE	NUEVO PATRÓN DE PENSAMIENTO
Problemas oculares *Véase: Orzuelo*	No te gusta lo que ves en tu vida.	Ahora creo una vida que me encanta ver.
• **Astigmatismo**	Problema con el «yo». Miedo a verse realmente a sí mismo.	Ahora estoy dispuesto a ver mi propia belleza y magnificencia.
• **Cataratas**	Incapacidad para ver el futuro con alegría. Futuro oscuro.	La vida es eterna y llena de alegría.
• **Niños**	No querer ver lo que está ocurriendo en la familia	La armonía, la alegría, la belleza y la seguridad rodean ahora a este niño.
• **Cruzados** *Véase: Queratitis*	No querer ver lo que está allá afuera. Propósitos cruzados.	Me siento seguro viendo. Estoy en paz.
• **Hipermé-trope** *Véase: Hipermetropía*	Miedo al presente.	Estoy seguro en el aquí y en el ahora. Lo veo claramente.
• **Glaucoma**	Falta de perdón empedernida. Presión por heridas de mucho tiempo. Abrumado por todo ello.	Veo con amor y ternura.
• **Miope** *Véase: Miopía*	Miedo al futuro.	Acepto la guía divina y estoy siempre a salvo.
• **Estrabismo** (Exotropía)	Miedo a ver el presente, el aquí y el ahora.	Acepto la guía divina y estoy siempre a salvo.

PROBLEMA	CAUSA PROBABLE	NUEVO PATRÓN DE PENSAMIENTO
Problemas renales	Crítica, decepción, fracaso. Vergüenza. Reaccionar como un niño pequeño.	La acción divina correcta está operando siempre en mi vida. Cada experiencia trae únicamente el bien. Me siento seguro creciendo.
Problemas respiratorios *Véase: Ataques de asfixia, Hiperventilación*	Miedo o negarse a asimilar la vida plenamente. No sentir el derecho a ocupar un espacio o, incluso, a existir.	Es mi derecho de nacimiento vivir plena y libremente. Soy digno de amar. Ahora elijo vivir la vida plenamente.
Problemas suprarrenales *Véase: Addison, enfermedad de; Cushing, enfermedad de*	Derrotismo. Ya no cuidarse a sí mismo. Ansiedad.	Me amo y me apruebo a mí mismo. Me siento seguro cuidando de mí mismo.
Próstata	Representa el principio masculino.	Acepto y me regocijo en mi masculinidad.
Próstata, problemas de	Miedos mentales que debilitan la masculinidad. Darse por vencido. Presión y culpa sexual. Creer en el envejecimiento.	Me amo y me apruebo. Acepto mi propio poder. Soy joven por siempre en espíritu.
Prurito *Véase: Comezón*		
Pruritus Ani *Véase: Ano*		

PROBLEMA	CAUSA PROBABLE	NUEVO PATRÓN DE PENSAMIENTO
Psoriasis *Véase: Piel, problemas de la*	Miedo a ser lastimado. Adormecer los sentidos del yo. Negarte a aceptar la responsabilidad de tus propios sentimientos.	Estoy vivo y tengo alegría de vivir. Merezco y acepto lo mejor de la vida. Me amo y me apruebo.
Pulmón	Capacidad de asimilar la vida.	Asimilo la vida en perfecto equilibrio.
• **Problemas** *Véase: Neumonía*	Depresión. Duelo. Miedo a asimilar la vida. No sentirse digno de vivir la vida plenamente.	Tengo la capacidad de asimilar la vida plenamente. Con amor vivo la vida al máximo.
Quemaduras	Enojo. Hervir por dentro. Estar furioso.	Solo creo paz y armonía dentro de mí y de mi entorno. Merezco sentirme bien.
Queratitis *Véase: Problemas oculares*	Enojo extremo. Un deseo de golpear a quienes están enfrente.	Permito que el amor de mi corazón sane todo lo que veo. Escojo la paz. Todo está bien en mi mundo.
Quiste(s)	Reproducir la vieja y dolorosa película. Alimentar heridas. Un falso crecimiento.	Las películas de mi mente son hermosas porque yo elijo que así sean. Me amo.
Rabia	Enojo. Creer que la violencia es la respuesta.	Estoy rodeado y lleno de paz.
Raquitismo	Desnutrición emocional. Falta de amor y seguridad.	Estoy seguro y soy nutrido por el amor del universo mismo.

PROBLEMA	CAUSA PROBABLE	NUEVO PATRÓN DE PENSAMIENTO
Rasguños	Sentir que la vida te desgarra, que la vida es una estafa y que estás siendo estafado.	Estoy agradecido por la generosidad de la vida hacia mí. Soy bendecido.
Recto *Véase: Ano*		
Resfriados (enfermedad de vías respiratorias altas) *Véase: Enfermedades respiratorias*	Ocurren demasiadas cosas al mismo tiempo. Confusión mental, desorden. Pequeñas heridas. Creencia tipo «Me resfrío cada invierno».	Permito que mi mente se relaje y esté en paz. La claridad y la armonía están dentro de mí y a mi alrededor. Todo está bien.
Respiración	Representa la capacidad de asimilar la vida.	Amo la vida. Es seguro vivir.
Retención de líquidos *Véase: Edema, Hinchazón*	¿Qué tienes miedo a perder?	Estoy dispuesto a soltar con alegría.
Reumatismo	Sentirse victimizado. Falta de amor. Amargura crónica. Resentimiento.	Creo mis propias experiencias. A medida que me amo y me apruebo a mí y a los demás, mis experiencias son cada vez mejores.
Rigidez	Pensamiento rígido y firme.	Me siento lo suficientemente seguro teniendo una mente flexible.
Riñones, piedras en los	Bultos de enojo no disuelto.	Disuelvo todos los problemas del pasado con facilidad.

PROBLEMA	CAUSA PROBABLE	NUEVO PATRÓN DE PENSAMIENTO
Roble venenoso *Véase: Envenenamiento por hiedra*		
Rodilla *Véase: Articulaciones*	Representa el orgullo y el ego.	Soy flexible y fluyo.
Rodilla, problemas de	Ego y orgullo obstinado. Incapacidad de ceder. Miedo. Inflexibilidad. No va a ceder.	Perdón. Comprensión. Compasión. Cedo y fluyo con facilidad, y todo está bien.
Roncar	Negarse obstinadamente a soltar viejos patrones.	Suelto todo lo que es distinto al amor y a la alegría en mi mente. Dejo el pasado y entró en lo nuevo, lo fresco y lo vital.
Rostro	Representa lo que mostramos al mundo.	Me siento seguro siendo yo mismo. Expreso quien soy.
Sangre	Representa la alegría en el cuerpo que fluye libremente.	Soy la alegría de la vida que expresa y recibe.
Sangre, problemas en la *Véase: Leucemia*	Falta de alegría. Falta de circulación de las ideas.	Ideas nuevas y alegres circulan libremente en mi interior.
• **Anémico** *Véase: Anemia*		
• **Coágulos**	Cerrarse al flujo de la alegría.	Despierto nueva vida dentro de mí. Fluyo.
Sangrado	Alegría que se acaba. Enojo, pero ¿dónde?	Yo soy la alegría de la vida que expresa y recibe un ritmo perfecto.

PROBLEMA	CAUSA PROBABLE	NUEVO PATRÓN DE PENSAMIENTO
Sangrado anorrectal (Hematoquecia)	Enojo y frustración.	Confío en el proceso de la vida. Solo la acción buena y correcta se manifiesta en mi vida.
Sarna	Pensamiento infectado. Permitir que otros te irriten.	Soy la expresión viva, amorosa y alegre de la vida. Soy yo mismo.
Sarpullido *Véase: Urticaria*	Molestia por las demoras. Forma infantil de llamar la atención.	Me amo y me apruebo. Estoy en paz con el proceso de la vida.
Senilidad *Véase: Alzheimer, enfermedad de*	Regresar a la así llamada seguridad de la infancia. Exigir cuidado y atención. Una forma de controlar a quienes te rodean. Escapismo.	Protección divina. Seguridad. Paz. La inteligencia del universo se manifiesta en cada nivel de mi vida.
Seno(s)	Representan ser madre, nutrir y la nutrición.	Recibo y doy nutrición en perfecto equilibrio.
• **Problemas en los senos: quistes, bultos, dolor** (mastitis)	Negarse a nutrirse a uno mismo. Poner a todos los demás primero. Cuidar en exceso, sobreproteger. Actitudes dominantes.	Soy importante. Cuento. Ahora me cuido y me nutro a mí mismo con amor y con alegría. Doy a otros la libertad de ser quienes son. Todos estamos a salvo y somos libres.
Senos paranasales, problemas de (Sinusitis)	Irritación hacia una persona, alguien cercano.	Declaro que la paz y la armonía habitan dentro de mí y me rodean en todo momento. Todo está bien.

PROBLEMA	CAUSA PROBABLE	NUEVO PATRÓN DE PENSAMIENTO
Sida	Sentirse indefenso y sin esperanza. A nadie le importo. Una fuerte creencia en no ser lo suficientemente bueno. Negación de uno mismo. Culpa sexual.	Soy parte del diseño universal. Soy importante y amado por la vida misma. Soy poderoso y capaz. Me amo y agradezco todo lo que soy.
Sífilis *Véase: Enfermedad venérea*	Entregar tu poder y tu efectividad.	Decido ser yo. Me amo y me apruebo como soy.
Síndrome premenstrual (SPM)	Permitir que la confusión reine. Dar poder a influencias externas. Rechazo a los procesos femeninos.	Me hago cargo de mi mente y de mi vida. ¡Soy una mujer dinámica y poderosa! Cada parte de mi cuerpo funciona a la perfección. Me amo.
Sobrepeso *Véase: Gordura*	Miedo, necesidad de protección. Huir de los sentimientos. Inseguridad, rechazo hacia uno mismo. Buscar la satisfacción.	Estoy en paz con mis sentimientos. Estoy a salvo donde me encuentro. Creo mi propia seguridad. Me amo y me apruebo.
Solitaria	Fuerte creencia en ser una víctima o en no estar limpio. Sentirse indefenso ante las aparantes actitudes de los demás.	Las demás personas solo reflejan los buenos sentimientos que yo tengo sobre mí. Amo y apruebo todo lo que soy.
Sordera	Rechazo, terquedad, aislamiento. ¿Qué no quieres escuchar? «No me molesten».	Escucho a la divinidad y disfruto todo lo que puedo escuchar. Soy uno con el todo.

PROBLEMA	CAUSA PROBABLE	NUEVO PATRÓN DE PENSAMIENTO
Suicidio	Ver solo en términos de blanco y negro. Negarse a ver otra salida.	Vivo en la totalidad de las posibilidades. Siempre hay otro camino. Estoy a salvo.
Tartamudear	Inseguridad. Falta de autoexpresión. No permitírsele llorar.	Soy libre para defenderme. Ahora me siento seguro en mi propia expresión. Me comunico únicamente con amor.
Testículos	Principios masculinos. Masculinidad.	Me siento seguro siendo hombre.
Tétanos	Una necesidad de soltar el enojo, pensamientos infecciosos.	Permito que el amor de mi corazón me lave por dentro, me limpie y sane cada parte de mi cuerpo y mis emociones.
Tics, Contracciones nerviosas	Miedo. Miedo a ser observado por los demás.	La vida entera me aprueba. Todo está bien. Estoy a salvo.
Timo	Glándula maestra del sistema inmunológico. Sentirse atacado por la vida. *Ellos* quieren hacerme daño.	Mis pensamientos amorosos mantienen fuerte mi sistema inmunológico. Estoy a salvo dentro y fuera. Me escucho con amor.
Tinnitus	Negarse a escuchar. No escuchar la voz interna. Terquedad.	Confío en mi Yo Superior. Escucho con amor mi voz interna. Dejo ir todo lo que es distinto a la acción del amor.

PROBLEMA	CAUSA PROBABLE	NUEVO PATRÓN DE PENSAMIENTO
Tiña	Permitir que otros te fastidien. No sentirse lo suficientemente bueno o lo suficientemente limpio.	Me amo y me apruebo. Ninguna persona, lugar o cosa tiene poder sobre mí. Soy libre.
Tiroides *Véase: Bocio, Hipertiroidismo, Hipotiroidismo*	Humillación. «Nunca logro hacer lo que quiero hacer. ¿Cuándo será mi turno?».	Supero las viejas limitaciones y ahora me permito expresarme libre y creativamente.
Tobillo(s)	Inflexibilidad y culpa. Los tobillos representan la capacidad de recibir placer.	Merezco gozar la vida. Acepto todo el placer que la vida tiene para ofrecer.
Tos *Véase: Enfermedades respiratorias*	Un deseo de ladrarle al mundo. «¡Véanme! ¡Escúchenme!».	Me prestan atención y me aprecian en las formas más positivas. Soy amado.
Trastorno de déficit de atención e hiperactividad (TDAH)	Inflexibilidad. Miedo al mundo.	La vida me ama. Me amo tal y como soy. Tengo la libertad de crear una vida alegre que funcione para mí. Todo está bien en mi mundo.
Trismo	Enojo. Deseo de controlar. Negarse a expresar los sentimientos.	Confío en el proceso de mi vida. Fácilmente pido lo que quiero. La vida me apoya.
Trombosis coronaria *Véase: Ataque al corazón*	Sentirse solo y con temor. «No soy lo suficientemente bueno. No hago lo suficiente. Nunca lo lograré».	Soy uno con toda la vida. El universo en su totalidad me apoya. Todo está bien.

PROBLEMA	CAUSA PROBABLE	NUEVO PATRÓN DE PENSAMIENTO
Tuberculosis	Consumirse debido al egoísmo. Posesivo. Pensamientos crueles. Venganza.	A medida que me amo y me apruebo creo un mundo alegre y apacible en el cual vivir.
Tumores	Alimentar viejas heridas y traumas. Acumular remordimiento.	Con amor suelto el pasado y vuelco mi atención a este nuevo día. Todo está bien.
Tumores y quistes fibrosos *Véase: Problemas femeninos*	Alimentar una herida provocada por una pareja. Un golpe al ego femenino.	Libero el patrón en mí que creó esta experiencia. Creo solo el bien en mi vida.
Túnel carpiano, Síndrome del *Véase: Muñeca*	Enojo y frustración por las aparentes injusticias de la vida.	Ahora elijo crear una vida alegre y abundante. Estoy en paz.
Úlcera bucal (ampolla febril) *Véase: Herpes simplex*	Infectarse con palabras de enojo y miedo a reprimirlas.	Solo creo experiencias pacíficas, porque me amo a mí mismo. Todo está bien.
Úlcera péptica *Véase: Acidez, Problemas estomacales, Úlceras*	Miedo. Creer que no eres lo suficientemente bueno. Ansioso por complacer.	Me amo y me apruebo. Estoy en paz conmigo. Soy maravilloso.
Úlceras *Véase: Acidez, Úlcera péptica, Problemas estomacales*	Miedo. Una fuerte creencia en que no eres lo suficientemente bueno. ¿Qué te está carcomiendo por dentro?	Me amo y me apruebo. Estoy en paz. Estoy en calma. Todo está bien.
Uña(s)	Representa la protección.	Me relaciono con las personas sintiéndome seguro.

PROBLEMA	CAUSA PROBABLE	NUEVO PATRÓN DE PENSAMIENTO
Uña enterrada	Preocupación y culpa en relación con tu derecho a avanzar.	Es mi derecho divino tomar mi propia dirección en la vida. Estoy a salvo. Soy libre.
Uñas, morderse las	Frustración. Consumirse por dentro. Rencor hacia uno de los padres.	Me siento seguro al crecer. Me hago cargo de mi propia vida con alegría y facilidad.
Uretritis	Emociones de enojo. Estar muy molesto. Culpa.	Creo únicamente experiencias alegres en mi vida.
Urticaria *Véase: Sarpullido*	Pequeñas lágrimas ocultas. Hacer una tormenta en un vaso de agua.	Traigo paz a cada rincón de mi vida.
Útero	Representa el hogar de la creatividad.	Me siento a gusto en mi cuerpo.
Vaginitis *Véase: Problemas femeninos, Leucorrea*	Enojo hacia una pareja. Culpa sexual. Culparse a sí misma.	Las personas reflejan el amor y la autoaprobación que yo tengo hacia mí. Disfruto mi sexualidad.
Varicela *Véase: Herpes*	Esperar lo inevitable. Miedo y tensión. Demasiado sensible.	Estoy relajado y en paz y confío en el proceso de la vida. Todo está bien en mi mundo.
Vejiga, problemas de (cistitis)	Ansiedad. Aferrarse a viejas ideas. Miedo a soltar. Estar muy enojado.	Cómoda y fácilmente suelto lo viejo y doy la bienvenida a lo nuevo en mi vida. Estoy a salvo.
Venas varicosas	Permanecer en una situación que detestas. Desaliento. Sentirse abrumado y sobrecargado.	Permanezco en la verdad, vivo y me muevo con alegría. Amo la vida y circulo libremente.

PROBLEMA	CAUSA PROBABLE	NUEVO PATRÓN DE PENSAMIENTO
Vértigo *Véase: Mareo*		
Verruga plantar	Enojo en la base misma de tu entendimiento. Extender la frustración sobre el futuro.	Avanzo con facilidad y confianza. Confío en el proceso de la vida y fluyo con él.
Verrugas	Pequeñas expresiones de odio. Creer en la fealdad.	Soy el amor y la belleza de la vida en plena expresión.
Virus de Epstein-Barr	Forzarse a ir más allá de los propios límites. Miedo a no ser lo suficientemente bueno. Drenar todo el apoyo interno. Virus del estrés.	Me relajo y reconozco mi propia valía. Soy lo suficientemente bueno. La vida es fácil y alegre.
Vitiligo	Sentirse completamente fuera de las cosas. No pertenecer. No es parte del grupo.	Me encuentro en el centro mismo de la vida y estoy totalmente conectado en el amor.
Vomitar	Rechazo violento de ideas. Miedo a lo nuevo.	Digiero la vida de forma segura y alegre. Solo el bien viene a mí y a través de mí.
Vulva	Representa la vulnerabilidad.	Es seguro ser vulnerable.

NOTAS

1 DEPRESIÓN

1. Marsha M. Linehan, *Skills Training Manual for Treating Borderline Personality Disorder*, Nueva York, Guilford Press, 1993, 145-147, y Mona Lisa Schulz, *The New Feminine Brain*, Nueva York, Free Press, 2005, 139-140.
2. Jaak Panksepp, *Affective Neuroscience: The Foundations of Human and Animal* Emotions, Nueva York, Oxford University Press, 1998, 192-196, y Richard Bandler, «Brain mechanisms of aggression as revealed by electrical and chemical stimulation: suggestion of a central role for the midbrain periaqueductal grey region», en *Progress in Psychobiology and Physiological Psychology*, vol. 13, Alan N. Epstein y Adrian R. Morrison, eds., San Diego, Academic Press, 1998, 67-154.
3. N. de la T.: En ingles, *horney* se oye igual que *horny*, que significa «cachondo» o «caliente».
4. Michael St. Clair, *Object Relations and Self Psychology: An Introduction*, Monterey, CA, Brooks/Cole, 1986, 98.
5. Katty Kay y Claire Shipman, *The Confidence Code: The Science and Art of Self-Assurance—What Women Should Know*, Nueva York, HarperCollins, 2014.
6. Petra Hoen *et al.*, «Depression and cardiovascular disease progression: epidemiology, mechanisms, and treatment», en *Stress and Cardiovascular Disease*, ed. Paul Hjemdahl *et al.*, Londres, Springer-Verlag, 2012, 211-233; N. Müller *et al.*, «The cyclooxygenase-2 inhibitor celecoxib has therapeutic effects in major depressions: results of a double-blind, randomized, placebo controlled, add-on pilot study to reboxetine», *Molecular Psychiatry* 11, no. 7, 2006, 680-684; J. Mendlewicz *et al.*, «Shortened onset of action of antidepressants in major depression using acetylsalicylic acid augmentation: a pilot open-label

study», *International Clinical Psychopharmacology* 21, no. 4, 2006, 227–231; y N. Brunello *et al.*, «Acetylsalicylic acid accelerates the antidepressant effects of fluoxetine in the chronic escape deficit model of depression», *International Clinical Psychopharmacology* 21, no. 4, 2006, 219–225.
7. G. I. Papakostas *et al.*, «L-methylfolate as adjunctive therapy for SSRI-resistant major depression: results of two randomized, double-blind, parallel-sequential trials», *American Journal of Psychiatry* 169, no. 12, diciembre 2012, 1267–1274.
8. B. Kim *et al.*, «Follicle-stimulating hormone (FSH), current suicidal ideation and attempt in female patients with major depressive disorder», *Psychiatry Research* 210, no. 3, diciembre de 2013, 951–956.

2 ANSIEDAD

1. G. M. Slavich *et al.*, «Neural sensitivity to social rejection is associated with inflammatory responses to social stress», *Proceedings of the National Academy of Sciences of the United States of America* 107, no. 33, 17 de agosto de 2010, 14817–14822, y Bessel A. van der Kolk *et al.*, eds., *Traumatic Stress: The Effects of Overwhelming Experience on Mind, Body, and Society*, Nueva York, Guilford Press, 2006.
2. B. Labonté *et al.*, «Genome-wide epigenetic regulation by early-life trauma», *Archives of General Psychiatry* 69, no. 7, julio 2012, 722–731.
3. J. D. Bremner, «Brain imaging in anxiety disorders», *Expert Review of Neurotherapeutics* 4, no. 2, marzo 2004, 275–284.
4. Linehan, *Skills Training Manual for Treating Borderline Personality Disorder*.
5. J. A. Coan *et al.*, «Lending a hand: social regulation of the neural response to threat», *Psychological Science* 17, no. 12, diciembre 2006, 1032–1039.

3 ADICCIÓN

1. C. P. O'Brien *et al.*, «Conditioned narcotic withdrawal in humans», *Science* 195, 11 de marzo de 1977, 1000–1002; S. Siegel *et al.*, «Heroin "overdose" death: contribution of drug-associated environmental cues», *Science* 216, 1982, 436–437; P. W. Kalivas y N. D. Volkow, «The neural basis of addiction: a pathology of motivation and choice», *American Journal of Psychiatry* 162, 2005, 1403–1413, y P. W. Kalivas y K. McFarland, «Brain circuitry and the reinstatement of cocaine-seeking behavior», *Psychopharmacology* 168, 2003, 44–56.
2. Linehan, «Emotion Regulation Handout #4», en *DBT Skills Training Handouts and Worksheets*, 2a. ed., Nueva York, Guilford Press, 2014, 211; F. Lucantonio *et al.*, «Transition from "model-based" to "model-free" behavioral control in addiction: involvement of the orbitofrontal cortex and dorsolateral striatum», *Neuropharmacology* 76, parte B, enero 2014, 407–415; C. B. Weng *et al.*, «Gray matter and white matter abnormalities in online game addiction», *European Journal of Radiology* 82, no. 8, 2013, 1308–1312, y T. Hayashi, «Dorsolateral prefrontal and orbitofrontal cortex interactions during self-control of cigarette craving», *Proceedings of the National Academy of Sciences of the United States of America* 110, no. 11, 2013, 4422–4427.
3. C. P. O'Brien, «Anticraving medications for relapse prevention: a possible new class of psychoactive medications», *American Journal of Psychiatry* 162, no. 8, agosto 2005, 1423-1431.
4. W. F. Velicer *et al.*, «An empirical typology of subjects within stage of change», *Addictive Behaviors* 20, no. 3, 1995, 299–320, y J. O. Prochaska *et al.*, «Stage-based expert systems to guide a population of primary care patients to quit smoking, eat healthier, prevent skin cancer, and receive regular mammograms», *Preventive Medicine* 41, 2005, 406–416.
5. K. N. Flegal, «Prevalence of obesity and trends in the distribution of body mass index among US adults, 1999-2010», *Journal of the American Medical Association* 307, no. 5, 2012, 491–497, y J. A. Colbert y S. Jangi, «Training physicians to manage obesity—back to the drawing board», *New England Journal of Medicine* 369, no. 15, 2013, 1389–1391.

6. R. C. Lawrence *et al.*, «Estimates of the prevalence of arthritis and other rheumatic conditions in the United States. Part II», *Arthritis and Rheumatism* 58, no. 1, 2008, 26–35; S. P. Messier *et al.*, «Effects of intensive diet and exercise on knee joint loads, inflammation, and clinical outcomes among overweight and obese adults with knee osteoarthritis: the IDEA randomized clinicial trial», *Journal of the American Medical Association* 310, no. 12, 2013, 1236–1273; K. Karason *et al.*, «Heart rate variability in obesity and the effect of weight loss», *American Journal of Cardiology* 83, no. 8, 1999, 1242–1247, y H. S. Abed *et al.*, «Effect of weight reduction and cardiometabolic risk factor management on symptom burden and severity in patients with atrial fibrillation: a randomized clinical trial», *Journal of the American Medical Association* 310, no. 19, 2013, 250–260.
7. A. E. Field *et al.*, «The merits of subtyping obesity: one size does not fit all», *Journal of the American Medical Association* 310, no. 20, 2013, 2147–2148.
8. J. K. Elmquist *et al.*, «Identifying hypothalamic pathways controlling food intake, body weight, and glucose homeostasis», *Journal of Comparative Neurology* 493, 2005, 63–71; S. Fulton *et al.*, «Leptin regulation of the mesoaccumbens dopamine pathway», *Neuron* 51, 2006, 811–822, y J. C. Halford y J. E. Blundell, «Pharmacology of appetite suppression», *Progress in Drug Research* 54, 2000, 25–58.
9. J. D. Birkmeyer *et al.*, «Surgical skill and complication rates after bariatric surgery», *New England Journal of Medicine* 369, no. 15, 10 de octubre de 2013, 1434–1442, y A. P. Courcoulas *et al.*, «Weight change and health outcomes at 3 years after bariatric surgery among individuals with severe obesity», *Journal of the American Medical Association* 310, no. 22, 2013, 2416–2425.
10. Elmquist *et al.*, «Identifying hypothalamic pathways controlling food intake, body weight, and glucose homeostasis»; Fulton *et al.*, «Leptin regulation of the mesoaccumbens dopamine pathway», y Halford y Blundell, «Pharmacology of appetite suppression».
11. M. Pantell *et al.*, «Social isolation: a predictor of mortality comparable to traditional clinical risk factors», *American Journal of Public Health* 103, no. 11, noviembre 2013, 2056–2062; Coan

et al., «Lending a hand: social regulation of the neural response to threat»; Barbara Bradley Hagerty, «People who possess this one thing enjoy much better health as they age, science shows», *The Washington Post*, 17 de mayo de 2016.

12. S. Zipfel *et al.*, «Focal psychodynamic therapy, cognitive behaviour therapy, and optimised treatment as usual in outpatients with anorexia nervosa (AN-TOP study): randomised controlled trial», *Lancet* 383, 2014, 127–137.
13. M. J. Ostacher *et al.*, «Impact of substance use disorders on recovery from episodes of depression in bipolar disorder patients: prospective data from the Systematic Treatment Enhancement Program for Bipolar Disorder (STEP-BD)», *American Journal of Psychiatry* 167, 2010, 289–297.
14. H. M. Pettinati, «A double-blind, placebo-controlled trial combining sertraline and naltrexone for treating co-occurring depression and alcohol dependence», *American Journal of Psychiatry* 167, 2010, 668–675.
15. A. Torvik *et al.*, «Brain lesions in alcoholics: a neuropathological study with clinical correlations», *Journal of the Neurological Sciences* 56, 1982, 233–248.
16. M. Huntgeburth *et al.*, «Alcohol consumption and hypertension», *Current Hypertension Reports* 7, 2005, 180–185, y R. Providencia, «Cardiovascular protection from alcoholic drinks: scientific basis of the French paradox», *Revista Portuguesa de Cardiologia* 25, 2006, 1043–1058.
17. E. B. Foa, «Concurrent naltrexone and prolonged exposure therapy for patients with comorbid alcohol dependence and PTSD: a randomized clinical trial», *Journal of the American Medical Association* 310, 2013, 488–495.
18. T. B. Moyers, «From in-session behaviors to drinking outcomes: a causal chain for motivational interviewing», *Journal of Consulting and Clinical Psychology* 77, 2009, 1113–1124.
19. M. Bühler *et al.*, «Nicotine dependence is characterized by disordered reward processing in a network driving motivation», *Biological Psychiatry* 67, 2010, 745–752, y E. J. Rose *et al.*, «Acute nicotine differentially impacts anticipatory valence- and magnitude-related striatal activity», *Biological Psychiatry* 73, 2013, 280–288.

20. A. P. Groenman *et al.*, «Stimulant treatment for attention-deficit hyperactivity disorder and risk of developing substance use disorder», *British Journal of Psychiatry* 203, 2013, 122–119.
21. N. de la T.: El Diploma de Equivalencia corresponde a un certificado de preparatoria abierta.
22. M. E. Piper *et al.*, «A randomized placebo-controlled clinical trial of five smoking cessation pharmacotherapies», *Archives of General Psychiatry* 66, 2009, 1253–1262.
23. R. N. Jamison *et al.*, «Substance misuse treatment for high-risk chronic pain patients on opioid therapy: a randomized trial», *Pain* 150, 2010, 390–400.
24. C. L. Dodrill *et al.*, «Prescription pain medication dependence», *American Journal of Psychiatry* 168, 2011, 466–471.

4 EL CEREBRO Y LOS ESTILOS DE APRENDIZAJE

1. Lynda J. Katz, Gerald Goldstein y Sue R. Beers, *Learning Disabilities in Older Adolescents and Adults: Clinical Utility of the Neuropsychological Perspective*, Nueva York, Springer, 2001.
2. Jeffrey W. Gilger y Bonnie J. Kaplan, «The concept of atypical brain development (ABD) as applied to developmental learning disorders», capítulo 3 en *Adult Learning Disorders: Contemporary Issues*, ed. Lorraine E. Wolf *et al.*, Nueva York, Psychology Press, 2006, 57.
3. R. A. Brumback, «Warren A. Weinberg: pioneer in the field of learning disabilities», *Journal of Child Neurology* 19, 2004, 737.
4. Bryan Kolb y Ian Q. Whishaw, *Fundamentals of Human Neuropsychology*, 4a. ed., Nueva York, W. H. Freeman, 1996.
5. N. Geschwind y A. M. Galaburda, «Cerebral lateralization: biological mechanisms, associations, and pathology. I: A hypothesis and a program for research», *Archives of Neurology* 42, 1985, 428–459.
6. A. Bechera, H. Damasio, D. Tranel y A. R. Damasio, «Deciding advantageously before knowing the advantageous strategy», *Science* 275, no. 5304, 28 de febrero de 1997, 1293–1295, y G. Vogel, «Scientists probe feelings behind decision-making», *Science* 275, no. 5304, 28 de febrero de 1997, 1269.

7. Lee Ashendorf, Rod Swenson y David J. Libon, eds., *The Boston Process Approach to Neuropsychological Assessment: A Practitioner's Guide*, Nueva York, Oxford University Press, 2013.
8. J. J. McGough y R. A. Barkley, «Diagnostic controversies in adult attention deficit hyperactivity disorder», *American Journal of Psychiatry* 161, 2004, 1948–1956, y J. N. Giedd, A. C. Vaituzis, *et al.*, «Quantitative MRI of the temporal lobe, amygdala, and hippocampus in normal human development: ages 4-18», *Journal of Comparative Neurology* 366, 1996, 223–230.
9. B. A. Shaywitz, G. R. Lyon y S. E. Shaywitz, «The role of functional magnetic resonance imaging in understanding reading and dyslexia», *Developmental Neuropsychology* 30, 2006, 613–632.
10. S. Birch y C. Chase, «Visual and language processing deficits in compensated and uncompensated college students with dyslexia», *Journal of Learning Disabilities* 37, 2004, 389–410; M. Wolf y P. G. Bowers, «The double-deficit hypothesis for the developmental dyslexias», *Journal of Educational Psychology* 91, 1999, 415–438; G. F. Eden *et al.*, «Neural changes following remediation in adult developmental dyslexia», *Neuron* 44, 2004, 411–422; S. E. Shaywitz, «Persistence of dyslexia: the Connecticut Longitudinal Study at adolescence», *Pediatrics* 104, 1999, 1351–1359; y A. M. Galaburda *et al.*, «Developmental dyslexia: four consecutive patients with cortical abnormalities», *Annals of Neurology* 18, 1985, 222–233.
11. Jack M. Fletcher, G. Reid Lyon, Lynn S. Fuchs y Marcia A. Barnes, *Learning Disabilities: From Identification to Intervention*, Nueva York, Guilford Press, 2007.
12. B. A. Shaywitz, *et al.*, «Sex differences in the functional organization of the brain for language», *Nature* 373, 1995, 607–609; A. S. Clark *et al.*, «Androgen binding and metabolism in the cerebral cortex of the developing rhesus monkey», *Endocrinology* 123, 1988, 932–940; J. K. Morse *et al.*, «Gonadal steroids influence axon sprouting in the hippocampal dentate gyrus: a sexually dimorphic response», *Experimental Neurology* 94, 1986, 649–658; Kathryn Kniele y Ruben C. Gur, «Sex differences in brain development and learning disability», capítulo 2 en *Adult Learning Disorders: Contemporary Issues*, ed. Lorraine E. Wolf *et al.*, Nueva York, Psychology Press, 2006, 29; M. L. Kalbfleisch,

«Functional neuroanatomy of talent», *The Anatomical Record* Part B, 277, 2004, 21–36; y N. Geschwind y A. M. Galaburda, *Cerebral Lateralization: Biological Mechanisms, Associations, and Pathology*, MIT Press, Cambridge, MA, 1987.

13. Simon Baron-Cohen, *The Science of Evil: On Empathy and the Origins of Cruelty*, Nueva York, Basic Books, 2011; Aaron T. Beck, Denise D. Davis y Arthur Freeman, eds., *Cognitive Therapy of Personality Disorders*, 3a. ed., Nueva York, Guilford Press, 2014; John J. Ratey y Catherine Johnson, «The biology of being difficult"», capítulo 2 en *Shadow Syndromes*, Nueva York, Pantheon Books, 1997, 66-99; Marsha M. Linehan, «Dialectical behavioral therapy: a cognitive behavioral approach to parasuicide», *Journal of Personality Disorders* 1, no. 4, 1987, 328–333; y Marsha M. Linehan, «Dialectical behavioral therapy for borderline personality disorder. Theory and method», *Bulletin of the Menninger Clinic* 51, 1987, 261–276.
14. N. de la T.: M.A.S.H. fue una serie de televisión estadounidense que se transmitió de 1972 a 1983.
15. Linehan, *DBT Skills Training Handouts and Worksheets*, 341–352.

5 MEMORIA

1. A. R. Damasio, «The brain binds entities and events by multiregional activation from convergence zones», *Neural Computation* 1, 1989, 123–132; J. L. McClelland, «Constructive memory and memory distortions: A parallel-distributed processing approach», en *Memory Distortion*, ed. D. L. Schacter, Cambridge, MA, Harvard University Press, 1995, 69–90; J. V. Haxby, *et al.*, «Distributed hierarchical neural systems for visual memory in human cortex», en *Connections, Cognition, and Alzheimer's Disease*, ed. B. T. Hyman *et al.*, Berlín, Springer-Verlag, 1997, 167–180; y M. Seeck *et al.*, «Selectively distributed processing of visual object recognition in the temporal and frontal lobes of the human brain», *Annals of Neurology* 37, 1995, 538–545.

2. L. I. Benowitz *et al.*, «Localization of the growth-associated phosphoprotein GAP-43 (B-50, F1) in the human cerebral cortex», *Journal of Neuroscience* 9, 1989, 990–995; y T. V. Bliss y G. L. Collingridge, «A synaptic model of memory: long-term potentiation in the hippocampus», *Nature* 361, 1993, 31–39.
3. F. A. Wilson y E. T. Rolls, «Neuronal responses related to the novelty and familiarity of visual stimuli in the *substantia innominata*, diagonal band of Broca and periventricular region of the primate basal forebrain», *Experimental Brain Research* 80, 1990, 104–120; D. R. Britton *et al.*, «Brain norepinephrine depleting lesions selectively enhance behavioral responsiveness to novelty», *Physiology & Behavior* 33, 1984, 473–478; E. M. Pich *et al.*, «Common neural substrates for the addictive properties of nicotine and cocaine», *Science* 275, no. 5296, 1997, 83–86; M. J. Lewis, «Alcohol reinforcement and neuropharmacological therapeutics», *Alcohol and Alcoholism* 31, suplemento 1, 1996, 17–25; y P. D. Wall y G. D. Davis, «Three cerebral cortical systems affecting autonomic function», *Journal of Neurophysiology* 14, 1951, 507–517.
4. N. de la T.: Wilma Rudolph (EE. UU., 1940-1994) fue la primera mujer de color que ganó tres oros olímpicos en pruebas de pista en una misma edición de los Juegos Olímpicos y lo consiguió venciendo todas las adversidades que se le presentaron: pobreza, discriminación racial y una minusvalía física, debido a la polio que sufrió en los primeros años de su vida.
5. M. M. Mesulam, *Principles of Behavioral and Cognitive Neurology*, 2a. ed., Nueva York, Oxford University Press, 2000, 30.
6. *Ibid.*, 441.
7. S. Weintraub *et al.*, «Successful cognitive aging: individual differences among physicians on a computerized test of mental state», *Journal of Geriatric Psychiatry* 27, no. 1, 1994, 15–34; y J. D. Williams y M. G. Klug, «Aging and cognition: methodological differences in outcome», *Experimental Aging Research* 22, no. 3, 1996, 219–244.
8. C. Geula y M. M. Mesulam, «Cholinergic systems and related neuropathological predilection patterns in Alzheimer's disease», en *Alzheimer's Disease*, ed. R. D. Terry *et al.*, Nueva York, Raven Press, 1994, 263–291, y E. Masliah *et al.*, «Quantitative

synaptic alterations in the human neocortex during normal aging», *Neurology* 43, 1993, 192–197.

9. Mesulam, *Principles of Behavioral and Cognitive Neurology*, 442.
10. E. E. Devore *et al.*, «Sleep duration in midlife and later life in relation to cognition», *Journal of the American Geriatrics Society* 62, no. 6, 2014, 1073–1081.
11. L. K. Lee *et al.*, «Docosahexaenoic acid-concentrated fish oil supplementation in subjects with mild cognitive impairment (MCI): a 12-month randomised, double-blind, placebo-controlled trial», *Psychopharmacology* 225, 2013, 605–612.
12. G. Douaud *et al.*, «Preventing Alzheimer's disease-related gray matter atrophy by B-vitamin treatment», *Proceedings of the National Academy of Sciences of the United States of America* 110, 2013, 9523–9528.
13. D. Wade, «Applying the WHO ICF framework to the rehabilitation of patients with cognitive deficits», en *The Effectiveness of Rehabilitation for Cognitive Deficits*, P. Halligan y D. Wade, eds., Oxford, Oxford University Press, 2013, 421, y M. G. Gelder *et al.* eds., *New Oxford Textbook of Psychiatry*, 2a. ed., Oxford, Oxford University Press, 2012.
14. D. H. Daneshvar, *et al.*, «The epidemiology of sport-related concussion», *Clinical Sports Medicine* 30, no. 1, 2011, 1–17.
15. W. A. Lishman, «Brain damage in relation to psychiatric disability after head injury», *British Journal of Psychiatry* 114, 1968, 373–410, y C. Symonds, «Concussion and its sequelae», *The Lancet* 1, 1962, 1–5.
16. J. J. Bazarian *et al.*, «Diffusion tensor imaging detects clinically important axonal damage after mild traumatic brain injury: a pilot study», *Journal of Neurotrauma* 24, 2007, 1447–59; M. X. Huang *et al.*, «Integrated imaging approach with MEG and DTI to detect mild traumatic brain injury in military and civilian patients», *Journal of Neurotrauma* 26, 2009, 1213–26; y S. N. Niogi *et al.*, «Extent of microstructural white matter injury in post-concussive syndrome correlates with impaired cognitive reaction time: a 3T diffusion tensor imaging study of mild traumatic brain injury», *American Journal of Neuroradiology* 29, 2008, 967–73.

17. A. Al Sayegh *et al.*, «Psychological approaches to treatment of postconcussion syndrome: a systematic review», *Journal of Neurology, Neurosurgery, and Psychiatry* 81, 2010, 1128–34.
18. S. J. Mitchell y M. H. Bennett, «Unestablished indications for hyperbaric oxygen therapy», *Diving and Hyperbaric Medicine Journal* 44, no. 4, 2014, 228–34, y comunicaciones personales confidenciales (estudio en curso).
19. M. R. Lamprecht y B. Morrison, «A combination therapy of 17-beta-estradiol and memantine is more neuroprotective than monotherapies in an organotypic brain slice culture model of traumatic brain injury», *Journal of Neurotrauma* 32, no. 17, 2015, 1361–1368.
20. H. M. Francis *et al.*, «Reduced heart rate variability in chronic severe traumatic brain injury: association with impaired emotional and social functioning, and potential for treatment using biofeedback», *Neuropsychological Rehabilitation* 26, no. 1, 2016, 103–125.
21. H. M. A. Naeser *et al.*, «Significant improvements in cognitive performance post-transcranial, red/near-infrared light-emitting diode treatments in chronic, mild traumatic brain injury: open protocol study», *Journal of Neurotrauma* 31, no. 11, 2014, 1008–1017.
22. R. Sullivan *et al.*, «A possible new focus for stroke treatment: migrating stem cells», *Expert Opinion on Biological Therapy* 15, 2015, 1–10, y A. Sharma *et al.*, «Cell therapy attempted as a novel approach for chronic traumatic brain injury: a pilot study», *SpringerPlus* 4, no. 26, 2015.
23. S. K. Lakkaraju *et al.*, «Cyclopropyl-containing positive allosteric modulators of metabotropic glutamate receptor subtype 5», *Bioorganic and Medicinal Chemistry Letters* 25, no. 11, 2015, 2275–2279.
24. W. Y. Ong *et al.*, «Synthetic and natural inhibitors of phospholipases A2: their importance for understanding and treatment of neurological disorders», *ACS Chemical Neuroscience* 6, no. 6, 2015, 814–831.
25. J. C. Morris, «The clinical dementia rating scale (CDR): current vision and scoring rules», *Neurology* 43, 1993, 2412–2414.

26. E. Levy-Lahad y T. D. Bird, «Genetic factors in Alzheimer's disease: a review of recent advances», *Annals of Neurology* 40, 1996, 829–840; J. Hardy, «Amyloid, the presenilins and Alzheimer's disease», *Trends in Neurosciences* 20, 1997, 154–159; E. Storey *et al.*, «Alzheimer's disease amyloid precursor protein on the surface of cortical neurons in primary culture co-localizes with adhesion patch components», *Brain Research* 735, 1996, 217–231; y D. A. Evans *et al.*, «Prevalence of Alzheimer's disease in a community population of older persons: higher than previously reported», *Journal of the American Medical Association* 262, 1989, 2551–2556.
27. M. A. Pericak-Vance *et al.*, «Complete genomic screen in late-onset familial Alzheimer disease: evidence for a new locus on chromosome 12», *Journal of the American Medical Association* 278, no. 15, 1997, 1237–1241; A. D. Roses, «The predictive value of APOE genotyping in the early diagnosis of dementia of the Alzheimer's type: data from three independent series», en K. Iqbel *et al.*, eds., *Alzheimer's Disease: Biology, Diagnosis and Therapeutics*, West Sussex, Inglaterra, John Wiley & Sons, 1997, 85–91; y J. C. Morris *et al.*, «Cerebral amyloid deposition and diffuse plaques in "normal" aging: evidence for presymptomatic and very mild Alzheimer's disease», *Neurology* 46, 1996, 707–719.
28. L. Xu *et al.*, «Behavioural stress facilitates the induction of long-term depression in the hippocampus», *Nature* 387, 1997, 497–500, y D. M. Diamond y G. M. Rose, «Stress impairs LTP and hippocampal-dependent memory», *Annals of the New York Academy of Sciences* 746, 1994, 411–414.

6 CUERPO, MENTE, CEREBRO

1. Beck, Davis y Freeman, eds., *Cognitive Therapy of Personality Disorders*.
2. P. D. MacLean, «Psychosomatic disease and the visceral brain: recent developments bearing on the Papez theory of emotion», *Psychosomatic Medicine* 11, 1949, 338–353, y Q. Aziz *et al.*, «Identification of human brain loci processing esophageal sen-

sation using positron emission tomography», *Gastroenterology* 113, 1997, 50–59.

3. M. M. Mesulam y E. J. Mufson, «Insula of the old world monkey. III: efferent cortical output and comments on function», *Journal of Comparative Neurology* 212, 1982, 38–52; B. R. Kaada, K. H. Pribram y J. A. Epstein, «Respiratory and vascular responses in monkeys from temporal pole, insula, orbital surface and cingulate gyrus: a preliminary report», *Journal of Neurophysiology* 12, 1949, 347–356; W. Penfield y M. E. Faulk, «The insula: further observations on its function», *Brain* 78, 1955, 445–470; B. L. Hoffman y T. Rasmussen, «Stimulation studies of insular cortex of *macaca mulatta*», *Journal of Neurophysiology* 16, 1953, 343–351; M. J. Showers y E. W. Lauer, «So-matovisceral motor patterns in the insula», *Journal of Comparative Neurology* 117, 1961, 107–115; M. Hadjivassiliou *et al.*, «Does cryptic gluten sensitivity play a part in neurological illness?», *The Lancet* 347, 1996, 369–371; M. Hadjivassiliou *et al.*, «Clinical, radiological, neurophysiological, and neuropathological characteristics of gluten ataxia», *The Lancet* 352, 1998, 1582–1585; J. S. Trier, «Celiac sprue and refractory sprue», en *Gastrointestinal and Liver Disease: Pathophysiology/Diagnosis/Management*, 6a. ed., ed. M. Feldman *et al.*, Philadelphia, W. B. Saunders, 1998, 1557–1573; P. F. Chinnery *et al.*, «CSF antigliadin antibodies and the Ramsay Hunt syndrome», *Neurology* 49, 1997, 1131–1133; G. Gobbi *et al.*, «Coeliac disease, epilepsy, and cerebral calcifications», *The Lancet* 340, 1992, 439–443; y A. Fasano y A. Catassi, «Current approaches to diagnosis and treatment of celiac disease: an evolving spectrum», *Gastroenterology* 120, 2001, 636–651.
4. E. J. Dropcho, «Remote neurological manifestations of cancer», *Neurologic Clinics* 20, no. 1, 2002, 85–122.
5. N. de la T.: El movimiento Shaker se refiere a la Sociedad de Creyentes de la Segunda Aparición, que fueron conocidos como *shakers* o *shaking quakers*; esta es una organización religiosa que a su vez proviene de la Sociedad Religiosa de los Amigos, cuyos integrantes se conocen como los «cuáqueros» y que hacen un planteamiento distinto al católico o protestante de la presencia de la Divinidad en cada persona, entre uno de los preceptos más importantes.

6. J. Reiher *et al.*, «Temporal intermittent rhythmic delta activity (TIRDA) in the diagnosis of complex partial epilepsy: sensitivity, specificity, and predictive value», *Canadian Journal of Neurological Sciences* 16, 1989, 398–401.

AGRADECIMIENTOS

Este libro trata sobre cómo podemos sanar nuestra mente y crear salud plena. No somos una isla; todo el mundo tiene una genialidad especial y también alguna debilidad en el cerebro. Así pues, nadie tiene verdaderamente un cerebro «completo». Para navegar por la vida, ser saludables, felices y productivos, tenemos que contratar, casarnos con o ser amigos de personas que aportan las partes del cerebro que nosotros no tenemos. Estoy agradecida por toda la ayuda que recibo diariamente de las personas que me dan su excelencia, su genialidad. Entonces, prepárate, esta es la lista. Las he acomodado por áreas cerebrales por razón obvia.

Área ejecutiva del lóbulo frontal

Louise Hay, ejecutiva en jefe. Es la gran leyenda de la medicina mente-cuerpo. Ya sea en Skype, revisando estudios de caso o a través de sus conferencias y libros, ella es una heroína no reconocida por la psiquiatría y la terapia cognitivo conductual. Pasé treinta y cinco años preparándome en el ámbito educativo, tratando de establecer, pedazo a pedazo, una conexión entre las emociones, la intuición, el cerebro, el cuerpo y la salud. Sin embargo, ella se sentaba en una habitación a escuchar las historias de sus clientes y obtenía la misma información. Imagínense nada más. Me siento honrada de estar y trabajar con esta mujer tan extraordinaria.

Dirigiendo la organización de Hay House en lo relativo a la planeación, la resolución de problemas y el pensamiento progresista, agradezco a la directora ejecutiva de Hay House, Reid Tracy, y a la directora de Operaciones, Margaret Nielsen, quienes siguen brindándome oportunidades fantásticas. Patty Gift, vicepresidente editorial, una leyenda en esta industria, me inclino ante ti con respeto, admiración y amor. Por sus habilidades en la toma de decisiones y la publicidad, Lindsay McGinty, gracias por trabajar con mi «fobia social». Muchas gracias a Marlene Robinson, cuya atención a las anotaciones es invaluable, y a Christy Salinas por la portada del libro. ¿Colores Pantone? No tenía ni idea. Estoy emocionada de que Laura Gray haga mis cursos en línea. Es tan organizada que podría escribir su propio libro. A la maquinaria que tan hábilmente mueve esas fantásticas conferencias tituladas «¡Yo puedo hacerlo!» de Hay House a lo largo de los Estados Unidos, gracias por darme trabajo año con año.

El hemisferio izquierdo

Anne Barthel, mi editora de confianza. Ella ha traducido mis palabras para que suenen coherentes. Tú captas mis acentos de Boston, Rhode Island y mi acento seudoneoyorquino. ¿Cómo lo logras? He enviado tu nombre al Vaticano para que te canonicen. Lo mismo para mi transcriptora, Karen Kinne. ¿Cómo podría vivir sin ti? Tú escribes la voz que habla en mi cabeza.

Gracias a Kripalu y a Susie «Debbie» Arnett. Ustedes monitorean y dirigen mi carrera de una forma imposible de describir. Ya sea a través de conferencias o de producción en televisión, ayudan a difundir mi carrera. Y ya que hablamos de difundir, gracias a Hay House Radio. ¡Son lo máximo! ¡En verdad lo son! Diane Ray, Richelle y todo el equipo. Cada semana, durante más de diez años, ustedes han estado ahí, de modo que yo pueda decir: «Salud intuitiva con la doctora Mona Lisa. ¿Puedo tomar la siguiente llamada?».

Pasemos a las áreas de aprendizaje y memoria del cerebro. Las siguientes personas me han enseñado sobre el cerebro y sus conexiones con el cuerpo. Gracias a mis antiguos mentores. Cada momento con estas personas contribuyó a este libro: doctora Margaret Naeser, doctor en Medicina Marcel Mesulam, doctor Deepak Pandya, doctora Edith Kaplan, doctor Norman Geschwind, doctora Christiane Northrup y la doctora Joan Borysenko.

El hemisferio derecho

En una evaluación neuropsicológica, yo tendría lo que llamaríamos un lóbulo frontal doble A, que es la razón por la que hice la larga lista de apoyo que se encuentra arriba y abajo. Mi hemisferio izquierdo, que es más débil, requiere la genialidad de mi editora. Tengo un hemisferio derecho doble D, gracias a Dios, así que ahora agradezco a la Divinidad por haberme dado esas capacidades que tengo para recibir la información y crear este libro. Sin Dios, no soy nada. En serio. No estaría viva sin tu ayuda. Literalmente.

El cuerpo

No tendríamos una mente completa si nuestro cerebro no estuviera anclado en nuestro cuerpo. Las siguientes personas son un cimiento de amor, mi familia. Me ayudan a navegar y, quizá, incluso, a caminar tranquilamente por la vida diaria. Como médico intuitivo, por supuesto, organizaré sus nombres en términos de centros emocionales, o centros de energía, si así lo prefieres.

> *Séptimo centro:* Avis Smith es un maestro hebreo y experto en la Torá excepcional que me ayuda a sostener una conexión espiritual. Me siento orgullosa de llamarlo mi *chavrusa* [en el contexto judío, compañero de estudio con quien se analiza y debate un tema o texto. (N. de la T.)]. Al personal de Disney World, Magic Kingdom, Epcot, Animal Kingdom y los Estudios Hollywood: Gracias por no solicitar una orden de restricción debido al número excesivo de visitas que hice para mantener mi cordura durante el año pasado. Por cierto, voy a renovar mi membresía anual una vez más.
>
> *Sexto centro:* Colegas y amigos. Gracias a Gypsy Hands, con Sarah Xochitl Griscom, Jessica y todo el personal. Estas Sanadoras de Knoxville son la cereza de mi pastel. Daniel Peralta, un bribón y colega aficionado a Gucci. ¿Cómo no amar a Daniel? Heather Dane, cuya mente tiene un conocimiento enciclopédico sobre nutrición. ¡Deberían probar sus samoas libres de trigo y lácteos!

Quinto centro: Mi voz. A Jay Hoffman y Marshall Bellovin, gracias por su consejo legal experto y equilibrado. Ustedes son mi Perry Mason [personaje de ficción de las novelas policiacas de Erle Stanley Gardner y serie de televisión (N. de la T.)]. Gracias al maestro de los sitios web Jeffrey Sutherland, quien tiene una presión arterial extraordinariamente estable en medio de los algunas veces estresantes problemas técnicos de internet.

Cuarto centro: A las personas que han mantenido mi corazón latiendo y mi salud estable: el doctor Kumar Kakarla, la doctora Rosemary Duda, la doctora Fern Tsao, el doctor Dean Deng, el doctor Steve Dobieski y la Clínica Mayo. Me inclino ante ustedes, ¡son increíbles! ¡Gracias a Anthem Blue Cross y a Blue Shield por pagar las cuentas!

Tercer centro: Apariencia. Comencemos con el cabello, que siempre es un problema. A Akari Studios, Peter John —el estilista— y a Jeffrey —el colorista—. ¡Gracias! Al maravilloso Mike Brewer. Él hace mantenimiento a los patios y jardines, y mantiene mis inflables navideños inflados. A Heather y Anita en QCS. Mi casa jamás ha estado tan limpia. Comida, banquete y conferencias: la comida podría ser un problema, pero no lo es si vas al Harraseeket Inn, en Freeport, Maine. Me mantienen viva con alimentos orgánicos. Gracias a los dueños, Rodney, Chip Gray, Nancy Gray, a la cantinera Ronda Real, a la chef MaryAnn McAllister, a la gerente Marsha, a Jeanne-Marie de banquetes, y a todo el personal de servicio. Si alguno de los lectores tiene la suerte de ir, pruebe el pay de manzana y mora azul sin gluten. Di que yo te envié, ¡pero no ocupes mi lugar en el bar!

Segundo centro: El dinero. Gracias a mi equipo financiero: George Howard, Paul Chabot, y Peter, el contador. Ellos toman las riendas cuando yo he perdido las mías.

Primer centro: Estoy extremadamente agradecida por tener la familia y amigos más extraordinarios. Cuando ustedes que están aquí mencionados lean esto, no se molesten por el orden. Es imposible ponerlos a todos primero, así que los dividí con guiones en un solo enunciado. Caroline Myss-Janie y Jerry LeMole-Naomi Judd-Larry Strickland-Helen y Roy Snow-Laura Day-Joyce Bowers. La lista dividida por guiones los convierte en una gran familia en mi vida, a la cual amo con toda mi alma. Sin embargo, permítanme expresar mi agradecimiento, en detalle.

Caroline Myss, mi gemela siamesa, separadas al nacer y dadas en adopción. Hemos llorado y reído por teléfono. Compartimos el gen autosómico dominante de gusto por las plumas Mont Blanc, el arte animado y varias condiciones biológicas que son demasiado numerosas como para nombrarlas. Me haces sentir muy amada. Cielos, ¿cómo sería el mundo sin ti?

A los doctores Janie y Gerald LeMole por estar aquí en Phoenix, Arizona, cuando yo, como dicen, por poco «entrego el equipo». Ustedes salvaron mi vida; me ayudaron a caminar nuevamente. ¡Gracias!

A la señorita Naomi y al señor Larry, a varios caninos, y a todos los demás en Peaceful Valley; a Helen y Roy Snow, y a todos en Leiper's Fork. Ustedes oraron por mí. Hemos reído, llorado, pasado por inundaciones, accidentes automovilísticos, desastres nacionales. Todos los buenos momentos. Con un acento sureño, ustedes han dicho: «¡Bueno, cariño, te amaaamos!».

Laura Day, mi hermana sefardí, aunque niega serlo. Una relación vía mensajes de texto, correos electrónicos, llamadas telefónicas en su departamento en la ciudad de Nueva York. Te amo más que a mi equipaje, y eso ya es decir mucho.

A mi familia del sureste de Florida: la familia Bowers, especialmente a Joyce Bowers, quien me hace reír con su acento y actitud neoyorquinos, todo incluido en sus 1.80 metros de estatura. Me recuerda a la juez Judy, a quien, como todo mundo sabe, he visto [en su programa de televisión] fielmente durante veinte años. Tú me impulsas, me impulsas a ser mejor y me frenas cuando estoy desviándome. Gracias.

A mi preciosos bebés, Loretta Lynn, Conway Twitty, Tammy Wynette. Sí, es un guiño a la influencia sureña. Y, por supuesto, a Horatio. Los amo.

Y, finalmente, estoy muy agradecida contigo, el lector. No habría libro si no fuera por ti. Gracias por estar ahí.

ACERCA DE LAS AUTORAS

La **doctora Mona Lisa Schulz** es una de esas personas excepcionales que pueden cruzar las fronteras de la intuición, la ciencia, la medicina y el misticismo. Una experta reconocida a nivel internacional en Intuición Médica y Medicina Mente-Cuerpo, ha escrito y coescrito libros publicados en veintisiete idiomas. Con un ingenio, acento y estilo veloz, y con credenciales médicas y científicas, la doctora Mona Lisa señala de forma intuitiva cómo los problemas de salud específicos en nuestro cuerpo pueden resolverse al desenmarañar todos los problemas emocionales, relacionales, ambientales, vocacionales y espirituales en nuestra vida. Con su preparación médica, certificación en Psiquiatría y doctorado en Ciencia Cerebral, ha sido la invitada experta en intuición en *The Oprah Winfrey Show*, *CBS This Morning* y *Dr. Oz Show*; ha tenido su propio programa en Hay House Radio durante más de una década, y ha aparecido en muchos otros programas de radio y televisión en todo el mundo. La doctora Mona Lisa enseña a personas de diversos lugares de la Tierra en su Instituto de Entrenamiento Certificado Anual de Siete Días en Intuición Médica, en Freeport, Maine. Ella, que ha sido médico intuitivo durante más de treinta años y neuropsiquiatra en funciones, ha publicado cinco libros: *Sana tu mente* —con Louise L. Hay—, *Todo está bien* —con Louise L. Hay—, *The Intuitive Advisor*, *The New Feminine Brain* y *Despierta tu intuición*.
www.drmonalisa.com

Louise L. Hay, la autora del *bestseller* internacional *Tú puedes sanar tu vida*, es una conferencista y maestra metafísica con más de cincuenta millones de libros vendidos en todo el mundo. Durante más de treinta años ha ayudado a personas en todo el mundo a descubrir y a poner en práctica el pleno potencial de sus poderes creativos para su crecimiento personal y autocuración. Ha aparecido en *The Oprah Winfrey Show* y en muchos otros programas de radio y televisión, tanto en los Estados Unidos como en el extranjero.
www.louisehay.com